# 로마서

ESV 성경 해설 주석

**편집자 주**

• 성경의 문단과 절 구분은 ESV 성경의 구분을 기준하였습니다.

• 본문의 성경은 《성경전서 개역개정판》과 ESV 역을 주로 사용하였습니다.

# 로 마 서

ESV 성경 해설 주석

로버트 W. 야브루 지음 · 홍병룡 옮김

국제제자훈련원

성경은 하나님의 생명의 맥박이다. 성경은 사망에서 생명으로 옮겨주는 생명의 책이다. 성경은 하나님의 창조와 구원 디자인에 따라 삶을 풍요롭게 하는 생활의 책이다. 성경을 바로 이해하고 적용해서 그대로 살면 우선 내가 살고 또 남을 살릴 수 있다. '하나님의 생기'가 약동하는 성경을 바로 강해하면 성령을 통한 생명과 생활의 변화가 분출된다. 이번에 〈ESV 성경 해설 주석〉 시리즈가 나왔다. 미국 필라델피아 웨스트민스터신학교의 이언 두기드 교수와 남침례교신학교의 제임스 해밀턴 교수와 커버넌트신학교의 제이 스클라 교수 등이 편집했다. 학문이 뛰어나고 경험이 많은 신세대 목회자/신학자들이 대거 주석 집필에 동참했다. 일단 개혁주의 성경신학 교수들이 편집한 주석으로 신학적으로 건전하다. 〈ESV 성경 해설 주석〉은 또한 목회와 신앙생활 전반에 소중한 자료다. 성경 내용을 총체적으로 이해하고 적용한 주석으로 읽고 사용하기가 쉽게 되어 있다. 성경 각 권의 개요와 주제와 저자와 집필 연대, 문학 형태, 성경 전체와의 관계, 해석적 도전 등을 서론으로 정리한 후 구절마다 충실하게 주석해 두었다. 정금보다 더 값지고 꿀보다 더 달고 태양보다 더 밝은 성경 말씀을 개혁주의 성경 해석의 원리에 따라 탁월하게 해석하고 적용한 〈ESV 성경 해설 주석〉이 지구촌 각 교회 지도자들과 성도들에게 널리 읽혀서 생명과 생활의 변화를 통해 하나님의 영광이 극대화되기를 바란다.

**권성수** | 대구 동신교회 담임목사

〈ESV 성경 해설 주석〉은 미국의 건전한 개혁주의 전통에 서 있는 젊고 탁월한 학자들을 중심으로 집필된 해설 주석이다. 이 책은 매우 읽기 쉬운 주석임에도 세세한 부분까지 놓치지 않고 해설을 집필해 놓았다. 성경 전체를 아우르는 신학적 큰 그림을 견지하면서도 난제는 간결하고 핵심을 찌르듯 해설한다. 목회자들이나 성경을 연구하는 이들은 이 주석을 통해 성경 기자의 의도를 쉽게 파악하여 설교와 삶의 적용에 적절하게 활용할 수 있을 것이다.

**김성수** | 고려신학대학원 구약학 교수

ESV 성경은 복음주의 학자들이 원문에 충실하게 현대 언어로 번역한다는 원칙으로 2001년에 출간된 성경이다. ESV 번역을 기초로 한 이 해설 주석은 성경 본문의 역사적 의미를 밝힘으로써, 독자가 하나님의 영감된 메시지를 발견하도록 도울 목적으로 기획되었다. 각 저자는 본문에 대한 학문적 논의에 근거하여 일반 독자가 이해하고 적용할 수 있도록 충실하게 안내하고 있다. 또한 성경 각 권에 대한 서론은 저자와 본문을 이해하는 데 큰 도움을 준다. 이 주석은 말씀을 사모하는 모든 사람들, 특별히 말씀을 선포하고 가르치는 책임을 맡은 이들에게 신뢰할 만하고 사용하기에 유익한 안내서다.

**김영봉** | 와싱톤사귐의교회 담임목사

〈ESV 성경 해설 주석〉은 성경 해석의 정확성, 명료성, 간결성, 통합성을 두루 갖춘 '건실한 주석'이다. 단단한 문법적 분석의 토대 위에 문학적 테크닉을 따라 복음 스토리의 흐름을 잘 따라가며, 구약 본문과의 연관성 속에서 견고한 성경신학적 함의를 제시한다. 성경을 이해하는 데 관심 있는 일반 독자들은 이 책을 통해 최신 해석들을 접할 수 있으며, 설교자들은 영적 묵상과 현대적 적용에 통찰을 얻을 수 있을 것이다.

**김정우** | 총신대학교 명예교수, 한국신학정보연구원 원장

〈ESV 성경 해설 주석〉은 단락 개요, 주석 그리고 응답의 구조로 전개되기 때문에 독자는 성경의 말씀들을 독자 자신의 영적 형편에 적합하게 적용할 수 있다. 특히 절 단위의 분절적인 주석이 아니라, 각 단락을 하나의 이야기로 묶어 해석하기 때문에 본서는 성경이라는 전체 숲을 파악하는 데 더없이 유익하다. 목회자, 성경 교사, 그리고 성경 애호적인 평신도들에게 추천할 만하다.

**김회권** | 숭실대학교 기독교학과 구약신학 교수

성경 주석의 가장 중요한 사명은 하나님의 말씀을 바르게 해석하고 오늘날 청중에게 유익하게 적용할 수 있도록 안내하는 일이다. 〈ESV 성경 해설 주석〉은 목회자와 성도 모두에게 성경에 새겨진 하나님의 마음을 읽게 함으로 진리의 샘물을 마시게 할 뿐 아니라 하나님을 더욱 사랑하는 마음을 불러일으킨다. 성경과 함께 〈ESV 성경 해설 주석〉을 곁에 두라. 목회자는 강단에 생명력 있는 설교에 도움을 얻을 것이고 일반 독자는 말씀을 더 깊이 깨닫는 기쁨을 누릴 것이다.

**류응렬** | 와싱톤중앙장로교회 담임목사, 고든콘웰신학교 객원교수

주석들의 주석이 아니라 성경을 섬기는 주석을, 학자들만의 유희의 공간이 아니라 현장을 섬기는 주석을, 역사적 의미만이 아니라 역사 속의 의미와 오늘 여기를 향하는 의미를 고민하는 주석을, 기발함보다는 기본에 충실한 주석을 보고 싶었다. 그래서 책장 속에 진열되는 주석이 아니라 책상 위에 있어 늘 손이 가는 주석을 기다렸다. 학문성을 갖추면서도 말씀의 능력을 믿으며 쓰고, 은혜를 갈망하며 쓰고, 교회를 염두에 두고 쓴 주석을 기대했다. 〈ESV 성경 해설 주석〉은 나를 성경으로 돌아가게 하고 그 성경으로 설교하고 싶게 한다. 내가 가진 다른 주석들을 대체하지 않으면서도 가장 먼저 찾게 할 만큼 탄탄하고 적실하다. 현학과 현란을 내려놓고 수수하고 담백하게 성경 본문을 도드라지게 한다.

**박대영** | 광주소명교회 책임목사, 《묵상과 설교》 편집장

또 하나의 주석을 접하며 무엇이 특별한가 하는 질문부터 하게 된다. 먼저 디테일하고 전문적인 주석과 학문적인 논의의 지루함을 면케 해주면서도 성경 본문의 흐름과 의미 그리고 중요한 주제의 핵심을 잘 파악하게 해 준다는 점을 들 수 있다. 그래서 분주한 사역과 삶으로 쫓기는 이들의 시간과 에너지를 절약해 준다는 이점이 있다. 또한 본문에 대한 충실한 해석뿐 아니라 그 적용까지 이끌어낼 수 있도록 돕는다는 점이 유익하다. 더불어 가독성이 뛰어나다는 점에서 설교를 준비하는 이들뿐 아니라 성경을 바로 이해하기 원하는 모든 교인들에게 적합한 주석이다.

**박영돈** | 작은목자들교회 담임목사, 고려신학대학원 교의학 명예교수

성경이 질문하고 성경이 답변하게 하는 방법을 찾는 것은 이 시대에 성경을 연구하거나 가르치거나 설교하는 이들의 가장 큰 고민거리라고 할 수 있다. 그동안 접했던 많은 성경 주석서들은 내용이 너무 간략하거나 지나치게 방대했다. 〈ESV 성경 해설 주석〉은 이 시대의 목회자들뿐만 아니라 진리를 갈망하는 모든 신자들, 특히 제자

훈련을 경험하는 모든 동역자들에게 매우 신선하고 깊이 있는 영감을 공급하는 주석이다. 첫째, 해석이 매우 간결하고 담백하면서도 깊이가 있다. 둘째, 영어 성경과 대조해서 본문을 폭넓게 이해할 수 있다. 셋째, 성경 원어 이해를 돕기 위한 세심한 배려는 목회자뿐만 아니라 성경의 깊이를 탐구하는 모든 신앙인들에게도 큰 유익을 준다. 넷째, 이 한 권으로 충분할 수 있다. 성경이 말하기를 갈망하는 목회자의 서재뿐만 아니라 말씀을 사랑하는 모든 신앙인들의 거실과 믿음 안에서 자라나는 다음 세대의 공부방들도 〈ESV 성경 해설 주석〉이 선물하는 그 풍성한 말씀의 보고(寶庫)가 되기를 염원한다.

**故 박정식** | 전 은혜의교회 담임목사

〈ESV 성경 해설 주석〉은 성경 본문을 통해 저자가 드러내기 원하는 사고의 흐름을 따라가면서 예수님을 중심으로 하는 구원계시사적 관점에서 친절히 해설한다. 《ESV 스터디 바이블》의 묘미를 맛본 분이라면, 이번 〈ESV 성경 해설 주석〉을 통해 복음에 충실한 개혁주의 해설 주석의 간명하고도 풍성한 진미를 기대해도 좋다. 설교자는 물론 성경을 진지하게 읽음으로 복음의 유익을 얻기 원하는 모든 크리스천에게 독자 친화적이며 목회 적용적인 이 주석 시리즈를 기쁘게 추천한다.

**송영목** | 고신대학교 신학과 신약학 교수

일반 성도들이 성경을 읽을 때 곁에 두고 참고할 만한 자료가 의외로 많지 않다. 그런 점에서 〈ESV 성경 해설 주석〉이 한국에 소개되는 것을 매우 기쁘게 생각한다. 학술적이지 않으면서도 깊이가 있는 성경 강해를 명료하게 담아내고 있기 때문이다. 성경을 바르고 분명하게 이해하려는 모든 성도들에게 큰 도움이 되리라 확신하며 추천한다.

**송태근** | 삼일교회 담임목사, 미셔널신학연구소 대표

본 시리즈는 장황한 문법적 · 구문론적 논의는 피하고 본문의 흐름을 따라 단락별로 본문의 핵심을 파악할 수 있도록 도와주는 매우 간결하고 효율적인 주석 시리즈다. 본 시리즈는 석의 과정에서 성경신학적으로 건전한 관점을 지향하면서도, 각 책의 고유한 신학적 특성을 드러내 보여주는 것도 소홀히 하지 않는다. 특히 본 시리즈는 목회자들이 설교를 준비할 때 본문 이해의 시발점으로 사용하기에 적절하며, 평신도들이 읽기에도 과히 어렵지 않은 독자 친화적 주석이다. 본 시리즈는 성경을 연구하는 모든 이들에게 매우 요긴한 동반자가 될 것이다.

**양용의** | 에스라성경대학원대학교 신약학 교수

메시아적 시각을 평신도의 눈높이로 풀어낸 주석이다. 주석은 그저 어려운 책이라는 편견을 깨뜨리고 성경을 사랑하는 모든 이의 가슴 속으로 살갑게 파고든다. 좋은 책은 평생의 친구처럼 이야기를 듣고 들려주면서 함께 호흡한다는 점에서 〈ESV 성경 해설 주석〉은 가히 독보적이다. 깊이에서는 신학적이요, 통찰에서는 목회적이며, 영감에서는 말씀에 갈급한 모든 이들에게 열린 책이라고 할 수 있다. 서사적 구조와 시의 적절한 비유적 서술은 누구라도 마음의 빗장을 해제하고, 침실의 머리맡에 두면서 읽어도 좋을 만큼 영혼에 위로를 주면서도, 말씀이 주는 은혜로 새벽녘까지 심령을 사로잡을 것으로 믿는다. 비대면의 일상화 속에서 말씀을 가까이하는 모든 이들이 재산을 팔아 진주가 묻힌 밭을 사는 심정으로 사서 평생의 반려자처럼 품어야 할 책이다.

**오정현** | 사랑의교회 담임목사, SaRang Global Academy 총장

〈ESV 성경 해설 주석〉 시리즈의 특징은 신학자나 목회자들에게도 도움이 되겠지만 평신도 지도자인 소그룹 인도자들의 성경본문 이해에 대한 통찰력을 제공한다. 건강한 교회의 공통분모인 소그룹 활성화를 위하여 인도자의 영적 양식은 물론 그룹원들의 일상을 새로운 각도에서 조명하는 원리를 찾아주는 데 도움을 준다. 서로 마음이 통하는 반가운 친구처럼 손 가까이 두고 싶은 책으로 추천하고 싶다.

**오정호** | 새로남교회 담임목사, 제자훈련 목회자네트워크(CAL-NET) 이사장

〈ESV 성경 해설 주석〉은 내용이 충실하여 활용성이 높고, 문체와 편집이 돋보여 생동감을 주기에 충분하다. 이와 함께 본문의 의미를 최대한 살려내는 심오한 해석은 기존의 우수한 주석들과 어깨를 나란히 할 만큼 정교하다. 또한 본 시리즈는 성경 각 권을 주석함과 동시에 성경 전체를 관통하는 그리스도 중심의 구속사적 관점을 생생하게 적용함으로써 탁월함을 보인다. 설교자와 성경 연구자에게는 본문에 대한 알찬 주석을 제공한다는 차원에서 오아시스와 같고, 실용적인 주석을 기다려온 평신도들에게는 설명이 뛰어나다는 점에서 가장 이상적인 해설서로 적극 추천한다.

**윤철원** | 서울신학대학원 신약학 교수, 한국신약학회 회장

설교자들은 늘 신학적으로 탄탄하면서도 성경신학적인 주석서가 목말랐다. 학문적으로 치우쳐 부담되거나 석의가 부실한 가벼운 주석서들과는 달리 〈ESV 성경 해설 주석〉은 깊이 있는 주해와 적용에 이르기까지 여러 면에서 균형을 고루 갖춘 해설 주석서다. 한국 교회 강단을 풍성케 할 역작으로 기대된다.

**이규현** | 수영로교회 담임목사

ESV 성경은 원문을 최대한 살려서 가장 최근에 현대 영어로 번역한 성경이다. 100여 명의 대표적인 복음주의 학자와 목회자들로 구성된 팀이 만든 ESV 성경은 '단어의 정확성'과 문학적 우수성뿐만 아니라 그 의미를 깊이 있게 드러내는 영어 성경이다. 2001년에 출간된 이후 교회 지도자들과 수많은 교파와 기독교 단체에서 널리 사용되었고, 현재 전 세계 수백만의 그리스도인들이 사용하고 있다. 〈ESV 성경 해설 주석〉은 무엇보다 개관, 개요, 주석이 명료하고 탁월하다. 포스트모던 시대에도 진지한 강해설교를 고민하는 모든 목회자들과 성경공부 인도자들에게 마음을 다하여 추천하고 싶다. 이 책을 손에 잡은 모든 이들은 손에 하늘의 보물을 잡은 감사를 느끼게 될 것이다.

**이동원** | 지구촌교회 원로목사, 지구촌 목회리더십센터 대표

〈ESV 성경 해설 주석〉은 '성경'을 '말씀'으로 대하는 신중함과 경건함이 부드럽지만 강렬하게 느껴지는 저술이다. 본문의 흐름과 배경을 알기 쉽게 보여주면서 본문의 핵심을 명확하게 제시하는 묘한 힘을 가지고 있다. 연구와 통찰을 질서 있고 조화롭게 제공하여 본문을 보는 안목을 깊게 해 주고, 말씀을 받아들이는 마음을 곧추세우게 해 준다. 주석서에서 기대하는 바가 한꺼번에 채워지는 느낌이다. 설교를 준비하는 목회자, 성경을 연구하는 신학생, 말씀으로 하나님을 만나려는 성도 모두에게 단비 같은 주석이다.

**이진섭** | 에스라성경대학원대학교 신약학 교수

ESV 성경 간행에 이은 〈ESV 성경 해설 주석〉의 발간은 이 땅을 살아가는 '말씀의 사역자'들은 물론, 모든 '한 책의 백성'들에게 주어진 이중의 선물이다. 본서는 구속사에 대한 거시적 시각과 각 구절에 대한 미시적 통찰, 학자들을 위한 학술적 깊이와 설교자들을 위한 주해적 풀이, 그리고 본문에 대한 탁월한 설명과 현장에 대한 감동적인 적용을 다 아우르는, 성경의 '끝장 주석'이라 할 만하다.

**전광식** | 고신대학교 신학과, 전 고신대학교 총장

〈ESV 성경 해설 주석〉은 처음부터 그 목적을 분명히 하고 집필되었다. 자기 스스로 경건에 이르도록 성장하기 위해서, 또 다른 사람들을 가르치기 위해서, 성경을 진지하게 연구하는 모든 사람들에게 도움을 주기 위해서라고 밝힌다. 목사들에게는 목회에 유익한 주석이요, 성도들에게는 적용을 돕는 주석이다. 또 누구에게나 따뜻한 감동을 안겨주는, 그리하여 주석도 은혜가 된다는 것을 새삼 확인할 것이다. 학적인

주석을 의도하지 않았지만, 이 주석의 구성도 주목할 만하다. 한글과 영어로 된 본문, 단락 개관, 개요, 주해, 응답으로 구성되어 있다. 만약 신구약 한 질의 주석을 곁에 두길 원하는 성도라면, 〈ESV 성경 해설 주석〉 시리즈는 틀림없이 실망시키지 아니할 것이라고 확신한다.

**정근두** | 울산교회 원로목사

말씀을 깊이 연구하는 일부 사람들에게는 원어 주해가 도움이 되겠지만, 강단에 서는 설교자들에게는 오히려 해설 주석이 더 요긴하다. 〈ESV 성경 해설 주석〉은 본문 해설에서 정통 신학, 폭넓은 정보, 목회적 활용성, 그리고 적용에 초점을 두었다. 이 책은 한마디로 설교자를 위한 책이다. 헬라어나 히브리어에 능숙하지 않아도 친숙하게 성경 본문을 연구할 수 있다는 점에서 주변 목회자들에게 적극적으로 추천하고 싶다. 목회자가 아닌 일반 성도들도 깊고 풍성한 말씀에 대한 갈증이 있다면, 본 주석 시리즈를 참고할 것을 강력하게 권하고 싶다.

**정성욱** | 덴버신학교 조직신학 교수

입고 있는 옷이 있어도 새 옷이 필요할 때가 있다. 기존의 것이 낡아서라기보다는 신상품의 맞춤식 매력이 탁월하기 때문이다. 〈ESV 성경 해설 주석〉 시리즈는 분주한 오늘의 목회자와 신학생뿐 아니라 성경교사 및 일반 그리스도인의 허기지고 목마른 영성의 시냇가에 심길 각종 푸르른 실과나무이자 물 댄 동산과도 같다. 실력으로 검증받은 젊은 저자들은 개혁/복음주의 신학과 신앙의 깊은 닻을 내리고, 성경 각 권의 구조와 문맥의 틀 안에서 저자의 의도를 핵심적으로 포착하여 침침했던 본문에 빛을 던져준다. 아울러 구속사적 관점 아래 그리스도 중심적 의미와 교회-설교-실천적 적용의 돛을 바라보게 함으로써 본문의 지평을 한 층 더 활짝 열어준다. 한글/영어 대역으로 성경 본문이 제공된다는 점은 한국인 독자만이 누리는 보너스이리라. "좋은 주석은 두껍고 어렵지 않을까"라는 우려를 씻어주듯 이 시리즈 주석서는 적절한 분량으로 구성된 '착한 성경 해설서'라 불리는 데 손색이 없다. 한국 교회 성도의 말씀 묵상, 신학생의 성경 경외, 목회자의 바른 설교를 향상시키는 데 〈ESV 성경 해설 주석〉 시리즈만큼 각 사람에게 골고루 영향을 끼칠 주석은 찾기 어려울 듯싶다. 기쁨과 확신 가운데 추천할 수 있는 이유다.

**허주** | 아세아연합신학대학교 신약학 교수, 한국복음주의신학회 회장

〈ESV 성경 해설 주석〉은 정확무오한 하나님의 말씀을 전하는 설교자와 전도자들에게 훌륭한 참고서다. 성경적으로 건전하고 신학적으로 충실할 뿐 아니라 목회 현장에 실질적인 도움이 된다. 나 또한 나의 설교와 가르침의 사역에 활용할 수 있기를 고대한다.

**대니얼 에이킨**(Daniel L. Akin) | 사우스이스턴침례신학교 총장

하나님은 그의 아들에 대해 아는 것으로 모든 열방을 축복하시려는 영원하고 세계적인 계획을 그의 말씀을 통해 드러내신다. 이 주석이 출간되어 교회들이 활용할 수 있게 된 것만으로 행복하고, 성경에 대한 명확한 해설을 통해 충실하게 이해할 수 있게 해 준 것은 열방에 대한 축복이다. 물이 바다를 덮음같이 하나님의 영광에 대한 지식이 온 땅에 충만해지는 데 이 주석이 사용되길 바란다.

**이언 추**(Ian Chew) | 목사, 싱가포르 케이포로드침례교회

〈ESV 성경 해설 주석〉은 탁월한 성경 해설과 깊이 있는 성경신학에 바탕한 보물 같은 주석이다. 수준 높은 학구적 자료를 찾는 독자들뿐만 아니라 읽기 쉽고 이해하기 쉽도록 잘 정리된 주석을 원하는 사람들에게도 적합하다. 목회자, 성경교사, 신학생들에게 이 귀한 주석이 큰 도움이 되고 믿을 수 있는 길잡이가 되리라 확신한다.

**데이비드 도커리**(David S. Dockery) | 사우스이스턴침례신학교 석좌교수

대단한 주석! 성경을 배우는 모든 학생들에게 도움이 될 수 있도록 최고 수준의 학자들이 성경의 정수를 정리하여 접근성을 높여서 빠르게 참고하기에 이상적인 주석이다. 나 또한 설교 준비와 성경 연구에 자주 참고한다.

**아지스 페르난도**(Ajith Fernando) | 스리랑카 YFC 교육이사, *Discipling in a Multicultural World* 저자

〈ESV 성경 해설 주석〉은 성경교사들의 기초 자료로써 활용성 높은 최고의 주석 가운데 하나다. 일반 독자들도 쉽게 이해할 수 있는 동시에 강해설교가들에게 충분한 배움을 제공한다. 이 주석 시리즈는 성경을 제대로 배우고자 하는 전 세계 신학생들에게도 표준 참고서가 될 것이다.

**필립 라이켄**(Philip Graham Ryken) | 휘튼칼리지 총장

## 〈ESV 성경 해설 주석〉에 대하여

성경은 생명으로 맥동한다. 성령은 믿음으로 성경을 읽고 소화해서 말씀 대로 살아가는 사람들에게 맥동하는 생명력을 전해 준다. 하나님이 성경 안에 자신을 계시하셨기 때문에 성경은 꿀보다 달고 금보다 귀하며, 모든 부(富)보다 가치 있다. 주님은 온 세상을 위해 생명의 말씀인 성경을 자신 의 교회에 맡기셨다.

또한 주님은 교회에 교사들을 세우셔서 하나님의 말씀이 무엇을 의미 하는지를 설명해 주고 각 세대에 어떻게 적용해야 하는지를 분명하게 보 여주도록 하셨다. 우리는 이 주석이 하나님의 말씀을 진지하게 공부하는 모든 사람들, 즉 다른 사람들에게 가르치기 위해 성경을 연구하는 사람들 과 스스로 경건에 이르도록 성장하기 위해 성경을 공부하는 사람들에게 큰 유익을 주길 기도한다. 우리의 목표는 성경 본문을 그리스도 중심적으 로 명료하고 뚜렷하게 설명하는 것이다. 모든 성경은 그리스도에 대해 말 하고 있으며(눅 24:27), 우리는 성경의 각 책이 우리가 "예수 그리스도의 얼 굴에 있는 하나님의 영광을 아는 빛"(고후 4:6)을 보도록 어떻게 돕고 있는 지 알려주길 원한다. 그런 목표를 이루고자 이 주석 시리즈를 집필하는 저 자들에게 다음과 같은 원칙을 제시했다.

- 올바른 석의를 토대로 한 주석 성경 본문에 나타나 있는 사고의 흐름과 추론 방식을 충실하게 따를 것.
- 철저하게 성경신학적인 주석 성경은 다양한 내용들을 다루지만, 그리스도 안에서 완성된 구속이라는 단일한 주제를 말하고 있다는 점에서 성경 전체를 하나의 통일된 관점으로 볼 수 있게 할 것.
- 전 세계를 대상으로 한 주석 성경과 신학적으로 신뢰할 만한 자료들을 가능한 한 많은 사람들에게 공급하겠다는 크로스웨이(Crossway)의 선교 목적에 맞게 전 세계 독자들이 공감하고 필요로 하는 주석으로 집필할 것.
- 폭넓은 개혁주의 주석 종교개혁의 역사적 흐름 안에서 오직 은혜와 오직 믿음으로 말미암아 오직 그리스도 안에서 오직 성경의 가르침을 따라 오직 하나님의 영광을 위한 구원을 천명하고, 큰 죄인에게 큰 은혜를 베푸신 크신 하나님을 높일 것.
- 교리 친화적인 주석 신학적 담론도 중요하므로 역사적 또는 오늘날 신학적으로 중요한 문제들과 성경 본문에 대한 주석을 서로 연결하여 적절하고 함축성 있게 다룰 것.
- 목회에 유익한 주석 문법적이거나 구문론적인 긴 논쟁을 피하고, 하나님을 경외하는 마음으로 '성경 본문 아래 앉아' 경청하게 할 것.
- 적용을 염두에 둔 주석 오늘날 서구권은 물론이고 그 밖의 다른 세계에서 살아가는 사람들이 처한 상황과 성경 본문이 어떻게 연결되는지를 간결하면서도 일관되게 제시할 것(이 주석은 전 세계 다양한 상황 가운데 살아가는 사람들을 대상으로 하기 때문에).
- 간결하면서도 핵심을 찌르는 주석 성경에 나오는 단어들을 일일이 분석하는 대신, 본문의 흐름을 짚어내서 간결한 언어로 생동감 있게 강해할 것.

이 주석서에서 기본적으로 사용한 영역 성경은 ESV이지만, 집필자들에게 원어 성경을 참조해서 강해와 주석을 집필하도록 요청했다. 또한 무조건 ESV 성경 번역자들의 결해(結解)를 따르라고 요구하지도 않았다.

인간이 세운 문명은 시간이 흐르면 무너져서 폐허가 되지만, 하나님의 말씀은 영원히 서 있다. 우리 또한 바로 그 말씀 위에 서 있다. 성경의 위대한 진리들은 시간과 공간을 뛰어넘어 말하고, 우리의 목표는 전 세계적으로 적용될 수 있는 방식으로 그 진리들을 전하는 것이다.

하나님께서 자신의 말씀을 연구하는 일에 복을 주시고, 그 말씀을 강해하고 설명하려는 이 시도에 흡족해 하시기를 기도한다.

# 차례

# 약어표

## 참고 자료 I

| | |
|---|---|
| BECNT | Baker Exegetical Commentary on the New Testament |
| BTCP | Biblical Theology for Christian Proclamation |
| CNTC | Calvin's New Testament Commentaries |
| EBS | Encountering Bible Studies |
| EDB | *Eerdmans Dictionary of the Bible.* Edited by David Noel Freedman. Grand Rapids, MI: Eerdmans, 2000. |
| EGGNT | Exegetical Guide to the Greek New Testament |
| HTA | Historisch Theologische Auslegung |
| IBMR | *International Bulletin of Missionary Research* |
| ICC | International Critical Commentary |
| JETS | *Journal of the Evangelical Theological Society* |
| NICNT | New International Commentary on the New Testament |
| NIDNTTE | *New International Dictionary of New Testament Theology and Exegesis.* Rev. ed. Edited by Moisés Silva. 4 vols. Grand Rapids, MI: Zondervan, 2014. |
| NIGTC | New International Greek Testament Commentary |
| PNTC | Pillar New Testament Commentary |
| SBJT | *Southern Baptist Journal of Theology* |
| TIC | Theology in Community |
| ZECNT | Zondervan Exegetical Commentary on the New Testament |

# 성경 |

ESV Expository Commentary
*Romans*

# 로마서 서론

## 개관

로마서는 성경 가운데 기독교 교리를 가장 자세하고 온전하게 제시하는 책으로 널리 인정받는다. 이는 로마서가 현대적 의미에서 신학 교재라는 뜻은 아니다. 오히려 저자는 1세기 로마제국에서 헬라어를 사용하던 독자들에게 친숙한 양식을 사용하여, 로마에 있는 회중(또는 회중들)에게 놀랍도록 폭넓은 주요 주제들을 다루는 편지를 쓴다. 간략한 개관 안에 그 주제들을 모두 언급할 수는 없지만, 두드러진 몇 개만 열거하자면 다음과 같다.

- 하나님이 세우신 영광스런 영원한 구원 목적과 계획
- 구원을 주는 특정한 "좋은 소식의 메시지"(복음)
- 인간의 죄성
- 하나님의 진노
- 하나님이 인간을 구원하는 수단인 그리스도의 십자가와 부활
- 그리스도를 믿음으로써 그분의 인격과 사역 안에서 믿음을 통해 하나님의 은혜로 의롭게 되는 것

- 성화의 씨름(the struggle of sanctification)
- 고통이 가득한 이 우주에서 마침내 하나님의 사랑이 승리하심
- 자신의 약속과 백성을 향한 하나님의 신실하심
- 하나님과 타인을 사랑으로 자신을 희생하며 살라는 요청
- 부차적인 차이점에도 불구하고 동료 신자들을 인정하는 것
- 그리스도인의 삶에서 중심을 차지하는 선교(복음 전도)
- 하나님을 아는 구원의 지식에서 중심이 되는 성경

이런 진리들이 7천 개도 넘는 헬라어 단어를 담은 432개의 구절에 나온다. 이처럼 로마서에는 중요한 교리들이 담겨 있고 그 지혜에서 많은 유익을 얻을 수 있기 때문에 주의 깊게 읽고 살펴보아야 한다. 로마서에 관한 주석을 세어 보면 21세기 첫 이십 년 동안에 쓰여진 것만도 60권이 넘으며, 교회 역사를 통틀어서는 무려 740권도 넘게 집필되었다. 이와 같은 사실만 보아도 로마서 내용이 얼마나 풍부한지 가늠할 수 있다.[1]

이 주석은 로마서의 주요한 신학적 진술, 문학적 특징, 역사적(또는 배경적) 언급 등을 중심으로 하여 이 서신이 어떠한 맥락으로 이어지며, 무엇을 주장하는지 간결하게 설명할 것이다.

## 제목과 텍스트

제목부터 보자. 거의 모든 고대 사본이 이 책의 제목을 '로마인들에게'로 적었다. 그리고 제목에 이 문구가 없는 경우에는 1장 7절과 15절에 수신자를 명시해 놓았다. 학자들에 따르면, 현존하는 모든 헬라어 사본들이 현재

---

1 Eckhard J. Schnabel, *Der Brief des Paulus on die Römer*, vol. 1, *Kapitel* 1-5 HTA (Witten: SCM R. Brokhaus, 2015), 71-72.

우리가 보는 성경의 로마서 열여섯 장을 똑같이 담고 있는데, 한편으로 교부의 글에서는 2세기에 이보다 짧은 판(14:23로 끝나는)이 유포되었을 수 있다는 증거가 존재한다고 한다. 이 잘린 사본은 이단적인 인물이나 집단에서 나왔을 수 있는데, 바울은 이런 것들을 멀리하라고 경고한다(살후 2:2). 또한 일부 텍스트는 로마서 16장에 나오는 축도와 송영에서 약간의 차이를 보인다. 이처럼 증거가 불충분하고 복잡한데도 로마서는 "열여섯 장의 텍스트가 통일성을 이루고 로마 교인들에게 쓴 편지로 입증되었다"[2]는 주장을 대체로 인정한다.

## 저자

리처드 롱네커(Richard Longenecker)는 "로마서 연구에서 가장 논란이 없는 사안은 그 편지를 바울이 썼다는 것이다"[3]라고 말한다. 그리고 로마서와 갈라디아서를 묶어서 이렇게 덧붙인다. "만일 이 두 편지가 바울의 것이 아니라면, 바울이 쓴 신약 편지가 하나도 없을 것이다. 그 편지들 가운데 갈라디아서와 로마서보다 그 진정성을 더 잘 주장하는 것이 없기 때문이다."[4] 바울은 첫 절(1:1)에서 자신의 이름을 언급한다. 그리고 그는 일인칭 단수 동사형을 백 번도 넘게 사용한다. 이 가운데 일부는 수사적 표현이고 다른 용례들은 하나님이 일인칭으로 말씀하시는 구약 인용문들이지만, 다음 예문에서 볼 수 있듯이 대부분의 경우에서 바울 개인의 음성을 느낄 수 있다.

---

2 Harry Gamble Jr., *The Textual History of the Letter to the Romans*, SD 42 (Grand Rapids, MI: Eerdmans, 1977), 127.

3 Richard N. Longenecker, *Introducing Romans: Critical Issues in Paul's Most Famous Letter* (Grand Rapids, MI: Eerdmans, 2011), 3.

4 같은 책.

"내가 그의 아들의 복음 안에서 내 심령으로 섬기는 하나님이 나의 증인
이 되시거니와 항상 내 기도에 쉬지 않고 너희를 말하며 어떻게 하든지
이제 하나님의 뜻 안에서 너희에게로 나아갈 좋은 길 얻기를 구하노라"
(1:9-10).

"내가 복음을 부끄러워하지 아니하노니"(1:16).

"너희 육신이 연약하므로 내가 사람의 예대로 말하노니"(6:19).

"전에 율법을 깨닫지 못했을 때에는 내가 살았더니 계명이 이르매 죄는
살아나고 나는 죽었도다"(7:9).

"나의 형제 곧 골육의 친척을 위하여 내 자신이 저주를 받아 그리스도에
게서 끊어질지라도 원하는 바로라"(9:3).

요약하자면, 로마서 저자는 사도행전 이야기에서 두드러진 역할을 수
행하고 신약 성경에서 다른 열두 편 정도의 서신을 기록한 인물인 사도 바
울이다.

### 저작 연대와 배경 및 집필 목적

바울은 3차 선교여행이 끝나갈 무렵(행 18:23-21:17) 석 달 동안 고린도와
그 인근에 있었다(행 20:3). 그는 디모데를 비롯한 동료들과(롬 16:21) 가이
사라까지 안전하게 항해한 후, 거기서부터는 걸어서 예루살렘까지 가기
위해 겨울 날씨가 그치기를 기다리는 중이었다. (당시에 작은 배로 겨울에 지중
해를 여행하는 것은 바람직하지 않았다. 참고. 행 27:12.) 거기서 석 달을 머무는 동안

바울은 로마서를 기록했다. 저작 연대는 주후 57-58년 겨울이었을 것이다.

고린도전서 16:1-4과 고린도후서 8-9장에서 알 수 있는 점은, 이 일들이 있기 전에 바울이 유대에 사는 빈곤한 유대인 신자들을 위해 마케도니아와 그리스에 있는 이방인 교회들에게서 헌금을 모으는 일에 앞장섰다는 사실이다. 로마서에서 바울은 자기가 이 돈을 받았다는 사실을 밝힌다. 이어서 그는 이 헌금을 예루살렘에 전달하고 로마로 여행한 후, 거기서부터 스페인까지 갈 계획을 세운다. "그러므로 내가 이 일[즉, 헌금을 전달하는 일]을 마치고 이 열매를 그들[유대인 신자들]에게 확증한 후에 너희[즉, 로마의 그리스도인들]에게 들렀다가 서바나[스페인]로 가리라"(15:28).

그러므로 바울이 로마서를 집필한 '배경'(occasion)을 가장 기본적인 의미에서 짚어보자면 다음 세 가지로 볼 수 있다. 첫째, 그의 3차 선교여행의 종료, 둘째, 유대인 신자들에게 도움을 전달하려는 그의 사명, 셋째, 스페인으로 가는 길에 로마를 방문하려는 의도. 바울은 로마서를 쓰는 동안 고린도의 교인(고전 1:14) 가이오의 집에 머물렀다(16:23). 바울의 서기인 더디오가 바울의 말 기록하기(롬 16:22)를 마치면, 바울은 그 편지를 고린도와 가까운 겐그레아 출신인 뵈뵈(16:1-2)의 손을 빌려 로마에 보낼 예정이다.

하지만 또 다른 의미에서, 단지 그 편지의 작성과 발송을 직접적으로 둘러싼 역사적 상황만이 그 '배경'인 것은 아니다. 역사적 상황은 바울이 로마서의 내용을 기록한 이유를 부분적으로나마 설명해주는 여러 일차적 동기들 또는 요인들 가운데 하나다. 배경은 목적과 밀접한 관련이 있다. 최근 수십 년 사이 로마서의 목적을 규명하기 위해 많은 노력을 쏟아 왔다.[5] 최근에 등장한 한 주석은 다음과 같이 매우 단순하고도 타당하게 확언한다. "바울이 로마서를 쓴 '근본적인' 목적은, 자신이 사도로서 책임이 있는 로마의 신자들을 위해 사역하는 것이었다."[6]

---

5  Karl P. Donfried, *The Romans Debate*, rev. ed. (Grand Rapids, MI: Baker Academic, 1991).

6  Colin G. Kruse, *Paul's Letter to the Romans*, PNTC (Grand Rapids, MI: Eerdmans, 2012), 11, 강조는 원문의 것.

그렇지만 이밖에도 더 많은 목적이 있었음을 얘기할 수 있다. 롱네커에 따르면 바울은 두 가지 큰 목적과 세 가지 작은 목적을 가지고 로마서를 기록했다.[7]

(1) 그는 "어떤 신령한 은사를 너희[로마 신자들]에게로 나누어 주어 너희를[그들을] 견고하게" 하고 싶었다(1:11). 로마서가 담고 있는 복음(바울이 "나의 복음"이라 부르는 것, 2:16, 16:25)에 대한 훌륭한 해설이 바로 '은사'다. 이런 의미에서 로마서는 신학적 내지는 교리적인 편지이다.

(2) 그는 장차 스페인 선교여행에 필요한 후원을 이끌어내기 위해 썼다(1:13, 15:24). 이런 의미에서 로마서는 선교 편지다.

(3) 그는 그의 사역과 메시지에 대한 오해를 바로잡기 위해 썼다. 아마도 그런 오해는 부족한 이해력이나 바울의 대적들이 불러일으킨 해악, 또는 둘 다에 의해 생겼을 것이다. 그러므로 로마서 전체를 어느 정도는 다음과 같은 호소를 지지하는 변증적인 편지로 보는 것이 옳다.

"형제들아 내가 너희를 권하노니 너희가 배운 교훈을 거슬러 분쟁을 일으키거나 거치게 하는 자들을 살피고 그들에게서 떠나라 이 같은 자들은 우리 주 그리스도를 섬기지 아니하고 다만 자기들의 배만 섬기나니 교활한 말과 아첨하는 말로 순진한 자들의 마음을 미혹하느니라"(16:17-18).

그런 의미에서 로마서는 사도적 교회들이 인정하는 "교훈의 본"(ESV는 "standard of teaching", 6:17)에 관해 설명하고 그 믿음과 일치하는 삶을 살도록 요청하는 일종의 목회 서신이다.

(4) 그는 로마 교회 안에 힘겹게 공존하던 두 가지 관점들 간의 상호 이해와 화해를 격려하려고 썼다. 이 무리들을 흔히 '강한 자'와 '연약한 자'

---

7  다음 다섯 문단은 Longenecker, *Introducing Romans*, 158-159에서 끌어왔는데, 거기에 서로 대비되는 강조점들이 있기는 하다.

라고 부른다(14:1-15:13). 이런 의미에서 로마서는 관계에서의 문제에 직면해 화해와 조화를 요청하는, 상황을 잘 살핀 편지이다. 사람들이 모이는 곳에는 말다툼이 있기 마련이다. 기독교 회중도 예외가 아니다.

(5) 그는 그리스도인과 같은 작은 하부집단에 무관심하고 최악의 경우 적대적인 로마제국에서 그리스도인이 져야 할 책임을 분명히 하려고 썼다. 예수님을 따르는 자들은, 하나님에 대한 충성을 타협하지 않는 한에서 가능한 그들이 몸담은 정치 구조에 충성하는 국민이 되어야 한다(13:1-7). 이런 의미에서 로마서는 정치적 역할을 수행하는 편지로, 하늘에 시민권이 있는(참고. 빌 3:20) 그리스도인들이 어떻게 하나님과 그리스도를 무시하지 않고 가이사에게 빚진 것을 돌려줘야 하는지(마 22:21, 막 12:17, 눅 20:25)를 분명히 밝힌다.

이런 다면적인 관심사들은 바울이 제공하는 폭넓은 권고를 잘 설명해준다. 아울러 이 서신에 신학적인 취지가 압도적인 것도 설명해준다. 바울은 신학적 사상가이자 성경적 사상가이다. 그는 그의 권고를 특유의 사도적 통찰력과 더불어 하나님이 성경에서 말씀하신 것과 연관시킨다(예. 고후 12:1-10; 엡 3:2-5). 바울은 무슨 사안이나 주제나 의문을 다루든지 어떤 성경 구절이나 가르침을 따른다. 왜냐하면 그가 성경(scriptures)[8]을 외경이나 다른 인간의 지혜(그 자신도 포함한)와는 같지 않은, 하나님의 말씀으로 믿기 때문이다.

그런 의미에서 로마서는, 바울이 고린도 근처에서 한 계절을 보내는 동안 로마 교인들에게 중요한 메시지를 전하기로 결단한 것을 배경으로 한다고 말할 수 있다. 몇 주 후에 바울은 에베소 지역에서 2년여 이상 머물면서 가르친 내용을 에베소 교회 지도자들에게 다음과 같이 상기시키는

---

8  즉, 우리가 구약성경(딤후 3:15-17)이라고 아는 것과 더불어 당시에 바울에게 알려진 신약의 글들을 말한다. 후자에는 적어도 누가복음이 포함될 텐데, 바울이 누가복음의 한 구절을 "성경"으로 부르기 때문이다(딤전 5:18, 눅 10:7을 인용).

데, 로마서는 그 내용을 요약한 것에 해당한다.

"유익한 것은 무엇이든지 공중 앞에서나 각 집에서나 거리낌이 없이 여
러분에게 전하여 가르치고 유대인과 헬라인들에게 하나님께 대한 회개
와 우리 주 예수 그리스도께 대한 믿음을 증언한 것이라…내가 꺼리지
않고 하나님의 뜻을 다 여러분에게 전하였음이라"(행 20:20-21, 27).

바울의 여러 편지 가운데 로마서가 그 모든 뜻을 선포하고 설명하고
적용한다. 그 저작 연대와 배경을 고려할 때, 바울이 사도로서의 통찰이 원
숙해졌고 폭넓은 선교 경험을 쌓은 이 시기와 장소야말로 이 걸작 서신이
기록되기에 가장 알맞은 상황이다. 그리고 로마서를 다음과 같이 묘사할
수 있다. 로마서는 바울이 하나님께 받은 특정한 사명의 대상인 이방인들
을 위해(1:5, 13, 11:13, 15:16, 18) 특별히 그들 가운데에 제시한 것으로, 예수
그리스도의 복음을 통해 "이제는 나타내신 바 되었으며 영원하신 하나님의
명을 따라 선지자들의 글로 말미암아 모든 민족이 믿어 순종하게 하시려고
알게 하신"(롬 16:26) 것에 대한 숭고하고 확장된 증언이다.

## 장르와 문학적 특징

로마서는 분명히 하나의 편지다. 그 서두와 본문과 종결부를 보면 그 시대
와 문화적 배경에 속한 사람들이 한 편에서 다른 편으로 보내는 개인적 의
사소통으로 이해할 만한 특징들이 나타난다. 이 경우에 저자는 바울이며,
수신자는 로마에 사는 독자들이다.

로마서가 편지이기 때문에 독자들은 두 가지 과제를 눈여겨보아야 한
다. 첫째는 역사적 과제이다. 그 시기와 장소와 언어(헬라어)라는 측면에서
'편지'란 무엇이었는가? 바울의 사역에서 편지는 어떠한 역할을 기능을 했

는가? 로마서를 포함한 바울의 편지들이 금세 거룩한 경전의 지위를 얻었다는 사실을 고려하면(벧후 3:15-16), 로마서의 평범한 장르가 내용의 평범함을 의미하지 않는다는 사실을 알 수 있다. 마치 하나님의 아들이 계시하고 구속하기 위해 육신을 입으신 것처럼(요 1:14), 로마서 역시 성경의 다른 책들은 비견할 수 없을 정도로 계시된 진리의 비범한 풍경을 펼치기 위해 믿을 수 없이 평범한 옷을 입는다.

두 번째 과제는 해석학적인 것이다. 여기서 '해석학'(hermeneutic)은 '이해와 관련된 것'이라는 뜻이다. 어느 편지도 스스로를 해석하지 않는다. 로마서를 이해하려면 432절을 한 덩어리로 여겨 그것을 정확하게 읽고 적절하게 파악해야 하며, 또한 로마서와 관련된 다양한 맥락들에 비추어보아야 한다. 그 맥락에는 다음과 같은 것들이 포함된다. 로마서에 엄청나게 인용되는 구약성경과 그 가르침, 바울의 생애와 가르침으로써 특히 그가 메시아로 여긴 예수님께 영향을 받은 부분, 바울과 병행되는 다른 사도들과 교회들이 행한 사역, 초기 교회의 역사, 여러 세기에 걸친 바울(및 성경 전체)에 대한 이해, 오늘날 바울의 이해를 방해하거나 증진시키는 당시의 바울 이해하기 등이다.

본서와 같이 짧은 주석은 로마서의 독해와 관련된 이 모든(그리고 그 외에도) 적실한 해석학적 고려사항들을 논의할 수 없다. 그러나 꼭 알아야 할 점이 있다. 고대 문헌(이 경우에는 편지)을 잘 해석하는 일은, 어떤 (번역된) 글을 읽는 순간 머리에 떠오르는 첫 생각이 그 글이 전달하는 '진실'이라고 추정하는 것처럼 단순하지 않다는 점이다. '헬라어 편지'라는 장르를 이해하려면 오늘날의 배경뿐만 아니라 그 이야기가 실제로 일어난 고대의 배경까지도 잘 분별하는 능력을 갖추어야 한다. 그리고 바울이 독자들에게 하고 싶었던 진짜 이야기가 무엇인지 파악하려면 그런 배경을 반드시 올바로 다뤄야 한다.

문학적 특징과 관련하여, 로마서는 편지라는 사실을 제외하면 너무도 다채로운 특징을 갖고 있기 때문에 특정한 문학적 범주에 쉽게 들어맞지 않는다. 일반적으로는 첫 번째 큰 단락(1-11장)이 주로 교리 문제를 다루고,

12-15장이 윤리적이고 실제적인 문제를 다루며, 이후에 15-16장이 인사와 요약 진술로 구성되어 있다고 나눈다.

이런 일반적 패턴과 더불어 바울이 비방, 신조 진술, 송영, 성경 인용, 랍비식 방법(어떠한 논점을 매듭짓기 위해 두세 개의 구약 구절을 인용하는 것) 및 평행법, 교차 배열법, 두운법, 그 밖의 문체적인 배열 기법과 같은 다양한 관행을 사용하는 것을 볼 수 있다. 이런 것들은 이어지는 해설에서 해당 구절의 뜻을 이해하는 데 필요한 경우에 언급할 것이다.

## 신학

"로마서가 그 신학으로 유명한 것은 정당하다."[9] 물론 역사적·사회적 배경과 같은 다른 중요한 사항들이 실제로 로마서의 모든 부분에 영향을 미치지만, 명시적 담론에서는 신학적 관심사들이 지배적이다. 바울이 무엇을 중요하게 생각하는지는 그가 어떤 단어를 얼마나 많이 사용하는 지를 보면 알 수 있다. 바울이 로마서에서 사용한 주요[10] 단어 열 개를 뽑아 표1을 만들었다.

432개 절에서 신성(deity)이라는 단어를 무려 326번이나 사용하여서[11] 짐짓 이외에 다른 주제들이 작아 보인다. 로마서의 전체 구절 가운데 4분의 3에서 아버지나 아들이나 성령, 곧 하나님을 명시적으로 언급한다. 게

---

9   Douglas J. Moo, *Encountering the Book of Romans; A Theological Survey*, 2nd ed., EBS (Grand Rapids, MI: Baker Academic, 2014), 162.

10  정관사 및 "그리고"와 같은 몇몇 단어들이 표1에 나오는 단어들보다 더 자주 나온다. 그러나 이런 단어들은 기능적으로는 중요하지만 지시적으로는 중요하지 않다. 표에 담은 단어들은 이 책의 서술과 주장에 중요한 인물이나 개념을 가리킨다. 빈도 목록은 다음 책을 참고했다. Andreas Köstenberger and Raymond Bouchoc, *The Book Study Concordance of the Greek New Testament* (Nashville: B&H Academic, 2003), 890.

11  153(하나님) + 65(그리스도) + 43(주) + 29(영), 이 가운데 다섯 번은 인간의 영이나 생명을 가리킨다.

| 단어 | 사용 횟수 | 단어 | 사용 횟수 |
|---|---|---|---|
| 1. 하나님 [테오스(*theos*)] | 153 | 6. 믿음 [피스티스(*pistis*)] | 40 |
| 2. 율법 [노모스(*nomos*)] | 74 | 7. 예수 [이에수스(*Iēsous*)] | 36 |
| 3. 그리스도 [크리스토스(*Christos*)] | 65 | 8. 의 [디카이오쉬네(*dikaiosynē*)] | 34 |
| 4. 죄 [하마르티아(*hamartia*)] | 48 | 9. 영 [프뉴마(*pneuma*)] | 34 |
| 5. 주 [퀴리오스(*Kyrios*)] | 43 | 10. 이방인 [에트노스(*ethnos*)] | 29 |

표1. 로마서에 나오는 중요 단어들

다가 다른 많은 구절에서도 신성을 간접적으로 거론한다. "하나님"이라는 단어는 모든 장에 나온다. "그리스도"가 나오지 않는 장은 4장(하지만 "예수"가 4:24에 나온다)과 11장뿐이다. "그리스도 안에서"는 바울 특유으로 표현으로 열세 번이나 등장한다.

장엄하고 찬란하며 영광스러운("영광"은 15번 나온다) 하나님이 로마서의 신학적 기반이다. 이는 바울이 하나님을 찬송하거나(1:25; 9:5; 11:36; 16:27) 하나님의 축복을 기원하는(15:33) "아멘" 진술(송영)을 통해 알 수 있다.

아울러 사람들과 목양에 대한 관심 역시 두드러진다. "이방인"은 1-4장, 9-11장, 15-16장에 나오는데, 바울이 그 무리에 속하는 사람들에게 얼마나 관심이 있었고, 또 그들에게 얼마나 헌신했는지 강조한다. 그들은 하나님께서 바울에게 동료 유대인이 아닌 다른 사람들을 전도하라고 주신 사명의 대상이다. 바울은 "형제들"[*adelphoi*(아델포이)는 로마교회의 남자와 여자 교인들을 가리킴]을 아홉 번 사용하는데, 이는 그들에게 직접적이고 개인적인 관심이 있었음을 나타내는 목회적 표현이다. 이 표현에는 높은 수준의 연대감과 어떤 경우에는 따스한 애정(16장에 나오는 인사가 명시하듯이)이 내포되어 있다.

바울은 "율법"(보통은 모세의 율법을, 더 일반적으로는 구약성경을 가리킴), "죄", "믿음", "의"에 관해 자주, 기탄없이 말한다. 이는 하나님에 대한 바울의 견해가 하나님의 절박한 심정, 곧 인간들이 그분과 올바른 관계를 맺을 필요성에 대한 그분의 마음을 전달하기 때문이다. 그래서 그는 "혹 네가 하나님의 인자하심이 너를 인도하여 회개하게 하심을 알지 못하여 그의 인자하심과 용납하심과 길이 참으심이 풍성함을 멸시하느냐?"(2:4)라고 경고한다. 바울은 책상 앞에만 앉아 있는 신학자가 아니라, 영혼을 구원하고 삶을 변화시키고 세상을 정복하는 메시지, 즉 구원을 주는 그리스도의 죽음과 부활의 복음(롬 1:16-17; 3:25; 4:25)을 전하는 "선포자와 사도와 교사"(딤후 1:11)이다. 그는 세상을 예수님의 가르침과 같이 "희어져 추수[할]" 곳으로 본다(요 4:35).

"사랑"[아가페(agapē, 명사), 아가파오(agapaō, 동사)] 또는 "사랑하는"[아가페토스(agapētos)]은 모두 스물네 번 나온다. 로마서가 전달하려는 것은, 인간에게는 아무런 관심도 없이 그저 고상한 사색만 일삼는 어느 전능자를 전하는 신학적 견해가 아니다. 로마서는 전능하신 신과 인간 상호간에 오가는 관심과 애착의 심정을 다룬다. "우리가 아직 죄인 되었을 때에 그리스도께서 우리를 위하여 죽으심으로 하나님께서 우리에 대한 자기의 사랑을 확증하셨느니라"(롬 5:8). 바울이 바로 이 좋은 소식을 널리 알리기 위해 편지를 쓰고 있다. 따라서 "하나님의 복음을 위하여 택정함을 입[은]"(1:1) 사도로서 정보만 전달하지 않고 사랑을 보여주는 것은 매우 합당하다. 로마서는 신학적으로 풍부할 뿐만 아니라, 믿음으로 받은 복음 메시지를 통해 성령께서 마음에 부어주시는 사랑(5:5)을 표현하는 면에서도 풍부하다.

## 성경 다른 본문 및 그리스도와의 관련성

로마서의 큰 강점이자 로마서가 성경 전체에서 기여하는 바는, 구약과 신약을 긴밀하게 엮어준다는 점이다. 그래서 더글라스 무(Douglas Moo)는 다음과 같이 쓴다. "바울은 그 어떤 성경 저자보다도 부분부분 등장하는 다양한 성경 계시들을 통합함으로써 성경에 계시된 하나님의 계획이 얼마큼 통일성을 이루는지 이해하도록 돕는다."[12] 로마서에는 신약의 다른 어느 책보다도 구약을 많이 인용했다. 그중에서도 특히 토라, 시편, 이사야서 말씀이 많고, 이외에 소선지서(호세아, 요엘, 하박국, 말라기), 열왕기상과 같은 역사서, 욥기와 잠언과 같은 지혜서 말씀도 곳곳에 있다. 자연스럽게 로마서에는 구약의 많은 인물들(아담, 아브라함, 사라, 이삭, 리브가, 에서, 야곱, 베냐민, 모세, 이새, 다윗, 엘리야 등)이 등장한다.

신약에서 로마서가 하는 역할은 사복음서에 나오는 이야기, 사도행전에 서술된 역사 그리고 다른 신약 편지들에 담긴 교훈을 통합하는 일을 한다. 예수님이 부활하시고 승천하신 이후, 그분을 따르는 자들은 그분의 나라가 실제로 있음을 로마 세계와 그 너머에까지 전파하는데, 로마서는 예수님의 사역이 교리에서 어떤 의미를 지니는지 요약하고 확장시킨다.

이 편지의 저변에는 종말론에 관한 예리한 의식[13]이 깔려 있어서 덕분에 로마서는 요한계시록을 이해하는 데에도 도움을 준다. 로마서가 거듭해서 거론하는 하나님의 진노(1:18; 2:5, 8; 3:5; 4:15; 5:9; 9:22; 12:19; 13:4-5)와 예수님이 경고하신 그 진노가 요한계시록에는 환상의 언어로 묘사되어 있다. 아울러 이 두 권은 모두 하나님의 아들(로마서는 십자가에 못 박힌 그리스도, 요한계시록은 죽임 당하신 어린양), 은혜, 구원도 묘사한다. 즉 로마서와 요한계시록은 그 강조하는 바가 상호보완적이다.

로마서와 그리스도의 관계는 어떠한가? 로마서는 그리스도를 높이는데, 그저 막연한 미사여구가 아니라 그분의 인격과 사역을 구체적으로 짚어 묘사한다. 그 가운데 다음 열 개의 예를 들 수 있다.

(1) 그리스도는 바울은 물론이요 모든 신자의 주인이자 주님이며 소

12 Douglas J. Moo, "Paul" in *New Dictionary of Biblical Theology: Exploring the Unity & Diversity of Scripture*, ed. T. Desmond Alexander and Brian S. Rosner (Downers Grove, IL: IVP Academic, 2000), 139.

13 Robert W. Yarbrough, "The Theology of Romans in Future Tense," *SBJT* 11/3 (Fall 2007): 46-62.

유주이다(1:1, 4, 6: 10:9).

(2) 그리스도는 아버지와 나란히 하나님에게서 오는 은혜(5:15: 16:20)와 하나님과 함께함으로써 누리는 평화(1:7: 5:1)의 근원이다.

(3) 그리스도는, 우리가 그분을 통해 하나님께 감사하고(1:8: 7:25) 하나님 안에서 기뻐하는(5:11) 중보자로서 하나님의 오른편에서 우리를 위해 기도하신다(8:34).

(4) 그리스도는 최후 심판의 날에 하나님의 대리자이시지만(2:16), 우리를 정죄에서 구원하실 수 있다(8:1).

(5) 그리스도는 구원에 이르는 믿음의 대상(3:22, 26)이고, 구속의 근원(3:24: 8:2)이며, 영생으로 이끄는 분이다(5:7, 21: 6:23).

(6) 그리스도는 우리가 죄에 관해서는 죽고 이로써 하나님과 함께 살도록(6:11) 죽음으로 우리 죗값을 대신하신 분이다(6:3: 8:34).

(7) 그리스도는 죽은 자 가운데서 살아나서(4:24) 신자들 속에 거하시고, 죽을 수밖에 없는 우리의 몸에 부활의 생명을 나눠주신다.

(8) 그리스도는 신자들이 아버지 하나님의 사랑에서 끊어질 수 없음을 보증한다(8:39).

(9) 그리스도는 신자들 간의 연합의 근원이고(15:5) 그들이 다함께 하나님께 영광을 돌리는 통로다(15:6).

(10) 그리스도는 복음을 전파해야 하는 합당한 이유(object)이시고 (16:25) "지혜로우신 하나님"이 영원한 찬송과 영광을 받으시는 통로다(16:27).


이 목록은 빙산의 일각일 뿐이다. 로마서는 거의 모든 부분에서 그 호소력과 통렬함(poignancy)을 "예수 그리스도"(17번) 또는 "그리스도 예수"(15번)에게 직접이거나 간접적으로 돌린다. 바울이 뚜렷하게 도발적으로 표현하듯이, 그리스도는 "만물 위에 계셔서 세세에 찬양을 받으실 하나님이시[다] 아멘"(9:5).

≋
## 로마서 설교하기

어느 차원에서 보면 로마서는 단순하다. 로마서에서 끌어낸 구절들은 구원에 이르는 '로마로 가는 길'을 건설하는 데 사용되어왔다. 사람은 누구나 문제를 안고 있다. 바로 죄다(3:23). 그리고 그 결과는 정죄와 죽음이다(6:23). 그런데 그리스도께서 죄인들을 위해 죽으셨다(5:8). 마음으로 그리스도를 믿으면 죄에서 자유로워진다(10:9-10). 하나님의 심판이 해제되고(8:1) 하나님의 사랑을 확증받는다(8:38-39). 구원에 이르는 이 안내도(road map)는 그동안 많은 형태를 취해왔다. 그런데 로마서의 여러 구절들이 복음 전도에 널리 사용되어왔다는 사실은, 그 다양한 구절들이 명료하고 유용하다는 증거다. 따라서 잃어버린 자를 영생으로 인도하기 위해 설교자들이 로마서를 하나의 영감과 지침으로 활용하는 것은 당연하다.

또 다른 차원에서 보면 로마서는 부주의한 강해자를 압도할 만큼 복잡하다. 그 내용이 너무도 치밀하고 풍부하기 때문에 로마서를 설교할 때 지나친 정보가 한편 가장 큰 위험이 될 수 있다. 설교자는 물론 회중도 마찬가지여서 이처럼 내용이 길고 충실한 글을 어떻게 다룰지 난감해 할 수 있다. 그래서 로마서 전체를 강해할 때 최대한의 효과를 발휘할 수 있도록 다음 네 가지 조언을 제시한다.

(1) 회중을 알라. 만일 교회가 1년에 걸쳐(또는 그 이상의) 성경을 책별로 강해하는 데 익숙하다면, 노련한 목사는 한 달에 한 장씩 설교하면 좋을 것이다. 하지만 회중이 그러한 강해 형식에 익숙지 않다면 앞의 상황보다는 덜 자세하지만 꼼꼼하게 설명하는 것이 낫다. 설교 수준을 지나치게 낮추라는 말은 아니라, 오히려 예수님이 모범을 보인 원리를 적용하는 것이다. "예수께서 이러한 많은 비유로 그들이 알아들을 수 있는 대로 말씀을 가르치시되"(막 4:33). 경험 많은 설교자들은, 청중이 최대한의 유익을 얻도록 수준을 너무 높이거나 낮추지 않는 것이 그들의 설교 기술과 소명의 일부임을 알고 있다. 이는 로마서 설교에 특히 중요한 항목이다.

(2) 요점을 파악하라. 로마서의 많은 구절은 수많은 심오한 진리들을 언급한다. 유능한 강해자라면, 인상적이지만 복잡한 주장들이나 호소들을 쏟아부어 청중을 질식시키기보다는, 그 풍부한 내용을 이해할 수 있는 분량으로 간단히 간추릴 것이다. 이러다 보면 많은 경우 설교자들은 자신이 본문을 수박겉핥기로 다룬다는 느낌이 들어 고심할 것이다. 어쩌면 그럴 수도 있다. 그러나 한 편의 설교에서는 한 본문에서 끌어낼 수 있는 모든 것을 단 하나의 전반적인 통찰이나 권면에 담아내는 편이 더 낫다. 예를 들어 로마서 2:1-10을 설교한다면, 이 본문과 주석들이 설교자에게 제공하는 모든 논평(observation)으로 청중에게 부담을 주기보다는 단 한 가지 확실한 교훈을 가르치는 편이 더 낫다는 것이다.

(3) 본문을 알라. 로마서가 매우 많은 신학을 담고 있고 강해자도 보통 자신의 신학을 갖고 있기 때문에, 설교자는 로마서의 메시지를 추출해서 제시하기보다 자신의 관점을 뒷받침하기 위해 로마서를 이용하고픈 마음이 들 수 있다. 연구하는 훈련을 잘 받았고 배우려는 겸손함을 갖춘 설교자는 자신의 신념보다 그리스도를 선포하는 쪽을 택할 것이다. 때로는 몇 달에 걸쳐 로마서를 강해하다 보면 회중이 지겨워할 수도 있는데, 이는 회중이 성경의 다른 본문 설교에서 자주 들어서 이미 아는 관점을 설교자가 계속 되풀이하기 때문일 수 있다. 이런 경우 로마서를 그 역사적, 신학적, 정경적 맥락에 비추어 주의 깊게 연구해 보자. 그러면 자칫 진부하다 느낄 수 있는 교리와 계명에 관해서도 언제나 참신한 관점을 얻을 것이다.

(4) 주님을 알라. 아주 작은 부분이라 해도 성경을 가리켜 '마법적'이라는 말을 쓰는 것이 적합하지는 않겠지만, 분명히 로마서에는 전율을 일으키는 면이 있다. 그 증거로 어거스틴에서 마르틴 루터와 존 웨슬리에 이르기까지 기독교 전통에 속한 거인들의 인생을 바꿔놓은 효과를 들 수 있겠다. 바울은 로마서를 주님과 동행하던 신앙 인생의 전성기에 썼다. 획기적인(epochal) 3차 선교여행과 고린도후서 집필을 막 끝낸 시점이었다. 바야흐로 바울 앞에는 예루살렘에서의 체포와 호된 시련이 놓여 있었고, 이어서 로마서보다는 짧지만 강력한 편지들(에베소서, 골로새서, 빌립보서, 빌레몬

서)을 추가로 쓸 시기가 다가오는 중이었다. 성령의 능력으로 하나님의 아들 안에서 믿음을 통해 하나님과 맺은 탄탄한 관계만이 로마서의 유창함과 비범함과 장엄함을, 그리고 세계 역사에 미친 영향을 설명할 수 있을 뿐이다. 바울의 메시지를 전달하기 위해 원저자에 공감할 만큼 로마서와 깊이 공명하려면, 바울이 그런 숭고한 진술을 작성하는 데 필요했던 바와 같이(벧후 1:21) 성령에 사로잡혀 하나님과 동행하고 그분께 충성해야 한다. 모세는 불타는 가시덤불 둘레의 거룩한 땅 때문에 그의 신발을 벗으라는 말씀을 들었다(출 3:5). 로마서를 설교하는 일도 하나님, 그분의 진리, 그리스도 안에 있는 그분의 사랑에 그와 비슷한 경외심을 품어야 가능하다.

## 해석상 과제

로마서의 뜻을 탐구하여 천 페이지도 넘는 글을 쓴 한 학자는, "아마 로마서는 신약의 모든 편지 가운데 분석하고 해석하기가 가장 어려운 편지일 것이다"[14]라고 말한다. 롱네커는, 어거스틴이 로마서 주석을 쓰기 시작했다가 너무나 어려워서 불과 일곱 절 뒤에 그 계획을 포기했다고도 언급했다. 또한 그는 에라스무스가 했던 난처한 말을 인용한다. "이 편지의 어려움은 그 유용함만큼이나 크며 어쩌면 그 유용함을 거의 넘어선다."[15]

이는 로마서가 그 가치보다 더한 골칫거리라는 말인데, 우리는 에라스무스의 말을 좇아서는 안 된다. 로마서는 오랜 세월 논란이 되어왔고 오늘날에도 여전히 거론되는 문제들이 있다. 이러한 문제들로 자연계시와 특별계시의 대조(1장), 인간의 타락상(1:16-32), 그리스도의 죽음을 통해 하

---

14 Richard N. Longenecker, *The Epistle to the Romans*, NIGTC (Grand Rapids, MI: Eerdmands, 2016), xiv.

15 같은 책.

나님의 구원을 주시는 의로움이 드러남(3:21-31), 아브라함의 믿음의 본질 (nature)과 중요성(4장), 둘째 아담인 그리스도와 첫째 아담의 관계(5:12-21), 믿음과 은혜와 율법에 관한 오해(6-7장), 우주 및 그리스도인의 고난과 하 나님의 합당하심(adequacy)에 관한 의문(8장), 여전히 진행중인 하나님의 구 속 사역에서 이스라엘 민족이 계속해서 담당하는 역할(9-11장), 복음을 진 정으로 받아들이는 것의 윤리적 효과(12-13장), 그리스도인의 자유와 방종 (14:1-15:7). 그리스도께서 구약 예언을 성취하신 것에 비춰본 교회의 선교 적 사명(15:8-33) 등이 있다. 이런 방대한 문학적인 움직임(literary movements) 들 가운데에, 동성 연애에 관한 비판(1:24-28), 7장에 나오는 "나"의 정체, 9장에 나오는 개별적 또는 집합적 선택의 문제 등 논란이 되는 수많은 작 은 대목들이 있다.

물론 이런 해석상의 과제들은 어쩌면 기회일 수도 있다. 로마서에서 논란이 되는 내용들은 판정하기는 어려우나 그래도 추구할 만한 가치가 있다. 로마서의 지혜를 상당한 수준으로 파악하기 위해 굳이 로마서 전체 에 대한 완전하고 포괄적인 이해를 획득할 필요는 없다. 우리는 로마서를 연구하여 참신한 개인적인 통찰을 얻을 뿐만 아니라, 로마서를 통해 로마 세계 전역에 퍼뜨리려고 했던 그 메시지의 강력한 선포를 이 시대를 사는 우리들도 생생하게 들을 수 있다.

# 개요

I. 바울의 인사와 감사(1:1-15)

  A. 주님의 사람들에게 전하는 인사(1:1-7)

  B. 주님의 목적에 드리는 감사(1:8-15)

II. 편지의 중심 주제: 복음(1:16-17)

III. 하나님의 보편적 계시: 사람의 보편적 불의(1:18-3:20)

  A. 하나님의 진노를 초래하는 불의(1:18-32)

  B. 하나님의 심판을 낳는 독선(2:1-16)

  C. 민족을 하나님의 용납과 혼동하는 종교적 위선(2:17-29)

  D. 모든 인간을 정당하게 정죄하는 하나님의 의(3:1-20)

IV. 구원을 주는 하나님의 의(3:21-5:21)

  A. 그리스도 예수 안에 있는 구속(3:21-31)

  B. 믿음으로써 의롭다 칭함을 받음(4:1-25)

  C. 칭의에서 생기는 화평(5:1-11)

  D. 죄와 사망에 대한 의의 승리(5:12-21)

V. 믿음(은혜)의 원리에 내놓는 세 가지 반론(6:1-7:25)

  A. "믿음은 죄를 부추긴다!"(6:1-14)

  B. "은혜는 율법을 폐지한다!"(6:15-7:6)

  C. "율법 자체가 죄다!"(7:7-25)

1 예수 그리스도의 종 바울은 사도로 부르심을 받아 하나님의 복음을
위하여 택정함을 입었으니 2 이 복음은 하나님이 선지자들을 통하여
그의 아들에 관하여 성경에 미리 약속하신 것이라 3 그의 아들에 관
하여 말하면 육신으로는 다윗의 1)혈통에서 나셨고 4 성결의 영으로는
2)죽은 자들 가운데서 부활하사 능력으로 하나님의 아들로 선포되셨
으니 곧 우리 주 예수 그리스도시니라 5 그로 말미암아 우리가 은혜와
사도의 직분을 받아 그의 이름을 위하여 모든 이방인 중에서 믿어 순
종하게 하나니 6 너희도 그들 중에서 예수 그리스도의 것으로 부르심
을 받은 자니라
7 로마에서 하나님의 사랑하심을 받고 성도로 부르심을 받은 모든 자
에게 하나님 우리 아버지와 주 예수 그리스도로부터 은혜와 평강이
있기를 원하노라

1 Paul, a servant$^1$ of Christ Jesus, called to be an apostle, set apart for
the gospel of God, 2 which he promised beforehand through his
prophets in the holy Scriptures, 3 concerning his Son, who was
descended from David$^2$ according to the flesh 4 and was declared to be

the Son of God in power according to the Spirit of holiness by his resurrection from the dead, Jesus Christ our Lord, [5] through whom we have received grace and apostleship to bring about the obedience of faith for the sake of his name among all the nations, [6] including you who are called to belong to Jesus Christ,

[7] To all those in Rome who are loved by God and called to be saints: Grace to you and peace from God our Father and the Lord Jesus Christ.

[8] 먼저 내가 예수 그리스도로 말미암아 너희 모든 사람에 관하여 내 하나님께 감사함은 너희 믿음이 온 세상에 전파됨이로다 [9] 내가 그의 아들의 복음 안에서 내 심령으로 섬기는 하나님이 나의 증인이 되시거니와 항상 내 기도에 쉬지 않고 너희를 말하며 [10] 어떻게 하든지 이제 하나님의 뜻 안에서 너희에게로 나아갈 좋은 길 얻기를 구하노라 [11] 내가 너희 보기를 간절히 원하는 것은 어떤 신령한 은사를 너희에게 나누어 주어 너희를 견고하게 하려 함이니 [12] 이는 곧 내가 너희 가운데서 너희와 나의 믿음으로 말미암아 피차 안위함을 얻으려 함이라 [13] 형제들아 내가 여러 번 너희에게 가고자 한 것을 너희가 모르기를 원하지 아니하노니 이는 너희 중에서도 다른 이방인 중에서와 같이 열매를 맺게 하려 함이로되 지금까지 길이 막혔도다 [14] 헬라인이나 [3)]야만인이나 지혜 있는 자나 어리석은 자에게 다 내가 빚진 자라 [15] 그러므로 나는 할 수 있는 대로 로마에 있는 너희에게도 복음 전하기를 원하노라

[8] First, I thank my God through Jesus Christ for all of you, because your faith is proclaimed in all the world. [9] For God is my witness, whom I serve with my spirit in the gospel of his Son, that without ceasing I mention you [10] always in my prayers, asking that somehow by God's will I may now at last succeed in coming to you. [11] For I long to see

you, that I may impart to you some spiritual gift to strengthen you—
[12] that is, that we may be mutually encouraged by each other's faith,
both yours and mine. [13] I do not want you to be unaware, brothers,[3]
that I have often intended to come to you (but thus far have been
prevented), in order that I may reap some harvest among you as well as
among the rest of the Gentiles. [14] I am under obligation both to Greeks
and to barbarians,[4] both to the wise and to the foolish. [15] So I am eager
to preach the gospel to you also who are in Rome.

---

1) 헬, 씨 2) 헬, 죽은 자의 부활로 3) 헬라어를 사용하지 않는 사람

*1* For the contextual rendering of the Greek word *doulos*, see Preface  *2* Or *who came from the offspring of David*  *3* Or *brothers and sisters*. In New Testament usage, depending on the context, the plural Greek word *adelphoi* (translated "brothers") may refer either to *brothers* or to *brothers and sisters*  *4* That is, non-Greeks

〰〰〰 단락 개관 〰〰〰

다른 어느 신약 편지보다 로마서에서 눈에 띄는 점이 있다. 바로 필자의
이름(1:1)과 수신자의 정체(7절) 사이에 긴 메시지가 삽입되어 있다는 것이
다. 바울의 일부 편지는 "바울"과 수신자의 이름 사이에 여섯 개 정도의 단
어가 있는 게 고작이다(참고. 에베소서, 빌립보서, 데살로니가전후서, 빌레몬서). 그런
데 로마서에는 무려 71개의 단어가 있다. 그나마 비슷한 수준의 편지를 예
로 들자면 디도서(46개 단어)와 갈라디아서(25개 단어)이다.[16]

---

16  이 단락에 나오는 단어 수는 헬라어 본문으로 계산한 것이다.

무슨 이유로 이렇게 단어가 많은 것일까? 그 이유들이 앞으로 논의하는 과정에서 등장할 것이다. 이렇게 볼 때 바울은 그의 편지에서 다루는 많은 주제를 여기서 간략하게 언급함으로써 그것들을 미리 선보이려 했던 것이 분명하다. 이 주제들 대다수는 하나님, 곧 그분의 복음, 그분의 약속들, 그분의 선지자들, 그분의 성경, 그분의 아들 등과 관련이 있다. 그러나 바울은 그의 독자들도 부각시킨다. 성도라는 그들의 지위, 그들의 믿음, 그들이 바울과 현재 및 장래에 맺는 상호관계 등이 있다. 끝으로, 바울은 또 하나의 중요한 이방 도시인 로마에 언젠가 도착해서 서로를 격려하고(롬 1:12) 복음을 전할 것(15절)을 내다보며 좀체 흥분을 감추지 못한다.

바울이 도착할 때까지 이 서신은 거기서 그리고 (어쩌면) 그 너머까지 수행할 사역에 관한 안내자(forerunner) 역할을 할 것이다. 바울의 편지들 가운데 이후의 단락들을 위해 그처럼 유창하고 신학적으로 폭넓은 토대를 놓는 다른 편지는 없다.

〰〰〰 **단락 개요** 〰〰〰

---

I. 바울의 인사와 감사(1:1-15)

    A. 주님의 사람들에게 전하는 인사(1:1-7)

    B. 주님의 목적에 드리는 감사(1:8-15)

---

〰〰〰 **주석** 〰〰〰

**1:1** 바울은 당시 헬레니즘 편지에서 나타나는 전형적인 서두를 따라 편지를 시작하면서 자기 이름을 밝힌다. 그러나 자신을 기술한 내용만큼은

전형적이지 않다. 다른 편지들에서 자신을 종으로 부르는 곳은 빌립보서 1:1(디모데와 더불어 "그리스도 예수님의 종")과 디도서 1:1("하나님의 종")밖에 없다. 대신 로마서에서는 종의 신분을 다른 두 개의 수식어로 묘사한다.

(1) 그는 "사도로 부르심을 받[았다]." 이는 그를 예수님이 선택한 열한 명(나중에 유다를 대신하여 맛디아가 보충되었다, 행 1:26)과 연결시킨다. 바울의 선택받음은 사도행전 9:1-19에 나온다. 사도는 그 자신이 아니라 그를 선발한 분을 대표한다. 이런 의미에서 바울은 예수님이 종이지, 그 자신의 의제를 홍보하는 자가 아니다.

(2) 그는 "하나님의 복음을 위하여 택정함을 입었[다]." 그는 하나님으로 말미암았으며 그분에 관한 '좋은 소식'(개역개정은 "복음")을 맡은 관리인이자 선포하는 자이다. 다음 몇 절에서 그 좋은 소식을 묘사했다.

1:2 이 구절은 바울이 전하는 좋은 소식의 토대가 구약성경에 있음을 밝혀준다. 바울은 랍비 가말리엘 아래서 훈련받았기에(행 22:3) 구약의 경전들을 잘 안다. 하나님은 이미 수세기 전에 그런 경전을 기록한 선지자들(모세, 이사야, 다니엘 등)을 통해 약속을 하셨다. 바울의 유대적 유산은 하나님의 기록된 말씀을 경외하는 것을 포함하는데(참고. 롬 3:1-2), 이 말씀은 종종 "율법"으로 요약된다. 의로운 사람은 "오직 여호와의 율법을 즐거워하여 그의 율법을 주야로 묵상하는" 자다(시 1:2). 바울이 이 경전들을 '거룩하다'라고 일컫는 이유는, 그것들이 인간 역사의 기록 가운데에 등장하는 다른 어떤 문헌과도 달리 하나님의 영감을 받은 독특한 책들이기 때문이다(참고. 딤후 3:16-17). 이 경전들은 기능 면에서도 독특하다. 이 책들은 로마서 1:3에 언급된 인물이 죄 많은 세상을 구속한 것을 가리키는 참된 이야기를 들려주기 때문이다.

1:3 하나님의 "아들"은 1절에서 언급된 "예수 그리스도"(ESV는 "Christ Jesus")다. 하나님이 약속하셨고 이제 성취된 좋은 소식의 핵심은 예수님이다. 예수님의 아들 됨은 바울의 복음 배후에 계시는 하나님이 관계적 존재

임을 상기시켜준다. 하나님은 단지 전능하고(모든 능력을 갖고) 전지한(모든 지식을 가진) 분만이 아니다. 그분을 알게 되는 사람들이 깨닫듯이, 그분은 동정하시고 개인적 관계를 맺는 하나님이시기도 하다. 예수님은 제자들에게 "우리 아버지"라는 말을 사용해서 하나님께 기도하라고 가르치셨다(마 6:9). 그분은 하나님을 늘 애정을 갖고 "아버지"로 불렀기 때문에 신성모독이라는 죄목으로 고소당하셨다(요 5:18). 뒷부분에서 바울은 하나님을 "아빠"(롬 8:15, 참고. 갈 4:6)라고 부름으로써, 하나님을 아는 이들에게 관계상의 따스함을 가리킬 것이다. 예수님이 하나님의 "아들"이라는 사실은 예수님을 따르는 자들이 "하나님의 자녀"(롬 8:16, 21)로 불릴 자격이 있다는 추론을 뒷받침한다.

예수님은 하늘의 계보뿐만 아니라 땅의 계보를 통해서도 내려오셨다. 그분은 구약의 주요 인물 가운데 하나인 다윗의 자손이다. 복음서에 나오는 두 가지 족보 모두 이 연결을 부각시킨다(마 1:1, 6; 눅 3:31). 사역 후반기에 들어선 바울은 디모데에게 "내가 전한 복음대로 다윗의 씨로 죽은 자 가운데서 다시 살아나신 예수 그리스도를 기억하라"(딤후 2:8)고 권면한다. 예수님이 다윗이 받은 약속들을 성취하셨고(예. 삼하 7:12) 복음서에서 자주 "다윗의 아들"로 언급되기 때문에(마태복음에만 10번), 바울은 그의 인간 혈통("육신으로는")을 매우 의미있게 여긴다.

**1:4** 이 구절은 바울이 하나님의 "복음"(1절)에 관해 하는 설명을 "죽은 자들 가운데서" 일어난 예수님의 부활을 포함하는 데까지 확장시킨다. 인간은 죽을 수밖에 없는 운명이다. 영국 시인 스윈번(A. C. Swinburne, 1837-1909)은 세월이 우리가 사랑하는 이들을 시체로 바꾼다고 탄식했다. 물론 우리도 그렇게 바뀐다. 그러나 예수님은 "많은 형제 중에서 맏아들이 되게"(8:29) 부름을 받았고 죽음을 정복하는 길로 인도하셨다(5:17, 21). 이 놀랍고 기적적인 진리에 힘입어 하나님이 예수님을 "능력으로 하나님의 아들로 선포[하신]" 것이다. 이 문구를 '[예수님을] 하나님의 아들로 강력하게 선포하셨다'로 번역할 수도 있다.

어느 쪽이든 예수님이 부활하심으로써 하나님이 성명을 발표하신 것
이다. 뿐만 아니라 하나님 아버지께서 예수님을 살리신 것(갈 1:1), 곧 그분
이 죽음에서 생명으로 옮겨짐은 "성결의 영"에 따른 것이었다(바울서신에 나
오는 "성결"에 대해서는 고후 7:1; 살전 3:13을 참고). 예수님이 죽음에서 생명으로
옮겨졌다는 것은, 그분을 믿는 자들 역시 현세에 "너희[믿는 자들] 안에 거하
시는 그의 영으로 말미암아 너희[그들의] 죽을 몸"(롬 8:11)을 통해 변화된 삶
을 경험할 수 있음을 의미한다. 이 경이로운 사건 배후에 "성결의 영"이 있
다. 즉, 거룩한 영이 복음을 통해 신자들을 그들을 위해 죽었다가 부활하신
분과 연합시킨다는 뜻이다. 그들은 진심으로 그분을 "우리 주 예수 그리스
도"라고 부를 수 있다.

**1:5** 바울은 주 예수를 통해(4절) 그리스도의 사도가 되는 선물(또는 "은혜")을
받았다. 우리는 "우리"가 예수님이 사도의 사역을 위해 선택하신 바울과 그
와 비슷한 부류에 속한다고 볼 수 있다. 이는 로마의 독자들이 바울과 그의
메시지의 권위를 인정하는 한 그들 역시 이 '부류'에 포함된다. 그런데 그때
나 지금이나, 바울처럼 독특한 통찰력과 책임을 갖고 사도로 섬기는 데 필
요한 특별한 "은혜"[17]를 받는 사람은 모든 신자가 아니라 사도들이다(특히 엡
3:8-10을 보라).

　　하나님이 바울에게 은사를 주신 목적은 "그의 이름을 위하여 모든 이
방인 중에서 믿어 순종하게" 하는 것이다. 이 목적에는 '무엇'과 '왜'와 '어
디서'가 포함되어 있다.

　　'무엇'에 관해 살펴보자면, 바울에게 사도로서 부름받은 것은 순종
이라는 결과를 위해 (하나님이에 의해) 뜻하신 것이었다. 여기서 '믿음의 순
종'(개역개정은 "믿어 순종")이 어떤 의미인지 헤아리기 위해 많은 박사 논문
에서 이를 다루었다. 그런데 다음 두 가지는 확실하다. (1) 그리스도와 성

---

17　하나님이 바울에게 주신 은혜는 다음 구절들을 참고하라. 롬 12:3; 15:5; 고전 3:10; 갈 2:9; 엡 3:2, 7;
　　골 1:25.

경이 계시하듯이 그리스도를 참으로 믿는 믿음은 하나님의 뜻에 순종하는 행위로 이어진다. 이에 관해 예수님은 "너희가 나를 사랑하면 나의 계명을 지키리라"(요 14:15)고 표현하셨다. 예수님에 대한 살아 있는 믿음은 그분에 대한 순종을 낳는다. 이는 '믿음에 따른 순종'(the obedience of faith)이다. (2) 그리스도인의 믿음은 어떤 것들(그리스도께서 몸으로 부활하심과 같은 것)은 긍정하고 다른 것들(예수님이 구원에 이르는 유일한 길이 아니라는 주장과 같은 것)은 부인한다. 구원의 믿음은 바로 '그' 믿음과 일치하는 것을 긍정하는 믿음이다. 이것은 '믿음에 대한 순종'(obedience to the faith)을 의미한다(KJV, NKJV).

'왜'에 관해 살펴보자면, "그의 이름을 위하여"는 예수님의 권위 아래서 그리고 그분의 뜻에 따라서라는 뜻이다. 바울이 이익을 좇아 복음을 팔아먹는 것이 아니라(고후 2:17) 선포하는 것은, 부활한 그리스도께서 그를 그렇게 쓰시려고 그의 인생을 차지하셨기 때문이다(행 9:15-16). 그는 자기를 위해서가 아니라 그리스도를 위해 복음을 전파하고 가르친다.

'어디서'에 관해 살펴보자면, 바울의 사명은 성령이 준비하고 인도하는 대로 복음을 들고 그 메시지를 들을 이방인이 있는 곳이면 어디든지 가는 것이다. 이것이 "모든 이방인 중에서"에 담긴 뜻이다. 예수님은 모든 이방인에게 복음을 들고 가라고 말씀하셨고(마 28:19), 바울은 로마서를 쓰는 시점까지 이미 20년이 넘도록 그 과업에 자신의 인생을 헌신하고 있었다.

**1:6** 처음으로 바울이 독자를 언급한다. "너희도"는 그들이 5절이 언급하는 '민족들' 또는 이방인 중에 있다는 뜻이다. 로마의 교회들에는 기독교로 회심한 유대인이 있었겠지만, 바울은 그의 독자들이 주로 이방인이라고 가정한다.

"부르심을 받은 자니라"라는 말은 바울이 "부르심을 받은"(1절) 것처럼 그들이 그리스도를 믿도록 하나님께서 그들도 부르셨다는 뜻이다. 바울은 예수님을 믿는 신자들을 "그[하나님]의 뜻대로 부르심을 입은"(8:28) 자들로 본다. "예수 그리스도의 것으로"는 그 부르심의 목적을 묘사한다. 믿음을 통해, 하나님의 아들(1:3)인 주 예수 그리스도(4절)의 예배자와 종이 되는 것이다.

**1:7** 마침내 바울은 자신이 쓴 글의 독자를 완전하면서도 공식적으로 밝힌다. 지리적으로 그들은 "로마에" 있다. 하나님이 보시는 신분으로 그들은 "하나님의 사랑하심을 받[은]" 자들이다. 나중에 바울은 그 사랑을 이렇게 정의한다. "우리가 아직 죄인 되었을 때에 그리스도께서 우리를 위하여 죽으심으로 하나님께서 우리에 대한 자기의 사랑을 확증하셨느니라"(5:8). 그들은 복음을 믿었으므로 그 믿음을 통해 그들에게 주시는 하나님의 사랑을 확신할 수 있다. "성도로 부르심을 받은"은 또 다른 각도에서 동일한 것을 말하는 듯하다. 하나님의 부르심과 그분의 사랑은 깊이 얽혀 있다.

바울의 인사말 [너희에게] 은혜와 평강이 있기를"은 헬레니즘 편지의 표준적 특징이 아니다. 로마서에 "은혜"라는 단어는 21번, "평화"는 10번 나온다.[18] 두 단어는 폭넓은 의미로 쓰이지만, 여기서 "은혜"는 죄 많은 존재들을 기꺼이 구원하시려는 하나님의 자비를 가리키고, "평화"는 그분의 은혜를 받은 결과로 그들이 누리는 복된 상태와 삶을 가리킨다.

은혜와 평화는 바울이 기대하는 막연한 희망사항이 아니라, 하나님의 아들을 통해 복음으로 선언된 하나님의 약속이다. 이런 이유로, 그리고 자신이 그리스도를 위해 보냄받은 사도이기 때문에, 바울은 이 두 가지 은총이 "하나님 우리 아버지와 주 예수 그리스도로부터" 온다고 확인한다. 바울은 그저 인간적 확신이 아니라 신적인 공인을 받아 글을 쓰고 있다. 그가 쓴 내용의 이면에는 예수 그리스도(아버지처럼 주님으로 불리는)와 더불어 하나님 아버지가 계신다.

**1:8** 바울이 "예수 그리스도로 말미암아"(ESV는 "through Jesus Christ") 감사하는 것은 중보자를 통하지 않고는 아무도(사도조차) 하나님께 직접 나아갈

---

18 특별한 언급이 없는 한, 단어 수는 ESV에 나오는 것을 적었다.

수 없기 때문이다(딤전 2:5). 복음 메시지 전파 초기에 이미 로마에 있는 그리스도인들의 믿음이 "온 세상", 즉 로마제국 전역에서 울려퍼지고 있다. 그 제국은 오늘날의 영국을 중심으로 남쪽으로는 북아프리카 전역, 동쪽으로는 파르티아(Parthia), 북쪽으로는 현재의 독일까지 널리 퍼져 있었다. 바울 당시만 해도 이미 복음이 로마 국경을 넘어 에티오피아(왕실 측근을 통해, 행 8:26-39)와 같은 장소들과 오순절 날 그 자리에 있던 언어 집단들이 대표하는 다른 지역들(행 2:8-11)까지 전파되고 있었다.

**1:9-10** 바울은 그 자신이 로마 교인들을 배려하고 또한 그들에게 헌신하고 있음을 그들이 알기를 원한다. 그래서 그는 하나님을 그의 증인으로 세워 이 말을 보증한다. 그는 다른 곳에서도 이와 똑같은 엄숙한 진술을 한다(고후 1:23; 빌 1:8; 살전 2:5). 바울은 하나님이 자신 가까이서 그의 내면생활을 감독하고 계심을 민감하게 의식한다. 바울의 헌신은 내면 깊숙한 곳("내 심령으로")에서, 그리고 구원의 복음 메시지에 충실하려는 마음가짐에서 비롯된다. 그가 독자들을 위해 지속적으로 올렸던 기도가 그 증거다. 사람들은 자기 마음속에서 큰 비중을 차지하는 것을 위해 기도하는 법이다.

　로마서 1:10은 바울이 과거에 로마에 가려고 애썼다는 뜻이다(참고. 13절). 그러나 예수님을 따르던 자들은 주기도문을 통해 자기 뜻이 아니라 하나님의 뜻을 위해 수고하고 기도하라는 가르침을 받았다. 바울은 "하나님의 뜻 안에서" 로마의 신자들을 만나 사역하려는 목표가 그들 가운데서 '이제는 마침내 달성될 수' 있으리라 기대한다. 문자를 통한 의사소통은 특히 기도로 뒷받침될 때 깊은 의미를 가질 수 있다. 그러나 어떤 것도 얼굴과 얼굴을 마주하는 관계를 대신할 수는 없다(딤후 4:9, 21, 또한 요이 1:12; 요삼 1:14도 보라).

**1:11-12** 바울은 두 가지 동기를 품었다. 첫째는 독자들을 견고하게 하기 위해 "어떤 신령한 은사"를 나눠주고 싶은 바람과 관련된다. 바울은 이 바람을 로마서 끝부분에서도 피력한다(16:25). 이 바람을 편지 전체가 추구하는 일차적인 목적으로 간주해도 무방하다. 바울은 그의 편지들에서 "은사"

를 열두 번 이상 언급한다. 로마서에서는 때때로 이 용어가 구원을 위해 그리스도를 통해 주시는 하나님의 값없는 은혜를 가리킨다(5:15, 6:23). 성령이 개개인에게 특별한 능력을 주셔서 그들을 준비시키는 것(12:6)으로는 단 한 번 언급된다.

어느 경우이든 바울의 동기는 가볍지 않다. "간절히 원하는"이라는 표현에는 깊은 열망이 담겨 있다(다음 구절들에서 "갈망하다" 또는 "열망하다"라는 단어의 용례를 보라. 고후 5:2, 9:14, 빌 1:8, 2:26, 살전 3:6, 딤후 1:4). 그리스도를 믿음으로써 하나님을 깊이 사랑하기에 이르는 이들은 사람들, 특히 믿음의 가족에 속한 다른 이들을 깊은 사랑으로 섬기는데(갈 6:10), 이는 하나님이 그들의 마음속에 그분의 사랑을 부으셨기 때문이다(롬 5:5).

바울은 줄 뿐만 아니라 받고도 싶어 한다. 이처럼 로마 신자들과 관계를 맺고자 하는 그의 열망은 상호적이다. 그는 "피차 안위함을 얻으려" 한다. 바울의 복음 메시지는 하나님 중심적으로, 사람에게 희망을 두지 않는다(3:23). 그렇다고 해서 사람을 중요하게 여기지 않는다는 뜻은 아니다. 사도라도 격려가 필요하다. 예수님이 마리아, 마르다, 나사로와 같은 친구들과 함께하길 갈망했던 것(요 11:5), 또는 겟세마네에서 베드로와 요한과 야고보에게 깨어서 그와 함께 기도하도록 간청했던 것(마 26:38)과 같다. 하나님을 깊이 의존하면 하나님의 백성 사이에 강건한 상호의존 관계가 만들어진다. 바울은 고압적인 사도로 글을 쓰지 않고 모든 당사자들이 서로를 도와 최고로 성장하는 운동에 속한 동역자 가운데 하나로 글을 쓴다.

**1:13-15** 바울은 계속해서 감사를 표현한다. 로마 교인의 믿음이 온 세상에 알려졌기 때문에 바울은 로마에 "여러 번…가고자"(13절)했다. 그런데 어떤 세력과 환경과 하나님의 뜻이 개입하는 바람에 바울은 아직까지 로마 방문의 길이 "막혔[다]"고 쓴다. 하지만 그는 "너희[그들] 중에서도 다른 이방인 중에서와 같이 열매를 맺게" 하려는 의향을 계속 품고 있다. 바울은 에베소(그가 최근 삼년을 지낸 큰 도시인), 또는 마게도냐와 아가야(유대의 가난한 신자를 위해 바울이 운송하고 있는 헌금을 내놓은, 15:26), 또는 "예루살렘으로부

터 두루 행하여 일루리곤까지" 펼쳐지는 방대한 지역(지난 십년에 걸쳐 복음을 전했던, 15:19)을 염두에 둔 듯하다.

바울이 로마에서 거두고 싶은 "열매"(1:13)에는 그가 도착할 때 나누길 열망하는 복음 메시지(1:15)도 포함된다. 14절에 나오는 단어의 헬라어 순서는, 바울이 상상하는 로마 청중의 다양성을 강조하는 것이다. 그들은 교양 있는 사람들(헬레니즘의 정의에 따라) 또는 멀리 있거나 멸시받는 인종들("야만인")일 수 있다. 그들은 실제로든 가상으로든 지혜를 갖추었을 수 있다. 아니면 한편 그들은 어리석은 자들일 수도 있다. 로마 청중이 어떤 사람들로 구성되었든지 간에 바울은 그들에게 "복음을 전하기를" 열망한다.

바울은 복음이 로마교인들 안에서 일할 것을 기대한다. 왜냐하면 그는 복음을, 자신의 말씀에 대해 다음과 같이 거론하는 하나님에게서 온 구원의 메시지로 여기기 때문이다. "내 입에서 나가는 말도 이와 같이 헛되이 내게로 되돌아오지 아니하고 나의 기뻐하는 뜻을 이루며 내가 보낸 일에 형통함이니라"(사 55:11). 예수님 역시 다수가 오해할 때에도 하나님의 말씀이 열매 맺으리라고 말씀하셨다(막 4:1-20). 바울은 청중이 호의적으로 들을 것이라 확신하는 듯하다. 따라서 그는 지금 "로마에 있는" 이들 가운데서 복음을 전하고 가르칠 것을 기대하면서 흥분을 감추지 못한 것으로 보인다(롬 1:15).

≈≈≈≈ 응답 ≈≈≈≈

(1) '신자들은 참된 사도들로 인해 하나님께 감사할 수 있다.' 하늘에 계신 하나님 아버지는 눈에 보이지 않는다(딤전 1:17). 그러나 그분은 성자 하나님의 구원 사역을 내다보며 가리켰던 선지자들과 그 사역을 돌아보며 가리킨 사도들을 보내셨다. 예수님은 그분의 뜻을 해석할 자들과 그분을 가장 먼저 따른 자들을 이끌 지도자들을 지명하셨다. 교회의 머리이신 그리스도는 사도들을 선택해서 파송하셨다. 로마서와 같은 정경을 통하여 그

들은 여전히 구원자 하나님을 믿는 교회의 모범이요, 복음이 모든 사람을 부르는 '믿음의 순종'(롬 1:5)의 모범으로 남아 있다.

(2) '하나님의 부르심과 뜻이 세상의 모습을 빚어낸다.' 세상 모든 일은 통제 불능처럼 보일 수 있다. 그러나 역사가 수십 세기를 흘러 주후 1세기에 이르기까지 하나님은 그분의 아들이 출현하도록 무대를 만들고 계셨다. 그 아들은 반역을 일삼는 세상에 대한 하나님의 오랜 구원 계획을 확증했다. 그는 복음을 반포할 자로 사도들(1절)을 부르셨고, 사람들을 따로 구별하여("성도들", 6-7절) 하나님의 부르심을 듣고 선포하도록 하셨다. 오늘날에도 (근본적으로 바울 시대 이후 변하지 않은) 복음 메시지는 당시에나(13절) 지금이나 복음 전파에 저항하는 무리가 있음에도 불구하고 구원의 효과와 권위를 가지고서 널리 퍼져나가 여전히 풍성한 열매를 맺고 있다(13절).

(3) '복음은 사랑의 수고를 불러일으킨다.' 바울은 자신이 "하나님의 사랑하심을 받[은]"(7절) 사람들이라 부르는 독자들에게 글을 쓴다. 그들은 "예수 그리스도의 것"이요(6절), 이 같은 신분 덕분에 그들은 용납받고 또한 개인적인 배려를 받는다. 바울은 로마 교인들을 위한 끊임없는 기도와 그들을 보고자 하는 갈망과 그가 도착하면 그와 그들의 상호작용을 통해 서로 유익을 얻을 것이라는 확신을 거론한다. 그들의 활발한 믿음이 온 세상에 알려짐에 따라(8절) 그때까지 바울은 종(1, 9절)인 동시에 좋은 소식을 전파할 빚을 진 자(14절)이다. 이 좋은 소식은 사람들을 하나님과 연합시키고 또한 보통은 그들을 갈라놓는 인종 및 다른 경계를 넘어 그들이 서로를 돌보도록 해준다. 복음은 하나님과 사람들이 서로 교제하도록 하는데, 그 교제 안에 있는 규범은 다른 사람을 돌보고 섬기는 것이다. 세상이 더 나아지리라는 희망은 그리스도 안에 있다. 왜냐하면 그리스도를 믿도록 초대하는 복음이 더 나은 사람들을 만들고, 그들은 무엇보다도 그들 자신이 아니라 하나님과 타인을 더 섬기려 하기 때문이다.

16 내가 복음을 부끄러워하지 아니하노니 이 복음은 모든 믿는 자에게 구원을 주시는 하나님의 능력이 됨이라 먼저는 유대인에게요 그리고 헬라인에게로다 17 복음에는 하나님의 의가 나타나서 믿음으로 믿음에 이르게 하나니 기록된 바 오직 의인은 믿음으로 말미암아 살리라 함과 같으니라

16 For I am not ashamed of the gospel, for it is the power of God for salvation to everyone who believes, to the Jew first and also to the Greek. 17 For in it the righteousness of God is revealed from faith for faith,*1* as it is written, "The righteous shall live by faith."*2*

*1 Or beginning and ending in faith  2 Or The one who by faith is righteous shall live*

이 짧은 대목을 왜 로마서 주요 단락으로 떼어놓았는지 이상하게 보일 것이다. 이는 많은 주석가들이 이 두 절을 편지 전체의 주제로 간주하기 때문이다. 짧은 대목에 담긴 주된 요소들을 살펴보면 이 내용이 왜 그토록 중요한지 알 수 있다.

첫째는 "복음"에 대한 언급이다. 이미 로마서 1:1은 "하나님의 복음"을 바울이 사도로 택정함을 입은 이유로 밝혔다. 바울이 그리스도 예수를 섬기는 것에 관한 한, 복음이야말로 바울이 편지를 쓰는 이유일 뿐만 아니라 살아가는 이유다. 그런데 이 두 구절에서 그 복음을 매우 간결하게 설명하므로 마땅히 강조할 만하다.

둘째는 이 구절들의 보편성이다. 주석가들은 바울이 말하는 "유대인"과 "헬라인"이 인류 전체를 가리키므로, 이 구절들이 모든 곳의 모든 사람에게 적용될 수 있다고 주장한다. 사회적으로 파편화되고 개인 정체성이 불확실한(그래서 어떤 사람들은 자신의 성별조차 확정하지 못하는) 시대에 모든 사람에게 동등하게 적용되고, 그런 의미에서 그들을 통합하고 연합하는 이 말은 대단히 중요하다.

셋째는 이 구절들이 가지는 긍정적인 힘이다. 이 구절들은 하나님의 행위("구원")를 언급한다. 그 행위는 자원하는 사람들을, 널리 퍼져 있고 치명적인 비참한 곤경(바울이 롬 1:18-3:20에서 주장할)에서 구출하는 일이다. 만일 모든 사람이 치명적인 병에 감염되어 있다면, 치료 소식보다 더 환영할 만한 것은 있을 수 없다.

이 두 구절은 놀라운 다음 명제를 개진한다. 현세와 내세의 세상을 치유하시는 하나님의 치료책이 있는데, 이는 곧 오직 한 분이신 그리스도께서 주시는 구원의 말씀이라는 것이다. 따라서 이 두 구절을 집중해서 살펴보도록 따로 떼놓는 것은 당연하다.

## ≈≈≈≈ 단락 개요 ≈≈≈≈

> Ⅱ. 편지의 중심 주제: 복음(1:16-17)

## ≈≈≈≈ 주석 ≈≈≈≈

**1:16** 바울은 절제된 표현으로 (다른 사도들처럼) 그가 전하는 메시지에 깊이 헌신하였음을 선언한다. 바울이 "복음"을 어떻게 이해하는지를 상세히 알고 싶으면 고린도전서 15:1-8을 보라. 복음은 예수 그리스도의 희생적 죽음과 장사, 그 이후에 잘 입증된 부활, 이 모두가 성경에 따라 일어난 사건이었다는 좋은 소식이다. 로마서의 나머지 부분은 대체로 이 복음에 담긴 요소들, 복음이 작동하는 방식, 구약이 복음을 어떻게 내다보고 설명하는지 등을 설명해준다.

이 좋은 소식은 구원을 주시는 하나님의 능력이다. 이 메시지는 그저 흥미로운 정보가 아니라 변혁을 이루는 선언이다. 이 선언은 하나님이 그분의 아들을 보내셔서 어떻게 구원을 이루셨는지에 관한 다면적인 진리를 전달한다.

복음은 개개인을 죄에서 구원한다(롬 6:23). 복음은 그들에게 새로운 삶을 살 수 있는 능력을 부여한다(8:11). 복음은 교회를 만든다(12:5). 복음은 영원한 소망을 주는 장래에 대한 기대를 북돋운다.

단, 모든 사람에게 복음이 선포될지라도 믿음으로 반응하는 이들만이 그 유익을 누릴 수 있다. 민족, 국적, 인종, 그 밖의 인간적 기준은 그 자체로 아무도 구원하지 못한다. 바울이 먼저 "유대인"을 언급하는 이유는 하나님이 편파적이기 때문이 아니다(참고. 2:11). 그 이유는 아브라함까지 거슬러 올라가는 것으로, 하나님이 한 민족을 골라내어 그들을 통해 세상에 그분의 구원의 손길을 알림으로써 모든 민족의 구원에 초점을 맞추기로 선택하셨기 때문이다(참고. 요 4:22). 바울이 사용한 "헬라인"이라는 표현은 아브라함의 후손이 아닌 모든 민족, 다시 말해 이방인들이나 '열방'을 가리킨다.

**1:17** 하나님은 그 구원의 메시지(참고. 1:16 주석)로 그의 구원 사역을 밝히신다. 하나님이 그것을 밝혀야 하는 이유는 다음과 같다. "이 세상의 신이 믿지 아니하는 자들의 마음을 혼미하게 하여 그리스도의 영광의 복음의 광채가 비치지 못하게 함이니 그리스도는 하나님의 형상이니라"(고후 4:4). 그리고 복음이 우리 각자에게 다가오기 전에는 우리가 그 "믿지 아니하는 자"라는 범주에 속해 있었다. 그리스도를 알고 비로소 우리를 구원에 이르게 하는 통찰은, 인간의 추론에 힘입어서가 아니라 하나님이 사역하신 결과다(마 16:17; 요 1:13).

누군가가 "믿음으로"(ESV는 "from faith") 복음 메시지를 들을 때는 하나님이 "믿음에"(ESV는 "for faith") 향하게 하는 결과가 따른다. 달리 말하면, 누군가가 복음 메시지를 듣고 믿을 때, 그 결과 그리스도와 그의 사역에 대한 믿음을 통해 하나님 안에서 신뢰관계가 맺어진다는 뜻이다. 인간의 결정은 필요한 요소다. 하지만 바울이 복음에 "나타나[는]" 것이라고 말하는 "하나님의 의"에 비하면 이는 부차적이다.

"하나님의 의"는 무엇인가? 로마서의 다른 여러 구절에서 이것을 언급한다(3:5, 21, 22, 25, 26, 10:3). 여기서는 "하나님이 사람들을 이 구원의 관계로 들어가게 하려고 행하시는 전체 과정"으로 정의할 수 있고, 바울은 그것을 "믿음"이라 부른다.[19] 믿음의 중요성이 "믿음으로 믿음에"라는 말에 이미 함축되어 있는데, 마지막에 나오는 구약 인용문인 "오직 의인은 믿음으로 말미암아 살리라"(참고. 합 2:4)는 어구가 그 중요성을 확증한다. 이 어구는 그리스도를 진실로 믿는 사람(그런즉 하나님이 그리스도의 의를 그 신

---

19 Moo, *Encountering the Book of Romans*, 29.

자에게 전가함으로써 의롭게 되는 사람, 참고. 4:5; 고후 5:21)은 영생, 곧 현재 누리는 양질의 삶과 영원히 지속되는 삶을 받는다는 뜻이다. 앞으로 바울이 쓰는 글의 상당 부분은 이 말의 뜻과 그것이 이뤄지는 경위를 파악하도록 돕는 역할을 한다.

≈≈≈≈ 응답 ≈≈≈≈

이 두 구절이 전하는 무게 있는 내용은 인간의 죄에 대한 상세한 설명, 그리스도를 통한 하나님의 칭의 사역, 아브라함의 믿음, 그리고 앞으로 펼쳐질 다른 사안들에 비춰봐야만 이해가 가능하다. 그러나 이미 이 시점에 두 개의 중요한 진리가 눈길을 끈다.

(1) 이 땅의 모든 사람이 구원받으려면 꼭 듣고 믿어야 할 복음, 곧 "좋은 소식"이 있다. "그러므로 믿음은 들음에서 나며 들음은 그리스도의 말씀으로 말미암았느니라"(롬 10:17). 이는 복음이 무엇인지(그리고 무엇이 아닌지)에 대한 참된 깨달음의 중요성을 강조한다. 로마서 전체가 그 깨달음을 확증하고 상술하는 역할을 한다. 그래서 로마서가 성경 중심에 있는 것이다. 또한 이 책은 모든 시대에 모든 곳에서 복음을 선포하는 것이 중요하다고 역설한다(10:14-15).

(2) 복음은 하나님의 의를 나타내기 때문에 구원할 수 있다. 구원은 하나님의 행위이지 사람이 홀로 또는 스스로 행할 수 있는 일이 아니다. 다음에 나오는 대목(1:18-3:20)은 우리의 자연적 깨달음이나 순종의 행위나 종교적 신분으로 하나님을 알거나 기쁘게 할 수 있다는 인간의 허세를 폭로할 것이다. 로마서 1:16-17은 처음부터 "그만두라!"고 외친다. 인간의 결정은 구원을 받는 데 필요하지만 결코 충분하지 않다. 하나님 앞에서 의로워지려고 인간이 하는 모든 노력에는 다 결함이 있다. 이런 노력들은 오직 그리스도 안에 나타난 "하나님의 의"에 비하면 너무나 초라하며 실로 아무것도 아니다.

1:18 하나님의 진노가 불의로 진리를 막는 사람들의 모든 경건하지 않음과 불의에 대하여 하늘로부터 나타나나니 19 이는 하나님을 알 만한 것이 그들 속에 보임이라 하나님께서 이를 그들에게 보이셨느니라 20 창세로부터 그의 보이지 아니하는 것들 곧 그의 영원하신 능력과 신성이 그가 만드신 만물에 분명히 보여 알려졌나니 1) 그러므로 그들이 핑계하지 못할지니라 21 하나님을 알되 하나님을 영화롭게도 아니하며 감사하지도 아니하고 오히려 그 생각이 허망하여지며 미련한 마음이 어두워졌나니 22 스스로 지혜 있다 하나 어리석게 되어 23 썩어지지 아니하는 하나님의 영광을 썩어질 사람과 새와 짐승과 기어다니는 동물 모양의 우상으로 바꾸었느니라

1:18 For the wrath of God is revealed from heaven against all ungodliness and unrighteousness of men, who by their unrighteousness suppress the truth. 19 For what can be known about God is plain to them, because God has shown it to them. 20 For his invisible attributes, namely, his eternal power and divine nature, have been clearly perceived, ever since the creation of the world,*1* in the things that have been made. So they are without excuse. 21 For although they knew God, they did not honor him as God or give thanks to him, but they became futile in their thinking, and their foolish hearts were darkened. 22 Claiming to be wise, they became fools, 23 and exchanged the glory of the immortal God for images resembling mortal man and birds and animals and creeping things.

24 그러므로 하나님께서 그들을 마음의 정욕대로 더러움에 내버려 두사 그들의 몸을 서로 욕되게 하게 하셨으니 25 이는 그들이 하나님의 진리를 거짓 것으로 바꾸어 피조물을 조물주보다 더 경배하고 섬김이라 주는 곧 영원히 찬송할 이시로다 아멘

24 Therefore God gave them up in the lusts of their hearts to impurity, to the dishonoring of their bodies among themselves, 25 because they exchanged the truth about God for a lie and worshiped and served the creature rather than the Creator, who is blessed forever! Amen.

26 이 때문에 하나님께서 그들을 부끄러운 욕심에 내버려 두셨으니 곧 그들의 여자들도 순리대로 쓸 것을 바꾸어 역리로 쓰며 27 그와 같이 남자들도 순리대로 여자 쓰기를 버리고 서로 향하여 음욕이 불 일듯 하매 남자가 남자와 더불어 부끄러운 일을 행하여 그들의 그릇됨에 상당한 보응을 그들 자신이 받았느니라

26 For this reason God gave them up to dishonorable passions. For their women exchanged natural relations for those that are contrary to nature; 27 and the men likewise gave up natural relations with women and were consumed with passion for one another, men committing shameless acts with men and receiving in themselves the due penalty for their error.

²⁸ 또한 그들이 ²⁾마음에 하나님 두기를 싫어하매 하나님께서 그들을 그 상실한 마음대로 내버려 두사 합당하지 못한 일을 하게 하셨으니 ²⁹ 곧 모든 불의, 추악, 탐욕, 악의가 가득한 자요 시기, 살인, 분쟁, 사기, 악독이 가득한 자요 수군수군하는 자요 ³⁰ 비방하는 자요 ³⁾하나님께서 미워하시는 자요 능욕하는 자요 교만한 자요 자랑하는 자요 악을 도모하는 자요 부모를 거역하는 자요 ³¹ 우매한 자요 배약하는 자요 무정한 자요 무자비한 자라 ³² 그들이 이같은 일을 행하는 자는 사형에 해당한다고 하나님께서 정하심을 알고도 자기들만 행할 뿐 아니라 또한 그런 일을 행하는 자들을 옳다 하느니라

²⁸ And since they did not see fit to acknowledge God, God gave them up to a debased mind to do what ought not to be done. ²⁹ They were filled with all manner of unrighteousness, evil, covetousness, malice. They are full of envy, murder, strife, deceit, maliciousness. They are gossips, ³⁰ slanderers, haters of God, insolent, haughty, boastful, inventors of evil, disobedient to parents, ³¹ foolish, faithless, heartless, ruthless. ³² Though they know God's righteous decree that those who practice such things deserve to die, they not only do them but give approval to those who practice them.

²:¹ 그러므로 남을 판단하는 사람아, 누구를 막론하고 네가 핑계하지 못할 것은 남을 판단하는 것으로 네가 너를 정죄함이니 판단하는 네가 같은 일을 행함이니라 ² 이런 일을 행하는 자에게 하나님의 심판이 진리대로 되는 줄 우리가 아노라 ³ 이런 일을 행하는 자를 판단하고도 같은 일을 행하는 사람아, 네가 하나님의 심판을 피할 줄로 생각하느냐 ⁴ 혹 네가 하나님의 인자하심이 너를 인도하여 회개하게 하심을 알지 못하여 그의 인자하심과 용납하심과 길이 참으심이 풍성함을 멸시하느냐 ⁵ 다만 네 고집과 회개하지 아니한 마음을 따라 진노의 날 곧 하나

님의 의로우신 심판이 나타나는 그날에 임할 진노를 네게 쌓는도다

²:¹Therefore you have no excuse, O man, every one of you who judges. For in passing judgment on another you condemn yourself, because you, the judge, practice the very same things. ²We know that the judgment of God rightly falls on those who practice such things. ³Do you suppose, O man—you who judge those who practice such things and yet do them yourself—that you will escape the judgment of God? ⁴Or do you presume on the riches of his kindness and forbearance and patience, not knowing that God's kindness is meant to lead you to repentance? ⁵But because of your hard and impenitent heart you are storing up wrath for yourself on the day of wrath when God's righteous judgment will be revealed.

⁶하나님께서 각 사람에게 그 행한 대로 보응하시되 ⁷참고 선을 행하여 영광과 존귀와 썩지 아니함을 구하는 자에게는 영생으로 하시고 ⁸오직 당을 지어 진리를 따르지 아니하고 불의를 따르는 자에게는 진노와 분노로 하시리라 ⁹악을 행하는 각 사람의 영에는 환난과 곤고가 있으리니 먼저는 유대인에게요 그리고 헬라인에게며 ¹⁰선을 행하는 각 사람에게는 영광과 존귀와 평강이 있으리니 먼저는 유대인에게요 그리고 헬라인에게라 ¹¹이는 하나님께서 외모로 사람을 취하지 아니하심이라

⁶He will render to each one according to his works: ⁷to those who by patience in well-doing seek for glory and honor and immortality, he will give eternal life; ⁸but for those who are self-seeking² and do not obey the truth, but obey unrighteousness, there will be wrath and fury. ⁹There will be tribulation and distress for every human being who does evil, the Jew first and also the Greek, ¹⁰but glory and honor and peace

for everyone who does good, the Jew first and also the Greek. ¹¹ For God shows no partiality.

¹²무릇 율법 없이 범죄한 자는 또한 율법 없이 망하고 무릇 율법이 있고 범죄한 자는 율법으로 말미암아 심판을 받으리라 ¹³하나님 앞에서는 율법을 듣는 자가 의인이 아니요 오직 율법을 행하는 자라야 의롭다 하심을 얻으리니 ¹⁴(율법 없는 이방인이 본성으로 율법의 일을 행할 때에는 이 사람은 율법이 없어도 자기가 자기에게 율법이 되나니 ¹⁵이런 이들은 그 양심이 증거가 되어 그 생각들이 서로 혹은 고발하며 혹은 변명하여 그 마음에 새긴 율법의 행위를 나타내느니라) ¹⁶곧 나의 복음에 이른 바와 같이 하나님이 예수 그리스도로 말미암아 사람들의 은밀한 것을 심판하시는 그날이라

¹² For all who have sinned without the law will also perish without the law, and all who have sinned under the law will be judged by the law. ¹³ For it is not the hearers of the law who are righteous before God, but the doers of the law who will be justified. ¹⁴ For when Gentiles, who do not have the law, by nature do what the law requires, they are a law to themselves, even though they do not have the law. ¹⁵ They show that the work of the law is written on their hearts, while their conscience also bears witness, and their conflicting thoughts accuse or even excuse them ¹⁶ on that day when, according to my gospel, God judges the secrets of men by Christ Jesus.

¹⁷유대인이라 불리는 네가 율법을 의지하며 하나님을 자랑하며 ¹⁸율법의 교훈을 받아 하나님의 뜻을 알고 ⁴⁾지극히 선한 것을 분간하며 ¹⁹맹인의 길을 인도하는 자요 어둠에 있는 자의 빛이요 ²⁰율법에 있는 지식과 진리의 모본을 가진 자로서 어리석은 자의 교사요 어린아

이의 선생이라고 스스로 믿으니 <sup>21</sup> 그러면 다른 사람을 가르치는 네가 네 자신은 가르치지 아니하느냐 도둑질하지 말라 선포하는 네가 도둑질하느냐 <sup>22</sup> 간음하지 말라 말하는 네가 간음하느냐 우상을 가증히 여기는 네가 신전 물건을 도둑질하느냐 <sup>23</sup> 율법을 자랑하는 네가 율법을 범함으로 하나님을 욕되게 하느냐 <sup>24</sup> 기록된 바와 같이 하나님의 이름이 너희 때문에 이방인 중에서 모독을 받는도다

<sup>17</sup> But if you call yourself a Jew and rely on the law and boast in God <sup>18</sup> and know his will and approve what is excellent, because you are instructed from the law; <sup>19</sup> and if you are sure that you yourself are a guide to the blind, a light to those who are in darkness, <sup>20</sup> an instructor of the foolish, a teacher of children, having in the law the embodiment of knowledge and truth— <sup>21</sup> you then who teach others, do you not teach yourself? While you preach against stealing, do you steal? <sup>22</sup> You who say that one must not commit adultery, do you commit adultery? You who abhor idols, do you rob temples? <sup>23</sup> You who boast in the law dishonor God by breaking the law. <sup>24</sup> For, as it is written, "The name of God is blasphemed among the Gentiles because of you."

<sup>25</sup> 네가 율법을 행하면 할례가 유익하나 만일 율법을 범하면 네 할례는 무할례가 되느니라 <sup>26</sup> 그런즉 무할례자가 율법의 규례를 지키면 그 무할례를 할례와 같이 여길 것이 아니냐 <sup>27</sup> 또한 본래 무할례자가 율법을 온전히 지키면 율법 조문과 할례를 가지고 율법을 범하는 너를 정죄하지 아니하겠느냐 <sup>28</sup> 무릇 표면적 유대인이 유대인이 아니요 표면적 육신의 할례가 할례가 아니니라 <sup>29</sup> 오직 이면적 유대인이 유대인이며 할례는 마음에 할지니 영에 있고 율법 조문에 있지 아니한 것이라 그 칭찬이 사람에게서가 아니요 다만 하나님에게서니라

<sup>25</sup> For circumcision indeed is of value if you obey the law, but if you

break the law, your circumcision becomes uncircumcision. $^{26}$ So, if a man who is uncircumcised keeps the precepts of the law, will not his uncircumcision be regarded$^3$ as circumcision? $^{27}$ Then he who is physically$^4$ uncircumcised but keeps the law will condemn you who have the written code$^5$ and circumcision but break the law. $^{28}$ For no one is a Jew who is merely one outwardly, nor is circumcision outward and physical. $^{29}$ But a Jew is one inwardly, and circumcision is a matter of the heart, by the Spirit, not by the letter. His praise is not from man but from God.

3:1 그런즉 유대인의 나음이 무엇이며 할례의 유익이 무엇이냐 $^2$ 범사에 많으니 우선은 그들이 하나님의 말씀을 맡았음이니라 $^3$ 어떤 자들이 믿지 아니하였으면 어찌하리요 그 믿지 아니함이 하나님의 미쁘심을 폐하겠느냐 $^4$ 그럴 수 없느니라 사람은 다 거짓되되 오직 하나님은 참되시다 할지어다 기록된 바

　　주께서 주의 말씀에 의롭다 함을 얻으시고

　　판단받으실 때에 이기려 하심이라

함과 같으니라 $^5$ 그러나 우리 불의가 하나님의 의를 드러나게 하면 무슨 말 하리요 [내가 사람의 말하는 대로 말하노니] 진노를 내리시는 하나님이 불의하시냐 $^6$ 결코 그렇지 아니하니라 만일 그러하면 하나님께서 어찌 세상을 심판하시리요 $^7$ 그러나 나의 거짓말로 하나님의 참되심이 더 풍성하여 그의 영광이 되었다면 어찌 내가 죄인처럼 심판을 받으리요 $^8$ 또는 그러면 선을 이루기 위하여 악을 행하자 하지 않겠느냐 어떤 이들이 이렇게 비방하여 우리가 이런 말을 한다고 하니 그들은 정죄받는 것이 마땅하니라

3:1 Then what advantage has the Jew? Or what is the value of circumcision? $^2$ Much in every way. To begin with, the Jews were entrusted with the oracles of God. [3] What if some were unfaithful? Does their faithlessness nullify the faithfulness of God? [4] By no means! Let God be true though every one were a liar, as it is written,

"That you may be justified in your words,

and prevail when you are judged."

[5] But if our unrighteousness serves to show the righteousness of God, what shall we say? That God is unrighteous to inflict wrath on us? (I speak in a human way.) [6] By no means! For then how could God judge the world? [7] But if through my lie God's truth abounds to his glory, why am I still being condemned as a sinner? [8] And why not do evil that good may come?—as some people slanderously charge us with saying. Their condemnation is just.

[9] 그러면 어떠하냐 우리는 [5)]나으냐 결코 아니라 유대인이나 헬라인이나 다 죄 아래에 있다고 우리가 이미 선언하였느니라 [10] 기록된 바
    의인은 없나니 하나도 없으며
[11]  깨닫는 자도 없고 하나님을 찾는 자도 없고
[12]  다 치우쳐 함께 무익하게 되고 선을 행하는 자는 없나니 하나도 없도다
[13]  그들의 목구멍은 열린 무덤이요 그 혀로는 속임을 일삼으며 그 입술에는 독사의 독이 있고
[14]  그 입에는 저주와 악독이 가득하고
[15]  그 발은 피 흘리는 데 빠른지라
[16]  파멸과 고생이 그 길에 있어
[17]  평강의 길을 알지 못하였고
[18]  그들의 눈앞에 하나님을 두려워함이 없느니라 함과 같으니라

[9] What then? Are we Jews[6] any better off?[7] No, not at all. For we have

already charged that all, both Jews and Greeks, are under sin, [10] as it is written:

"None is righteous, no, not one;

[11]     no one understands;

     no one seeks for God.

[12] All have turned aside; together they have become worthless;

     no one does good,

     not even one."

[13]     "Their throat is an open grave;

     they use their tongues to deceive."

     "The venom of asps is under their lips."

[14]     "Their mouth is full of curses and bitterness."

[15]     "Their feet are swift to shed blood;

[16]     in their paths are ruin and misery,

[17] and the way of peace they have not known."

[18]     "There is no fear of God before their eyes."

[19] 우리가 알거니와 무릇 율법이 말하는 바는 율법 아래에 있는 자들에게 말하는 것이니 이는 모든 입을 막고 온 세상으로 하나님의 [6)]심판 아래에 있게 하려 함이라 [20] 그러므로 율법의 행위로 그의 앞에 의롭다 하심을 얻을 육체가 없나니 율법으로는 죄를 깨달음이니라

[19] Now we know that whatever the law says it speaks to those who are under the law, so that every mouth may be stopped, and the whole world may be held accountable to God. [20] For by works of the law no human being[8] will be justified in his sight, since through the law comes knowledge of sin.

1) 또는 이는 그들로 핑계하지 못하게 하심이니라  2) 헬, 지식에  3) 또는 하나님을 미워하
는 자요  4) 또는 능히 같지 아니한 점을 분별하라  5) 또는 그들만 못하뇨  6) 또는 정죄
*1* Or *clearly perceived from the creation of the world*  *2* Or *contentious*  *3* Or *counted*
*4* Or *is by nature*  *5* Or *the letter*  *6* Greek *Are we*  *7* Or *at any disadvantage?*
*8* Greek *flesh*

〰〰〰 단락 개관 〰〰〰

이 단락은 삽입된 것으로, 이는 중요한 시사점으로 우리가 꼭 알아야 한다.
로마서 1:17은 "하나님의 의"에 관해 말하고, 1:18은 "하나님의 진노"로
전환하며, 3:21은 "하나님의 의"로 되돌아온다. 따라서 이 단락은 하나님
의 의가 왜 구원에 반드시 필요한지 설명하는 역할을 한다. 그 반대는 하
나님의 진노이기 때문이다. 이 진노는 보편적이다. "온 세상"이 하나님에
대해 책임이 있고(3:19) 구약에 나타난 그분의 의로운 성품을 감히 따라갈
수 없기 때문이다(3:20). 더구나 하나님은 세상의 창조자이실 뿐만 아니라
심판자이시기도 하다(3:6; 딤후 4:1, 8).

　　단락 개요에 나오는 하부단락들은 인간 죄성의 넓이와 깊이를 보여준
다. 이 대목들은 전적인 타락, 곧 "인간 본성의 모든 요소가 철저히 죄로 전
염되었다"는 신념을 가르친다.[20] 이 단락은 네 가지 움직임으로 펼쳐진다.

　　(1) 로마서 1:18-32은 인류가 하나님의 진리를 억누르고 그 자신의
도덕적 우둔함을 우상화하는 모습을 여러 면에서 묘사한다. 이 과정에서
동성 간의 음탕함과 성관계 등 수치스러운 정념들이 들어난다. 이어서 바
울은 인간이 참된 하나님(과 그분의 의)을 버리고 독자적으로 (비)도덕적 취
향을 선택하는 바람에 생기는 "상실한 마음"(1:28, ESV는 "a debased mind")의

---

20　Gregg R. Allison, *The Baker Compact Dictionary of Theological Terms* (Grand Rapids, MI: Baker, 2016),
　　212.

열매를 스무 개도 넘게 열거한다.

(2) 1:18-32이 제멋대로 타락에 나뒹구는 사람들의 극적이고 생생한 초상화를 그린 다음, 2:1-16은 독자를 향해 "네가 너를 정죄함이니"(2:1)라며 상대방을 고소한다. 이렇게 말하는 이유는 모든 사람이 방금 묘사한 악덕과 관련해 죄가 있기 때문이다. 사람들은 무엇이 옳고 그른지를 알면서도 "율법"(바울이 흔히 말하는 구약)에 반영된 하나님의 거룩하고 의로운 성품은커녕 그들 자신의 표준에 맞춰서도 살지 못한다.

(3) 바울은 유대인으로서 예전에 "율법의 의로는 흠이 없는 자라"(빌 3:6)고 확신했던 만큼, 사람들이 어떻게 남을 정죄하면서도 그들 자신 역시 그만큼 나빠질 수 있는지를 잘 안다. 그래서 로마서 2:17-29은 바울이 한때 옹호했던 환상적인 종교성을 적나라하게 폭로한다. "속사람으로 유대 사람인 이가 유대 사람이며…성령으로 마음에 받는 할례가 참할례입니다"(2:29, 새번역). 그리스도를 믿음으로써 경험하는 내적 변화가 없으면 가장 엄중한 도덕적 표준과 종교적 전통도 아무런 소용이 없다.

(4) 마지막 단락(3:1-20)에서는 바울이 다양한 구약 구절들을 활용해서 인간이 겪는 영적 문제를 어떻게 묘사했는지 살펴본다. 유대인은 그들의 성경에 담긴 하나님의 예언을 소유하는 명백한 이점과 특권을 가졌다. 그런데도 그들은 바로 그 글들에 의해 불성실하다고 심판받았다. 사실 "유대인이나 헬라인이나 다 죄 아래에 있다"(3:9). 이 단락은 하나님이 "온 세상"에 내리신 보편적인 부정적 판결로 마무리된다(3:19). 죄에 대한 지식을 이방인은 양심을 통해(2:15), 유대인은 율법을 통해(3:20) 얻는다. 그러나 사람은 이 문제를 스스로 해결할 방도가 없다.

Ⅲ. 하나님의 보편적 계시: 사람의 보편적 불의(1:18-3:20)
   A. 하나님의 진노를 초래하는 불의(1:18-32)
   B. 하나님의 심판을 낳는 독선(2:1-16)
   C. 민족을 하나님의 용납과 혼동하는 종교적 위선(2:17-29)
   D. 모든 인간을 정당하게 정죄하는 하나님의 의(3:1-20)

≋≋≋≋ 주석 ≋≋≋≋

**1:18** "하나님의 의가 나타[난]"(17절) 것과 같이 "하나님의 진노"도 나타났다. 장차 임할 하나님의 진노는 세례 요한(마 3:7; 눅 3:7)과 예수님(눅 21:23, 요 3:36도 보라)이 가르쳤으며, 특히 지옥에 관한 경고를 강조했다(예. 마 10:28).[21] 구약성경과 바울 당시의 유대교 모두가 "이스라엘의 하나님께 동조하는 이들과 그렇지 않은 이들 앞에 놓인 대조적인 운명"을 동일하게 인정했다.[22]

인간의 "경건하지 않음과 불의" 때문에, 하나님의 진노는 이미 내려질 준비가 되어 있다. 다음 절들이 묘사하듯이, 인간은 일반적으로 하나님의 진리를 구하고 존중하는 것이 아니라 "막으려"든다. 바울은 그가 자주 관찰하는 대로 로마 세계의 종교적 관점과 그에 따른 도덕적 불결함을 묘사

---

21  Robert W. Yarbrough, "Jesus on Hell," in *Hell Under Fire: Modern Scholarship Reinvents Eternal Punishment*, ed. Christopher W. Morgan and Robert Peterson (Grand Rapids, MI: Zondervan, 2004), 67-90.

22  Douglas Moo, "Paul on Hell," in *Hell Under Fire*, 102.

하는 것 같다. 그러나 이런 죄악은 이방인만 짓는 것이 아니다. 바울은 곧 동료 유대인들 사이에 존재하는 불의의 형태를 구체적으로 말할 것이고, 더 뒷부분에서는 온 인류의 죄악을 거론할 것이다.

**1:19-20** 이 구절에서는 인간이 어떻게 "[그들의] 불의로 진리를 막는[지]"(18절) 설명한다. 하나님이 존재하심을 증명하는 설득력 있는 설명이 인간들 사이에 존재하는 이유는, "하나님께서 이를 그들에게 보이셨[기]"(19절) 때문이다. 이것은 하나님에 관한 '자연적인' 지식이다. 곧 사람을 초월하는 그 무엇이 '저기에' 또는 별들 너머에 또는 인간의 존재나 인간 의식의 '깊숙한 내면에' 존재한다는 것을 모든 시기와 모든 곳에 있는 사람들이 경험하는 감각이다.

단지 우리만 경험하는 것이 아니다. 하나님은 특히 창조질서를 통해 그분의 존재를 드러내신다. 자연의 광대함과 정교함을 통해 하나님의 "보이지 아니하는 것들 곧 그의 영원하신 능력과 신성이" 분명히 나타났다(20절). "분명히 보여 알려졌나니"(ESV는 "cleary perceived")라고 번역한 부분에서 바울은 인간의 인식을 가리키는 데 두 개의 동사를 사용한다. 이는 창조주 하나님의 존재를 가리키는 확실하고 명시적인 증거를 강조한다. 그런데 바울 당시나 오늘날의 사람은 그런 지식을 부인하거나(예. 무신론) 왜곡된 형태(예. 범신론, 거짓 종교들)로 바꿔놓는다. 대다수 현대 서구사상은(칸트로 거슬러 올라가는) 하나님을 (설령 존재할지라도) 본질적으로 알 수 없다는 것을 기정사실로 삼는다. 여기서 바울은 이런 입장은 뛰어난 철학이 아니라 우주적 증거를 완벽하게 오해한 것이라고 주장한다. 핑계할 것이 없다.

**1:21** 이 구절은 사람들이 "핑계하지 못할"(20절) 이유를 설명한다. 간단히 말해, 사람들이 창조세계를 통해 하나님을 인정하지 않은 탓에 지적인 ("그 생각") 파산과 도덕적("미련한 마음") 파산이라는 결과를 낳았다. 두 경우모두 동사가 수동태인데, 이는 그들이 그러한 망상에 빠지도록 하나님이 능동적인 역할을 하셨음을 가리킨다. 바울이 다른 곳에서 말하듯이 "하나

님은 업신여김을 받지 아니하[신다]"(갈 6:7). 사람들이 하나님을 상관없는 존재라고 말한다고 해서 그분의 심판을 피할 수는 없다. 자연을 관찰함으로써 하나님에 관해 알 수 있음을 생각하면, "하나님을 영화롭게도 아니하며 감사하지도 아니하[는]" 것은 파탄에 이르는 지름길이다.

**1:22-23** "스스로 지혜 있다" 하는 것은 21절에 나오는 "그 생각이 허망하여지며"와 짝을 이룬다. "[그들이] 어리석게 되어"는 "[그들의] 미련한 마음이 어두워졌나니"와 짝을 이룬다. "어리석게 되어"는 하나님께서 하시는 일을 가리키는 것으로 볼 수 있다. 하나님은 믿음으로써 받을 구원의 복음을 통해 그분의 의를 나타내신다(17절). 동일한 그분이 자연(과 그분의 아들)을 통해 드러난 그분의 은혜로운 자기 계시를 무시하는 자칭 똑똑한 자들을 웃음거리로 만듦으로써 그분의 진노를 나타내신다(18절).

23절은 22절에 나오는 간결한 일곱 단어(ESV에서, 헬라어로는 네 개)를 풀어서 설명한다. 하나님을 배척하면 온건한 중립을 이루는 것이 아니라 "썩어지지 아니하는 하나님의 영광"(그분은 보이지 않으신다. 20절)을 보이는 "모양의 우상"으로 바꾸고 만다. 그래서 구약과 유대교에서 공히 이런 행위과 관습에 관한 경고를 했던 것이다(신 4:15-19). 이런 우상숭배는 하나님을 직접적으로 모욕하고 그분의 불쾌함을 초래한다. 이를 추구하면 "전멸" 당하고 만다(신 4:26). 이 단락까지 이어지는 하나님의 진노(롬 1:18)는 바울에게 새로운 개념이 아니다. 이 진노는 모세와 그 이전까지 거슬러 올라가는 이스라엘 역사 전체를 통해 하나님이 약속하신 반응이다. 25절에서 명백히 밝히듯 우상숭배는 그것을 행하는 자들을 타락시킨다.[23]

**1:24-25** 사람은 얼마나 천박해질 수 있을까? 최근 사회 일각에서 동성 간의 관계를 미화하고 있지만, 결혼에 대한 하나님의 뜻은 언제나 평생에

---

23  G. K. Beale, *We Become What We Worship: A Biblical Theology of Idolatry* (Downers Grove, IL: IVP Academic, 2008), 《예배자인가 우상숭배자인가》 (새물결플러스).

걸친 이성 간의 일부일처제임을 예수님이 확인해주셨다(마 19:4-6).[24] 다른 견해들이 유행할 수도 있겠지만, 그런 대안들은 하나님이 사람들을 "마음의 정욕대로 더러움에 내버려두[신]" 것의 표출일 뿐이다. 여기서 '더러움'은 '천박함'으로 번역할 수도 있다.[25]

이 구절들은 성에 관한 저속한 견해가 아니라 고상한 견해를 반영한다. 동성 간에 성애를 나누어 "그들의 몸을 서로 욕되게" 하는 것은, 오히려 이성 간의 관계가 인간의 몸을 존귀하게 하는 효과를 거둘 수 있다고 역설한다. 하나님은 결혼관계를, 생육하여 땅에 사람이 가득할 수 있게 하는 방도로 의도하셨다(창 1:28). 구약은 결혼관계에서의 신체적 친밀함은 미덕이며 아울러 기쁨을 수반한다고 가르친다(잠 5:15-19). 다른 곳에서 바울은 이성 간의 결혼을 금하는 것을 정죄한다(딤전 4:3). 바울은 성관계를 불쾌해하지 않는다. 그는 하나님이 주신 좋은 선물 가운데 하나인 성(性)을 잘못 사용하게 된 기원과 결과에 대해 독자들을 경고하려 한다.

로마서 1:23은 하나님의 영광을 인간의 상상의 산물로 '바꾼 것'에 대해 얘기했다. 25절은 동성 간의 행습을, 하나님의 진리를 "거짓 것"으로 바꾸고 "조물주"에 대한 경배를 "피조물"에 대한 숭배로 대치할 때 어떤 일이 일어나는지 구체적인 예를 들었다. 바울은 하나님을 너무도 크게 경외하였고, 로마서에 나오는 총 다섯 편의 송영 가운데 첫 번째 송영이 여기 등장한다.[26] 바울은 하나님의 좋은 선물, 곧 훌륭하고 고상한 성을 허락하심에 관해 하나님을 찬송하는 모범을 보인다!

---

24 다음 여러 책에서 동성 간의 행습에 대한 성경적 견해들을 학문적으로 평가했다. Robert A. J. Gagnon, *The Bible and Homosexual Practice: Texts and Hermeneutics* (Nashville: Abingdon, 2002), Robert A. J. Gagnon and Dan O. Via, *Homosexuality and the Bible: Two Views* (Minneapolis: Fortress, 2009). 목회적 평가에 관한 내용은 다음 책을 참고하라. Kevin DeYoung, *What Does the Bible Really Teach about Homosexuality?* (Wheaton, IL: Crossway, 2015), 《성경이 동성애에 답하다》 (지평서원).

25 BDAG, s.v. ἀκαθαρσία.

26 또한 로마서 9:5, 11:36, 15:33, 16:27을 보라.

**1:26-27** "이 때문에"(26절)는 "그들이 하나님의 진리를 거짓 것으로 바꾸어 피조물을 조물주보다 더 경배하고 섬[겼다]"(25절)는 사실을 언급한다. 오직 하나님 한 분만이 모든 일에서 경배와 섬김을 받으셔야 한다. 인간의 성은 함부로 해서는 안 되는 선물이다. 여기에서는 일반적인 성적 정열이나 즐거움을 묘사한 것이 아니라, 오히려 결국 "부끄러운 욕심"에 휘둘려 잘못 사용되는 성을 이야기한다. 이는 무슨 뜻인가? 바울은 모호하게 말하지도 않고, 남자와 여자 가운데 하나만 지목하지도 않는다. 둘 다 "순리대로 쓸 것을 바꾸어 역리로"(1:26) 쓸 때는 똑같이 "하나님의 선하시고 기뻐하시고 온전하신 뜻"(12:2)에 위배된다. 바울이 말하는 순리와 역리에서의 '리'(理, ESV는 "nature")는, 문화적으로 받아들여지는 것이 아니라 사람의 도덕적 본성이 천성적으로 인정하는 것을 의미한다.

26절에 묘사한 여성끼리 행하는 동성 행위는 27절이 묘사하는 남성 간의 변태적 행위와 짝을 이룬다. 그 악행을 다음과 같이 네 단계로 나누어 설명한다. (1) 남자가 하나님이 여자를 위하도록 주시는 낭만적 열정을 다른 남자에게 쏟는다. (2) 남자가 다른 남자를 향한 더러운 욕정[27]으로 불타오른다. (3) 남자가 다른 남자와 더불어 문자적으로 "부끄러운 일"을 행한다. (4) 따라서 이런 남자들은 그들이 탐닉한 죄의 결과로 고통을 당한다. 그 결과는 이생에서 겪는 죄책과 죄가 감당해야 할 짐이거나 심판의 날에 받을 죄의 형벌, 또는 둘 다 이다.

**1:28** 이 구절은 21절에 나오는 생각으로 되돌아간다. 하나님을 "알되" 그분을 모욕함으로써 오히려 "그 생각이 허망하여[졌다]"는 것이다. 그리하여 24-27절에 나오는 것처럼 동성 간에 저지르는 잘못을 저지르고 만다. 이제 28절에서 바울은 그들의 "상실한 마음"의 결과를 다른 방향으로 넓혀간다. "하나님께서 그들을" 성적인 영역에서 "내버려두[신]"(24, 26절) 것

---

27 ESV에서 "consumed"와 "passion"으로 번역된 이 단어들은 모두 경멸적인 단어다. 이는 자기를 파괴하는 해로운 경험이다.

처럼, 일반은총으로 조종하시던 마음의 억제장치를 거두어버린다. 일반은총이란 많은 사람이 자신이 처한 대부분의 상황에서 대체로 도덕적이고 단정한 삶을 살도록 해주는 은총을 말한다. 그러나 이제는 자비로우신 하나님의 인내심의 한계를 넘어서려 하면서(참고. 2:4-5) 사람들이 "합당하지 못한 일을 하게" 된다. 그 결과가 생생하게 묘사되어 있다.

**1:29-31** 이 구절들은 바울이 복음을 전파하던 그리스-로마 세계의 도덕상과 행습에 관한 묘사이다. 한편으로는 하나님의 기준을 따라 심판받는, 모든 시대와 장소에서 관찰 가능한 인간 행위를 묘사한다. 바울이 묘사하는 것과 같은 극악한 속성과 행실은 타락한 인간 상태 고유의 것이며, 특정한 시대나 지리적 위치나 인구통계학적 특징에 국한되지 않는다.

기억해야 할 점은 바울이 이와 비슷한 말씀을 하신 주 예수님의 사도라는 사실이다. "속에서 곧 사람의 마음에서 나오는 것은 악한 생각 곧 음란과 도둑질과 살인과 간음과 탐욕과 악독과 속임과 음탕과 질투와 비방과 교만과 우매함이니 이 모든 악한 것이 다 속에서 나와서 사람을 더럽게 하느니라"(막 7:21-23). 이 단락에서 바울은 인간의 마음에 관해 그가 발언한 바 없는 관점에 동의한다.

예수님은 "속에서" 나오는 것을 거론하셨다. 바울은 로마서 1:29에서 사람들에게 "가득한" 것에 관해 말한다. 이 각각의 묘사들은 똑같이 음울한 초상화와 같다. 바울은 먼저 "불의"를 언급한다. 불의는 앞서 언급한(17절) 하나님의 의와 반대되는 것이다. 이 "불의"는 이어지는 모든 특징과 행습을 아우르는 제목이 될 만하다.

"추악, 탐욕, 악의"는 따로 설명이 필요 없다. 중간쯤에 문법적인 변화가 있지만(헬라어로 보면) 그 세기와 노골적인 속성은 변함이 없다. 사람들은 "시기, 살인, 분쟁, 사기, 악독이 가득[하다]." 그 뒤에 문법이 다시 바뀌는데, 이를 반영하여 ESV는 "They are gossips…"라는 새로운 문장으로 시작한다(개역개정은 하나의 문장에서 "수군수군하는 자요"로 이어진다).

30-31절은 그 흐름을 이어간다. 이렇게 무더기를 이룬 어구들을 읽

으며 망연자실하게 되지만 이는 참으로 현실적이다. 인간의 상태에 관해 관심이 많은 깨어 있는 사람이라면, 이 음울한 목록이 너무나 많은 시대의 너무나 많은 장소에 딱 들어맞는 사실(true-to-fact)임을 인정할 수밖에 없을 것이다. 원어로 보면 탁월한 단어 선택으로 수사적 효과를 더욱 고조시킨다. 31절에 나오는 네 개의 단어는 모두 동일한 철자(a-)로 시작하고, 29절에서 바울의 묘사를 시작하는 네 개의 연속되는 단어들("불의, 추악, 탐욕, 악의")은 모두 동일한 소리(-ia)로 끝난다.

그러나 여기서 핵심은 문학적 특징이 아니라 인간의 타락이다. 사람들이 하나님께 등을 돌리면(28절) 그들은 온갖 사악함으로 "가득[하게]"(29절, 수동태로써 하나님의 능동적 역할을 가리키는 듯함) 된다. 하지만 바울은 그럴 리 없어 보이는 더욱 가혹한 정죄로 요약할 것이다.

**1:32** 사람들은 28-31에서 폭넓게 묘사한 악행이 하나님의 형벌을 받아야 마땅하다는 것을 선천적으로 안다. 이는 가벼운 꾸지람이 아니라 자신이 지은 합당한 죄에 온전한 대가(참고. 6:23)를 의미한다. 즉, 하나님의 존전에서 쫓겨나는 것과 이에 따르는 영원한 형벌이다. 바울은 이를 다른 곳에서 명시적으로 묘사한다. "이런 자들은 주의 얼굴과 그의 힘의 영광을 떠나 영원한 멸망의 형벌을 받으리로다"(살후 1:9). 여기에서 묘사하는 인간 상태는 매우 위험하다.

"이 같은 일을 행하는 자"도 나쁘지만 "그런 일을 행하는 자들을 옳다"고 승인하는 자들은 더 나쁘다. 그것은 자신을 정죄하는 한 가지 일이다. 다른 사람을 사랑하는 것을 두 번째 큰 계명으로 삼는 신앙(religion)에서, 불법을 행하는 자들이 하는 일을 옳다고 하며 이를 통해 부추기는 것 또한 궁극적 차원에서 반역 행위이다. 성경의 다른 곳은 이렇게 가르친다. "너희가 알 것은 죄인을 미혹된 길에서 돌아서게 하는 자가 그의 영혼을 사망에서 구원할 것이며 허다한 죄를 덮을 것임이라"(약 5:20). 바울은 여기서 정반대 상황을 묘사한다. 바로 죄인들이 타인의 가증스럽고 자멸적인 행위를 눈감아주고, 그럼으로써 그들이 로마서 1:28-31이 개관한 "허다한 죄"에 빠지도록 선동하는 것이다.

이렇게 보면 "하나님의 진노가…하늘로부터 나타나나니"(18절)라는 경고로 이 단락을 시작한 것은 놀랄 일이 아니다. 하나님의 반응은 인간의 나쁜 결정과 행위가 낳은 냉혹한 결과이다.

**2:1** 구약 선지자 아모스는 하나님의 백성인 북왕국 이스라엘을 둘러싼 적들을 정죄한다. 그 적들은 다메섹과 가자, 두로와 에돔, 암몬과 모압…그리고 유다에까지 이른다(암 1:3-2:5)! 이스라엘 백성은 사방에 도사린 사악한 백성을 향한 일곱 차례의 고함소리를 듣고 매우 기뻐했을 것이 틀림없다. 그런데 아모스의 "여호와께서 이와 같이 말씀하시되"라는 말이 그들을 향하였을 때, 그들은 틀림없이 매우 유감스럽게 느꼈을 것이다(암 2:6). 하나님이 보시기에는 이스라엘이 최악이었다!

로마서 2:1도 이와 비슷한 방법을 사용한다. 1장에 나온 담론을 읽거나 들은 사람들은 그런 타락상에 섬뜩해 했을 것이다. 그들은 자신들이 바울이 방금 묘사한 형편없는 사람들만큼 나쁘지 않다고 안도감을 느꼈을 것이다. 그러나 그들도 그만큼 나쁘다! "판단하는 네가 같은 일을 행함이니라"(1절). 이제 1:18-32의 광범위한(panoramic) 묘사가 모든 각자에게 개인적인 담론으로 다뤄진다.[28]

다른 사람을 판단하는 것(우리 모두 행하기 쉬운 일인)은 곧 본인을 연루시키고 정죄하는 것이다.

**2:2** 바울은 "우리가 아노라"는 말을 통해 그의 독자들에게 공리에 해당되는 것을 주장한다. "하나님의 심판이 이런 일을 하는 사람들에게 공정하게 내린다"(새번역). 이 때문에 예수님이 너무나 분명하게 "비판을 받지 아니하려거든 비판하지 말라"(마 7:1)고 말씀하셨을 것이다. 그릇되게 비판하

---

28 이 담론의 동사들은 2:1-5부터 이인칭 단수이다.

는 것은 곧 우리를 비판하시는 하나님의 공의를 인정하는 셈이다. "너희가 비판하는 그 비판으로 너희가 비판을 받을 것이요"(마 7:2). 로마서 2:1에서 바울은 그 원리를 적용한다.

2절에서 바울은 그 결과로 우리가 무언가를 안다고 인정한다. 바울은 이와 똑같은 표현을 로마서에서 네 번 더 사용한다. 그리스도를 따르는 이들이 확신해야 할 일이 있다는 것이다(표2).

| 구절 | 그리스도인이 아는 사실 또는 진리 |
|------|------------------------------------|
| 2:2 | 이런 일을 행하는 자에게 하나님의 심판이 진리대로 되는 줄 우리가 아노라. |
| 3:19 | 우리가 알거니와 무릇 율법이 말하는 바는 율법 아래에 있는 자들에게 말하는 것이니 이는 모든 입을 막고 온 세상으로 하나님의 심판 아래에 있게 하려 함이라. |
| 7:14 | 우리가 율법은 신령한 줄 알거니와 나는 육신에 속하여 죄 아래에 팔렸도다. |
| 8:22 | 피조물이 다 이제까지 함께 탄식하며 함께 고통을 겪고 있는 것을 우리가 아느니라. |
| 8:28 | 우리가 알거니와 하나님을 사랑하는 자 곧 그의 뜻대로 부르심을 입은 자들에게는 모든 것이 합력하여 선을 이루느니라. |

표2. 로마서에 나오는 "우리가 안다"의 용례

종교의 영역에서, 오늘날 많은 사람은 확신을 단순히 개인적인 견해로 간주한다. 종교적 확신은 개인적인 것이라서 다른 사람에게 적용되지 않는다고 본다. 바울은 종교적 확신이 개인적인 것임을 동의하면서도 (14:22) 많은 영적 진리들이 보편적으로 타당하다고 주장한다. 로마서 2:2이 그러한 진리에 속한다. 하나님은 악행을 저지르는 모든 사람을 공정하게 정죄하실 뿐만 아니라 그들보다 더 나은 것이 없는데도 그들을 판단하는 이들도 정죄하신다.

**2:3** 바울은 1-2절이 독자나 청중을 머뭇거리게 만들 것임을 안다. 그래서 바울은 남을 정죄하면서도 본인이 그런 일을 행하는 독자를(우리 모두처럼) 향해, 디아트리베(diatribe)[29]라 불리는 논법을 계속 사용하여 이렇게 말한다. "이런 일을 행하는 자를 판단하고도 같은 일을 행하는 사람아, 네가 하나님의 심판을 피할 줄로 생각하느냐?" "생각하느냐?"로 번역한 헬라어 단어는 '추정하다' 또는 '판단하다'라는 의미일 수 있다. 바울은 사람들이 증거를 취합하여 스스로 책임을 면하려 한다는 것을 안다. 하지만 하나님은 그와 다른 결론에 도달하시는데, 아무도 거기서 벗어나지 못한다. "심판"에 관한 언급은 이 단락의 주제가 계속 하나님의 진노(1:18)임을 상기시켜 준다. 이는 유죄 판결을 받은 사람에게 달갑잖은 주제다. 물론 독자는 그런 정죄를 피하고 싶을 것이다.

2:3절의 사람은 자기가 그만큼 나쁘지는 않다고 '추정하는' 듯이 보인다. 다시 말해, 1:18-32에서 묘사한 사람들만큼 나쁘지는 않다는 것이다. 바울은 그 사람에게 그만큼 나쁘다고 확언한다.

**2:4** 하나님의 심판의 위협에 보이는 또 하나의 반응은, 하나님을 "멸시하[는]"(ESV는 "presume on", 이용하는) 것이다. 하나님은 인자하시고 용납하시고 오래 참으신다. 바울은 하나님의 인자하심이 풍성하다고 이야기한다. 사람들은 때때로 꽤나 타락한 인생을 영위한다. 그런데도 그들은 잘된다. 이와 같은 이유로 예레미야의 다음 질문이 역사 내내 울려퍼진다. "악한 자의 길이 형통하며 반역한 자가 다 평안함은 무슨 까닭이니이까?"(렘 12:1).

바울은 독자들에게 하나님의 인자하심을 너그러움이나 관대함으로 착각하지 말라고 촉구한다. 하나님은 인자하시면서도 준엄하시다(롬 11:22). 사람들이 죄를 짓고도 그럭저럭 잘사는 것 같거나 제멋대로 살아도

---

29 "Diatribe"는 (오늘날처럼) 호전적인 욕설을 의미하지 않았다. 오히려 "편지를 쓰는 사람들은 실제 또는 가상의 반론자의 입에 가능한 질문들을 담아두고 나서 그것들에 관해 답변했다." Craig L. Bloomberg with Jennifer Foutz Markley, *A Handbook of New Testament Exegesis* (Grand Rapids MI: Baker Academic, 2010), 106.

이익을 얻는 듯 보일지라도, 그들은 자기가 만든 함정에 빠지는 중이다. 사람들이 죄를 지으나 당장 그 대가를 치르지 않는다고 해서, 하나님이 보지 못하거나 알지 못하거나 상관하지 않는다는 뜻은 아니다. 하나님이 사랑이라고 해서 진노와 심판이 우리가 무시해도 괜찮은 구식 개념이라는 뜻은(오늘날 다수가 그렇게 여기듯이) 아니다. 바울의 시대에 많은 유대인은 그들의 민족(ethnicity) 때문에 하나님의 심판을 피할 수 있다고 믿었다.[30]

하지만 바울은 그렇지 않다고 주장한다. "하나님의 인자하심이 너를 인도하여 회개하게 하심을 알지 못하느냐." 사도가 이것을 질문으로 진술한 이유는, 어떻게 상대방이 그토록 무지할 수 있는지 놀라움으로 표현한 것이다. '알지 못하다'라고 번역한 단어는 종종 완고한 무지를 뜻하곤 한다. 이 사람은 알면서도 희망 사항을 선택한다.

**2:5** ESV의 "because of"는 "according to"(개역개정의 "따라")로 번역 가능하다. 바울의 토론 상대가 가진 완고함과 회개치 않는 마음과 관련하여 진노하심이 쌓여가는데, 그 토론 상대는 독자를 대표한다.

그 사람이 자신의 죄악을 부인하든지(3절) 하나님의 인자하심 덕분에 자신이 심판을 받지 않을 것으로 착각하든지(4절), 그는 자기를 향한 '진노를 쌓고 있다'. "네게"라는 개인적인 단어를 쓴 것은 하나님은 각 개인을 다루시는 분이기 때문이다(참고. 6절). "진노의 날"이 다가오고 있다는 사실은 피할 수 없다. 하나님은 "정하신 사람으로 하여금 천하를 공의로 심판할 날을 작정하[셨기]"(행 17:31) 때문이다. "하나님의 의로우신 심판이 나타[날]" 것인데(롬 2:5, 살후 1:5도 보라), 그 일은 사람들이 그것을 믿든지 믿지 않든지, 그들이 제대로 준비하든지 그렇지 않든지 일어날 것이다. 바울은 예수 그리스도의 사도로서 독자를 안일함, 착각, 또는 명백한 오류에서 조금씩 끌어내기 위해 여기서 가능한 직접적으로 말한다. 이는 하나님의

---

30  David G. Peterson, *Commentary on Romans,* BTCP (Nashville: Holman Reference, 2017), 139. 그는 Schreiner, Dunn, Moo, 그리고 수많은 제2성전 자료를 언급한다.

"인자하심과 용납하심과 길이 참으심"을 반영하는 모습이다.

**2:6** "하나님"(ESV는 "He")이라는 단어 뒤에 나오는 문구는 모두 시편 62:12에서 끌어온 것이며, 다른 많은 구약의 구절들을 반영한다. 이는 놀랄 일이 아니다. 바울은 처음부터 "하나님의 복음"이 "하나님이 선지자들을 통하여 그의 아들에 관하여 성경에 미리 약속하신 것이라"(롬 1:1-2)고 말했기 때문이다. 하나님과 그분의 길은 고대 이스라엘에게와 마찬가지로 교회에도 참되고 또한 딱 들어맞는다. 그분은 복과 심판 둘 다를 약속하시는 하나님이시다(신 28장).

"보응하시되"는 '되갚다' 또는 '보상하다'라는 뜻이다. 나중에 바울은 하나님이 공로로 얻지 '않은' 것, 곧 은혜를 주신다는 사실을 인정할 것이다(롬 4:4-5). 이와 동시에 우리는 우리가 심은 것을 거둔다(갈 6:7). 예수님은 하나님이 "각 사람이 행한 대로 갚으리라"고 가르치셨다(마 16:27; 고후 11:15, 또한 딤후 4:14도 보라). 바울은 각 사람이 그리스도를 통해 죄 사함을 받는 빚을 졌고 하나님이 각자에게 책임을 추궁하실 것임을 강조하려고 애쓴다.

**2:7-8** 바울은 두 유형의 사람들을 대변하는 두 개의 각본을 제시한다.

첫째 유형(7절)은 "영생"을 받을 것이다. 영생은 하나님이 그들에게 주실 선물로, 그들이 "영광과 존귀와 썩지 아니함을 구하는" 자들로 입증받았기에 주는 것이다. 이러한 것들은 사람들이 스스로 만들거나 획득할 수 있는 가치들이 아니다. 사람들은 이런 것들을 얻으려면 "참고 선을 행하여"야 한다. 이는 무슨 뜻인가?

바울은 '선행'을 하나님과의 동행과 자주 연결시킨다. 예를 들어, 바울이 골로새 교인들을 칭찬하는 이유는 그들이 "주께 합당하게 행하여 범사에 기쁘시게 하고 모든 선한 일에 열매를 맺게 하시며 하나님을 아는 것에 자라[기]" 때문이다(골 1:10, 또한 고후 9:8; 엡 2:10; 살후 2:17; 딤전 2:10; 5:10, 딤후 2:21도 보라). 로마서 2:7에서 바울이 묘사하는 사람들이 하나님의 복 안에 거하는 이유는, 그분이 제공하시는 것을 그들이 구하기 때문이다. 그들이 심판 아래 있지 않은 이유는, 그들 역시 죄인임에도(누구나 그렇듯이) 하나님을 전적으로 신뢰하면서 그분께 나아왔기 때문이다. 바울은 다음 단락(3:20 이후)에 이르기 전까지는 그리스도와 그분의 구원 사역에 관해 자세히 말하지 않지만, 그들은 한마디로 그리스도 안에 있는 하나님의 은혜를 받는 자들이다.

로마서 2:8은 정반대 유형을 묘사한다. "당을 지어"(ESV는 "self-seeking")라는 표현은 고린도후서 12:20과 갈라디아서 5:20에도 나오며 "다툼"(빌 1:17; 2:3; 약 3:14, 16)으로도 번역이 가능하다. 이 사람은 하나님이 승인하시는 것을 구하지 않으며, 로마서 2:7에서 그들 바깥의 "영광과 존귀와 썩지 아니함을" 구했던 사람들과 같지 않다. 오히려 이들은 "진리"에 불순종한다. 이에 덧붙여 그들은 온통 "불의"에 전념한다. 그것의 음울한 결과는 바울이 1:18부터 계속 경고해온 대로다. "진노와 분노로 하시리라."

**2:9-10** 교차 대구법 형식으로 9절은 8절을 상술하는 한편, 10절은 7절에서 묘사한 복 있는 사람들에 관해 조금 더 말한다.

당을 만드는 자들(8절)에게는 "환난과 곤고"가 있다. 그들은 진리를 경멸하고 그릇된 것에 순종했다. 유대인이라고 해서 안전한 피난처에만 머무를 수 있지 않고, "헬라인"(유대인이 아닌 모든 사람) 역시 하나님에게서 소외당한 상태와 그분의 뜻에 불순종한 잘못을 해결할 방법을 찾을 수 없다. 바울은 이미 이렇게 말했다. 복음은 "모든 믿는 자에게 구원을 주시는 하나님의 능력이 됨이라 먼저는 유대인에게요 그리고 헬라인에게로다"(1:16). 독자가 어느 민족에 속해 있든지 정체성이 무엇이든지, 이제 바울은 악행의 대가를 강조한다.

다른 한편, 모든 사람이 죄를 지은 세상에서도(3:23) 7절에 묘사된 이들처럼 선을 행하는 사람들에게는 "영광과 존귀와 평강"이 있다. "영광과 존귀와 평강"은 하나님과의 종말론적 화해를 가리킨다. 이 세상의 한계와 결함이 무엇이든지, 한 사람의 민족이나 문화적인 자리가 무엇이든지, 모든 사람이 마땅히 받아야 할 "환난과 곤고"(9절)가 하나님의 좋은 소식으로 인해 복으로 바뀔 수 있다.

이 좋은 소식의 세부사항은, 그리고 그 소식을 자기 것으로 삼는 데 "믿음"이 어떤 특별한 역할을 하는지는 나중에 설명할 것이다. 현재 바울이 맡은 일은 사람들이 인생을 사는 동안 하나님에게 구하는 것을 결국 그분에게서 받는 것(6절)이 정당하듯이, 하나님의 심판이 정당함을 보여주는 것이다.

**2:11** 이 구절은 이전 내용을 가리킨다. "이는"(ESV는 "for")은 앞의 내용에서 추론한 것임을 가리키는 것으로, 하나님은 각 사람이 마땅히 받을 대로 공의롭게 보응하신다. 이런 의미에서 11절은 6-10절을 요약하는 셈이다. 누군가가 어떻게 살든지 또 어떤 결과가 나오든지 하나님은 심판의 날에 그 사람과 그의 활동을 공평하게 평가하실 것인데, 이는 그분이 "외모로 사람을 취하지 아니하[시기]" 때문이다.

이와 동시에 이 구절은 앞의 내용을 요약하는 진술로써 다음 추론(12절, ESV는 "for", 개역개정에는 없음)"의 기반이 되기도 한다. 하나님의 완전한 공의에는 여러 가지 의미가 담겨 있다. 11절의 초점은 하나님의 공평하심이다. 바울은 다른 곳에서도 이 점을 강조한다(엡 6:9; 골 3:25). 야고보는 하나님의 공평하심을 배워 우리도 남을 차별 없이 대해야 한다고 추론할 때 이와 동일한 단어를 사용한다(약 2:1). 하나님이 편파성을 보이지 않기 때문에 그의 백성도 편파적이어서는 안 된다.

다음 몇 절에서 바울은, 하나님이 그분의 도덕적 권위와 감독("율법") 아래 있는 사람들을 정죄하거나 면죄하는 측면에서 어떻게 그분의 공평하심을 이루시는지를 보여준다. 하나님의 진노가 나타난다(롬 1:18). 그러나 그것은 변덕스럽거나 불공평하지 않다.

**2:12** 이 구절은 "하나님께서 외모로 사람을 취하지 아니하[는]"(11절) 방식을 보여준다. "율법 없이 범죄한" 사람들은 무법한 사람들, 곧 하나님의

도덕규범을 무시한 사람들을 가리키는 것일 수 있다. 또는 더 가능성이 높은 것으로, 이방인들, 즉 유대인과 달리 하나님의 기록된 토라(모세오경) 또는 "율법"을 받지 못한 사람들을 가리킬 수 있다. 그들은 율법을 받지 못했기 때문에 율법을 어기는 죄를 저질렀다. 어느 경우든 이 사람들의 운명은 "망하[는]" 것이다. 바울은 다른 구절들에서 '멸망하는 자들'을 거론하는데(고전 1:18; 고후 2:15; 4:3; 살후 2:10), 이는 하나님의 진노를 다루는 단락에 적절한 표현이다.

이 구절 후반부는 바울의 동료 유대인을 염두에 두고 쓴 듯하다. 하나님의 토라는 하나님 백성의 삶의 모든 측면과 상황에서 그들을 안내하고 지도하게끔 되어 있었다. 하지만 아무도 그것을 완벽하게 따르지 않았다. 그 결과 하나님의 율법을 맡은 특권을 가진 백성조차(롬 3:2) 율법으로 "말미암아 심판을 받[을]" 것이다.

**2:13** 율법 듣기는 좋은 일이다. 그래서 유대인 믿음의 근본 진술인 쉐마는 "이스라엘아 들으라 우리 하나님 여호와는 오직 유일한 여호와이시니"(신 6:4)라고 선언한다. 그러나 행하지 않고 듣기만 해서는 하나님의 기준에 미치지 못한다. 이는 한 사람이 "의롭다 하심"을 얻게 하기에 충분치 못하다. 더구나 율법을 행함으로써 의롭게 되려면 완전한 순종이 필요하다. 로마서 3:19-20에서 바울은 아무도 그런 완전함에 도달할 수 없다는 결론을 내린다. 이런 이유로, 율법을 듣는(행하지는 않고) 자나 율법을 행해서 의로워지려는 자는 모두 의롭게 되지 못한다.

또 다른 의미에서, "율법을 행하는 자"는 만일 율법을 통해 그들 자신의 의가 아니라 하나님과 그분의 약속을 믿으라는 부르심을 분별한다면 "의롭다 하심을 얻[을]" 것이다. 이는 예수님의 사역 이전 및 사역 기간에 살았던 많은 이들, 즉 아브라함과 같은 믿음으로 용서와 새 생명을 통해 구원의 은혜를 발견한 다수를 묘사하는 것이다(4장을 보라). 바울은 2:13 후반부에서 이것을 염두에 둔 듯하다.

**2:14** 이 구절은 "무릇 율법 없이 범죄한 자는 또한 율법 없이 망하고"(12절)에 관한 설명으로 보는 것이 가장 좋다. 바울은 많은 이방인이 비록 그들의 삶과 종교에 토라가 없어도 "본성으로 율법의 일을 행[한다]"고 말한다. 토라가 없을지라도 많은 이방인은 토라가 죄라고 부르는 행위(살인, 도둑질, 거짓말, 성적 부도덕 등)를 삼간다. 그들은 율법 그 자체는 없어도 "자기에게 율법"이 되며, 이는 하나님의 형상으로 지음받은 인류 안에 새겨진 하나님의 도덕적 모습을 반영하는 것이다.

**2:15** 바울은 14절에서 한 말을 한 걸음 더 끌고 간다. "율법의 행위"는 율법에서 명하는 순종의 행위를 가리키는 듯하다. 비록 그들의 눈앞에 율법이 없을지라도 율법이 요구하는 일이 "그 마음에 새[겨져]" 있다. 여기서 핵심은 "양심"이다. 하나님을 배척한 자들이 양심 때문에 "핑계하지 못[하는]" 것이다(1:20). 그들은 "하나님을 알[았지만]"(1:21) 그분께 도전했다. 2:15이 "그 생각들이 서로 혹은 고발하며 혹은 변명하여"라고 말하듯이, 그들은 자기 양심의 증거를 거슬렀다. 어느 쪽으로든 그들은 인류가 공유하는 것, 즉 하나님의 의로운 기준에 대해 율법과 마찬가지인 선천적인 지식에 근거해 유죄 판결을 받는다.

**2:16** 2:6절 및 1:18까지로 돌아가면서 바울은 장차 마침내 하나님의 의가 우주적으로 나타나는 현상[31]을 염두에 두는데, 이는 그리스도 바깥에 있는 자들에게 진노의 형태로 나타날 것이다. 그것은 "예수 그리스도로 말미암아" 하나님이 "사람들의 은밀한 것"을 심판하실 것이기 때문이다(2:16). "은밀한 것" 가운데 가장 고통스러운 일부는, 사람들이 극악하게 하나님의 법을 위반해서 그들이 부인하고 은폐하고 합리화하려는 시도에도 불구하고 결국 그들은 그분의 심판에서 자유로울 수 없을 것이다.

---

31 하나님의 의가 '하늘'에 나타나는 현상은 격노한 모습이 아니라 은혜롭고 말로 표현할 수 없이 영광스러운 모습일 것이다(고전 2:9).

16절은 율법이 있거나 없거나, 유대인과 이방인이 똑같이 "하나님의 의로우신 심판이 나타나는 그날에 임할 진노를 네게 쌓는도다"(5절)라는 문장은 주장을 요약하는 역할을 한다. 바울은 이 "날"을 다른 곳에서 더욱 자세히 묘사한다(살후 1:7-10). 장차 그런 멸망의 날이 오리라는 약속은 바울에게 새롭거나 독특한 것이 아니다. 그 약속은 로마서의 이 대목에서 두드러지는 "율법"을 구성하는 구약성경에서 매우 부각된다. "보라 여호와께서 불에 둘러싸여 강림하시리니 그의 수레들은 회오리바람 같으리로다 그가 혁혁한 위세로 노여움을 나타내시며 맹렬한 화염으로 책망하실 것이라"(사 66:15).

로마서 2:16은 이 심판을 구체적으로 바울의 복음 및 이에 포함되는 "예수 그리스도로 말미암[은]" 심판과 연관시킨다. 바울은 설득력 있는 입장을 제시하면서도, 유대인 독자들 또는 유대인에게 복음 메시지를 전하려는 로마의 독자들이 그들이 이중적으로 위태로운 처지임을 명확하게 이해해주길 원한다. 그래서 다음 단락에서는 율법을 준수하는 유대인이 바울의 토론 상대가 된다.

**2:17** 바울은 모든 사람을 포함하는 인간의 사악함을 비판하는 데서 그 자신과 같은 사람들에게 초점을 맞추는 데로 옮겨간다. 그 사람들은 민족과 종교상으로 유대인이며, 이는 곧 예수님을 연상시킨다. 예수님이 유대인이었으면서도, 그 우선순위에서 균형을 잃은 유대 종교 지도자들에게 화(禍)를 선포했기 때문이다(마 23:23). 예수님은 통렬하게 고발할 수 있었다. "뱀들아 독사의 새끼들아 너희가 어떻게 지옥의 판결을 피하겠느냐?"(마 23:33). 이에 비해 바울은 여기서 외교적인(diplomatic) 자세를 취한다. 바울과 예수님 모두 반(反)유대주의자로 비난받으면 안 된다. 그들 자신이 셈족이었고, 그들은 하나님과 이스라엘 백성을 사랑했고 그 둘을 섬기는 데에 삶을 바쳤다.

그러나 바울은 하나님의 진노가 나타나고 있음을 계속 주장하고 싶어한다(롬 1:18). 로마서 2:17은 민족("유대인이라 불리는 네가")이나 하나님의 율법에 대한 순종("율법을 의지하며"), 또는 종교적 자신감("하나님을 자랑하며")이 다가오는 심판에서 그들을 막아줄 보호막이 아니라는 것을 강조한다.

**2:18** 이 구절은 바울이 지금 율법을 준수하지 않는 얄팍한 유대인에 관해 얘기하는 것이 아님을 분명히 한다. 오히려 그는 하나님의 뜻을 아는 유대인을 염두에 두고 있다. 이런 사람들은 대다수의 이방인보다 낫다. 이방인들은 대개 그들을 지도해줄 모세와 선지자들이 없는 다신론자이기 때문이다. 바울은 또한 "지극히 선한 것을 분간하[는]" 유대인을 마음속에 그리고 있다. 다른 곳에서 그는 "지극히 선한 것을 분별하며 또 진실하여 허물없이 그리스도의 날까지 이르[는]"(빌 1:10) 사람들을 극찬한다. 이는 나쁜 것이 아니라 좋은 것이다. 그러나 바울은 다음 사실을 안다. "율법의 교훈을 받[는]" 것 자체는, 로마서 2:18에 언급한 유대인으로 하여금 하나님의 의를 만족시키고 그로써 그분의 진노를 진정시키기에 충분할 정도로 하나님의 뜻을 알고 "지극히 선한 것"을 긍정하는 데 이르게 하지 못한다.

**2:19** ESV의 "are sure"는 강조의 "you yourself"처럼 높은 수준의 자기 확신을 가리킨다(개역개정은 "스스로 믿으니", 20절). 바울은 '믿다'로 번역한 동일한 단어를 로마서의 다른 곳에서 그 자신의 확신을 묘사하는 데 사용한다(8:38, 14:14, 15:15). 그러나 그의 확신은 하나님의 율법을 순종해서 도달한 그 자신의 의에 있지 않다(빌 3:9). 여기서 문제는 '확신'이 아니라 '그릇된' 확신이다.

바울은 지금 "율법의 교훈을 받고"(롬 2:18) 스스로를 "맹인의 길을 인도하는 자요 어둠에 있는 자의 빛"으로 보는 유대인에게 말을 걸고 있다. 한마디로, 이 사람은 자신을 주변 사람들보다 우월하다고 느낀다. 구약에서는 이와 같은 태도를 아주 구체적으로 비난한다. 하나님은 "너는 네 자리에 서 있고 내게 가까이 하지 말라 나는 너보다 거룩함이라"(사 65:5)고 말하는 자들을 정죄하시기 때문이다. 예수님은 "자기를 의롭다고 믿고 다른 사람을 멸시하는 자들"을 비판하셨다(눅 18:9). 바울은 로마서 2:19이 묘사하는 징후를 밝혀낸 최초의 인물이 아니었다. 하나님의 백성은 진정 다른 이들에게 빛이 되어야 한다(마 5:14, 16; 빌 2:15). 그러나 세상의 빛은 율법도 아니고, 스스로 율법대로 생활하기에 불쌍한 아랫사람을 지도한다고 주제넘게 확신하는 이들도 아니다.

**2:20** 그릇된 확신을 품은 유대인에 관해 바울은 계속해서 점점 더 충격적으로 묘사해나간다. 그런 사람은 스스로를 "교사"로 본다. 이 단어로 보아 부모가 자녀에게 하듯 바로잡고 훈육한다는 개념임을 알 수 있다. 그는 "어리석은 자" 위에 서 있다. "어린아이의 선생"은 동일한 의미를 다르게 표현한 것인 듯하다. 또는 분별력 있는 어른을 무지한 청소년보다 높여주는 우월한 지식을 강조하는 말일 수 있다.

바울이 의문을 제기하는 태도는, 예수님이 날 때부터 앞을 볼 수 없는 이를 치유하실 때 일어난 일에서 잘 드러난다. 하지만 유대 당국은 이 행위의 합법성을 받아들일 수 없었다. 치유된 남자는 하나님께 찬송을 돌리는데, 당국자들은 "네가 온전히 죄 가운데서 나서 우리를 가르치느냐 하고 이에 쫓아내어 보[낸다]"(요 9:34). 당국자들은 동료 유대인이라도 그들만큼 율법을 잘 알지 못하는 사람을 경멸한다. 그들이 보기에 보통 사람들은 "저주를 받은 자"이다(요 7:49).

바울은 그 선생의 생각, 즉 구약성경에 "지식과 진리의 모본"(롬 2:20)이 들어 있다는 생각과 의견을 부인하지는 않을 것이다. 토라는 이방인을 깜짝 놀라게 만들 계시로 선포되었다(신 4:6). 모세는 히브리 백성을 향해 경이로움을 느끼며 이런 질문을 하라고 권면했다. "오늘 내가 너희에게 선포하는 이 율법과 같이 그 규례와 법도가 공의로운 큰 나라가 어디 있느냐?"(신 4:8). 바울은 "율법은 거룩하고 계명도 거룩하고 의로우며 선하도다"(롬 7:12)라고 가르친다.

그런데 이어지는 구절들에서 바울은 무엇을 겨냥하는지를 명확히 제시한다.

**2:21-22** 사복음서에서 예수님은 '위선자'라는 호칭을 열두 번도 넘게 사용하신다. 바울은 이 단어를 사용하지 않은 채 그런 태도와 행위를 엄하게 지적한다. 그는 네 개의 수사적 질문을 사용하는데 모두 단수형이다. 그는 한 집단에게 연설하는 것이 아니라 위선적인 개인을 추궁하는 것이다.

헬라어로 첫째 질문의 형식은 특정한 대답을 가정한다. "맞다, 물론 너는 그렇게 한다!"는 외침을 함축하는 것이다. 바울이 말을 거는 상대방은 그가 가르친 교훈에 따라 살지 못한다.

예수님은 당시에 그들과 같은 신분으로 개종시키려던 교육 당국자들에게 말씀하실 때 이 문제를 지적하신다. "화 있을진저 외식하는 서기관들과 바리새인들이여 너희는 교인 한 사람을 얻기 위하여 바다와 육지를 두루 다니다가 생기면 너희보다 배나 더 지옥 자식이 되게 하는 도다"(마 23:15). 나중에 바울은 자신 역시 바리새인이었다는 사실을 상기시킨다(빌 3:5). 그 역시 이런 식으로 잘못 알려진 선생들 가운데 하나였다.

다음으로 바울은 도둑질 혐의를 제기한다. 그가 마음속에 그리는 대상은, "도둑질하지 말라"는 출애굽기 20:15을 선언하는 유대인이다. 예수님이 이 계명을 인정하셨으며(마 19:18) 바울도 마찬가지다(롬 13:9; 엡 4:28). 그런데 율법을 지켜 의롭게 되려는 유대인은 오직 하나님께만 속하는 영광을 도둑질하고 있다.

다음은 간음으로, 이는 쉽게 비난할 수 있다. 그러나 예수님은 우리도 늘 음탕한 시선과 마음에 현혹당하고 있음을 상기시키신다(마 5:28). 이 중요한 문제에 관해 율법이 말하는 것을 알고 그 율법을 지키는 것은 하나님이 요구하고 제공하시는 정결한 마음과 정직한 영(시 51:10)을 보장하지 못한다. 바울은 그 유대인들이 "늙은 여자에게는 어머니에게 하듯 하며 젊은 여자에게는 온전히 깨끗함으로 자매에게 하듯"(딤전 5:2) 할 수 있도록, 그에게 복음과 그리스도를 가리켜 보이고 싶어 한다. 오늘날 (성경의 가르침을 매우 잘 아는) 부도덕한 행실을 저지른 사제나 목사에 관한 뉴스를 계속 듣다 보면, 바울의 강력한 수사적 질문이 얼마나 시의적절한지 새삼 깨닫는다. 이와 같은 문제가 자신에게도 있음을 인정해야 하는 사람은 로마서에서 바울이 말하는 상대인 '유대인'에게만 국한되지 않는다.

마지막 질문에는 유대인이 우상과 우상숭배를 보편적(그리고 근거가 있는, 출 20:4-5를 보라)으로 경멸한다는 내용이 담겨 있다. 주석가들은 바울의 말에 담긴 의미에 관해 다양한 견해를 제시한다. 우상에 반대하는 가르침을 펴고는 오히려 율법을 우상화하는 자들을 가리키는 것이다. 또한 예루살렘에 연례 성전 세금을 보내지 않은(불법적으로) 유대인들을 가리킬 수도 있다. 이는 예루살렘 성전을 도둑질하는 짓이다. 어쩌면 바울이 이방 신전을 약탈한 유대인에 관한 기록(지금은 실종된)이나, 자신의 귀금속 거래를 위해 이방 우상을 녹여 만든 금속을 사용해 이득을 보는 자들에 관해 이미 알았을 수도 있다.[32]

**2:23** 앞에 나오는 네 질문의 주안점은 명확하다. 바울의 대화 상대는 율법을 자랑하고 율법이 자기를 다른 사람들보다 높여주는 것을 기뻐한다는 것이다. 율법이 다른 사람들을 정죄한다는 것은 옳다. 그러나 율법은 그 대화 상대 역시 정죄한다.

이는 가벼운 범죄가 아니다. 이 사람은 하나님을 모욕한 것이다. 하나님의 명예/불명예와 그분의 기록된 말씀의 명예/불명예는 매우 밀접하게 관련되어 있는데, 모세가 이스라엘에게 나란히 제기한 다음과 같은 수사적 질문들이 이를 확증한다.

> "우리 하나님 여호와께서 우리가 그에게 기도할 때마다 우리에게 가까이 하심과 같이 그 신이 가까이 함을 얻은 큰 나라가 어디 있느냐?"(신 4:7).

> "오늘 내가 너희에게 선포하는 이 율법과 같이 그 규례와 법도가 공의로운 큰 나라가 어디 있느냐?"(신 4:8).

---

32 여러 이론에 관한 논의는 다음 책을 보라. Kruse, *Paul's Letter to the Romans*, 149-151.

따라서 시편 저자도 이렇게 고백한다.

"주님은 주님의 이름과 말씀을 온갖 것보다 더 높이셨습니다"(시 138:2, 새번역).

바울은 그 엄중한 협의와 함께 이런 암묵적인 연관성을 단언한다.

**2:24** 사도는 그의 논증을 매듭짓기 위해 성경을 끌어온다. 23절에 나오는 "네가"는 단수인데, 24절에 나오는 "너희"는 복수다. 이는 바울이 17-23절에서 한 명의 토론 상대를 사용하는 것이, 한 사람이 아니라 그가 속한 집단의 실패를 부각시키기 위한 것임을 드러낸다. 한 사람에게 해당하는 것이 보편적인 개개인의 죄 때문에 개인이 속한 집단도 해당한다.

바울은 이사야 52:5(칠십인역)의 표현을 인용한다. 이스라엘은 이방인 또는 열방에 빛이 되도록 부름을 받았다(사 42:6; 49:6; 51:4; 60:3). 그들은 토라를 하나님의 의도대로 받지 못했고, 그로 말미암아 하나님의 이름이 나쁜 평판을 받게 되었다. 나중에 바울은 그들의 실패를 상세히 묘사할 것이다. "의의 법을 따라간 이스라엘은 율법에 이르지 못하였으니"(롬 9:31). 유대인들은 자신들이 율법을 지킴으로써 그들의 의를 세울 수 있다고 생각했다. 바울은 하나님의 의가 다른 데서 발견되며, 이 사실을 오해하면 그분의 진노하심을 살 수 있다고 주장한다.

**2:25** 바울이 할례를 제시하는 이유는, 할례가 멀리 아브라함까지 거슬러 올라가는 유대인의 사회적이고도 종교적인 정체성의 표지이기 때문이다 (창 17:9-14). 더 나아가 할례는 하나님이 아브라함 및 그의 후손과 맺은 언약의 징표이자 날인이다(롬 4:11). 신약에 나오는 "할례자"나 "할례당" 또는 "할례파"는 유대인들을 가리키는 약칭이다(행 11:2, 갈 2:12, 엡 2:11, 골 4:11, 딛 1:10).

할례 의식 자체를 너무나 중시한 나머지, 바울이 로마서를 쓰기 몇 년

전에 예루살렘 교회에 속한 일부 교인이 이렇게 주장한 적이 있었다. "[예수님을 따르길 원하는] 이방인에게 할례를 행하고 모세의 율법을 지키라 명하는 것이 마땅하다"(행 15:5).

로마서 2:25에서 바울은 할례의 가치를 원칙적으로 인정한다. 그러나 할례의 복은 율법을 지키는 것에 달려 있다. 그렇지 않으면 한 사람의 할례는 본인을 이방인, 곧 조상이 아브라함이 아니라서 할례를 행하지 않는 이방인들과 똑같은 지위에 둔다. 그러므로 할례 또는 유대인이라는 사실은 유대인 사이에서 매우 소중하게 여겨졌음에도, 으레 하나님과 올바른 관계에 있다는 징표는 아니다.

**2:26** 바울은 여기서 새로운 통찰을 향해 움직인다. 진정한 할례는 하나님이 제정하시는 영적인 것이지(29절) 그저 민족적 유산에 속하는 신체적이고 자동적인 자산(property)이 아니라는 통찰이다. 이 논지를 펼치기 위해서는, 율법을 지키는 사람이 할례를 받았든 받지 않았든 "율법의 규례"를 지키고 있음을 입증해야 한다. 이 구절이 제기하는 질문에 간략하게 답한다면 "그렇다, 물론이다!"이다. 바울이 펼치는 논증의 흐름에서 보면, 이는 하나님의 의와 진노가 나타나는 일(1:17-18)이 단순히 민족적이거나 종교에 국한된 문제가 아님을 의미한다. 유대인이라고 반드시 구원을 받으며, 이방인이라고 반드시 정죄를 당하지는 않을 것이다.

**2:27** 바울은 26절에 함축된 의미를 분명히 밝힌다. 할례를 받지 않은 사람이 하나님의 뜻대로 율법을 받는다면, 이는 "율법 조문과 할례를 가지고 율법을 범하는" 유대인에게 어떠한 문제가 있다는 것을 보여준다. 이방인이 율법을 존중하는 것은(할례와 다른 유대인 의식에서 기념하는 이점이 없이) 율법을 위반하는 유대인의 파산 상태를 보여준다.

**2:28** 이 구절에서 핵심 단어는 '단지'(ESV는 "merely", 개역개정에는 없음)이다. 실제로 유대인 됨'은' 표면적인 문제다. 할례는 "표면적 육신의" 행습이다.

그러나 할례는 '단지' 이런 것이 아니다. 하나님은 마음을 관찰하시며, 항상 그러하신다(삼상 16:7). 사람들이 중요하게 여기거나 종교적 유산이 인정하는 근거가 아니라, 참되고 궁극적인 근거에 의거해 "은밀한 중에 보시는 네 아버지께서 [네게] 갚으시리라"(마 6:6).

**2:29** 바울은 17절부터 상대해온 자만한 "유대인"에게 도전한 것을 마무리한다. 1:18까지 되돌아가는 전반적인 논제는 하나님의 진노이다. 과연 누가 그 진노를 피할 것인가? 누가 "하나님의 의"(1:17)에 부합하여 구원을 받을 것인가?

가능한 하나의 대답은 유대인이다. 그들은 율법("조문", 2:29)을 갖고 있고 유대인을 하나님의 백성으로 특징짓는 의식들을(할례 같은) 갖고 있다.

바울은 그렇지 않다고 결론짓는다. 가장 높은 의미에서 "유대인"은 내적인(이면적인) 문제다. "율법의 조문을 따라서 받는 할례가 아니라 성령으로 마음에 받는 할례가 참할례입니다"(새번역).

무엇보다도 진정한 유대인은 할례와 하나님의 율법 준수(아무도 완전히 수행할 수 없는 것)를 자랑하기보다 단순히 인간의 갈채가 아닌 하나님의 칭찬을 받는다. 그래서 예수님은 당시의 유대인에게 이렇게 말씀하신다. "너희는 사람 앞에서 스스로 옳다 하는 자들이나 너희 마음을 하나님께서 아시나니 사람 중에 높임을 받는 그것은 하나님 앞에 미움을 받는 것이니라"(눅 16:15, 또한 요 5:44도 보라).

바울의 "이면적" 유대인은 하나님의 율법을 지키지 못한 탓에 받는 하나님의 진노를 피했다. 오히려 율법을 기술적으로 지키지 않을지라도 (예. 할례를 받지 않는 것) 이 사람은(심지어 이방인도) 하나님께 칭찬받고, 그분께 불쾌한 것이 되지 않을 수 있다. "나[바울]의 복음에 이른 바와 같이 하나님이 예수 그리스도로 말미암아 사람들의 은밀한 것을 심판하시는 그날"(롬 2:16)에 살아 남으리라 보장하는 것은 (아브라함의) 민족이 아니다.

**3:1** 앞의 구절들을 자칫 아브라함의 후손이 받은 복을 최소화하는 것으

로 이해할 수도 있다. 어쨌든 구약은 이스라엘을 하나님의 눈의 눈동자라고 부르지 않는가?(신 32:10; 슥 2:8). 그래서 바울은 두 개의 질문을 제기하는데, 이는 사실상 하나로 보아도 무방하다. 로마서 2:17-29에 나오는 "유대인" 비판을 고려할 때, 바울은 유대인 유산에 특별한 복이나 지위가 하나도 붙어 있지 않다고 말하는 것인가? 할례와 연관된 특권은 지나간 과거의 것인가? 아니면 바울은 다음과 같은 의문을 제기하는 것일 수도 있다. 만일 율법과 할례를 가진 것이 하나님이 용납하시는 빗장을 그토록 높인다면, 유대인으로 태어나는 것이 어쩌면 불이익이 아닌가?

**3:2** 바울은 즉시 확실하게 답변한다. 어느 면으로 보든지 유대 민족은 복을 받았다고 말이다. 첫 번째 증거는 하나님이 "그들이 하나님의 말씀을 맡았[다]"는 것이다. "말씀"[로기아(*logia*), ESV는 "oracles"]은 단지 인간의 진술이라는 의미의 말이 아니다. 칠십인역에서 이 단어는 "거의 언제나 하나님의 '말씀'에 적용된다."[33] 신약에 나오는 네 번의 용례는 항상 하나님의 말씀 그 자체를 가리킨다(또한 행 7:38; 히 5:12; 벧전 4:11도 보라). 신명기 4:7-8은(롬 2:23 주석에서 인용한) (1) 하나님의 개인적 임재와 (2)그분의 계명과 가르침이 하나로 얽혀 있음을 보여준다. 신약에서도 예수님을 영접하는(또는 배척하는) 것과 그분의 말씀을 받아들이는(또는 거부하는) 것 사이에 밀접한 관계가 있다.[34]

하나님의 "말씀"을 가진다는 것은 역사상 다른 어느 문화적 또는 종교적 배경에서 작성되었든지 그 모든 거룩한 책을 능가하는 하나님의 진리의 필사본을 소유하는 것이다. 사도적 관점에서 보면, "말씀"은 바가바드 기타, 코란, 탈무드, 공자에 관한 글, 몰몬경, 또는 다른 어떤 종교적이나 철학적인 저술도 묘사하지 않는다. "말씀"은 아브라함과 이삭과 야곱의 하나

---

33 *NIDNTTE* 3:145.

34 막 8:38; 눅 6:47; 요 5:24; 12:48; 14:23; 15:7을 보라. 예수님은 또한 요한복음 5:24; 14:10에서 그분의 말씀을 받아들이는(또는 거부하는) 것과 아버지를 영접하는(또는 배척하는) 것 사이를 연결시키기도 한다.

님이 그분의 백성에게 주신 글들을 말한다.[35] 구약성경을 "말씀"으로 보는 바울의 높은 견해는 초기 교회에서 사복음서(딤전 5:18에서 바울은 눅 10:7을 성경으로 인용한다[32])와 그 자신의 글(벤후 3:15-16, 또한 살전 2:13도 보라)에도 적용되었다.[36]

이스라엘의 성경들을 "말씀"으로 부르는 것은, 유대인들이 그 성경들을 받았으며 관리할 책임을 맡은 한 바울이 결코 유대인을 평가 절하하고 있지 않음을 확증한다. 바로 이런 책임을 예수님이 완벽하게 수행하셨다.

**3:3** 이 구절에 나오는 두 가지 질문은 1절에 함축된 가설적 회의론을 확장시키는 것 같다. 특히 하나님의 신실함에 의문을 제기한다. 바울은 나중에 이 논지를 훨씬 자세하게 다룰 것이다(9-11장). "그 믿지 아니함이 하나님의 미쁘심을 폐하겠느냐?"는 저변에 깔린 미래시제 동사('그들의 믿지 않음이 폐할 것인가?')를 번역한 것이다. 이는 바울이 "하나님의 진노"(1:18)의 최종적 계시 및 그 결과(2:5, 9, 16도 보라)와 연관된 장래의 종말론적 심판을 염두에 두었음을 가리키는 듯하다. 그렇다 할지라도 이런 의문은 지금 시기를 위한 것이기도 하다.

**3:4** 3절에 나온 질문에 바울이 내놓는 답변은 "결코 그렇지 않다!"이다. 인간의 말은 유독하고 믿을 수 없고 허위일 수 있다(13-14절). 반면에 하나님은 "거짓이 없으[시다]"(딛 1:2). 바울은 그의 주장을 뒷받침하기 위해 칠십인역 시편 50:6[37]을 인용하며 구약이 하나님의 말씀(롬 3:2)이라는 그의 믿음을 예시한다. 하나님은 무슨 말씀을 하시든지 "의롭다 함을 얻으[신

---

35 다음 책에서 더 자세하게 논했다. D. A. Carson, ed., *The Enduring Authority of the Christian Scriptures* (Grand Rapids, MI: Eerdmans, 2016).

36 L. Timothy Swinson, *What Is Scripture? Paul's Use of Graphe in the Letters to Timothy* (Eugene, OR: Wipf & Stock, 2014).

37 우리말로 번역한 성경에서는 시편 51:4를 참고하라. 이 번역 성경들은 칠십인역이 아니라 히브리어 구약성경에서 번역한 것들이다.

다]." 또는 충분한 근거로 그분의 말씀과 함께 그렇게 되신다. 하나님은 무슨 결정이나 명령을 내리시더라도, 그분이 (추정하기로는 그분과 의견을 달리하는 인간들에게) 판단을 받을지라도 "이기[실]" 것이다. 다른 번역본에서는 이 인용된 본문을 '하나님은 법정에 가실 때에도 승리하실 것입니다'("that you may be⋯victorious when you go to law", NETS)라고 번역한다. 이 말이 옳다면 하나님은 재판을 받는 것이 아니라 재판하시는 분이다. 어느 쪽이든 바울은 하나님의 언사가 완전히 진실하고 타당하며 구속력이 있다고 주장한다. 그 말씀은 그 어떤 인간의 반론도 압도한다.

**3:5**  1:18로 거슬러 올라가보면, 바울은 인간의 불의로 야기된 하나님의 진노가 "하나님의 의를 드러나게" 한다고 주장한다(참고. 1:17). '드러내는 역할을 하다'로 번역한 단어는 '확증하다, 세우다'로 번역할 수도 있다. 누군가가 인간의 불의와 하나님의 의 사이의 밀접한 관계를 잘못 가정할 수 있다. 하나님의 선이 우리의 악에 기생한다고 말이다. 그러하기에 바울은 일부러 반대 입장에 서서 이 질문을 제기하는 것이다. 하나님이 진노를 표현하는 의로운 하나님이 되려면 인간의 죄가 필요한 분인가?

하나님이 인간들을 저주하기 위해 창조하셨다는 것은 자의적이고 잔인한 듯이 보일 것이다. 그리고 하나님은 '우리에게 진노를 내리시는 불의한' 분이 될 수 있다. 하나님에게 교활함이나 묵인된 불안정함이 있을지 모른다는 암시는 매우 혐오스럽다(참고. 약 1:17). 바울은 마음에 품기조차 불쾌한 주장을 표현하기 위해 자기가 인간의 유비를 사용하고 있음을 강조함으로써 이 진리를 가리킨다. 바울은 로마서를 집필하기까지 이십 년에 걸쳐 선교사로서 가르치고 복음을 전하는 사역을 수행하면서 이런 공격을 받았을 법하다.

**3:6**  바울은 진노를 내리시는 하나님이 불의하다는 반론을 결단코 거부한다. 만일 하나님이 불의하다면, "하나님께서 어찌 세상을 심판하시리요"라고 묻는다. 여기에 내포된 답변은 '심판하실 수 없다'는 것이다. 그런데 하

나님이 흠 없는 최고의 심판관이라는 진리는 구약의 "말씀"(2절)에 자명하게 나타난다. 아브라함은 "세상을 심판하시는 이가 정의를 행하실 것이 아니니이까"(창 18:25, 또한 삿 11:27; 삼상 2:10; 대상 16:33도 보라)라고 묻는다.

구약에 나오는 하나님의 공의에는 그분이 불의를 보시고 느끼는 불쾌함이 함께한다. "하나님은 의로우신 재판장이심이여 매일 분노하시는 하나님이시로다"(시 7:11). 그리고 이것은 좋은 일이다. 만일 하나님이 악에 진노하시지 않고, 악을 심판대에 세우시지 않고, 상처를 치유하지 않으신다면, 과연 누가 그렇게 할 것이며 할 수 있겠는가? 결국 하나님의 의로운 심판은 하나님을 의문시하는 것이 아니라 기뻐할 이유이다.

> "온 백성은 기쁘고 즐겁게 노래할지니
> 주는 민족들을 공평히 심판하시며
> 땅 위의 나라들을 다스리실 것임이니이다"(시 67:4).

이처럼 하나님의 공평하며, 아울러 다스리는 심판을 기뻐하라는 요청이, 하나님이 불의하실지도 모른다는 생각에 대해 바울이 보이는 거부반응의 이면에 자리한다.

**3:7-8** 여기에 나오는 두 개의 수사적 질문에는 다음 공통점이 있다. 바울이 그들에게 직접적으로 상세히 답변하지 않는다는 것이다. 그리고 바울은 그에게 혐의를 제기하며 고소하려는 자들에 관해 단지 "그들은 정죄받는 것이 마땅하니라"(8절)고 일축한다는 것이다.

이 편지를 쓰고 3년 쯤 지난 뒤, 바울은 마침내 로마에 도착하여 "유대인 중 높은 사람들"과 만난다(행 28:17). 당시 바울은 죄수의 신분으로 그들에게 "이스라엘의 소망으로 말미암아 내가 이 쇠사슬에 매인 바 되었노라"(행 28:20)고 말한다. 그 지도자들은 바울의 견해를 듣고 싶다고 응답하면서 "이 파에 대하여는 어디서든지 반대를 받는 줄 알기 때문이라"(행 28:22)고 말한다. 어쩌면 바울이 로마서를 쓸 때에 이미 복음과 관련해 나쁜 소문이 돌고 있었을 수 있다. 이에 바울은 그런 소문을 내쫓을 필요를 느꼈으리라.

로마서 3:7은 5절에 나오는 두 질문을 개인적인 것으로 만들어, 마치 바울이 그런 질문을 던지는 죄를 지은 것처럼 재구성한다. "나의 거짓말" 은 5절의 둘째 질문에 나오는 "하나님이 불의하시냐"라는 혐의이다. "내가 죄인처럼 심판을 받으리요"는 5절에 나오는 첫째 질문과 같이, 인간의 불의가 어떻게 "하나님의 의를 드러나게" 하는 역할을 하는지를 반영한다. 바울은 5절에 나오는 질문들을 7절에서 재구성함으로써 그 '디아트리베를'을 확대하여 8절에서 좀 더 적절한 질문으로 내놓는다(5절 질문에는 이미 응답했으므로). 어떤 이들은 이런 왜곡된 신념으로 바울을 비방한다.

바울은 여기서 그런 비방과 관련해 충분한 답을 하지 않는데, 두 가지 이유가 있는 듯하다. (1) 응답하려면 하나님의 진노가 왜 그리고 어떻게 나타나고 있는지(1:18)를 설명하는 당장의 과제에서 너무나 멀리 벗어나게 될 것이다. (2) 그는 나중에 이 질문을 두 가지 각도에서 다룰 것임을 알고 있다. 6:1-14에서는 "우리가…은혜를 더하게 하려고 죄에 거하겠느냐"라는 질문에 답할 것이다. 그리고 6:15부터는 "우리가 법 아래에 있지 아니하고 은혜 아래에 있으니 죄를 지으리요"라는 질문에 답변할 것이다. 만일 누군가가 기독교적(또는 다른 어떤) 근거로 "선을 이루기 위하여 악을 행하자"라고 말한다면, 이 두 질문은 모두 적절하다.

그런즉 바울이 3:8에서 짧게 마무리한 것은, 나중에 복음과 관련한 이런 오해를 다시 다룰 생각이었던 것으로 보인다. 그리고 그는 1:18에서 시작한, 인간의 불의에 대한 논증을 하나님께서 계시하신 진노가 곧 임하리라는 것에 비추어 끝내고 싶어 한다.

또 다른 독해에 따르면, 3:8을 마무리하는 문구인 "그들은 정죄받는 것이 마땅하니라"가 바로 그가 인용하는 가설적 혐의에 적절한 답변이다. "어찌 내가 죄인처럼 심판을 받으리요"라는 질문은, 하나님이 주권자심으로 인한 인간의 책임이라는 논제를 제기한다. 그리고 "선을 이루기 위하여 악을 행하자 하지 않겠느냐"는 질문은, 인간이 더 많은 죄를 지을수록 더 많은 선이 생긴다는 것이 그 질문에 따른 논리적 결론임을 시사한다. 바울은 이렇게 생각하는 자들이 정죄를 받아야 마땅하다고 주장함으로써 이런 가능성을 모두 배척한다. 그러나 사실은 사람들에게 책임이 있기 때문에 그들을 정죄하는 것은 정당하다. 자기가 더 많은 죄를 지을수록 더 많은 선이 생길 것이라고 생각하는 이들도 정죄를 받아야 마땅할 것이다.

**3:9** 1절에서 바울은 유대인의 이점에 관한 질문을 제기했다. 그리고 하나님이 진정 그들에게 거룩한 경전, 곧 "하나님의 말씀"(2절)을 선물로 주셨다는 것을 인정했다. 9:4-5에서 바울은 이 말씀들에 기록된 대로 아브라함의 유산에서 생기는 아홉 가지 복을 열거할 것이다. 그 복들에도 불구하고 유대인이 하나님의 의에 못 미친다는 사실은 그대로 남아 있다(2:17-29). 그리고 인간이 무슨 반론을 제기할지라도 심판과 진노를 내리시는 하나님은 의로우시다(3:3-8).

이는 바울을 9절에 나오는 질문으로 데려간다. "우리[유대인]는 나으냐?" 바울이 1-2절에서 말한 그 이점이 2:17-29에서 추정한 불의, 즉 (1:18-2:16과 함께) 유대인을 이방인만큼 불의하게 만드는 것을 상쇄시키는가?

3:9은 '아니다'라고 대답한다. "우리가 이미 선언하였느니라"는 말은 1:18의 "사람들의 모든 경건하지 않음과 불의"를 가리킬 수 있다. "다"는 이방인과 유대인을 전부 포함한다. 또는 그것이 1:18-2:29에 나오는 그의 논증을 요약한 것일 수도 있다. 확실히 그 긴 단락의 전체 효과는 바로 3:9이 인정하는 것이다. "유대인이나 헬라인이나 다 죄 아래에 있다." 그들은 죄를 범했다. 뿐만 아니라 죄의 규탄의 대상이며 죄의 요구에 사로잡혀 있다는 의미에서 죄 "아래"[38]에 있다(참고. 6:16).

**3:10** 이 구절에서부터 구약을 길게 인용하기 시작했다(10-18절). 현대 독자들에게는 불필요한 것으로, 어쩌면 용두사미처럼(anticlimatic) 보일지 모

---

38  바울은 롬 7:14과 갈 3:22에서도 "죄 아래" 있는 것을 거론한다.

른다. 하지만 바울은 그 구절들을 "하나님의 말씀"(2절)으로 본다. 인간의 죄악과 관련한 진술(1:18-32) 및 인간 편에서의 반대와 대비되는 하나님의 의에 관한 담론(2:1-3:8)은 그 나름의 그 역할이 있다. 그러나 결국 중요한 것은 하나님의 판결이다. "기록된 바"[게그라프타이(*gegraptai*), 3:10]라는 표현은 이미 반복해서 나왔다(1:17; 2:24; 3:4). 앞으로도 열두 번 이상 나올 텐데,[39] 이는 바울이 예수님과 구원의 복음에 관한 그의 메시지, 논증, 확신에 대해 가지는 기반으로써 하나님의 기록된 말씀을 얼마나 중요시하는지를 보여준다.

10절은 12절까지 이어지는 한 인용문의 시작이다. 이 인용문은 시편에서 끌어온 본문으로, 히브리어로는 시편 14:1-3과 시편 53:1-3에서 표현만 조금 다르게 두 번 등장한다. 바울이 시편을 인용한다는 사실은 바울도 예수님처럼 '하나님의 말씀' 또는 구약성경이 예수님의 말씀에 나오는 "모세의 율법과 선지자의 글과 시편"(눅 24:44) 전부를 아우른다고 보았음을 상기시켜준다. 이는 구약 정경 전체를 의미한다.

이방인과 유대인을 포괄하는 인간의 불의에 대한 그 말씀들, 곧 그 정경에 관한 판결은 여기서 시작된다. "의인은 없나니 하나도 없으며." 맨 처음 나오는 이 구절은 하나님의 언약 백성과 전반적인 인류 모두를 정죄하는 두 시편에서 뽑은 것으로, 이어지는 여덟 절의 주제로 간주해도 무방하다. 그렇다고 참되고 완전한 의와 같은 것이 존재하지 않는다는 뜻은 아니다. 그 의는 존재하지만 타락한 인류에게서는 찾을 수 없다. 바울은 이제 이 논점을 하나님의 말씀에 근거해 입증할 것이다.

**3:11-12** 하나님과 그분의 의에 관한 한 아무도 그것을 얻지 못한다. 여기서 '깨닫다'는 "자신의 생각이나 행습에 도전하는" 어떤 것을 파악한다는 의미이다.[40] 하나님과 그분의 의는 인간의 생각과 행위에 도전한다. 하나님의

---

39  롬 4:17; 8:36; 9:13, 33; 10:15; 11:8, 26; 12:19; 14:11; 15:3, 9, 21.

말씀과 그분의 길은 우리의 머리 위를 지나간다. "이는 내 생각이 너희의 생각과 다르며 내 길은 너희의 길과 다름이니라 여호와의 말씀이니라"(사 55:8). 바울의 주장은 그 자신은 물론이요 그가 인용하는 시편 저자들만이 가지는 독특함이 아니다. 지혜가 사람에게 외치지만(잠 1:20, 8:1) 사람이 거부한다.[40]

사람은 전반적으로 하나님을 찾지 않는다. 구약에는 "주님을 찾으라"는 말이 24번도 넘게 나오지만, 예민한 영성을 지니고 하나님의 뜻에 순종하는 찬란한 본보기들보다 하나님에게서 멀어지는 사례가 더 많이 등장한다. 주목할 만한(완벽하진 않아도) 예외가 있긴 하지만 구약의 이스라엘은 '목이 뻣뻣한 백성'[41]이었고, 스데반도 당시의 예루살렘 지도자들에게 그런 판결을 내렸다(행 7:51).

로마서 3:10-11은 불경한 사람의 특징을 묘사한다. 12절은 두 집단을 정죄하는 것으로 시작한다. "다 [하나님이 규정하신 길에서] 치우쳐"(ESV는 "All have turn aside"). 구약에서 '주님의 길'을 12번 가량 언급하는데, 그중 네 번은 이스라엘이 하나님께 잘못이 있다고 비난하는 구절들이다. 에스겔에 따르면, 그들은 "주의 길이 공평하지 아니하다"라고 불평한다(겔 18:25, 29, 33:17, 20). 로마서 3:12에 나오는 "무익한"은 "도덕적 부패가 사회에 불이익"이 된다는 뜻이다.[42] 바울은 인류 전체의 도덕적 몰락을 묘사한다.

하지만 인류는 개인들로 구성되어 있다. 그래서 집단의 상태는 그 구성원들의 총합이다. 12절은 사회의 문제가 아니라 각 개인의 문제로 되돌아가서 끝을 맺는다. "선을 행하는 자는 없나니"라는 말은 남을 올바르게 또는 관대하게 대우하는 데 실패했다는 뜻으로 이해할 수 있다. 하나님은 그분의 백성에게 "오직 정의를 행하며 인자를 사랑하며"(미 6:8)라고 말씀하신다. 바울이 인용하는 시편들은 사람들이 둘 다 행하지 않는다고 한다.

---

40  BDAG, s.v. συνίημι.

41  출 32:9, 33:3, 5, 34:9, 대하 30:8.

42  BDAG, s.v. ἀχρειόω.

"하나도 없도다"라는 말은 가혹하고 과장하는 것처럼 들린다. 우리가 과연 그 정도로 나쁜지 의심할 수 있다. 바울도 동의할지 모른다. 그런데 바울이 곧 주장할 것처럼 우리는 사실 그보다 더 나쁘다.

**3:13-14** 바울은 유대인과 이방인이 똑같이 죄인임을 확증하기 위해 다른 구약 구절들로 눈을 돌린다. 이 단락에 담긴 그의 가르침은 당시의 대다수 랍비들이 가르치던 내용(바울이 가말리엘 아래에서 배운 것, 행 22:3)과 대조를 이룬다. 랍비들은 바울의 묘사와는 달리 사람이 죄에 속박되지 않았으며 "좋은 충동과 나쁜 충동 가운데 선택할 자유"[43]가 있다고 주장했다. 바울은 로마서 3:13-14에서 예수님의 통찰을 반영한다. "마음에 가득한 것을 입으로 말함이라"(마 12:34). 사람은 타락한 마음 때문에 그 자신의 올바른 선택을 통해 스스로를 구원할 능력이 없다. 인간의 의지는 오직 하나님만이 해방시킬 수 있는 그 무엇에 속해 있다.

로마서 3:13은 시편 5:9의 후반부를 인용한 말씀이다. "그들의 입에 신실함이 없고 그들의 심중이 심히 악하며 '그들의 목구멍은 열린 무덤 같고 그들의 혀로는 아첨하나이다'." 시편 5편에 나온 이 구절은 말뿐만 아니라 그 기원을 판결내리신 것이다. "그들의 심중이 심히 악하며"(ESV는 "their inmost self is destruction"). 이는 예수님이 말씀하신 "마음에 가득한 것"과 일치한다.

"그 입술에는 독사의 독이 있고"는 시편 140:3에서 인용한 것이다. 여기서도 문제는 말에만 있지 않고 그 중심이 부패한 사람에 있다. "그들이 마음속으로 악을 꾀하고"(시 140:2). 유독한 언어는 악의를 품은 마음에서 나온다.

로마서 3:14은 시편 10:7에서 끌어온 것이다. 그 시편에서 "저주와 악독이 가득[한]" 입은, "그의 마음에 이르기를" 하나님이 보지도 않고 감찰

---

43 C. E. B. Cranfield, *A Critical and Exegetical Commentary on the Epistle to the Romans*, ICC (Edinburgh, UK: T&T Clark, 1975), 1:192n1, citing H. J. Schoeps.

하지도 않을 것이라는 사악한 사람이 하는 말과 행동이다(시 10:6, 11, 13). 이 시편은 "그들의 눈앞에 하나님을 두려워함이 없느니라"(롬 3:18)는 바울의 결론을 드러낸다. 14절은 단지 악독한 말만을 지적하지 않는다. 바울은 병든 말에서 속사람과 내면이 얼마나 타락했는지 추론하기도 한다.

**3:15-17** 10-12절이 모든 사람의 타락을 강조하고 13-14절이 파괴적인 말을(병든 영혼에서 나오는) 가리킨 데 비해, 이 구절들은 악한 행실을 지적한다. 사람들은 악한 것을 말할 뿐만 아니라 실행하는 특징이 있다. 그 증거로 바울은 이사야 59:7-8로 눈을 돌려 그 본문을 상당 부분 인용한다.

"그 발은 피 흘리는 데 빠른지라"(롬 3:15)는 인류의 폭력적인 성향을 묘사한다. 예수님(마 5:21-22)은 살인(대다수 사람이 범하지 않는 것)과 분노(꺼트리는 법을 배우지 않으면 누구나 빠지는 것) 사이에 어떤 연관성이 있었는지 끌어내셨다. 분노의 문제가 만연하다 보니 오늘날에는 분노 관리에 관한 강의까지 열린다. 이런 강의에 대한 회의론이 흔한데, 이는 분노를 털어내 마음의 부담을 더는 것이 필요하다는 믿음에 어느 정도 기인한다. 흔히들 분노를 억누르는 것은 사실상 해롭다고 믿는다. 바울의 동료 지도자인 야고보는 "사람이 성내는 것이 하나님의 의를 이루지 못함이라"(약 1:20)라고 쓴다. 이것이 사람과 하나님의 의견이 갈리는 근본 지점이다. 사람은 화를 벌컥 낸다.

"그 발은 피 흘리는 데 빠른지라." 주전 8세기에 이사야와 주후 1세기에 바울이 한 이 말은, 전쟁과 폭격이 난무하고 매일 낙태로 3만 명도 넘는 아기가 죽는 21세기 세상에 더욱 맞는 말이다. 최근에는 해마다 수천 만 명의 피난민들이 더 안전한 삶을 찾아헤맨다. 참으로 사람의 '길은 파멸과 고생'이다(롬 3:16). 이사야와 바울의 말은 단지 교리를 진술하는 데서 그치지 않고, 우리 시대를 내다보는 예언이라 할 수 있다.

"평강의 길을 알지 못하였고"는 이사야 59:7-8에 나오는 문구로써 그 앞뒤에 "황폐와 파멸이 그 길에 있으며", "그들이 행하는 곳에는 정의가 없으며", "굽은 길을 스스로 만드나니"와 같은 구절들이 있다. 로마서

3:17에 나오는 "길"은 한 사람의 생활방식, 곧 사람들이 날마다 따르는 행로를 의미한다. 하나님은 사람들에게 그분과의 교제에 기반을 둔 의와 정직과 선함, 그리하여 타인을 배려하는 길로 부르신다. 이것이 바로 "평강의 길"이다. 그러나 하나님이 세상을 두루 살피실 때 눈에 들어오는 광경(사 59:15)은 그와 정반대다. 사람들은 하나님이 원하시는 예배와 구속의 삶과 거리가 멀다. 우리 최대의 적은 우리 자신이다.

**3:18** 이 구절은 10-17절을 요약한 것이다. "유대인이나 헬라인이나 다 죄 아래에 있다"(9절)고 판결을 내린 근거는 신학적이다. 그들이 가진 하나님에 대한 견해는 결함이 있다. 하나님께서 존경과 경외를 받으시도록 우리는 삶의 모든 영역을 그분의 영예와 영광을 위해 살아야 한다. 그분은 우리가 드리는 최고의 포괄적인 경외 또는 "두려움"을 받으실 자격이 있다. 그런데 하나님께 합당한 두려움으로 그분을 높이는 사람이 너무나 드물다. 어느 누구도 올바르고 완전하게 그분을 두려워하지 않는다.

그 결과, 폭력과 파멸과 불행(15-17절)은 역사 전체에 걸친 온 세상의 문제가 되었다. 혀로 짓는 죄악이 만연해 있으며(13-14절) 언제나 그랬다. 아무도 의롭지 못하며(10-11절), 어느 누구도 의로운 상태를 깨닫지도 못하고 추구하지도 않는다. "유대인이나 헬라인이나"(9절) 도덕적으로 불완전하고 영적으로 어둡고 하나님에게서 멀리 떨어져 있다는 점에서 같다.

이것이 바울이 방금 인용한 방대한 구약 구절들이 내린 판결이다. 이것이 바로 인간의 상태에 관해 "율법이 말하는 바"(참고. 19절)이다. 다음 두 절에서 그 결과를 살펴본다.

**3:19** 바울의 "우리가 알거니와"라는 말에 관해서는 76쪽에 있는 표2를 보라. 여기서 "율법"은 바울이 방금 인용한 대목들을 포함한 구약 전체를 가리킨다. 19절에서 바울은 (1) 율법이 누구에게 말하는지 그리고 (2) 율법이 무슨 이유로 그것을 말하는지를 진술한다.

(1) 구약은 "율법 아래에 있는 자들에게 말[한다]." 이는 모든 곳에 있

는 모든 사람을 뜻한다. 오직 한 분 하나님만이 존재하신다. 그분이 모든 사물과 사람을 창조하셨다. 그분은 서로 다른 집단들을 위해 서로 다른 종교들, 경전들, 구원 계획들을 갖고 계시지 않다. 하나님의 율법이 서술하고 규정하는 바는 아담과 하와에게 속한 모든 인류에게 동일하게 적용된다.

(2) "모든 입을 막[으]…려 함이라"는 우리가 변명한다는 점을 인정한다. 우리는 우리의 죄악을 합리화한다. 우리는 우리가 10-18절이 주장하는 만큼 나쁘다는 것을 부인한다. 이 모든 의미에서, 하나님이 우리에게 우리의 고집불통을 지적하실 때 우리는 핑계를 대거나 반박한다. 따라서 사람들이 입을 다물고 하나님의 유죄 판결과 치유의 말씀을 듣는 것이 중요하다. 율법은 사람들이 스스로를 정당화하는 푸념과 항변 대신에 자신의 죄를 모두 자백하고 하나님의 메시지를 듣게 하는 하나님이 베푸신 은혜의 방편이다.

율법은 또한 "온 세상으로 하나님의 심판 아래에 있게" 한다. 율법은 단지 사람들의 입을 막는 것만이 아니다. 율법은 그들에게 형벌을 면할 수 없으리라고 선언한다. "하나님의 진노"가 이 단락(1:18-3:20)의 표제로 합당한 이유는, 율법이 땅의 모든 거주민들에게 하나님의 공정한 판결을 내리기 때문이다.

**3:20** "그러므로"는 20절이 19절을 설명하고 있음을 나타낸다. 율법의 판결이 너무도 포괄적이고 가혹한 이유는(19절), "율법의 행위로 그의 앞에 의롭다 하심을 얻을 육체가 없기" 때문이다. 이 문구의 핵심 단어는 "율법의 행위로"이다. 이는 무엇을 뜻하는가? 학자들 사이에 엄청난 분량의 논의가 이뤄졌다.[44] 그 가운데 가장 탁월한 설명은 바울이 단순히 율법(구약 전체)이 명령하는 행위를 가리킨다는 것이다. 어느 누구도 그런 행위를 해서 의롭게 되지 못하며, 될 수도 없다. 왜냐하면 아무도 그 명령들을 하나

---

44 Thomas R. Schreiner, *Romans*, 2nd ed., BECNT (Grand Rapids, MI: Baker Academic, 2018), 177-183 을 보라.

님의 거룩하심에 걸맞게 지킬 수 없기 때문이다.

이것은 율법이나 율법의 규정대로 행하는 것을 비판하는 것이 아니다. (율법의 일부는 일차적으로 고대 이스라엘과 옛 언약 준수의 다양한 형태와 단계에 적용되므로 더 이상 적실성이 없지만 말이다.) 예수님과 바울은 모두 율법을 요약하는 두 개의 큰 계명을 지지한다. 하나님을 사랑하고 우리 이웃을 사랑하는 것이다. 그들은 상당히 많은 구약의 가르침과 명령을 되풀이하고 또한 긍정한다. 구약의 약속과 구속에 관한 이야기는 신약의 성취 및 현재까지 이어져 내려오는 것과 떼려야 뗄 수 없는 관계다.

오히려 이는 바울이 유대교에 있을 때 옳다고 여기던 것을 비판하는 구절이다. 일부 유대인은 적어도 그들이 특정한 구약 계명들을 지켰기 때문에 스스로를 의롭다고 여겼다(예전에 바울이 그랬듯이, 빌 3:6).[45] 또한 바울은 이방인들이 창조세계(롬 1:19-23)와 그들의 양심(2:12-16)을 통해 율법이 하나님에 관해 가르치는 것을 충분히 알고 있으며, 그로 인해 정죄를 받는다고 말했다.

그러므로 율법이 제공하는 것은, 사람이 스스로 인식하는 의에 관한 "죄를 깨달음"(ESV는 "knowledge of sin")이다. 이것이 본질적으로 구원의 계획이 아닌 것은, 의사가 진단을 내린 것만으로 치료했다고 할 수 없는 것과 같다. 다음 단락들에서 바울은 이 지식과 이에 대한 하나님의 반응에 관해 더 많이 다룰 것이다. 바울이 여기까지 길게 제시한 그의 입장은, 인간이 수없이 실패하고 허다하게 범죄하므로 하나님의 진노를 받아야 마땅하다는 것이다(1:18-3:20). 어떤 인간도 자신의 힘으로는 하나님이 보시기에 의롭게 되는데 필요한 의를 소유할 수 없다.

---

45 부유한 젊은 관원은 당시에 널리 퍼져있던 태도를 대변하는 듯하다. 예수님이 그에게 계명들을 지켜야 한다고 말하자 그는 "이것은 내가 어려서부터 다 지키었나이다"(눅 18:21)라고 대답했다. 이것은 예수님이 "자기를 의롭다고 믿고 다른 사람을 멸시하는 자들에게" 말씀하실 때 있었던 일이다(눅 18:9). 그들 대부분이 이와 같은 오해에 빠져 있었다.

〰〰〰 **응답** 〰〰〰

(1) 세상의 큰 문제는 사람들이 "[그들의] 불의로 진리를 막는[다]"(1:18)는 것이다. 진리는 선함과 희망의 친구이나, 속임과 거짓말은 개인의 행복과 만인의 유익을 저해한다. 우리 대다수는 자신의 악행을 은폐하거나 부인한 누군가에게 배신당한 경험이 있다. 적지 않은 나라에서 온 국민이 거짓을 일삼는 고위 공무원들, 통제되지 않는 군부 세력, 타락한 기업인들, 또는 그 밖의 악행들 때문에 고통을 겪는다. 종종 사람들은 하나님을 비난하거나 부인하곤 한다. 그들의 눈에 비치는 악이 하나님의 존재와 양립할 수 없다고 생각하기 때문이다.

이보다 나은 대안은, 이 세상 문제의 대부분이 하나님이 아니라 사람들에게 있음을 인식하는 것이다. 막연한 누군가를 떠올릴 것이 아니라 먼저 우리 자신부터 돌아보아야 한다. 더 나은 세상을 세우려면 우리가 더 나은 사람이 되어야 한다. 현대에 시도된 수많은 사회적인 실험이 증명하듯이, 개개인을 새롭게 빚고 개혁하지 못하는 세상을 개선하려는 어떠한 처방도 좌절되고 결국 실패로 끝날 수밖에 없다. 더 나은 세상을 추구하면서도 회개로 시작되는 근본적인 인격적 변화를 겪길 꺼려하는 사람은, 진짜 문제가 어디에 있다고 말씀하시는 하나님의 진단을 회피하는 셈이다.

(2) 하나님의 진노를 부인하는 기독교가 있다면 그것은 거짓이다. 유럽에 계몽주의(18세기)가 등장한 이후 기독교에 '자유주의'라고 불리는 한 유형이 인기를 끌었다. 이전에 자유주의에 속했던 누군가가 그들의 심성을 이렇게 요약했다. "진노가 없는 하나님이 십자가가 없는 그리스도의 직무를 통해 죄가 없는 사람들을 심판이 없는 나라로 이끌었다."[46] 이런 관점이 '기독교'라는 이름을 지닌 많은 기관에 뿌리박혀 있다. 로마서 1-3장은

---

46 H. Richard Niebuhr, *The Kingdom of God in America* (New York: Harper & Row, 1937), 193.

특히 진노의 하나님을 부인하는 세상에 몸담은 사람들은 바로 그 하나님과 충돌할 수밖에 없다고 선언한다.

(3) 하나님이 개개인을 성적인 존재로 창조하셨기에, 우리는 그것을 인정하고 하나님께 영광을 돌려야 한다. 창세기 1-2장은 남자와 여자가 상호보완적으로 조화롭게 공존하도록 창조되었다고 말한다. 장기적으로 그들은 예배와 같은 노동을 통해 하나님이 주신 세계를 돌보고 개발함에 따라 "생육하고 번성하[도록]" 되어 있었다. 그런데 그들은 죄를 지어서 그 세계를 망가뜨렸다. 그러나 우리의 창조된 성(性)을 부인하거나 동성 관계를 긍정해서는 구속(救贖)을 찾을 수 없다. 그렇게 하면 자신과 사회에 파멸을 초래하고 만다. 오직 우리의 타고난 성을 받아들이고, 하나님이 우리 각자에게 주신 성적 정체성을 기뻐하신다는 사실을 깨달아 알아야 한다.

(4) 종교는 자칫 독선을 정당화해서 사람들을 하나님에게서 떼어놓는 일을 할 수도 있다. 앞에서는 '자유주의' 신앙을 언급했다. 그런데 '보수적인' 신앙도 그만큼 해로울 수 있다. 바울은 다신론과 도덕적 타락상을 보존하려는 이방인을 향해 설파했다. 그리고 자신들의 전통이 그들을 다른 민족들 위로 들어올린다고 만족하던 유대인을 향해 목소리를 높였다. 복음은 인간적인 자신감 속으로 물러나지 말고 하나님의 방향으로 변화하라고 요청한다. 다른 사람을 열등하다 여기며 자만하는 종교적 독선에는 밝은 미래가 없다.

(5) 중요한 것은 하나님의 판결이지 사람들의 생각이 아니다. 로마서 1:28-32에 나오는 죄의 목록을 살펴보면 우리 자신의 약점을 쉽게 알아챌 수 있다. 남들의 죄는 더 쉽게 알 수 있다. 그러나 그만큼 두드러지는 현상은, 이런 죄악들 가운데 다수가 합리화와 진실 왜곡을 내세워 스스로를 변호한다는 것이다. "탐욕"(1:29)은 소비주의 경제를 움직이는 물질주의라는 이름으로 정상적인 것이 된다. "악의"는 불로 불과 싸운다는 개념으로

정당화된다. "시기"는 질투하는 자가 가지지 못한 것을 누군가가 갖고 있기 때문에 불가피한 것으로 여겨진다. 인생은 자기 몫을 더 챙기려는 싸움이 아니던가? "수군수군하는 자"는 스스로를 성품을 헐뜯는 자가 아니라 진실을 퍼뜨리는 자로 본다. "하나님을 미워하는 자"(새번역)는 지적으로 정직한 자일 뿐이고, "교만한 자"와 "자랑하는 자"는 '권위에 저항하라'는 사회적 명령을 따르는 자일 뿐이다. 무엇보다도, "그런 일[악덕과 타락]을 행하는 자들을 옳다"(1:32)고 인정하다 보면, 우리가 흔히 수반되는 도덕적 또는 형법적 위험을 감수하지 않은 채 최신식 사회적 혁신에 동참한다고 느낄 수 있다.

사람들이 널리 인정하고 환호하는 것이 하나님께서 혐오하시는 태도와 행동일 수 있다.

(6) 기록된 하나님 말씀은 가장 큰 선물이다. 하나님의 말씀(3:2)은 바울이 복음 메시지를 진리로 믿는 그 믿음의 기본 요소였지만, 오늘날에는 그 권위를 폄하하는 경향이 많다. 어떤 이들은 모든 종교를 동등하게 보고서 성경을 인간의 또 다른 종교적 성찰로 격하시킨다. 다른 이들은 자기가 좋아하는 성경의 일부는 권장하지만 오늘날의 사회적 신념과 맞지 않는 것은 거부한다. 많은 이들은 성경을 몇몇 좋아하는 구절(요 3:16과 같은)이나 개념(하나님은 사랑이시다와 같은)으로 축소시키고 나머지 거의 대부분을 모르는 게 약이라는 식으로 바라본다. 어떤 이들은 하나님 또는 예수님(둘 다 선하다)과 기록된 성경(하나님이나 삼위일체를 경외하듯 존중하면 안 되는 것)을 구별하는 선을 긋는다.

바울은 그의 주님이자 주인이신 예수님처럼 복음 메시지의 학생이요 신학자요 선포자였다. 그는 이 복음 메시지가 성경에 뿌리박혀 있으며 그래서 성경과 분리할 수 없음을 발견했다. 바울은 하나님과 그분의 기록된 말씀 사이를 갈라놓기는커녕, 성경이 단언하는 것을 하나님의 말씀[로기아(logia)]으로 거룩히 여기는 신앙적 추론 방법을 사용하는 본보기다. 세계 전역에서 바울처럼 성경을 진지하게 읽는 곳에서는 기독교가 꽃을 피우고 있다. 반면에 성경의 진리와 메시지를 더 작은 권위로 대체하는 곳에서는 기독교가 시들어가고 있다. 후자의 경우는 성경만 잃어버리는 것이 아니다. 우리가 권위의 다른 근원을 하나님의 계시된 말씀보다 위에 둘 때 하나님 그분이 우리의 시야에서 사라지게 된다.

　(7) 하나님은 개개인과 민족들을 마주 대하실 만큼 배려심이 많다. 다수에게는 이 단락이 바울 편에서 퍼붓는 독선적인 고함처럼 들릴지 모른다. 도대체 바울은 자기가 누구라고 생각하는 것인가? 그러나 예수님과 성령이 회개로 부르신 사람들에게 바울은 치유하고자 상처 입히는 메시지를 전달하는 대변인일 뿐이다. 하나님은 바울이 쓰는 글을 통해 구원의 메시지를 전하신다. 인간이 가진 자원은 복음 메시지에 담긴 하나님의 의에는 감히 비할 것이 못 된다. 복음의 초대는 자기충족적인 인간의 가면을 고발하는 점에서 급진적이며, 적절한 해독제와 우월한 대안을 제시하는 점에서 획기적이다.

　다음에 이어지는 단락들에서 바로 이런 해독제와 대안에 관해 말한다.

3:21 이제는 율법 외에 하나님의 한 의가 나타났으니 율법과 선지자들에게 증거를 받은 것이라 22 곧 예수 그리스도를 믿음으로 말미암아 모든 믿는 자에게 미치는 하나님의 의니 차별이 없느니라 23 모든 사람이 죄를 범하였으매 하나님의 영광에 이르지 못하더니 24 그리스도 예수 안에 있는 속량으로 말미암아 하나님의 은혜로 값없이 의롭다 하심을 얻은 자 되었느니라 25 이 예수를 하나님이 1)그의 피로써 믿음으로 말미암는 화목제물로 세우셨으니 이는 하나님께서 길이 참으시는 중에 전에 지은 죄를 간과하심으로 자기의 의로우심을 나타내려 하심이니 26 곧 이때에 자기의 의로우심을 나타내사 자기도 의로우시며 또한 예수 믿는 자를 의롭다 하려 하심이라

3:21 But now the righteousness of God has been manifested apart from the law, although the Law and the Prophets bear witness to it— 22 the righteousness of God through faith in Jesus Christ for all who believe. For there is no distinction: 23 for all have sinned and fall short of the glory of God, 24 and are justified by his grace as a gift, through the redemption that is in Christ Jesus, 25 whom God put forward as a propitiation by his blood, to be received by faith. This was to show God's righteousness, because in his divine forbearance he had passed over former sins. 26 It was to show his righteousness at the present time, so that he might be just and the justifier of the one who has faith in Jesus.

27 그런즉 자랑할 데가 어디냐 있을 수가 없느니라 무슨 법으로냐 행위로냐 아니라 오직 믿음의 법으로니라 28 그러므로 사람이 의롭다 하심을 얻는 것은 율법의 행위에 있지 않고 믿음으로 되는 줄 우리가 인정하노라 29 하나님은 다만 유대인의 하나님이시냐 또한 이방인의 하나님은 아니시냐 진실로 이방인의 하나님도 되시느니라 30 할례자도 믿음으로 말미암아 또한 무할례자도 믿음으로 말미암아 의롭다 하실 하나님은 한 분이시니라 31 그런즉 우리가 믿음으로 말미암아 율법을 파기하느냐 그럴 수 없느니라 도리어 율법을 굳게 세우느니라

27 Then what becomes of our boasting? It is excluded. By what kind of law? By a law of works? No, but by the law of faith. 28 For we hold that one is justified by faith apart from works of the law. 29 Or is God the God of Jews only? Is he not the God of Gentiles also? Yes, of Gentiles also, 30 since God is one—who will justify the circumcised by faith and the uncircumcised through faith. 31 Do we then overthrow the law by this faith? By no means! On the contrary, we uphold the law.

4:1 그런즉 2)육신으로 우리 조상인 아브라함이 무엇을 얻었다 하리요 2 만일 아브라함이 행위로써 의롭다 하심을 받았으면 자랑할 것이 있으려니와 하나님 앞에서는 없느니라 3 성경이 무엇을 말하느냐 아브라함이 하나님을 믿으매 그것이 그에게 의로 여겨진 바 되었느니라 4 일하는 자에게는 그 삯이 은혜로 여겨지지 아니하고 보수로 여겨지

거니와 5 일을 아니할지라도 경건하지 아니한 자를 의롭다 하시는 이를 믿는 자에게는 그의 믿음을 의로 여기시나니 6 일한 것이 없이 하나님께 의로 여기심을 받는 사람의 복에 대하여 다윗이 말한 바

7    불법이 사함을 받고 죄가 가리어짐을 받는 사람들은 복이 있고

8    주께서 그 죄를 인정하지 아니하실 사람은 복이 있도다

함과 같으니라

4:1 What then shall we say was gained by Abraham, our forefather according to the flesh? 2 For if Abraham was justified by works, he has something to boast about, but not before God. 3 For what does the Scripture say? "Abraham believed God, and it was counted to him as righteousness." 4 Now to the one who works, his wages are not counted as a gift but as his due. 5 And to the one who does not work but believes in¹ him who justifies the ungodly, his faith is counted as righteousness, 6 just as David also speaks of the blessing of the one to whom God counts righteousness apart from works:

7    "Blessed are those whose lawless deeds are forgiven,
        and whose sins are covered;

8 blessed is the man against whom the Lord will not count his sin."


9 그런즉 이 복이 할례자에게냐 혹은 무할례자에게도냐 무릇 우리가 말하기를 아브라함에게는 그 믿음이 의로 여겨졌다 하노라 10 그런즉 그것이 어떻게 여겨졌느냐 할례시냐 무할례시냐 할례시가 아니요 무할례시니라 11 그가 할례의 표를 받은 것은 무할례시에 믿음으로 된 의를 인친 것이니 이는 무할례자로서 믿는 모든 자의 조상이 되어 그들도 의로 여기심을 얻게 하려 하심이라 12 또한 할례자의 조상이 되었나니 곧 할례 받을 자에게뿐 아니라 우리 조상 아브라함이 무할례시에 가졌던 믿음의 자취를 따르는 자들에게도 그러하니라

<sup>9</sup> Is this blessing then only for the circumcised, or also for the uncircumcised?

For we say that faith was counted to Abraham as righteousness. <sup>10</sup> How then was it counted to him? Was it before or after he had been circumcised? It was not after, but before he was circumcised. <sup>11</sup> He received the sign of circumcision as a seal of the righteousness that he had by faith while he was still uncircumcised. The purpose was to make him the father of all who believe without being circumcised, so that righteousness would be counted to them as well, <sup>12</sup> and to make him the father of the circumcised who are not merely circumcised but who also walk in the footsteps of the faith that our father Abraham had before he was circumcised.

<sup>13</sup> 아브라함이나 그 <sup>3)</sup>후손에게 세상의 상속자가 되리라고 하신 언약은 율법으로 말미암은 것이 아니요 오직 믿음의 의로 말미암은 것이니라 <sup>14</sup> 만일 율법에 속한 자들이 상속자이면 믿음은 헛것이 되고 약속은 파기되었느니라 <sup>15</sup> 율법은 진노를 이루게 하나니 율법이 없는 곳에는 범법도 없느니라

<sup>13</sup> For the promise to Abraham and his offspring that he would be heir of the world did not come through the law but through the righteousness of faith. <sup>14</sup> For if it is the adherents of the law who are to be the heirs, faith is null and the promise is void. <sup>15</sup> For the law brings wrath, but where there is no law there is no transgression.

<sup>16</sup> 그러므로 상속자가 되는 그것이 은혜에 속하기 위하여 믿음으로 되나니 이는 그 약속을 그 모든 <sup>3)</sup>후손에게 굳게 하려 하심이라 율법에 속한 자에게뿐만 아니라 아브라함의 믿음에 속한 자에게도 그러하니

아브라함은 우리 모든 사람의 조상이라 <sup>17</sup> 기록된 바 내가 너를 많은 민족의 조상으로 세웠다 하심과 같으니 그가 믿은 바 하나님은 죽은 자를 살리시며 없는 것을 있는 것으로 부르시는 이시니라 <sup>18</sup>아브라함이 바랄 수 없는 중에 바라고 믿었으니 이는 네 <sup>3)</sup>후손이 이같으리라 하신 말씀대로 많은 민족의 조상이 되게 하려 하심이라 <sup>19</sup> 그가 백세나 되어 자기 몸이 죽은 것 같고 사라의 태가 죽은 것 같음을 알고도 믿음이 약하여지지 아니하고 <sup>20</sup> 믿음이 없어 하나님의 약속을 의심하지 않고 믿음으로 견고하여져서 하나님께 영광을 돌리며 <sup>21</sup> 약속하신 그것을 또한 능히 이루실 줄을 확신하였으니 <sup>22</sup> 그러므로 그것이 그에게 의로 여겨졌느니라 <sup>23</sup> 그에게 의로 여겨졌다 기록된 것은 아브라함만 위한 것이 아니요 <sup>24</sup> 의로 여기심을 받을 우리도 위함이니 곧 예수 우리 주를 죽은 자 가운데서 살리신 이를 믿는 자니라 <sup>25</sup> 예수님은 우리가 범죄한 것 때문에 내줌이 되고 또한 우리를 의롭다 하시기 위하여 살아나셨느니라

**16** That is why it depends on faith, in order that the promise may rest on grace and be guaranteed to all his offspring—not only to the adherent of the law but also to the one who shares the faith of Abraham, who is the father of us all, **17** as it is written, "I have made you the father of many nations"—in the presence of the God in whom he believed, who gives life to the dead and calls into existence the things that do not exist. **18** In hope he believed against hope, that he should become the father of many nations, as he had been told, "So shall your offspring be." **19** He did not weaken in faith when he considered his own body, which was as good as dead (since he was about a hundred years old), or when he considered the barrenness$^2$ of Sarah's womb. **20** No unbelief made him waver concerning the promise of God, but he grew strong in his faith as he gave glory to God, **21** fully convinced that God was able to do what he had promised. 22 That is why his faith was "counted to him as righteousness." 23 But the words "it was counted to him" were not written for his sake alone, 24 but for ours also. It will be counted to us who believe in him who raised from the dead Jesus our Lord, 25 who was delivered up for our trespasses and raised for our justification.

5:1 그러므로 우리가 믿음으로 의롭다 하심을 받았으니 4)우리 주 예수 그리스도로 말미암아 하나님과 5)화평을 누리자 2 또한 그로 말미암아 우리가 믿음으로 서 있는 이 은혜에 들어감을 얻었으며 하나님의 영광을 바라고 즐거워하느니라 3 다만 이뿐 아니라 우리가 환난 중에도 즐거워하나니 이는 환난은 인내를, 4 인내는 연단을, 연단은 소망을 이루는 줄 앎이로다 5 소망이 우리를 부끄럽게 하지 아니함은 우리에게 주신 성령으로 말미암아 하나님의 사랑이 우리 마음에 부은 바 됨이니

5:1 Therefore, since we have been justified by faith, we[3] have peace with God through our Lord Jesus Christ. 2 Through him we have also obtained access by faith[4] into this grace in which we stand, and we[5] rejoice[6] in hope of the glory of God. 3 Not only that, but we rejoice in our sufferings, knowing that suffering produces endurance, 4 and endurance produces character, and character produces hope, 5 and hope does not put us to shame, because God's love has been poured into our hearts through the Holy Spirit who has been given to us.

6 우리가 아직 연약할 때에 기약대로 그리스도께서 경건하지 않은 자를 위하여 죽으셨도다 7 의인을 위하여 죽는 자가 쉽지 않고 선인을 위하여 용감히 죽는 자가 혹 있거니와 8 우리가 아직 죄인 되었을 때에 그리스도께서 우리를 위하여 죽으심으로 하나님께서 우리에 대한 자기의 사랑을 확증하셨느니라 9 그러면 이제 우리가 그의 피로 말미

암아 의롭다 하심을 받았으니 더욱 그로 말미암아 진노하심에서 구원을 받을 것이니 10 곧 우리가 원수 되었을 때에 그의 아들의 죽으심으로 말미암아 하나님과 화목하게 되었은즉 화목하게 된 자로서는 더욱 그의 살아나심으로 말미암아 구원을 받을 것이니라 11 그뿐 아니라 이제 우리로 화목하게 하신 우리 주 예수 그리스도로 말미암아 하나님 안에서 또한 즐거워하느니라

6 For while we were still weak, at the right time Christ died for the ungodly. 7 For one will scarcely die for a righteous person—though perhaps for a good person one would dare even to die— 8 but God shows his love for us in that while we were still sinners, Christ died for us. 9 Since, therefore, we have now been justified by his blood, much more shall we be saved by him from the wrath of God. 10 For if while we were enemies we were reconciled to God by the death of his Son, much more, now that we are reconciled, shall we be saved by his life. 11 More than that, we also rejoice in God through our Lord Jesus Christ, through whom we have now received reconciliation.

12 그러므로 한 사람으로 말미암아 죄가 세상에 들어오고 죄로 말미암아 사망이 들어왔나니 이와 같이 모든 사람이 죄를 지었으므로 사망이 모든 사람에게 이르렀느니라 13 죄가 율법 있기 전에도 세상에 있었으나 율법이 없었을 때에는 죄를 죄로 여기지 아니하였느니라 14 그러나 아담으로부터 모세까지 아담의 범죄와 같은 죄를 짓지 아니한 자들까지도 사망이 왕 노릇 하였나니 아담은 오실 자의 6)모형이라

12 Therefore, just as sin came into the world through one man, and death through sin, and so death spread to all men[7] because all sinned— 13 for sin indeed was in the world before the law was given, but sin is not counted where there is no law. 14 Yet death reigned from Adam to

Moses, even over those whose sinning was not like the transgression of Adam, who was a type of the one who was to come.

¹⁵ 그러나 이 은사는 그 범죄와 같지 아니하니 곧 한 사람의 범죄를 인하여 많은 사람이 죽었은즉 더욱 하나님의 은혜와 또한 한 사람 예수 그리스도의 은혜로 말미암은 선물은 많은 사람에게 넘쳤느니라 ¹⁶ 또 이 선물은 범죄한 한 사람으로 말미암은 것과 같지 아니하니 심판은 한 사람으로 말미암아 정죄에 이르렀으나 은사는 많은 범죄로 말미암아 의롭다 하심에 이름이니라 ¹⁷ 한 사람의 범죄로 말미암아 사망이 그 한 사람을 통하여 왕 노릇 하였은즉 더욱 은혜와 의의 선물을 넘치게 받는 자들은 한 분 예수 그리스도를 통하여 생명 안에서 왕 노릇 하리로다

¹⁵ But the free gift is not like the trespass. For if many died through one man's trespass, much more have the grace of God and the free gift by the grace of that one man Jesus Christ abounded for many. ¹⁶ And the free gift is not like the result of that one man's sin. For the judgment following one trespass brought condemnation, but the free gift following many trespasses brought justification. ¹⁷ For if, because of one man's trespass, death reigned through that one man, much more will those who receive the abundance of grace and the free gift of righteousness reign in life through the one man Jesus Christ.

¹⁸ 그런즉 한 범죄로 많은 사람이 정죄에 이른 것 같이 한 의로운 행위로 말미암아 많은 사람이 의롭다 하심을 받아 생명에 이르렀느니라 ¹⁹ 한 사람이 순종하지 아니함으로 많은 사람이 죄인 된 것 같이 한 사람이 순종하심으로 많은 사람이 의인이 되리라 ²⁰ 율법이 들어온 것은 범죄를 더하게 하려 함이라 그러나 죄가 더한 곳에 은혜가 더욱 넘쳤

나니 <sup>21</sup> 이는 죄가 사망 안에서 왕 노릇 한 것 같이 은혜도 또한 의로 말미암아 왕 노릇 하여 우리 주 예수 그리스도로 말미암아 영생에 이르게 하려 함이라

<sup>18</sup> Therefore, as one trespass[8] led to condemnation for all men, so one act of righteousness[9] leads to justification and life for all men. <sup>19</sup> For as by the one man's disobedience the many were made sinners, so by the one man's obedience the many will be made righteous. <sup>20</sup> Now the law came in to increase the trespass, but where sin increased, grace abounded all the more, <sup>21</sup> so that, as sin reigned in death, grace also might reign through righteousness leading to eternal life through Jesus Christ our Lord.

1) 또는 그의 피를 믿음으로 말미암는 화목제물로 세우셨으니  2) 또는 우리 조상 아브라함이 육으로  3) 헬, 씨  4) 또는 믿음으로 서 있는 이 은혜에 들어감을 우리로 얻게 하신 우리 주 예수 그리스도로 말미암아 하나님으로 더불어 화평을 누리며 또한 하나님의 영광을 바라고 즐거워하자  5) 또는 화평이 있고  6) 또는 예표

*1* Or *but trusts*; compare verse 24  *2* Greek *deadness*  *3* Some manuscripts *let us*  *4* Some manuscripts omit *by faith*  *5* Or *let us*; also verse 3  *6* Or *boast*; also verses 3, 11  *7* The Greek word *anthropoi* refers here to both men and women; also twice in verse 18  *8* Or *the trespass of one*  *9* Or *the act of righteousness of one*

≋≋≋≋ 단락 개관 ≋≋≋≋

로마서의 큰 주제는 '좋은 소식'이라는 뜻을 지닌 '복음'이다. 그런데 앞 단락(롬 1:18-3:20)에는 대부분 음울한 소식만 있었다. 바울은 사람의 영적 필요라는 토대를 놓음으로써 하나님의 해결책을 다룰 준비를 마쳤다. 바로 앞에서 말한 하나님의 의가 나타나는 것이다(1:16-17). 바울은 구원을 주는 하나님의 의를 네 번에 걸쳐 설명할 것이다.

첫째, 3:21-31에서는 구원을 주는 하나님의 의가 나타나는 현상의 주요 요소들 대부분을 요약한다. 그것은 율법이 증언하고 있지만 율법의 행위에 의한 것이 아니다. 그것은 오히려 믿음을 통해 오는 것이고, 자신의 죄를 인정하는 모든 사람이 차별 없이 받을 수 있다. 하나님은 "하나님의 은혜로 값없이"(3:24) 그분의 의를 선물로 베푸신다. 이 과분한 선물은 "그리스도 예수 안에 있는 속량으로 말미암아…이 예수를 하나님이 그의 피로써 믿음으로 말미암는 화목제물로 세우셨기"(3:24-25) 때문에 받을 수 있게 되었다. 이 몇 마디에 로마서가 제시하고 해설하는 복음의 핵심이 모두 담겨 있다.

둘째, 4장은 창세기에 나오는 아브라함 이야기를 노련하게 다시 들려주어 복음을 받아들이는 방식을 극적으로 만든다. 이는 체계적인 문학적 요약이 아니라, 하나님이 어떻게 아브람에게 다가오셨는지, 아브람('아버지가 높임을 받다'라는 뜻)이 어떻게 아브라함('열국의 아버지')이 되었는지,[47] 그리고 믿음이 어떻게 하나님의 구원하시는 의라는 보물을 여는 열쇠인지를 주제 중심으로 얘기하는 것이다. 여러 면에서 4장은, 3:21-31이 개념적이고 기독론적으로 표현으로 진술하는 내용을 내러티브로 기술한다.

셋째, 5장 전반부는 그리스도에 대한 믿음이 낳는 하나님과의 조화로운 상태("화평")를 묘사한다. 그리스도의 편에 있는 "하나님의 의"는 과거에 그리스도께서 완수하신 사역에 대한 약속을 믿는 이들의 삶에서 "믿음으로 의롭다 하심을 받[는]" 것이 된다. 이는 아브라함이 장래에 그리스도께서 완수하실 사역에 대한 약속을 믿었던 것과 같다. 바울은 믿음의 삶이 어떤 모습인지 미리 보여준다. 그것은 소망 중에 즐거워하고 환난 중에도 즐거워하는 것이다. 이는 환난은 인내를, 인내는 연단을, 연단은 성품을, 성품은 소망을 이루고, 소망은 신자들에게 주신 성령으로 말미암아 하나님의 사랑이 그들의 마음에 부어진 것을 확신하기 때문이다. 이제 우리

---

47  P. Kyle McCarter Jr., "Abraham," in *EDB*, 9.

가 "그의 피로 말미암아" 하나님의 의가 주는 유익을 받은 만큼 "더욱 그로 말미암아 [우리가] 진노하심에서 구원을 받을 것이[다]"(5:9). 이는 복음의 "화평"이 지닌 복잡하지만 위로가 되는 역학이다.

넷째, 5장 후반부는 아담의 타락 이야기를 끌어와서 에덴의 죄가 풀어놓은 악을 그리스도께서 어떻게 원상태로 돌리는지 묘사한다. 이 구절들(5:12-21)은 아담의 범죄와 대조되는 그리스도 안에 있는 하나님의 선물을 크게 다루는 간략한 '비교와 대조' 연구다. 인간의 딜레마는 아담 이래 인류의 묘비에 "죄가 사망 안에서 왕 노릇 함"(5:21)이 새겨져 있다는 사실이다. 그러나 "죄가 더한 곳에 은혜가 더욱 넘쳤[다]"(5:20). 그 결과 죄와 사망이 아니라 은혜가 "우리 주 예수 그리스도로 말미암아 영생에 이르게" 하는 "의로 말미암아" 왕 노릇 한다(5:21).

3:21-31이 구원을 주는 하나님의 의를 나타내는 그리스도 사역의 핵심 요소들을 요약한다면, 4-5장은 그리스도 안에서 하나님의 은혜의 능력을 받아 믿음으로 살아가는 모습을 그리기 위해 아브라함과 아담의 이야기를 신학적으로 해석한다. 이것이 하나님의 의가 나가서 구원하고 승리하는 방식이다.

≋≋≋≋ 단락 개요 ≋≋≋≋

**3:21** "[그러나] 이제는"은 강조다. 인간의 문제를 주로 다룬 앞 단락과 매우 대조적으로 이제 바울은 하나님이 주신 해결책으로 눈을 돌린다. 여기서 하나님의 "의"는 그분이 앞에 묘사된 죄인들을 그분 자신과의 올바른 관계로 인도하려고 행동하는, 그분의 성품에 속한 측면이다. "나타났으니"는 예수님을 보내신 하나님의 결정적 행동을 가리킨다. '나타나다'로 번역한 단어가 로마서에 세 번 나오는데(참고. 1:19; 16:26), 그때마다 하나님이 사람들에게 드러내는 지식을 가리킨다(그들이 그것을 받고 반응하는지 여부와 상관없이). 이를 종종 '계시'라고도 부른다. 구원 얻는 믿음은 하나님의 구원 약속을 받아들이는 것뿐만 아니라, 우리가 소유했다고 생각하는 인간의 선을 그분이 부정적으로 판결하신다는 데에 기꺼이 동의하는 것도 포함한다.

이 "의"가 긴장 가운데 있음을 보아야만 한다. 다른 한편으로, 하나님은 "율법과는 상관없이"(새번역) 그것을 드러내신다. 그것은 사람들이 하나님의 규율과 규정에 완전히 순종함으로써 이루어지지 않는다. 다른 한편, 하나님은 "율법과 선지자들", 즉 구약성경을 통해 그분의 의를 증언하신다(참고. 마 7:12; 22:40; 눅 16:16; 행 13:15). 그리고 그 성경들은 그리스도를 가리킨다.

**3:22** 구원을 주는 하나님의 의는 구약의 글들이 증언하지만(21절), 그 글들은 그 자체를 넘어 예수 그리스도를 가리킨다. 바울은 (1) 그리스도 안에 있는 하나님의 의에 어떻게 접근하는지 그리고 (2) 그리스도가 제공하는 이 의로움을 누가 필요로 하며 또 누가 받을 수 있는지 밝힌다.

(1) 이 의로움은 "믿음으로 말미암아" 접근할 수 있다. 이 표현[디아 피스테오스(*dia pisteōs*)]은 신약에 아홉 번 나오는데 대대수가 바울의 글이다(또한 고후 5:7; 갈 2:16; 엡 2:8; 빌 3:9; 딤후 3:15도 보라).[17] 더 넓게는, "믿음"[피스티스(*pistis*)]은 신약에 243번 나오는데, 그중 바울의 글에서 142번이며 로마서에는 40번 나온다. 이는 복음 메시지에 선포된 대로 예수 그리스도를 개인

적으로 신뢰하는 행위와 자세를 가리킨다(또한 롬 1:16-17을 보라). 일부 학자는 바울이 여기서 예수님의 신실함을 거론한다고 주장했다. 물론 예수님이 신실하신 것은 사실이다. 그러나 믿음을 권할 때 바울은, 그리스도께서 그의 다메섹 도상 경험(행 9:1-20)을 필두로 그에게 불러일으킨 그런 류의 개인적 헌신을 특유의 방식으로 염두에 두었다.[48]

(2) "모든 믿는 자"가 그리스도를 믿음으로써 하나님의 의를 받는 것은 "차별이 없[기]" 때문이다. 바울은 이미 인간 죄악의 보편성을 확증했다(롬 1:18-3:20). 그리스도 안에서 제공되는 유익도 그에 상응하는 보편성이 있다.

**3:23-24** "모든 사람이 죄를 범하였으매"는 모든 사람이 하나님의 법을 무시하고 그분의 뜻을 위반한 것을 가리킨다. 이방인과 유대인 모두(이 땅에 사는 모든 사람) 죄가 있다(2:12). 또한 바울은 우리 모두에게 영향을 미치는 아담의 죄를 염두에 두고 있을 수 있다(1:12). "이르지 못하더니"는 현재 시제다. 이는 하나님의 "영광", 곧 그분에게 속하는 천상의 찬란함 및 도덕적 완전함과 비교한 우리의 일상생활을 묘사한다. 아무도 자신의 창조자이신 하나님께 합당한 자가 되지 못한다. 하나님이 죄를 심판하시는 분이기 때문에(1:18) 죄인들은 위태로운 지경에 처해 있다.

그러나 사람들이 죄를 지어 이르지 못하므로 그들에게 소망이 없다는 뜻은 아니다. 그들은 "의롭다 하심을 얻[을]" 수 있다. 이는 '하나님이 보시기에 의롭게 되다'로 번역될 수 있다. 여기서 '의롭게 되다'라는 뜻을 지닌 단어는 3:21-22에서 "의"로 번역된 단어와 어원이 같다.

이처럼 "의롭다 하심을 얻[는]" 것은 오직 "믿음으로 말미암아"(22절) 가능하다. 그러나 더욱 근본적인 차원에서는 "하나님의 은혜로 값없이" 이뤄진다. 믿음은 수단이고, 하나님의 은혜가 궁극적 원인이다. 하나님은 "속

---

48 히 6:12; 11:33; 벧전 1:5도 보라.

량"(ESV는 "redemption")을 통해 쏟아붓기 위한 은혜를 갖고 계신다. 속량이라는 단어는 노예를 사는 일을 묘사할 때 사용된 말이다. "그리스도 예수 안에[서]" 값(또는 몸값)이 치러졌다. 그 대신 믿는(자신의 삶을 그리스도에게 온전히 의탁하는) 자들은 죄와 사망에 속박된 상태에서 벗어날 수 있다.

**3:25** "세우셨으니"는 하나님이 그분의 아들에게 십자가로 귀결되는 사명을 지워 우리에게 보내셨다는 뜻이다. "그의 피로써⋯화목제물로"는 예수님의 피가 흘려진 장소를 가리키는데, 모세 시대에 언약궤가 있던 속죄소에 뿌려진 피를 상징한다.[49] 이는 또한 죄가 사망을 초래하리라(창 2:17; 롬 6:23)는 하나님의 율례를 만족시키는 것을 가리킨다. 복음 메시지의 중심에 해당하는 것, 곧 죄로 인해 예수님이 피로 드린 제사는 '믿음으로 받아야 하는'(ESV는 "to be received by faith", 개역개정은 "믿음으로 말미암는") 것이다. 여기서 믿음의 대상은 예수님으로, 그분은 우리가 지은 죄 때문에 십자가에 못 박히셨다(고전 1:23; 2:2). 이것이 로마서 복음의 핵심이다(롬 1:16-17).

"전에 지은 죄"는 예수님이 죽기 그 이전에 인간이 지은 죄악을 가리킨다. 하나님이 그런 죄들을 모두 기억 못하시는 듯이 보일 수 있다. "악한 자의 길이 형통하며 반역한 자가 다 평안함은 무슨 까닭이니이까?"(렘 12:1). 이 불평은 구약 전체에서 반복해서 들려온다. 그러나 하나님은 그리스도에게 죽음을 지우심으로써 많은 죄인의 사악함을 그 유일한 아들에게 전가시키셨다("어찌하여 나를 버리셨나이까", 마 27:46, 참고. 롬 5:15-21). 이는 "하나님의 의"로, 그 의에는 그분의 자비가 담겨 있다. 그분은 "자비롭고 은혜롭고 노하기를 더디하고 인자와 진실이 많은 하나님이[시다]"(출 34:6, 구약에 열두 번도 더 울려 퍼진다).

"하나님께서 길이 참으시는"은 형벌의 지연을 가리킨다. "하나님이 지

---

49 철저한 논의를 보려면 다음 자료를 참고하라. Daniel P. Bailey, "Biblical and Greco-Roman Uses of *Hilastērion* in Romans 3:25 and 4 Maccabees 17:22 (Codex S)," in Peter Stuhlmacher, *Biblical Theology of the New Testament*, trans. Daniel P. Baily (Grand Rapids, MI: Eerdmans, 2018), 824-868.

나간 세대에는 모든 민족으로 자기들의 길들을 가게 방임하셨으나", 인간의 반역에도 불구하고 "하늘로부터 비를 내리시며 결실기를 주[신다]"(행 14:16-17). 하나님은 그분의 아들을 "세우[셔서]" 죄에 대한 대가를 지불하게 하실 때까지(그리고 아들의 부활을 통해 죄와 사망을 모두 정복하실 때까지) "전에 지은 죄를 간과하[셨다]."

**3:26** 이 구절은 25절에 나오는 "자기의 의로우심을 나타내려 하심"의 반향이다. 그러나 (1) 때와 (2) 목적에 대한 더 깊은 통찰을 제공한다.

(1) "이때[카이로스(*kairos*)]"는 하나님이 그리스도 안에서 구속을 이루기 위해 인간 역사의 '이' 시점을 선택하신 것을 강조한다. 하나님은 모든 시대에 의로우신 분이다. 그러나 그 의로우심을 입증하기 위해 그분의 아들이 나타날 때를 기다리셨다. "그리스도께서는 제 때[카이로스]에 경건하지 않은 사람을 위하여 죽으셨습니다"(5:6, 새번역).

(2) "의로우시며"는 예수님이 죄 때문에 제물로 죽은 것을 가리킨다. 하나님은 죄의 결과는 죽음이라고 약속하셨다. 따라서 죄인을 의인으로 받아들이는 행위는 불의한 일이다. 그러나 아버지는 아들을 "세우셨[다]"(3:25). 그러므로 아버지가 "예수 믿는 자"를 용서하시고 새로운 삶을 허락하시는 것은 "의로우심"이 될 수 있다. 아버지는 그 사람을 "의롭다 하[시는]" 분이 될 수 있다. 하나님은 "그리스도 예수 안에 있는 속량"(24절)에 기초해 그 사람을 의롭다고 간주하실 수 있다.

**3:27** "자랑"은 독선에 기초한 자신감을 가리킨다. 사람들은 그들의 "경건하지 않음과 불의"로 그들의 죄악에 관한 "진리를 막는[다]"(1:18). 인간의 타락상을 다룬 그 단락 전체(1:18-3:20)의 배경에는, 우리가 회개하라고 요청하는 복음의 촉구만큼 나쁘지만은 않다는 반론이 있다.

그런 "자랑"은 아예 "있을 수가 없[다]." 이는 인간의 충분한 자격, 유능함, 공적 때문이 아니다. 하나님 앞에서 자신감을 품게 할 수 있는 "행위"의 법, 하나님이 주신 계명에 '충분한' 순종 시스템이란 아예 존재 자체가 불가능하다. 그런 자신감은 잘못된 것이고 그릇된 "자랑"일 것이다. 여기서 예수님이 돈을 사랑하는 종교 전문가들에게 하신 말씀을 상기할 필요가 있다. "사람 앞에서 스스로 옳다 하는 자들이나 너희 마음을 하나님께서 아시나니 사람 중에 높임을 받는 그것은 하나님 앞에 미움을 받는 것이니라"(눅 16:15). 사람들이 자랑하는 그것을 하나님은 거부하신다.

하지만 자랑을 배제한다고 해서 하나님께 접근할 수 있는 길이 없는 것은 아니다. "믿음의 법"이 존재한다. 여기서 "법"은 '원리'나 '규범'을 의미할 수 있다. 믿음은 그 자체의 진리와 수단을 갖고 있다. 그러나 믿음이 자랑을 배제하는 이유는, 그 초점이 하나님 앞에서 확신이 필요한 죄인에게서 믿음의 대상이 되는 분으로 완전히 바뀌기 때문이다. "믿음의 법"은 믿음이 어떻게 "모든 믿는 자에게 구원을 주시는 하나님의 능력"(롬 1:16-17)을 붙잡는 역할을 하는지를 가리킨다.

**3:28** "그러므로"는 이 구절이 앞 구절을 설명한다는 의미이다. "우리가 인정하노라"는 초기 교회에서 복음 메시지 저변에 깔린 "교훈의 본"(6:17)을 가리킨다. 그 메시지의 중심에는 하나님의 진노(1:18)에서 해방되고 하나님과 평화롭게 되어야 하는(참고. 5:1), 곧 사람이 왜 "의롭다 하심"을 얻어야 하는지 그 이유가 있다. 그리고 이 소중한 목적은 "믿음으로[써]" 이뤄질 수 있다. 바울이 이미 역설한 믿음이라는 주제(1:16-17)에 비춰보면 이는 놀라운 것이 아니다.

"의롭다 하심을 얻는 것"은 "율법의 행위와는 상관없이"(새번역) 이뤄진다. 공로를 세우는 행위 또는 '행위 더하기 믿음'으로 충분치 않다. 그것은 복음이 요구하는 "믿음", 즉 그리스도를 온전히 신뢰하고 자신감을 철저히 배격하는 그런 믿음이 아니기 때문이다. 바울은 이를 빌립보 3:9에서 이렇게 묘사한다. "내가 가진 의는 율법에서 난 것이 아니요 오직 그리스도를 믿음으로 말미암은 것이니 곧 믿음으로 하나님께로부터 난 의라."

**3:29** 만일 의롭게 되는 것이 율법의 행위로만 가능하다면, 하나님이 유대

인에게만 율법을 주셨기에 오직 유대인만이 의로워질 수 있다. 그래서 바울은 의로워질 수 있는 민족이 유대인뿐인지를 묻는 수사적 질문을 던진다. "[의롭다 하시는] 하나님은 다만 유대인의 하나님이시냐"하는 둘째 질문("또한 이방인의 하나님은 아니시냐")의 형식과 강조는, 바울에게 "[그렇다.] 진실로 이방인의 하나님도 되시느니라"는 답변을 불러일으킨다. 올바로 이해된 복음은 보편적 적실성을 갖는다. 모든 사람이 죄를 범했으며(23절) 복음이 "땅 끝까지" 이르러 모든 사람을 초대하였으므로(10:18) 복음은 모든 사람과 모든 민족을 위한 것이다.

**3:30** 24절에서 바울은 "의롭다 하심을 얻는" 것을 현재 시제로 말했다. 이제 그는 "의롭다 하실"이라고 미래 시제로 바꾼다. 그는 장차 복음을 받아들일 사람들을 염두에 두고 있다. 또한 심판의 날을 염두에 둔 것일 수도 있다. 유대인("할례자")과 비유대인("무할례자")를 막론하고 하나님은 "믿음으로 말미암아" 신뢰하는 사람들을 의롭다고 하실 것이다. 여기에 정관사를 붙여 '그 믿음(the faith)으로 말미암아'라고 번역할 수도 있다. 이는 '내가 여기서 정의하고 있는 믿음'을 뜻한다.

　"하나님은 한 분이시니라"는 바울이 가르치는 복음이 하나님 중심적임을 상기시킨다. "믿음"이란, 그것을 갖고 있다고 주장하는 사람들이 규정한 종교적인 태도(gesture)가 아니다. 믿음은 오히려 믿음의 대상이 누구냐에 의해 규정된다. 여기서 그 대상은 '그의 아들에 관한 하나님의 복음'이기 때문이다(1:1-3). 하나님은 모든 것을 아시는 살아 계신 분이시므로, 누가 그리스도에 대한 "믿음"이 있는지, 반대로 누가 스스로를 기분 좋게 만들거나 남들에게 좋은 인상을 풍기거나 스스로 의롭게 보이려고 믿음의 모조품을 이용하는지를 분별하실 수 있고, 그리하실 것이다. 의롭게 하실 수 있는 분은 오직 하나님뿐이다.

**3:31** 이 지점까지 로마서를 재빨리 읽거나 들은 사람은, 바울이 그가 묘사하고 권하는 믿음으로 율법을 폄하한다는 인상을 받을 수 있다. 그러나

바울은 단연코 이런 관념을 부정한다. 실제로 그와 정반대다.

여기서 "율법"은 구약으로 이해하는 것이 가장 적절한데, 이는 구약의 내러티브와 교훈들, 그리고 하나님이 아브라함과 맺은 언약(믿음으로 인증된, 참고. 4장)을 통해 타락한 세상을 현재(그 당시) 구속하시고 또 장차 구속하실 것이라는 전반적인 증언을 포함한다. 물론 바울은 구약을 뒤엎어버리는 것이 아니다. 오히려 그는 이 편지에서 주장하는 많은 것을 구약에 의지한다.

바울이 구약에 관한 그릇된 이해, 즉 구약을 윤리적이거나 종교적인 행동 지침 모음집으로 축소시켜 그것을 잘 따르기만 하면 하나님 앞에 의롭게 설 수 있을 것이라는 이해를 배격하는 것은 맞다. 그러나 그는 구약 선지자들(참고. 사 1-2장; 미 6:6-8)과 예수님(막 7:6-9, 참고. 사 29:13)처럼 회개를 통한 마음의 변화와 하나님에 대한 믿음이 아니라, 구약과 관련해 입에 발린 소리만 하는 그런 접근을 배격한다. 그러므로 바울은 다음과 같은 의미에서 "우리가…율법을 굳게 세우느니라"고 말할 수 있다. 하나님은 그분의 구원 계시가 펼쳐져 결국 바울이 섬기는 그리스도 안에서 성취되어 가는 오랜 세월 동안 그분의 행위와 말씀이 제대로 이해되고 적용되기를 원하셨다.

**4:1** 이 구절은 하나님이 의롭게 하시는 수단인 '믿음'의 중요성과 성격을 예시하기 위해 아브라함을 하나의 방편으로 도입한다.

바울이 이방인 교회를 일차 대상으로 삼아 편지를 쓰는데도, 수많은 구약 인물들을 언급하는 것은 눈여겨볼 만하다. 이는 바울이 에덴(창 1-3장)까지 거슬러 올라가고 예수님의 인격과 사역에서 절정에 이르는 구원의 역사를 얼마나 중요시하는지를 보여준다. 바울은 그의 글에서 다윗을 네 번, 이사야를 다섯 번, 아담을 일곱 번, 그리고 모세를 열 번 언급한다. 그러나 가장 자주 언급하는 인물은 아브라함이다. 그는 아브라함을 고린도후서에 한 번, 갈라디아서에 아홉 번, 그리고 로마서에 아홉 번 언급한다. 그중에 일곱 번이 로마서 4장에 나온다.

아브라함이 3:21에서 시작되는 논의에 적절한 이유는, 바울이 구원은 믿음으로 받지만 이 믿음으로 "우리가…율법을 굳게 세우느니라"(3:31)고 강조하기 때문이다. 바울 당시의 많은 유대인은 하나님과 율법과 믿음을 모세의 렌즈를 통해 보았고(요 5:46; 9:28; 행 6:11, 14; 21:21), 이것이 초기 교회로 전달되었다(행 15:1, 5). 바울의 렌즈는 모세를 최소화하지 않는 아브라함의 렌즈다. 아브라함이 하나님 앞에서 얻은 지위는 어떠한 성격의 것이었는가?

**4:2** 앞에서 바울은 "자랑"을 언급했다(3:27). 유대교에는 아브라함의 확신, 곧 그의 "자랑"이 그의 순종에 있었다는 신념이 있었다. 여기서 믿음은 개인적인 신뢰와 헌신이 아니라 하나님의 명령에 신실하며 순종하는 것을 말한다. 예수님이 탄생하기 한 세기 이전의 유대교 역사서인 마카베오1서 2장에서는, 순종과 신실함과 계명 준수가 구원의 길로 칭송을 받는다[여기서 화자는 맛다디아(Mattathias)인데, 수전절(Hanukkah)로 기념하는 반시리아인 혁명을 촉발시켰던 자다].

> 조상들이 그들의 세대에 행했던 행실을 기억하라. 그리고 큰 명예와 영원한 이름을 얻으라. 아브라함은 시험을 받을 때 신실한 인물로 드러나서 그것이 그에게 의로 간주되지 않았던가? 요셉은 그 괴로운 시절에 계명을 지켜서 이집트의 군주가 되었다. 우리의 조상 비느하스는 매우 열성적이어서 영원한 제사장직의 언약을 받았다. 여호수아는 명령을 지켰기 때문에 이스라엘에서 재판관이 되었다…엘리야는 율법에 대한 큰 열심히 말미암아 하늘로 올려졌다…내 자녀들아, 용기를 품고 율법 안에서 강건해져라. 이로써 너희가 명예를 얻을 것이기 때문이다(마카베오1서 2:51-55, 58, 64).

이처럼 아브라함이 할례를 행하고 이삭을 제물로 바친 일로 인해 의롭게 되었다는 해석과 반대로, 바울은 아브라함의 행위가 그를 의롭게 했다는 것을 부인한다. 아브라함은 "하나님 앞에서" 그의 공로를 "자랑할" 수 없다.

**4:3** 바울은 복음을 설명하기 위해 글을 쓰기 때문에(1:16-17) "성경이 무엇을 말하느냐"고 묻는다. 이것은 하나님이 "선지자들을 통하여 그의 아들에 관하여 성경에 미리 약속하신 것"(1:2)이다. 성경이 말하는 바는, 복음 메시지를 파악하기 위한 정보와 규범을 제공한다. 바울은 창세기 15:6을 아브라함의 중요성을 판단하기 위한 토대로 삼는다. "아브람이 여호와를 믿으니 여호와께서 이를 그의 의로 여기시고." 아브라함이 믿은 것은, 하나님으로 하여금 '이제는 아브라함을 의로운 자로 간주한다'고 선언하기 위한 문을 열어준 것이다. 아브라함이 믿은 것이 "그에게 의로 여겨진 바 되었[다]." '여겨지다'는 수동태이며, 이 표현 뒤에 있는 실제 행위자는 의롭다고 하시는 하나님이다.

**4:4** 어떤 측면에서 보면 이 구절이 제법 상식적인 말처럼 들린다. 만일 고용인이 일을 해서 임금을 받으면, 그 임금은 선물이 아니다. 그가 수고해서 번 것이다. 하지만 문맥상 이는 더 깊은 의미를 내포한다. 하나님은 아브라함에게 그에게 합당한 것과 완전히 상반되는 '의로운 신분'을 선물로 주셨다. 아브라함이 행한 것은 하나님의 약속을 듣고 신뢰한 것이 전부였기 때문이다(3절). 그는 보상을 기대하며 일하지 않았다. 이는 아브라함이 믿은 것이 그의 편에서 취한 일종의 행위이긴 했지만 보상을 요구하는 순종이라는 의미에서 수고한 것이 아니었다는 뜻이다.

**4:5** 첫 번째 단어 '그리고'("and", 개역개정에는 없음)는 4절과 대조하기 위한 '그러나'로 번역할 수도 있다. 바울은 "~한 자"라는 비인격적인 용어를 사용하지만 다윗(6절)과 아브라함 같은 성경의 인물들을 염두에 둔다.

이 구절(과 4장 전체)의 핵심은 하나님이 "경건하지 아니한 자를 의롭다 하[신다]"는 것이다(또한 5:6도 보라, "그리스도께서 경건하지 않은 자를 위하여 죽으셨도다"). 이는 깜짝 놀랄 만한 주장이다. 종교의 취지는 예배 행위나 친절한 행실이나 영적 체험으로 사람들을 '하나님의 마음에 들게' 하는 방법을 제공하는 것이 아닌가? 하나님은 종교적 헌신을 용납과 복으로 보상하시지 않으시는가?

복음 메시지는 의롭다 하는 은혜가 하나님이 기쁘게 여기시는 순종과 충성의 행위에 앞선다는 것이다. 아브라함은 하나님의 은총을 얻기 위해 공로를 세우는 행위를 수행하지 않았다. 하나님이 "의로 여기[신]" 것은 아브라함이 믿은 것이었다. 이 이미지는 법정을 상기시킨다. 법정에서 판사는 피고에게 유죄나 무죄를 선고하는 판결을 내린다. 모든 인간과 같이 아브라함은 죄인 곧 유죄였다! 그런데 죄가 없다는 뜻밖의 판결이 주어진다. 하나님이 다른 모든 사람과 같은 약점을 가진 한 사람에게 의로운 신분을 전가하셨다. 아브라함은 하나님의 약속을 들었을 때(창 15:5) "여호와를 믿[었다]"(창 15:6).

**4:6** 아브라함은 다윗보다 약 천 년 전에 살았다. 그 중간 시기에 모세가 나타나서 율법을 주었다. 그런데 다윗은 율법 아래 살았음에도 율법을 '기뻐할 것이자 번영을 위한 방편'으로 칭송했다(시 1:1-3). 율법은 아브라함이 즐거워했던 것, 말하자면 "일한 것이 없이 하나님께 의로 여기심을 받는 사람의 복"과 같은 하나님과의 관계를 중재했다. 이것은 바울이 꾸며낸 교리가 아니라 아브라함과 다윗 같은 믿음의 선구자들, 즉 하나님의 구원의 약속을 듣고 그로 인해 마음과 삶의 변화를 경험했던 인물들이 가진 영적 DNA의 관계적 실상이다. 성경은 다윗을 전쟁의 사람이자 계획적인 간음자로 묘사했다. 이런 무도한 행위들이 그의 삶에 화를 초래했다. 죄는 결코 하찮은 것이 아니다. 그러나 시편 저자가 하나님께 고백하듯이, "사유하심이 주께 있음은 주를 경외하게 하심이니이다…그가[주님이] 이스라엘을 그의 모든 죄악에서 속량하시리로다"(시 130:4, 8).

**4:7-8** 바울은 히브리어를 번역하지 않고 헬라어 구약을 인용하는데, 이 둘은 약간 다르다. 그는 시편 32편의 처음 두 절만 인용한다. 그러나 신약에 나오는 구약 인용문들은 종종 해당 구절의 더 큰 문맥을 염두에 두곤 한다. 이 경우가 그렇다. 이 시편은 죄책에 대한 고뇌, 자백의 필요성, 그리

고 "여호와를 신뢰하는 자"가 용서받았기 때문에 그를 "두르[고]" 있는 "인자하심"(시 32:10)을 확신하고 기뻐하는 것에 관한 연구이다.

여기서 바울은 바로 그 신뢰를 부각시킨다. 신뢰 또는 믿음을 통하여 (많은 일 가운데) 두 가지 일이 발생한다. (1) "불법이 사함을 받고" (2) "죄가 가리어짐을 받는[다]." 로마서 4:7에 나오는 이 진리의 결과가 8절에 표현되어 있다. 하나님이 그 신뢰하는 사람의 죄를 "인정하지 아니하실" 것이다. 죄는 불의다. 그러나 하나님은 그것을 "인정하지" 않으시고 그 대신 믿음을 의로 '간주하신다'(3, 5, 6절).

**4:9** 하나님이 선택하고 복 주기로 약속하신(창 12:1-3) 아브라함의 후손의 관점에서 "복"을 거론하는 것은 참 적절하다. 그러나 바울은 "이 복"이 과연 '할례 받은 자들만을 위한' 것인지 여부에 관한 질문 공세를 편다.

1세기 유대인의 관점에서, 다수의 대답은 '그렇다'였다. 베드로가 고넬료에게 복음을 전하는 영광스러운 사역(행 10장)을 한 후 이 좋은 소식을 교회에 보고하려고 "예루살렘에 올라갔을" 때 대소동이 있었다. 복음 메시지를 이미 믿고 교회에 속해 있었던 "할례자들"이 베드로를 "비난하여 이르되 네가 무할례자의 집에 들어가 함께 먹었다"고 말했다(행 11:2-3). 일부 신자들은 하나님의 복이 오직 유대인 공동체만을 위한 것이라고 믿었던 것이 분명하다. 무할례자들이 할례자들과 나란히 복을 받을 수 있다는 것은 상상조차 할 수 없는 일이었다.

그러므로 비유대인("무할례자")은 제외된 것처럼 보일 수 있었다. 아브라함은 "그의 믿음이 의로 여겨[진]" 사람이었다. 그런데 아브라함 혈통의 징표와 날인을 지니지 않은 사람들이 어떻게 아브라함에게 약속된 복을 공유할 수 있는가?

**4:10** 그 질문에 답하기 위해 바울은 두 질문을 더 제기한다. "어떻게"라는 질문은 실제로는 "언제"에 관한 것이다. 하나님이 아브라함의 믿음을 의로 여기신 때는 '그가 할례를 받기 이전("할례시")인가 이후("무할례시")인가?' 바

울은 즉시 그의 질문에 대답한다. 하나님은 창세기 15:6에서 아브라함을 의롭다고 하신다. 하나님은 창세기 17장에서 그에게 할례 명령을 내리신다. 시간 순서가 문제를 해결한다.

한참 후에 하나님은 이삭을 (사실상) 제물로 바친 것을 칭찬하면서 아브라함에게 "네가 이같이 행하여 네 아들 네 독자도 아끼지 아니하였은즉 내가 네게 큰 복을 주[겠다]"(창 22:16-17)고 말씀하신다. 복은 언제나 하나님의 뜻을 순종한 후에 따라온다. 그러나 아브라함의 하나님에 대한 충성 (할례와 이삭을 바친 것으로 표현된)은, 하나님을 향한 그의 믿음을 하나님이 인정하신 후에야 비로소 '따라온다'. 이는 할례(또는 하나님이 명령하신 다른 어떤 '행위')가 하나님이 경건하지 않은 자를 의롭다고 하시는 근거가 될 수 있다는 주장을 배제시킨다.

**4:11** 바울은 계속해서 할례의 의미를 설명하고 그로써 아브라함의 중요성을 부각시킨다. 할례는 하나님의 용납을 얻게 하는 공로의 표시가 아니다. 오히려 "무할례시에" 하나님이 그에게 은혜로 주신 의로운 신분의 "표"이자 "인"이다. 이런 의미의 "표"는 "무언가를 알려주는 특징적인 표시"이다.[50] 아브라함과 그의 후손은 음식법과 안식일 준수를 포함한 여러 행습을 행하는 덕분에 하나님의 구별된 백성으로 알려졌다. 이런 것들은 그 자체로 구원을 주지는 못하지만, 하나님이 이 백성에 대해 가지시는 권리와 기대를 보여주는 지시물 내지는 "표"였다.

"인"은 이민국 공무원이 여권에 찍는 도장처럼 일종의 증명(certification)이다. 하나님이 아브라함과 그의 후손이 따를 규례를 주심으로써 그는 하나님의 진정한 자녀로 인증되었다.

이 구절의 둘째 문장이 매우 중요하다. 이는 하나님이 아브라함을 다룰 때 그 이면에 가지신 선교적인 의도를 드러낸다. 아브라함은 할례 이전

---

50 BDAG, s.v. σημεῖον

에 의롭게 되었기 때문에, "무할례자로서[할례를 받지 않고도] 믿는 모든 자의 조상"이 되는 것이다. 이 사람들은 이 편지를 받는 이들을 비롯해 바울이 복음을 전하는 이방인들을 포함한다. 이 편지를 쓸 때 바울은 이미 25년여 동안 "그들도 의로 여기심을 얻게 하려" 많은 수고를 해온 터였다.

**4:12** 아브라함의 복은 "할례자…곧 할례 받을 자"를 위한 것으로, 이 미묘한 주장을 2:29절("오직 이면적 유대인이 유대인이며 할례는 마음에 할지니 영에 있고 율법 조문에 있지 아니한 것이라")에서 예상했다. 바울은 나중에 똑같은 진리를 표현한다. "아브라함의 씨가 다 그의 자녀가 아니라…곧 육신의 자녀가 하나님의 자녀가 아니요 오직 약속의 자녀가 씨로 여기심을 받느니라"(9:7-8). 아브라함의 복을 받는다는 것은 겉으로 보이는 의례의 문제가 아니고, 오히려 "우리 조상 아브라함이 무할례시에 가졌던 믿음의 자취를 따르는" 것을 의미한다.

비록 바울은 자기를 의롭게 하는 행위가 아니라 믿음의 중요성을 강조하지만, 그가 사용하는 믿음의 은유(발자취를 따르는 것)는 단 한 번으로 끝나는 정신적 변화가 아니라 지속적이고 값비싼 헌신의 삶을 의미한다. 바울은 결코 하나님에 대한 순종 및 선행과 상관없는 손쉬운 신봉주의(believism)를 진술하는 것이 아니다. 유대인과 이방인에게 똑같이 중요한 사실은, 복음이 예전에 경건하지 않던 이들의 삶에 하나님의 사랑의 에너지를 불어넣는다는 것이다. "그리스도 예수 안에서는 할례나 무할례나 효력이 없으되 사랑으로써 역사하는 믿음뿐이니라"(갈 5:6).

**4:13** 3:31 이후에는 "율법"을 언급하지 않았다. 그러나 4:1 이후에 진행하는 논증에서 바울은 율법을 염두에 두었다. 그는 아브라함에게 어떻게 의로움이 생겼는지를 율법(즉, 모세의 첫 번째 책 또는 창세기)에 근거해 보여주었다. 하나님이 아브라함과 그의 후손에게 주신 "약속"은 "율법으로 말미암은 것이 아니요 오직 믿음의 의로 말미암은 것이[다]." 아브라함은 복을 얻기 위해 공적을 세운 것이 아니라, 믿고 변화된 나머지 그를 향한 하나

님의 계획에 따라 그 역할을 수행할 수 있게 되었다.

바울 당시에 아브라함의 후손이 세계를 지배할 운명이라고 가르쳤던 유대교 전통이 있었다.[51] 그러나 "아브라함이나 그 후손에게 세상의 상속자가 되리라고 하신 언약"은 오히려 온 세상이 아브라함을 통해 받을 복과 관련이 있다. 이는 하나님이 아브라함에게 하신 말씀과 같다. "네 자손이 땅의 티끌같이 되어 네가 서쪽과 동쪽과 북쪽과 남쪽으로 퍼져나갈지며 땅의 모든 족속이 너와 네 자손으로 말미암아 복을 받으리라"(창 28:14, 또한 12:3; 18:18; 22:18; 26:4도 보라).

"세상의 상속자"는 아브라함을 본으로 삼는 그 믿음과 그에게로 거슬러 올라가는 믿음의 공동체가 만물의 주님과 연결됨으로써 온 세상에서 승리한다는 뜻이다. 아브라함의 믿음을 가진 신자들은 그들을 "사랑하시는 이로 말미암아…넉넉히 이[긴다]"(롬 8:37).

**4:14** "약속"[에팡겔리아(*epangelia*)]은 13절에("언약") 처음 나오는데, 로마서에는 총 여덟 번 나온다(4:13, 14, 16, 20; 9:4, 8, 9; 15:8). 존 칼빈이 지은 한 찬송가에는 다음과 같은 가사가 있다. "우리의 소망 오직 주께 있으니 우리의 믿음 주의 값없는 약속 위에 세우리."[52] 성경적 이해에 따르면 하나님과 그분이 하신 약속은 분리가 불가능하다. "내가 주의 성전을 향하여 예배하며 주의 인자하심과 성실하심으로 말미암아 주의 이름에 감사하오리니 이는 주께서 주의 말씀을 주의 모든 이름보다 높게 하셨음이라"(시 138:2). 따라서 "믿음"과 "약속"(하나님의 "말씀")은 바울이 제시하는 복음의 핵심 요소들이다.

믿음으로 하나님의 약속을 붙잡는 이들과 대조를 이루는 쪽은 "율법에 속한 자들"이다. 이 말은 바울 당시에 모세의 율법을 따르던 유대인들에게

---

51 Kruse, *Paul's Letter to the Romans*, 212.

52 "날 구속하신 주께 엎드려"(새찬송가 548장). 인용된 가사는 5절이며, 원 가사는 다음과 같다. "Our hope is in no other save in Thee; our faith is built upon Thy promise free."(편집자주)

문제가 있다는 뜻이 아니다. 문제는 율법 준수를 주입시키는 의식구조에 있다. 바울은 이를 나중에 이렇게 묘사한다. "의의 법을 따라간 이스라엘은 '율법에 이르지 못하였으니' 어찌 그러하냐 이는 그들이 믿음을 의지하지 않고 행위를 의지함이라"(롬 9:31-32).

그릇된 관점으로 하나님과 그분의 계명에 접근하면 믿음이 "헛것"("null", 무의미한 것)이 되고 하나님의 약속이 "파기[될]"("void", 헛된 것) 수 있다.

**4:15** 비뚤어진 율법 준수가 그토록 해로운 이유가 있다. "율법은 진노를 이루게 하나니." 하나님의 율법 뒤에는 하나님, 곧 자신이 약속하고 명령하시는 것을 붙들고 시행하는 살아 계신 존재가 있다. 그분은 죄의 삯은 사망이라고 약속하시는데, 율법에서 이를 규정 짓고 설명한다. 하지만 그분은 그리스도에 대한 믿음을 통해 "영생"이라는 "은사"(ESV는 "free gift")를 주신다(6:23). 구약 시대에는 이것이 아브라함의 모범과 맥을 같이하는 하나님의 약속에 대한 믿음을 의미했다. 이 단락에 나오는 바울의 주장은 그 자신의 사소한 관심사가 아니라 복음 메시지의 정수이다.

"율법이 없는 곳에는 범법도 없느니라"는, 은혜로 말미암아 율법의 정죄가 제거된 곳에는 율법 위반("범법")이 그리 치명적인 것이 아니라는 뜻이다. 하나님은 그리스도 안에서 그 죄를 다루셨고, 그리스도의 죽음이 신자들의 삶에서 범법으로 인한 형벌을 제거한다. 바울은 2:23과 5:14에서도 "범법"에 관해 말한다. 율법의 정죄가 제거되지 않은 곳에는 율법 위반에 대한 형벌, 즉 하나님의 심판과 진노가 그대로 남아 있다.

**4:16** 이 구절은 그 요점을 1-15절에서 끌어온다. 하나님의 의로움의 계시를 통한 복음적 구원(1:16-17)은 "믿음으로 된[다]"(ESV는 "depends on faith"). 이는 '믿음에 의해 생긴다/존재한다'(NIV, CSB)로 번역할 수도 있다. 바울은 이미 이 주제를 다섯 번(1:17; 3:25, 28, 30; 4:11) 역설했고 앞으로 네 번 더 반복할 것이다(5:1, 2; 9:30, 32). 이 믿음의 원리가 왜 그토록 중요한가?

그 배후에는 하나님, 곧 편파적이지 않고(2:11) "예수 그리스도를 믿음으로 말미암아 모든 믿는 자에게"(3:22) 구원에 이르는 하나님의 의를 주시는 분이 계시다. 몇 년 후에 바울은 "하나님은 모든 사람이 구원을 받으며 진리를 아는 데에 이르기를 원하시느니라"(딤전 2:4)고 쓸 것이다.

하나님이 주신 복음의 약속이 "은혜에 속하기 위하여…그 모든 후손에게 굳게 하려[는]" 것이 되려면, 그것을 "율법에 속한 자", 곧 신실한 유대인에게만 국한할 수 없다. 하나님의 백성에게 있는 결정적인 특징은 할례가 아니라 "우리 모든 사람의 조상"인 "아브라함의 믿음"이다.

**4:17** 왜 바울은 논증을 "기록된 바"라는 문구로 매듭짓는 것일까?[53] 유대인인 바울은 우리가 구약이라 부르는 것을 디모데와 같은 방식으로 존중한다. 이는 바울이 디모데에게 상기시키는 바이기도 하다. "또 어려서부터 성경을 알았나니"(딤후 3:15). 더구나 복음서 저자들과 예수님도 똑같은 표현을 20번 이상 사용한다. 기록된 하나님의 말씀을 언급하고 존중하는 것은 초기 기독교 운동의 DNA의 일부였던 것 같다.[54] 그 토대 위에서, 교회는 오랜 세월에 걸쳐 성경을 하나님의 틀림없는 진리로 보아왔다(결코 완벽하지는 않았지만).

바울이 로마서 4:17에서 인용하는 부분은 창세기 17:5이다. 하나님께서 아브라함에게 이 말씀을 하셨을 때(창세기 15:5에서 그러셨듯이), 아브라함은 당시에 민족은커녕 아들조차 키운 적이 없었지만 그 말씀을 그대로 믿었다. 그는 하나님이 그의 늙은 몸에 생기를 주고(참고. 롬 4:19 주석) 아무것도 없는 데서 무언가(한 백성, 한 민족과 같은)를 만들어내실 수 있다고 믿었다. 이 끈질긴 믿음은 훗날까지도 계속 이어졌다. 아브라함이 기꺼이 이삭을 제물로 바치려 한 것은 그런 믿음이 있었기 때문이다. "그가 하나님이 능

---

53  이를 표현하는 헬라어 단어 게그라프타이(*gegraptai*)가 로마서에서는 16번, 바울의 편지 전체에서는 31번 나온다.

54  행 1:20; 7:42; 13:33; 15:15; 23:5. 종종 게그라프타이 공식 없이도 성경이 인용되거나 언급된다.

히 이삭을 죽은 자 가운데서 다시 살리실 줄로 생각한지라 비유컨대 그를 죽은 자 가운데서 도로 받은 것이니라"(히 11:19).

**4:18** 믿음과 관련한 큰 시험은, 겉으로는 희망이 전혀 없어 보일 때에도 한 사람이 하나님의 약속을 계속 믿을 수 있느냐에 달려 있다. 하나님은 아브라함에게 그의 후손이 별과 같이 많을 것이라고 말씀하셨다(창 15:5). 이는 아브라함이 느끼는 두려움을 언급한 이후였다. "아브람아 두려워하지 말라 나는 네 방패요 너의 지극히 큰 상급이니라"(창 15:1). 그분은 또한 아브라함이 다음과 같이 제기한 항의도 다루셨다. "주 여호와여 무엇을 내게 주시려 하나이까 나는 자식이 없사오니?"(창 15:2).

따라서 "바랄 수 없는 중에 바라고 믿었으니"라는 말은 아브라함이 하나님의 말씀을 그대로 받아들였고, "아브람의 아내 사래는 출산하지 못하였[기에]"(창 16:1) 그는 자신이 품은 희망이 헛되다는 생각을 하면서도 한편 계속 희망을 품었다는 뜻이다. "많은 민족의 조상"은 양적인 예측으로 해석할 수 있다. 아브라함의 후손이 수없이 많을 것이라는 뜻이다. "민족들"은 헬라어 에트노이(*ethnoi*)를 번역한 것인데, 이 단어는 '이방인(들)'이라고 번역할 수도 있다. 바울은 이미 로마 독자들을 가리켜 이 용어를 쓴 적이 있다. "이는 너희 중에서도 다른 이방인 중에서와 같이 열매를 맺게 하려 함이로되"(롬 1:13). 아브라함의 후손은 수없이 많을 뿐만 아니라 다양할 것이다. 아브라함의 혈통과 비(非)아브라함의 혈통을 모두 아우르게 될 것이기 때문이다.

**4:19** 이 구절은 아브라함의 희망과 믿음(18절)을 더 자세히 다룬다. 그를 상속자로 삼겠다는 하나님의 약속은 두 가지 이유 때문에 불가능해 보인다. 하나는 그가 너무 나이 들었다는 것이다. 하나님이 사라에게 자녀를 주겠다고 약속하셨을 때, 그는 아버지가 된다는 것을 우습게 여겨 다음과 같이 반응했다. "아브라함이 엎드려 웃으며 마음속으로 이르되 백 세 된 사람이 어찌 자식을 낳을까 사라는 구십 세니 어찌 출산하리요?"(창 17:17).

사라 역시 아브라함 못지않은 심각한 문제가 있었다. 창세기가 이를 분명히 밝힌다. "사라에게는 여성의 생리가 끊어졌는지라"(창 18:11). 절망과 불신을 품기가 너무도 쉬운 상황에서 아브라함은 하나님께 헌신했고, 바울이 이러한 특징을 강조하는 것은 당연하다.

**4:20-21** 헬라어 어순은 "하나님의 약속"을 강조한다. 그 자신과 사라의 나이를 감안하면 아브라함은 웃을 수밖에 없었다(창 17:17). 그러나 그 웃음의 밑바탕에는 하나님의 약속을 의심해서 그분을 깎아내리지 않겠다는 굳은 결의가 있었다. "믿음이 없어…의심하지 않[았다]." 그와 반대로 그의 믿음이 "견고하여[졌다]." 이 단어의 형태[엔뒤노모오(*endynomoō*), '내가 강하게 하다']는 다음 구절들에서 볼 수 있듯이 바울의 글에서 매우 중요한 시점에 나타난다. "너희가 주 안에서와 그 힘의 능력으로 강건하여지고"(엡 6:10), "내게 능력 주시는 자 안에서 내가 모든 것을 할 수 있느니라"(빌 4:13). 아브라함의 믿음이 시험을 받았다. 만일 그 믿음이 성장하지 않았더라면 그만 시들어버렸을 것이다.

아브라함의 믿음이 성장한 것은 두 가지 형태를 띠었다. 첫째, "[그는] 하나님께 영광을 돌[렸다]." 하나님을 영화롭게 한다는 것이 모호하게 보일 수 있다. 아브라함의 본보기에서 그 기본 요소가 무엇인지 알 수 있다. 바로 하나님이 말씀하시는 바를 믿는 것이다(창 15:6). 그렇다면 오늘날의 신자들이 출발하는 지점은 성경이 단언하는 바를 신뢰하는 것이다. 둘째, 그는 맨 처음에 확언한 것을 끝까지 완수했다. 아브라함이 하란을 떠난 때(창 12:4)부터 이삭이 출생(창 21:5)하기까지 25년이 걸렸다. 그 당혹스러운 지연은 은혜의 수단이 되었고, 아브라함에게는 하나님이 약속을 지키실 것임을 '완전히 확신하는' 계기가 되었다.

**4:22** 바울은 로마서 4장 전체에 드리워진 그 구절(창 15:6)과 주제(아브라함이 믿음을 통해 의롭게 됨)로 되돌아간다. 구체적으로 바울은 아브라함의 믿음의 속성을 인정한다. "이런 속성의 믿음은 하나님께 영광을 돌리고, 하나님

은 은혜롭게 그것을 하늘의 책에 의로움으로 기록하신다."[55] 끈질긴, 수명이 긴, 흔들리지 않는, 일관성 있는, 용기 있는 등의 수많은 형용사들이 이 속성을 묘사한다. 아브라함에게 결함이 없던 것은 아니다(그는 거짓말도 했다. 창 12:13; 20:9). 그러나 하나님의 은총은 인간의 완벽함이나 자격에 달려 있지 않다. 그분이 순전한 자비와 은혜로 베푸시는 것이다. 하나님의 은총은 그분의 음성을 경청하고 그분의 말씀을 믿는 것으로 접근할 수 있다.

칼빈은 아브라함의 믿음의 속성을 매우 통찰력 있게 진술한다. 그 믿음이 그에게 의로움을 가져온 것은 "그가 하나님의 말씀에 의존했고 하나님이 약속하신 은혜를 거부하지 않았기 때문이다. 믿음과 [하나님의] 말씀 간의 이 관계를 신중하게 유지하고 또한 기억해야 한다. 왜냐하면 믿음은 말씀으로부터 받는 것 이상을 우리에게 가져올 수 없기 때문이다."[56]

**4:23** 나중에 바울은 성경이 종종 복수의 적용점을 가진다는 원리를 단언할 것이다. 창세기 15:6은 모세가 아브라함의 행적을 기록한 하나의 내러티브이다. 이 내러티브는 예수님이 오시기에 앞서 천년도 넘게 히브리인과 유대인 독자들에게 이야기를 했다. 그러나 바울이 다른 곳에서 말하듯이 "무엇이든지 전에 기록된 바는 우리의 교훈을 위하여 기록된 것이니 우리로 하여금 인내로 또는 성경의 위로로 소망을 가지게 함이[다]"(롬 15:4). 바울은 창세기를 그 자신과 당시의 교회를 위한 살아 있는 하나님의 참된 말씀으로 보았다. 오늘날의 독자들은 그 연속성을 확장한다. 아브라함이 믿음으로 의로워진 것에 관한 성경의 가르침은 바울의 시대에 그랬던 만큼 오늘날을 위해서도 약속을 담고 있다.

---

55  Frank Thielman, *Romans*, ZECNT (Grand Rapids, MI: Zondervan, 2018), 252.

56  John Calvin, *The Epistle of Paul the Apostle to the Romans and to the Thessalonians*, trans. Ross Mackenzie, CNTC 8 (Grand Rapids, MI: Eerdmans, 1960), 100.

**4:24** '그것'("It", 개역개정에는 없음)은 아브라함이 행한 속성인 믿음을 가리 킨다. 만일 우리도 아브라함과 같은 믿음을 발휘하면 우리 역시 의롭다 여 김을 받을 것이다. 바울이 여기서 전망하며 말하는 내용은, 아직 믿지 않은 사람이거나 마지막 날에 있을 의롭다는 판정, 또는 둘 다일 것이다.

여기서 믿음은 단지 하나님이 예수님을 일으키셨다는 사실을 믿는 믿 음이 아니다. "예수 우리 주를 죽은 자 가운데서 살리신 이를 믿는" 것이다. 그 사실을 믿는 것 또한 필요하지만 그것만으로는 충분하지 않은데, 이 차 이점은 미묘하지만 엄청나다. 아브라함의 믿음은 그저 어떤 사실만을 믿는 것이 아니고, 그 믿음은 그 자신과 하나님 사이에 인격과 인격이 나누는 공 감대를 활짝 열어주었다. 하나님은 모든 인간 지식을 초월하는 분이므로 이 관계는 신비롭지만, 인격적이고 진정한 관계였다. "우리 주"(그냥 '주'가 아 닌)는 바울이 마음에 품은 믿음이 어떻게 독특했는지를 잘 담아낸다. 하나 님은 그저 죽은 자를 일으킬 능력이 있는 어떤 힘이 있는 존재만이 아니다. 그분은 구체적이고 가시적인 돌봄을 보이신 살아계시고 자애로운 존재로 알려지셨다. 뿐만 아니라 예수님을 보내심으로써, 그리고 눈과 마음을 들 어 그분을 우러러보는 자격 없는 죄인들과 생기 있고 생명을 제공하는 교 제를 나누심으로써 인내하는 성품을 가지신 분이다.

**4:25** 예수님의 부활은 반드시 필요한 것이지만(24절, 또한 10:9도 보라), 아 울러 이는 예수님을 보내신 하나님의 더욱 근본적인 행동의 일부였다. "우 리를 의롭다 하시기 위하여 살아나신" 예수님은 "우리가 범죄한 것 때문에 내줌이 되[신]" 그 예수님이다. 아버지 하나님께서 아들을 통해 두 갈래의 구원 사역을 행하셨기 때문에, 그 둘을 어느 하나로 축소시킬 수 없다. 또 한 "예수님이 당신의 죄로 인해 죽었음을 믿으라" 또는 "예수님이 죽은 자 가운데서 살아났음을 믿으라"는 명령 가운데 하나만 발한다면, 하나님이 죄인들을 구원하려고 행하신 일과 이에 반응해 그들이 고백할 것에 대한 완전한 묘사를 왜곡하게 된다.

인간이 지은 죄를 해결하기 위해서는 하나님이 주시는 엄청난 해결책이 필요했다. 하나님의 칭의는 그분 편에서 행한 포괄적이고 놀라운 변화의 움직임이다. 오직 예수님의 부활만이 그를 "성결의 영으로는…능력으로 하나님의 아들로 선포되[게]"(1:4) 할 것이었다. 그리고 그 부활은 경건하지 않은 자를 의롭게 하는 하나님의 도구가 되는 권세를 예수님께 부여하고, 예수님은 (1) 그분이 일으켜졌다는 사실 및 (2) 예수님을 일으키신 분을 믿음으로써 죽음을 생명으로 변화시킨다.

**5:1** "그러므로"[운(*oun*)]로 번역한 단어는 로마서에서 종종 중요한 전환이나 추론을 의미한다.[57] 이번이 그런 경우다. 신적 진노와 인간의 죄(1:18-3:20)에 비춰보면 용서받는 것만도 무한히 감사한 일이다. 그러나 "화평"은 온전한 교제와 평안을 의미한다. 그런 화평은 다윗 혈통의 한 왕을 통해 이미 알려졌으며 또한 약속까지 하셨다(사 9:6-7; 겔 34:23-31; 37:24-28; 미 5:4-5).[58] 그것이 이제는 "우리 주 예수 그리스도로 말미암아" 확증되고 향상되었다.

　　일부 고대 사본에는 직설적 표현인 '우리가 화평을 가진다'(ESV, "we have peace")가 아니라 "우리가 화평을 누리자"(개역개정)로 표현되어 있다. "모든 사람과 더불어 화평함"은 얻으려고 애쓸 만한 가치가 있다(히 12:14). 하지만 이는 인간 사이의 조화에 관해 말하는 것이다. 이 본문에서 바울이 강조하는 것은, 수직적 차원에서 그리스도가 얻은 화평이다(롬 3:21-31). 이 화평은 하나님에게서 나온다. 아브라함이 걸어간 믿음의 순례와 하나님의 은총(4장)이 그 화평의 좋은 본보기였다. 아브라함이 얻은 것(4:1)과 같은 "하나님과[의] 화평" 및 그 결과로 "하나님의 벗이라 칭함을 받[은]"(약 2:23) 것은, 이미 아브라함의 전례를 따라 "믿음으로 의롭다 하심을 받[은]" 사람들도 누릴 수 있다.

---

57　예. 롬 3:1, 27, 4:1, 6:1, 15, 7:7, 8:31, 11:1, 12:1.

58　Schreiner, *Romans*, 261-262.

**5:2** "하나님과[의] 화평"은 "믿음으로 의롭다 하심을 받[은]" 것의 첫 번째 큰 유익이다(1절). 두 번째 유익은 "들어감"(ESV는 "access")이다. 여기에는 BDAG의 설명대로 "한 신분의 요소가 내포되어 있다."[59] 그리스도로 말미암아 죄인 신분인 자가 하나님 앞에서 용납받지 못하던 상태에서 환영받는 상태로 바뀐다. 바울은 이 들어감의 수단과 목적지와 결과를 거론한다.

수단은 "믿음으로"다. 바울은 방금 아브라함의 "믿음"이 약해지지 않고(4:19) "[그의] 믿음"이 견고해진 것(4:20)을 묘사하기 위해 이 표현[테 피스테이(*tē pistei*)]을 사용했다. 바울은 지금 모호하거나 약한 믿음이 아니라 아브라함에 견줄 만한 믿음을 염두에 두고 있다.

이 "들어감"의 목적지는 "우리가…서 있는 이 은혜"다. 그리스도를 통해 하나님을 믿는 믿음 바깥에서 우리가 감당해야 할 자리는 은혜가 아닌 정죄다. 우리는 하나님과 화평을 누릴 가망이 없고 그분의 진노에 놓여 있다. 은혜가 우리에게 우리 삶의 중심을 잡을 피난처를 제공한다.

이 "들어감"의 목적지는 하나님의 영광스러운 선하심과 호의에 대한 확실한 기대("바라고"), 곧 기쁘고 강한 확신이다. "즐거워하느니라"라는 동사는 보통 '스스로 자랑하다, 기뻐하다'로 번역한다. 사람들은 목적과 가치로 그들의 기운을 북돋워줄 삶의 이유를 찾는다. 복음 메시지로 변화된 이들에게는 그 이유가 현재와 장래의 가치[즉, 하늘(골 1:5)과 그리스도의 영광스러운 장래 통치(딛 2:13)]를 "바라[는]" 데에 있다.

**5:3** 형편이 좋고 바람직한 상황에서 즐거워하는 것은 당연하다(참고. 2절). 그러나 인생의 시련과 괴로움, 곧 "환난"에 처했을 때는 어떤가? 바울이 염두에 두는 것은 신자의 그리스도에 대한 헌신과 관련된 환난이지, 인류 공통의 화(禍)라든가 하나님께 지은 죄나 반역이 초래한 고통이 아니다.

바울이 "환난"을 권하는 이유는 환난 자체가 좋기 때문이 아니라, 은

---

59 BDAG, s.v. προσαγωγή.

혜 안에 서 있는(2절) 이들에게는 구속적 결과인 "인내"[휘포모네(*hypomonē*)]가 있기 때문이다. 이 단어는 '참음'(ESV는 "patience", 2:7; 8:25) 또는 '오래 참음'(ESV는 "steadfastness", 살후 3:5; 딤후 3:10; 딛 2:2)으로도 번역한다. 인내는 하나님의 강한 사랑에서 나온다(고전 13:7). 이는 복음을 전도하는 일차적 동기다(딤후 3:10). 또한 장래의 기쁨과 보상에 이르는 길이자 동시에 배교를 다스리는 해독제다. "[우리가] 참으면 또한 [주와] 함께 왕 노릇 할 것이요 우리가 주를 부인하면 주도 우리를 부인하실 것이라"(딤후 2:12).

결혼생활에서 부부가 함께 역경을 견디면 대개 더 강한 유대가 생긴다. 기독교의 대의를 위한 고난은 신자와 하나님, 그리고 신자와 범세계적인 성도의 교제에 속하는 타인과의 관계에 동일한 효과를 낳을 수 있다.

**5:4** 바울 시대의 대중적인 철학 가운데 하나는 스토아주의였다. 이 철학은 모든 사람 앞에 놓인 맹목적이고 냉혹한 운명에 직면할 때 인내하라고 권했다. 그들은 의식이 있는 내세는 존재하지 않는다고 가르쳤다.

바울은 '인내가 성품(개역개정은 "연단")을 낳는다'고 가르쳤다. 이것은 인생의 무의미함에 대항하는 정신적 강인함을 나타내는 서글픈 휘장이 아니다. 시련은 은혜와 '성품' 안에서, 즉 하나님과 그분의 뜻과 맥을 같이하는 인격 및 행위의 자질 안에서 성장하는 계기다. 하나님은 우리가 인격적으로 성숙하는 일에 무관심하지 않으시며, 오히려 그분과 이웃을 사랑하고 섬기고 즐거워하는 우리의 역량과 대처 기술을 더 깊고 섬세하게 만들고자 하신다.

성품은 이어서 소망을 낳는데, 이로써 환난으로 시작되는(3절) 원이 완성된다. 이 과정은 바울의 삶에 두드러지게 나타난다. "우리가 잠시 받는 환난의 경한 것이 지극히 크고 영원한 영광의 중한 것을 우리에게 이루게 함이니"(고후 4:17). 그리스도인의 성품이 개발됨에 따라 신자들은 자기희생이 참으로 가치 있다는 확신을 점점 더 품게 된다(롬 12:1). 그들은 외부 환경이 우호적인지 여부와 상관없이 하나님 앞에서 내면을 풍성하게 하는 비결을 배운다(빌 4:12). 소망이야말로 역경에 처할 때 기독교적 자세와 목적을 일깨우는 보증수표다.

**5:5** 소망이 앞에 나오는 최초의 소망(2절)으로 시작된 원을 완성시킨다. 어렵게 얻은 이 소망은 "우리를 부끄럽게 하지 아니[한다]." 이는 우리가 실망하지 않고 기뻐한다는 뜻일 수 있다. 또한 우리가 하나님의 정죄를 받지 않는다는 뜻일 수도 있다(롬 9:33; 10:11에 나오는 "부끄러움을 당하지 아니하리라"는 말의 뜻). 어느 누구도 희망 없는 상태를 추구하지 않으며, 일부는 그런 상태에서 헤어나지 못한다. 그런 상태가 남길 수 있는 최소한의 것은 절망에 뒤덮인 삶이다. 반면에 그리스도를 믿는 믿음은, 장래에 소망이 있으리라고 계속해서 우리를 자극하고 우리의 감각을 새롭게 하는 원(최초의 소망-환난-인내-입증된 성품-향상된 소망)을 시작하게 한다. 이는 하나님과 이웃을 위한 한결같은 섬김과 일상에서의 신실함을 유지하도록 동기를 부여한다.

그 과정을 움직이는 것은 하나님의 인격적 임재다. 그리스도인은 미덕의 개념이나 순서도를 섬기지 않는다. 오히려 중요한 점은 "우리에게 주신 성령으로 말미암아 하나님의 사랑이 우리 마음에 부은 바 됨"이다. 다른 곳에서 바울은 "주의 영이 계신 곳에는 자유가 있느니라"(고후 3:17)라고 상기시켜준다. 하나님의 인격적 임재에는, 희망이 없거나 거짓된 희망이 있는 삶의 속박에서 벗어나는 해방이 있다.

하나님을 의식하고 그분과 교제하는 것이 아브라함과 같은 믿음의 사람이 가진 특징이었다. 그와 동일한 믿음으로 걷는 신자들은 그들 내면에서 하나님으로부터 오는, 그리고 하나님을 위한 풍성한 사랑을 발견하게 된다. '부었다'는 것은 똑똑 떨어지는 것이 아니라 콸콸 흐르는 물결처럼 풍성하다는 뜻이다. '주어졌다'(개역개정에는 없음)는 것은 수동태로서 관대한 증여자인 하나님을 가리킨다.

**5:6** '왜냐하면'("for", 개역개정에는 없음)은 하나님이 사랑과 성령을 풍성하게 부어주시는(5절) 이유를 말할 것임을 시사한다. 그 설명의 핵심은 "그리스도께서 경건하지 않은 자를 위하여 죽으셨[다]"는 것이다. 만일 인간의 완

전함이나 선함이 하나님의 은총을 받는 선제조건이라면 아예 희망이 없을 것이다. 그러나 바울이 이미 놓아둔 교리적 기반 덕분에 희망이 있다. "일을 아니할지라도 경건하지 아니한 자를 의롭다 하시는 이를 믿는 자에게는 그의 믿음을 의로 여기시나니"(4:5). 그리스도는 그분의 혜택을 받을 권리가 없는 이들을 위해 죽으셨다.

'연약한'은 병약하거나 나약하다는 뜻이다. 인간의 독선은 강하고, 하나님의 진리를 억압(1:18)하는 경향은 마치 인간이 맡은 과업인 양 모든 시대와 장소에서 빠르게 증가해간다. 그러나 그 모든 일의 결말은 죽음이다(6:23). 다른 한편, 우리의 역할이 전혀 없는 하나님의 행동은 하나님의 사랑과 영이 부어질 가능성을 열어놓는다(5:5).

"기약대로"는 그리스도의 오심, 죽음, 부활 그리고 그분이 이룬 모든 일이 하나님의 계획대로 "때가 차매"(갈 4:4) 펼쳐졌다는 바울의 확신을 가리킨다. "때와 시기"(살전 5:1)는 하나님의 손안에 있다. 이것 역시 소망의 근거이다.

**5:7-8** 바울은 "경건하지 않은 자를 위[한]"(6절), 다시 말해 "우리를 위[한]"(8절) 그리스도의 죽음이 지닌 위력을 극적으로 만들려고 더 작은 진실에 근거해 더 큰 진실을 주장한다.

더 작은 진실은 사람들이 이따금 남을 위해 자기 목숨을 내어놓는다는 것이다. 그러나 이는 흔한 일도 아니고 정상적이지도 않다. 우리의 안녕이 누군가가 우리를 위해 그 목숨을 희생시키는 것에 달려 있다면, 우리의 앞날은 참으로 어둡다.

바울은 "선인을 위하여 용감히 죽는 자가 혹 있다"고 시인한다. 크루즈(Kruse)에 따르면, 로마의 피보호인-후원자 관계에서는 덜 중요한 사람(피보호민)이 자기에게 혜택을 베푼 특권층 인물(후원자)을 위해 기꺼이 죽는 일이 있었다.[60] 그러나 이런 예외는 일반적인 진실을 부각시킬 뿐이다. 자신이 살려는 본능이 다른 누군가가 살아서 번영하도록 기꺼이 죽으려는 마음보다 더 강하다는 진실이다. 성경의 기록에서 모세가 동료 이스라엘인들을 위해 하나님의 생명책에서 자기 이름을 지워달라고 한 요청이 무척 눈에 띄는 이유는, 그런 용감한 조처가 그 이타적인 모습으로 인해 충격을 주기 때문이다(출 32:32).[60]

더 큰 진실은 그리스도께서 죄인들을 위해 죽으셨다는 것이다(롬 5:8). 바울은 그리스도께서 죄가 없었기에(고후 5:21) 죄로 인해 죽을 분이 아니었다는 사실을 안다. 또한 목격자들이 하나님의 은총을 얻을 수 있을 만큼 더 나아지길 바라면서 죽으신 것도 아니다. 그와 반대로 그분은 "우리가 아직 죄인 되었을 때에" 우리를 위하여 죽으셨다. 로마서 5:8에 나오는 "확증하셨느니라"라는 말은 천거하기 위해 증명하셨다는 뜻이다. 하나님이 그리스도의 죽음을 통해 천거하신 것은 "자기의 사랑"이었다. 이는 '그분의 고유한 사랑'으로도 번역이 가능하다. 하나님은 어느 인간과도 다른 질적 차별성이 있는 만큼 그 사랑에는 모든 인간의 모사품과 구별되는 특질과 능력이 있다.

그리스도의 희생은 너무도 엄청나고 훌륭하기 때문에 소망에서 시작하여 더 큰 소망으로 끝나는 고난의 순환(2-5절)에도 불구하고 하나님을 신뢰하도록 설득한다.

**5:9** '그러므로'("therefore", 개정개역은 "그러면")는 바울이 앞의 내용에서 추론하고 있음을 시사한다. 바울은 칭의가 하나님과의 화평, 은혜에 다가감, 그리고 즐거움을 낳는다고 주장했다(1-2절). 그리스도에 대한 믿음은 고난을 포함하지만 그런 고난은 소망으로 시작하여 소망으로 끝난다(3-5절). 그리스도의 죽음은 하나님이 사랑으로 하신 약속이다(6-8절). 이제 9절에서 바울은 칭의와 그 열매로 되돌아간다.

"그의 피"는 복음 메시지에 약속된 구원을 위해 예수님의 죽음이 근본적으로 중요하다는 뜻이다. '믿음으로 구원받는다'는 말은 그리스도께서

---

60  Kruse, *Paul's Letter to the Romans*, 235.

죽으심으로 구원했다는 의미에서 믿음이 구원한다는 뜻이 아니다. 이는 믿음이 하나의 도구임을, 즉 하나님이 우리를 죄 없는 하나님의 아들이 죄인들을 위해 죽은 객관적인 사건에 접근하게 하려고 사용하시는 도구임을 가리킨다.

예수님의 십자가에 근거를 둔 칭의는 최종 목표가 아니다. 칭의가 과거의 죄와 현재의 신분은 다루지만 미래에 관한 면에서는 어떠한가? "그로 말미암아 진노하심에서 구원을 받을 것이니"는 모든 사람이 다가오는 심판의 그늘 아래 살고 있다는 바울의 확신(12-21절에서 강조된)을 보여준다. 이는 바울이 복음의 좋은 소식(1:16-17)을 얘기하다가 재빨리 진노와 죄에 관한 얘기(1:18-3:20)로 옮겨간 이유를 부분적으로 설명해준다.

**5:10** '작은 것에서 큰 것으로' 논증을 사용하는 바울은, 예수님의 죽음과 그 혜택이 과거의 사실에서 "그의 살아나심으로 말미암아 구원을 받을 것"임을 추론한다. "그의 살아나심"은 예수님의 부활 또는 그분이 하나님 오른편에서 계속 살아 계시며 중보기도하심(8:34), 또는 둘 다를 가리킨다. "구원을 받을 것"은 장차 닥칠 종말론적 심판에서 구출될 것을 의미한다.

"화목하게 되었은즉"은 이 의미를 지닌 동사를 번역한 것으로, 신약에 세 번 더 나올 뿐이다(고후 5:18-20).[61] 이 단어는 예전에 적대적이던 두 편 사이에 갈등이 해소된 상태를 묘사한다. 칭의가 없으면(롬 5:1, 9) 사람들이 하나님에게서 소외된다. 그들은 "원수"이기 때문이다. "우리가 원수 되었을 때에"라는 구문은, 로마서 3:23이 말하듯 우리가 모두 원수였다는 뜻이다.

만일 그리스도를 믿는 사람들에게 칭의를 안겨주는 그리스도의 죽음이 하나님의 진노를 그치게 하고 실제적인 평화를 가져온다면(하나님과 신자가 화목하게 된다면), 우리가 다가오는 심판에서 구출될 것은 더더욱 확신할 수 있다(참고. 고후 5:10).

---

61 고린도전서 7:11은 남편과 아내 사이의 화해에 관해 말한다.

**5:11** 칭의(9절)와 화해(10절)의 유익은 단지 미래에만 속하지 않는다. "그 뿐 아니라" 우리는 현재에도 "또한 즐거워[한다]"(참고, '즐거워하다'로 번역된 거의 동일한 동사에 관한 5:2 주석).

여기서 10절과 11절이 더 크게 대조된다. 10절은 화목케 하는 예수님의 죽음이 제공하는 개념적 위로를 강조한다. 그 위로는 한때 "원수"였던 신자들이 이제는 심판을 두려워할 필요가 없다는 것이다. 11절은 관계상의 위로를 강조한다. 기쁨이 심판에서의 자유에 있을 "뿐 아니라" "우리 주 예수 그리스도로 말미암아 하나님 안에[도]" 있다는 것이다. 우리의 화해 이면에는 창조주와 구속자가 계시고, 멀리 떨어진 신이 아니라 인간의 모습으로 나타나신 하나님이 계시다. 그분은 "이제 우리로 화목하게" 되도록 중재하신 분이다. 그분의 진리가 우리를 그분께 개인적으로 연결시킨다.

칭의와 화해와 같이 대단한 교리적 진리들은 추상적인 주장이 아니라 살아 계신 하나님의 뜻과 행동을 묘사한 것이고, 그분의 사랑과 "너를 인도하여 회개하게" 하시려는 "하나님의 인자하심"(2:4)을 표현한다.

**5:12** 이 구절은 어렵기로 악명 높은 단락의 시작이다. 이는 처음부터 12절이 18절과 직결된다는 것을 보여준다. 달리 말해, 바울은 12절을 설명하고자 13절부터 곁길로 벗어나는데, 그 벗어남은 13-17절을 포함하는 데까지 불어난다. 이후 18절에서는 12절(죄와 죽음이 세상에 들어옴)을 다시 진술하고 15-17절이 예상하는 긍정적 면(그리스도의 "의로운 행위")을 덧붙인다.

바울이 12절에서 진술하는 내용은 그것만 떼어놓으면 무척 명료하면서도 직접적이다.

(1) "한 사람으로 말미암아 죄가 세상에 들어오고." 바울은 하와가 주도하는 창세기 3장의 이야기(그가 알다시피, 고후 11:3; 딤전 2:14)를 단순하게 표현한다.

(2) "죄로 말미암아" 사망이 세상에 들어왔다. 하나님은 죄가 죽음을 초래할 것이라고 약속하셨다(창 2:17). 아담과 하와가 에덴에서 죄를 지은 후 하나님은 그들이 "생명나무 열매도 따먹고 영생할까" 우려해서 그들을

에덴에서 쫓아내셨다(창 3:22-24). 그들은 죄 때문에 결국은 죽을 운명이었다. 예수님의 실례와 가르침에서 알 수 있듯, 영생에 진입하는 방법은 한 조각의 열매가 아니라 육체적 죽음과 부활이 되었다.

(3) 아담의 죄를 통하여 "모든 사람이 죄를 지었으므로 사망이 모든 사람에게 이르렀[다]." 에덴 이후에는 인류 역사에서 단 한 사람 외에는 죄에서 자유로운 사람이 없다. 죽음의 신비와 슬픔과 공포의 배후에는 인간의 죄가 있다. 아담과 하와의 죄뿐만 아니라 우리 자신의 죄도 있으며, 후자는 우리가 공범임을 확증해준다. 우리는 선천적으로 그리고 고의적인 행동으로 유죄 판결을 받았다.

**5:13** 12절은 에덴에서 지은 죄의 결과가 곧 사망이라고 말했다. 이 죄는 모세가 율법을 공식적으로 받기 전에 일어났다. 기록된 도덕률이 위배되지 않았다는 의미에서 죄가 죄로 "여겨지지 아니하였[을]" 따름이다. 그러나 이는 하나님의 법을 위반하지 않았다는 뜻은 아니다. 하나님은 그분의 뜻을 아담과 하와에게 말씀하셨고, 그들은 그것을 알았기 때문이다. 그들은 하나님의 형상으로 창조된 만큼(창 1:26) 선천적 도덕성도 지니고 있었을 것이다. 무엇보다 하나님의 지혜와 뜻은 기록된 문서가 포착할 수 있는 것보다 더 깊고 더 포괄적이다.

이 구절은 바울이 나중에 펴게 될 논지, 곧 인간의 죄에 관한 한 문제는 율법이 아니라는 논지를 내다본다. "그런즉 우리가 무슨 말을 하리요 율법이 죄냐 그럴 수 없느니라"(롬 7:7). 이 세상에서 죄의 문제는 하나님의 율법의 잘못이 아니라 그것을 위반하는 자들, 즉 인간적인 추정이 아니라 하나님이 보시기에 위반하는 자들의 잘못이다.

**5:14** "사망이 왕 노릇 하였나니"라는 말은 율법에서 진술하는 죄에 합당한 형벌(사망)이 아담에게서 시작해 하나님이 공식적으로 모세에게 율법을 주실 때까지 실효성이 있었다는 사실을 가리킨다. 모세의 시대에 이르기까지 아담과 하와의 후손들은 그들의 첫 번째 부모만큼 죄가 있었고 당연

히 사망에 종속되어 있었다. 이후 아담의 죄는 율법 이전의 후손과 모세까지 이르는 후손과 그 이후의 후손에까지 그 영향을 미쳤다. 그런 의미에서 아담의 죄는 유일무이했다. 그러나 죄의 결과는 "아담의 범죄와 같은 죄를 짓지 아니한 자들"에게도 다를 바가 없었다. 그 결과는 하나님으로부터의 영적 분리와 결국 맞닥뜨려야 하는 육체적 죽음이었다.

"오실 자의 모형"은 다음 구절들이 내포한 주안점을 슬쩍 보여준다. 한 사람인 아담이 인류에 숙명적인 영향을 미쳤듯이, "오실 자"는 그와 똑같이 보편적 함의를 지닌 대응되는 행위를 하실 것이다. 모든 사람이 그 대응되는 행위에 의해 구원받을 것이라는 뜻이 아니라 모두가 그 대응되는 행위에 영향을 받고 "믿어 순종"(1:5, 16:26, 참고. 15:18)으로 반응할 책임을 질 것이라는 뜻이다.

**5:15** 바울은 이미 죄인들이 "하나님의 은혜로 값없이 의롭다 하심을 얻[는다]"(3:24)고 말했다. 이제 그는 한편에 있는 칭의라는 값없는 선물과 다른 편에 있는 아담의 죄("그 범죄")를 대조시킨다. 이 둘은 어떤 관계인가?

양자는 서로 같지 않다. 아담의 범죄는 "많은 사람"(여기서는 온 인류를 의미한다)에게 파멸을 초래했다. 사망이 모든 사람에게 퍼진 것은 모두가 아담을 좇아서 죄를 지었기 때문이다. 그러나 범죄와 대조되는 은혜가 있다. 이것이 "많은 사람에게 넘쳤[다]." 이는 예수님이 오기 전에 하나님의 언약의 약속을 받은 모든 사람, 그 이후에 예수를 믿은 모든 사람을 가리킨다. 바울은 그리스도의 신성을 인정하고 있음을 드러내려고 "하나님의 은혜"와 "한 사람 예수 그리스도의 은혜"를 나란히 둔다. 이 넘치는 선물은 아버지와 아들에게서 동일하게 흘러나온다. 그리고 그들의 이중 은혜가 "많은 사람", 곧 복음의 약속을 받아들이는 수많은 사람에게 풍성하다.

**5:16** 15절은 하나의 대조점을 부각시켰고, 이 구절은 또 하나의 대조점을 부각시킨다. 하나님의 "은사"의 결과와 아담의 죄의 결과 사이의 차이점이다. 그 죄는 "심판"[크리마(krima), '유죄 판정']을 초래했고, 심판의 결과는 "정

죄"[카타크리마(*katakrima*), '죄에 대한 형벌의 집행']이다. "정죄"라는 뜻의 이 헬라어 단어는 신약에서 5:18과 8:1에만 더 나온다(거기서 BDAG는 '사형선고'로 번역한다).[62]

"많은 범죄"라는 말에 비춰보면 우리가 얼마나 많이 유죄 판결을 받고 정죄받을지 예상할 수 있다. 그러나 최종 결론은 최초의 사람 아담이 아니라 "은사"가 갖고 있다. 이루 셀 수 없이 죄를 범하였음에도 불구하고 그 선물이 "의롭다 하심"을 불러왔다. 은혜는 하나님이 보시기에 그분이 용납한다는 선언을 가져왔다.

**5:17** 바울은 이 주제에 매혹돼 그 대조점 속으로 더 깊이 파고드는데, 충분히 그럴 만하다. 아담의 죄는 냉혹한 결과를 초래했다. "사망이…왕 노릇" 한 것이다. 이와 동일한 표현이 14절과 21절에도 나온다. 사망은 이 단락 전체를 하나로 묶는 인간의 딜레마다(12-21절).

죄와 사망의 음울한 왕 노릇은 많은 것을 설명해준다. 그러나 그보다 더 큰 왕 노릇이 있다. 한 사람 아담을 상쇄시키는 "한 분 예수 그리스도를 통하여" 그분의 은혜와 "의의 선물"을 받는 사람들은 "생명 안에서 왕 노릇" 할 것이다. 바울이 미래 시제("왕 노릇 하리로다")를 사용하는 것은, 사람들이 복음 메시지를 받아들일 때의 결과를 내다보며 말하기 때문이다. "생명 안에서 왕 노릇"은 복음을 영접함에 따른 실제적 결과를 표현한다. 그것은 단순히 변화된 통찰력이나 정신적 적응력이 아니다. 그것은 은혜와 선물을 "받는 자들"의 삶 전체를 변화시킨다.

**5:18** 바울은 12절에서 남겨둔 생각으로 되돌아간다. 그는 13-17절에서 추론("그런즉")을 이끌어내는데, 이 추론은 "한 범죄로 많은 사람이 정죄에 이른 것"이라는 이미 확정된 사실에 기초한다. 에덴의 죄는 여전히

---

62 BDAG, s.v. κατάκριμα.

우리와 함께하며 이 죄가 낳을 불행한 연쇄 반응을 불러일으켰다.

그러나 에덴의 비참한 결과가 그리스도의 죽음, 곧 바울이 인용하는 "한 의로운 행위"(3:24-25을 상기하라)에 힘입어 신자들에게는 무효화되었다. 그 행위가 정죄를 칭의로 대체한다. 그것은 심판과 사망을 생명으로 대체한다.

"많은 사람"은 '십자가에 죽었다가 부활한 그리스도의 복음 메시지를 믿고 받아들인 모든 사람'을 가리킨다. 이는 5:19에 나오는 "많은 사람"과 동일하다.

**5:19** 바울은 이 단락을 지배하는 아담-그리스도의 병행관계를 명쾌하게 요약한다. 이 병행관계는 대칭적이지 않은데, 이는 아담의 행위가 재난을 초래했기 때문이다. "많은 사람이 죄인 된 것같이." 다른 곳에서 바울은 아담의 불순종이 낳은 결과가 "많은 사람"이 아니라 "모든 사람"에게 미쳤다고 말했다(12절, 또한 3:23도 보라).

아버지의 뜻에 불순종한 아담과 반대로 그리스도는 그 뜻을 완벽하게 이루었다. 아담의 모든 후손에게 미친 재앙과 반대로 "한 사람이 순종하심으로 많은 사람이 의인이 되리라." 요컨대, 마땅히 받을 형벌이 "의인이 되[는]" 과분한 선물로 맞바꿔지는 것이다.

이 문장에 나오는 두 동사("된", "되리라")는 수동태로, 모두 능동적인 행위자는 하나님이다. 그분이 죄인의 신분을 판정하셨을 뿐만 아니라, 장차 한 사람 예수 그리스도의 의를 믿는 많은 사람에게 전가하실 것이다.

**5:20** "율법"의 가장 기본적인 의미는 하나님의 완전한 성품과 뜻이다. 하나님께서 율법을 주신(하나님의 뜻에 대한 지식은 에덴까지 거슬러 올라가지만 일차적으로 모세에게 그리고 그를 통해 주신, 참고. 13절) 이유는 "범죄를 더하게 하려는" 것이었다. 율법은 사람들이 흔히 변명하거나 합리화하는 것을 명백히 밝혀준다. 율법은 범죄를 규정하고 계량화하며, 이런 의미에서 범죄를 증가시킨다.

더구나 죄 때문에, 사람들은 하나님이 금지하는 것을 알 때, 그것이 그들에게 금지된 것을 행하도록 부추길 수 있다. 이를 '과자그릇 효과'(cookie-jar effect)라고 부른다. 부모가 과자를 구워서 그릇에 담은 다음 "과자를 이제 막 구워서 담아놓았으니 과자그릇에 손대지 마라"고 경고할 때, 경험에 따르면 많은 자녀들이 들키지 않고 그 과자를 먹으려고 끊임없이 애를 쓸 것이라고 한다. 만약에 들킨다면 벌을 받으리라는 것을 잘 안다. 그런데도 그들의 마음에서는 위(부모의 권위)에서 내린 금지에 불순종하도록 부추긴다. 바울은 나중에 이를 묘사하면서 "율법으로 말미암는 죄의 정욕이 우리 지체 중에 역사하여 우리로 사망을 위하여 열매를 맺게 하였더니"(7:5)라고 한다.

그러나 율법에 의해 죄가 더해지는 것이 끝이 아니다. "은혜가 더욱 넘쳤[다]." 죄가 더 많아졌지만, 은혜 또한 더 많아졌다.

**5:21** 이 구절은 죄의 군림을 피할 수 없다고 말하지만, 또한 은혜가 승리하리라는 약속을 제시함으로써 이 단락을 마무리한다. 죄의 왕 노릇은 에덴까지 거슬러 올라가는 역사적 사실이다. 바울이 '왕 노릇 할 수도 있도록'("might reign", 개역개정은 "왕 노릇 하여")이라 쓰는 것은 은혜가 불확실하기 때문이 아니라 많은 이들이 이 은혜를 중재하는 메시지를 믿지 않기로 정할 것이기 때문이다.

그러나 믿는 모든 사람에게는 은혜가 "의로 말미암아" 왕 노릇 한다. 이것은 하나님께서 그리스도의 희생과 부활에 기초해 제공하시는 의로움일 뿐만 아니라 그리스도가 성취한 의로움이기도 하다. 그리고 이것은 그 수립 과정을 뒤돌아보는 의로움일 뿐만 아니라 미래 어딘가로 이끌어주는 의로움이다. 다시 말해, 그 결과는 "우리 주 예수 그리스도로 말미암[은] 영생"이다. 이 "영생"을 두 가지 측면에서, 즉 시간적인 측면(결코 끝나지 않는 삶)과 지금 여기서의 삶의 질이라는 측면에서 생각하는 것이 적절하다. 예수님이 "내가 온 것은 양으로 생명을 얻게 하고 더 풍성히 얻게 하려는 것이라"(요 10:10)고 말씀하셨듯이 말이다.

로마서의 다음 장들은 이 풍성한 "영생"에 대한 오해를 바로잡고 영생에 관해 더 자세하게 진술한다. 바울은 그리스도를 믿음으로써 얻게 되는 삶이 아담의 공동체에만 속해 그 속박 아래에서 끌고 가는 삶보다 훨씬 더 낫다는 것을 상세히 설명할 것이다.

≋≋≋≋ 응답 ≋≋≋≋

(1) 3:21-5:21이 '구원에 이르는 하나님의 의'를 주로 다루므로 "하나님의 의"가 무슨 뜻인지를 다시 살펴볼 필요가 있다. 1:17에 대한 주석에서 그것을 이렇게 정의했다. "하나님이 사람들을 이 구원의 관계로 들어가게 하려고 행하시는 전체 과정"으로써 바울이 "믿음"이라 부르는 것이다.[63]

"믿음"이 그 정의 및 3:21-5:21 내용의 중심에 있긴 하지만, 자칫 믿음(인간의 반응)이 하나님과 그분의 구원의 의를 가리는 위험이 있을 수 있다. 우리를 만족시키는 방식으로 우리 자신과 행위를 믿는(이를 "믿음"이라 부르고) 편이, 하나님을 신뢰하며 그분의 말씀에 담긴 판결과 지침이 우리 삶을 채우고 지도하게 하는 편보다 쉬운 법이다. 그러나 바울은 로마서에서 믿는 행위 자체를 하나님의 복에 접근하는 열쇠로 여기는 등 인간의 행위를 강조하는 인간 중심적인 종교는 완강히 반대한다(특히 3:27-31을 보라).

각 세대마다, 그리고 모든 그리스도인의 삶에서, 하나님과 그리스도를 통한 그분의 구원 사역을 영화롭게 하는 것은 언제나 제자도의 우선사항이며 반드시 필요한 영적 훈련이다. 이는 하나님 그분 대신에 하나님을 긍정하는 우리의 행위로 대체하려는 인간적 충동을 상쇄하고 통제할 수 있다. 그렇지 않으면 우리는 결국 우리의 종교적 행위를 중요시하고 하나님을 배제시키는 잘못을 범할 수 있다.

---

63  Moo, *Encountering the Book of Romans*, 47.

(2) 성경과 신학적 개념을 아이들에게 가르쳐본 사람이라면 누구나 알고 있듯이 어린아이들은 좋은 이야기를 경청하고 거기에서 배운다. 그러나 예수님이 줄곧 사용하신 비유에서 볼 수 있듯이, 아이들만 그런 것이 아니다. 바울도 내러티브의 힘을 이해한다. 로마서 3:21-5:21은 노련하게 세 가지 이야기를 잘 엮어놓는데, 이는 허구적인 '이야기들'이 아니라 하나님께서 세상에 구속을 불러오기 위해 지휘하신 역사적 사건들이다.

첫 번째 이야기는 예수님의 십자가 죽음(3:21-31, 여러 암시와 함께)이다. 바울은 '화목제물', '피', '세우다', '죽었다', '죽음'과 같은 용어를 강조한다. 이런 용어들은 네 개의 하부단락 전체에 나온다. 이는 로마서가 묘사하는 하나님의 의를 이해하는 데 필요한 열쇠이다. 하나님은 그의 아들 안에서 일어난 신비로운 신의 죽음을 통해 그 의를 세우셨다. 찰스 웨슬리는 '주 보혈로 날 사심은'(And Can It Be, That I Should Gain)이라는 찬송에서 '엄청난 신비여, 불멸의 존재가 죽다니'('Tis mystery all: the immortal dies)라고 썼다.

두 번째 이야기는 아브라함에 관한 것이다(4장). 바울이 이방인 회중, 곧 지리적·종교적으로 유대인의 고국에서 너무나 멀리 떨어진 도시의 회중이 이 유대교의 선구자에 관해 그토록 많이 안다고 추정하는 것은 주목할 만하다. 신약의 회중들은 과연 믿음의 뜻과 하나님의 성품이 생생하게 나타나는 아브라함의 이야기, 곧 예수님 사역의 배경 이야기를 잘 구사하지 않고도 건강해질 수 있는가?

세 번째 이야기는 아담에 관한 것이다. 아마 성경 이야기 가운데 창조와 타락 이야기만큼 많은 논란을 일으키고 공격당하는 것은 없을 것이다. 우리가 기억해야 할 사실이 있다. 유일하고 주권적이며 인격적인 하나님께서 최초의 부모로부터 온 인류를 창조했다는 관념이 오늘날만큼이나 고대에서도 이례적이었다는 것이다. 그러나 바울은 예수님처럼 창세기 이야기가 진실하다고 여기셨다. 더구나 바울은 예수님의 죽음을 아담의 범죄 사실 및 그 세부사항과 연결시켰다. 이는 아담과 하와 '이야기'를 고대의 신화나 황당한 이야기쯤으로 치부해 제쳐놓으면 안 된다고 경고한다.

요컨대, 여기에 좋은 소식에 관한 좋은 소식이 있다. 이야기를 이해할 수 있는 사람이라면 누구나 복음을 이해할 수 있다. 이를 이해하는 데는 특별한 교육, 높은 사회적 지위, 유리한 지리적 위치, 또는 (특히) 특정한 민족적 기원이 필요하지 않다.[64] 근래에 수많은 아프리카인, 아시아인, 그리고 라틴 아메리카인이 교회로 쏟아져 들어왔다는 사실은 복음의 매력과 적실성이 모든 인종을 휩쓸고 있음을 보여준다.

(3) 이 단락의 중심에는 '우리가 즐거워한다'는 바울의 단언이 있다 (5:2, 3, 11). 그런데 여기에 나온 동사[카우카오마이(*kauchaomai*)]가 말해주는 바가 있다. 표준 신약 헬라어 어휘 사전은 이 동사를 '즐거워하다'로 번역하지 않는다.[65] 많은 영어 번역본이 "즐거워하다"로 번역하는 것은 문맥상 큰 문제는 없지만, 이 동사는 '자랑하다', '자부하다'를 의미하는 경우가 더 많다. 바울은 왜 '즐거워하다'를 뜻하는 표준 단어가 아니라 굳이 이 동사를 사용하였는가?

해답은 바울이 앞서 사용한 '자랑하다'를 뜻하는 명사나 동사에 있을 수 있다. 그는 율법에 의지하고 하나님을 자랑하는 위선적인 유대인에게 경고한다(2:17). 바울은 그에게 "율법을 자랑하는 네가 율법을 범함으로 하나님을 욕되게 하느냐"(2:23)라고 말한다. 올바른 믿음은 스스로 그것을 자랑하지 않는다(3:27). 아브라함의 경우 그의 행위가 그를 의롭게 하지 않았으므로 하나님 앞에서 "자랑할" 것이 없음을 보여주었듯이(4:2), 그리스도인은 믿고 있는 자신이 아니라 믿음의 근거를 주시는 하나님을 높이게 된다.

5장에서 바울이 세 번에 걸쳐 '우리가 즐거워한다'는 기술은, 복음에 대한 확신이 어디에 놓여 있는지를 이야기한 것이다. 만일 '즐거워하다'가 이성적인 기능이 배제된 감정적인 환희를 의미한다면, 그 확신은 분별 없는 종교적 유쾌함에 있지 않다. 오히려 바울이 말하는 '즐거워함'은 강

---

64  이에 관해서는 다음 책을 참고하라. Lamin Sanneh, *Whose Religion Is Christianity? The Gospel beyond the West* (Grand Rapids, MI: Eerdmans, 3003).

65  BDAG, s.v. καυχάομαι.

한 확신에 대한 지성적인 성찰이며, 이는 "하나님의 영광을 바[람]"으로써 (5:2), 그리스도 안에서 인내와 성품을 낳는 고난에 의해(5:3) 그리고 "우리 주 예수 그리스도로 말미암아" 하나님 그분께서(5:1) 주신다. 이는 '즐거워 하다'라는 단어가 전달하는 의미보다 더 깊고 굳건한 확신이다. 도움이 될 만한 다른 이해로, 하나님께서 우리 영혼의 안전을 위해 제공하는 것으로 '매우 기뻐할 만한 흔들릴 수 없는 이유가 있다'라고도 할 수 있다.

(4) 로마서 5:1-5은 그리스도인의 경험의 패턴을 (최초의) 소망, 환난, 인내, 성품, (향상된) 소망으로 묘사한다. 이를 성화의 나선형으로 생각해도 무방하다. 여기서 눈에 띄는 것은 "환난"이다. 대중적인 종교관은 환난을 악당으로 판단하고 하나님을 고통과 불편에서 구출하는 구원자로 그린다. 그러나 바울의 구원자는 죽음으로써 그의 심오한 사역을 수행했다. 그분은 추종자들에게 그들의 몸을 산제사로 드리도록 요구하는데(12:1), 죄를 속죄하기 위해서가 아니라 죄를 용서받았기 때문이다. 그래서 그들은 죄 대신 용서와 새로운 삶의 메시지를 선포할 수 있다.

환난은 굳이 금욕적인 심성으로 추구할 필요는 없지만 제자의 길을 걸을 때 피할 수 없는 것이다. 바울은 이 점을 나중에 강조할 것이다(8장). 현재로서는 그리스도인의 환난을 예수님의 모범과 명령과 연관시킴으로써 그리스도인의 소망이 그 환난을 완화시킨다고 말하는 것으로 충분하다. 살아 계신 그리스도는 신자들을 확실한 목적지로 인도하시는데, 이는 환난과 인내와 입증된 성품의 과정이 그 경로를 거칠 때마다 다시 떠오르는 소망이다.

6:1 그런즉 우리가 무슨 말을 하리요 은혜를 더하게 하려고 죄에 거하겠느냐 2 그럴 수 없느니라 죄에 대하여 죽은 우리가 어찌 그 가운데 더 살리요 3 무릇 그리스도 예수와 합하여 1)세례를 받은 우리는 그의 죽으심과 합하여 1)세례를 받은 줄을 알지 못하느냐 4 그러므로 우리가 그의 죽으심과 합하여 1)세례를 받음으로 그와 함께 장사되었나니 이는 아버지의 영광으로 말미암아 그리스도를 죽은 자 가운데서 살리심과 같이 우리로 또한 새 생명 가운데서 행하게 하려 함이라

6:1 What shall we say then? Are we to continue in sin that grace may abound? 2 By no means! How can we who died to sin still live in it? 3 Do you not know that all of us who have been baptized into Christ Jesus were baptized into his death? 4 We were buried therefore with him by baptism into death, in order that, just as Christ was raised from the dead by the glory of the Father, we too might walk in newness of life.

5 만일 우리가 그의 죽으심과 같은 모양으로 연합한 자가 되었으면 또한 그의 부활과 같은 모양으로 연합한 자도 되리라 6 우리가 알거니와

우리의 옛 사람이 예수와 함께 십자가에 못 박힌 것은 죄의 몸이 죽어 다시는 우리가 죄에게 종노릇 하지 아니하려 함이니 7 이는 죽은 자 가 죄에서 벗어나 의롭다 하심을 얻었음이라 8 만일 우리가 그리스도 와 함께 죽었으면 또한 그와 함께 살 줄을 믿노니 9 이는 그리스도께 서 죽은 자 가운데서 살아나셨으매 다시 죽지 아니하시고 사망이 다 시 그를 주장하지 못할 줄을 앎이로라 10 그가 죽으심은 죄에 대하여 단번에 죽으심이요 그가 살아 계심은 하나님께 대하여 살아 계심이니 11 이와 같이 너희도 너희 자신을 죄에 대하여는 죽은 자요 그리스도 예수 안에서 하나님께 대하여는 살아 있는 자로 여길지어다

5 For if we have been united with him in a death like his, we shall certainly be united with him in a resurrection like his. 6 We know that our old self[1] was crucified with him in order that the body of sin might be brought to nothing, so that we would no longer be enslaved to sin. 7 For one who has died has been set free[2] from sin. 8 Now if we have died with Christ, we believe that we will also live with him. 9 We know that Christ, being raised from the dead, will never die again; death no longer has dominion over him. 10 For the death he died he died to sin, once for all, but the life he lives he lives to God. 11 So you also must consider yourselves dead to sin and alive to God in Christ Jesus.

12 그러므로 너희는 죄가 너희 죽을 몸을 지배하지 못하게 하여 몸의 사욕에 순종하지 말고 13 또한 너희 지체를 불의의 무기로 죄에게 내 주지 말고 오직 너희 자신을 죽은 자 가운데서 다시 살아난 자같이 하 나님께 드리며 너희 지체를 의의 무기로 하나님께 드리라 14 죄가 너 희를 주장하지 못하리니 이는 너희가 법 아래에 있지 아니하고 은혜 아래에 있음이라

12 Let not sin therefore reign in your mortal body, to make you obey

its passions. 13 Do not present your members to sin as instruments for unrighteousness, but present yourselves to God as those who have been brought from death to life, and your members to God as instruments for righteousness. 14 For sin will have no dominion over you, since you are not under law but under grace.

15 그런즉 어찌하리요 우리가 법 아래에 있지 아니하고 은혜 아래에 있으니 죄를 지으리요 그럴 수 없느니라 16 너희 자신을 종으로 내주어 누구에게 순종하든지 그 순종함을 받는 자의 종이 되는 줄을 너희가 알지 못하느냐 혹은 죄의 종으로 사망에 이르고 혹은 순종의 종으로 의에 이르느니라 17 하나님께 감사하리로다 너희가 본래 죄의 종이더니 2)너희에게 전하여 준 바 교훈의 본을 마음으로 순종하여 18 죄로부터 해방되어 의에게 종이 되었느니라 19 너희 육신이 연약하므로 내가 사람의 예대로 말하노니 전에 너희가 너희 지체를 부정과 불법에 내주어 불법에 이른 것 같이 이제는 너희 지체를 의에게 종으로 내주어 거룩함에 이르라

15 What then? Are we to sin because we are not under law but under grace? By no means! 16 Do you not know that if you present yourselves to anyone as obedient slaves,*3* you are slaves of the one whom you obey, either of sin, which leads to death, or of obedience, which leads to righteousness? 17 But thanks be to God, that you who were once slaves of sin have become obedient from the heart to the standard of teaching to which you were committed, 18 and, having been set free from sin, have become slaves of righteousness. 19 I am speaking in human terms, because of your natural limitations. For just as you once presented your members as slaves to impurity and to lawlessness leading to more lawlessness, so now present your members as slaves to righteousness

leading to sanctification.

²⁰ 너희가 죄의 종이 되었을 때에는 의에 대하여 자유로웠느니라 ²¹ 너희가 그때에 무슨 열매를 얻었느냐 이제는 너희가 그 일을 부끄러워하나니 이는 그 마지막이 사망임이라 ²² 그러나 이제는 너희가 죄로부터 해방되고 하나님께 종이 되어 거룩함에 이르는 열매를 맺었으니 그 마지막은 영생이라 ²³ 죄의 삯은 사망이요 하나님의 ³⁾은사는 그리스도 예수 우리 주 안에 있는 영생이니라

²⁰ For when you were slaves of sin, you were free in regard to righteousness. ²¹ But what fruit were you getting at that time from the things of which you are now ashamed? For the end of those things is death. ²² But now that you have been set free from sin and have become slaves of God, the fruit you get leads to sanctification and its end, eternal life. ²³ For the wages of sin is death, but the free gift of God is eternal life in Christ Jesus our Lord.

⁷:¹ 형제들아 내가 법 아는 자들에게 말하노니 너희는 그 법이 사람이 살 동안만 그를 주관하는 줄 알지 못하느냐 ² 남편 있는 여인이 그 남편 생전에는 법으로 그에게 매인 바 되나 만일 그 남편이 죽으면 남편의 법에서 벗어나느니라 ³ 그러므로 만일 그 남편 생전에 다른 남자에게 가면 음녀라 그러나 만일 남편이 죽으면 그 법에서 자유롭게 되나니 다른 남자에게 갈지라도 음녀가 되지 아니하느니라

⁷:¹ Or do you know, brothers⁴—for I am speaking to those who know the law—that the law is binding on a person only as long as he lives? ² For a married woman is bound by law to her husband while he lives, but if her husband dies she is released from the law of marriage.⁵ ³ Accordingly, she will be called an adulteress if she lives with another

man while her husband is alive. But if her husband dies, she is free from that law, and if she marries another man she is not an adulteress.

4 그러므로 내 형제들아 너희도 그리스도의 몸으로 말미암아 율법에 대하여 죽임을 당하였으니 이는 다른 이 곧 죽은 자 가운데서 살아 나신 이에게 가서 우리가 하나님을 위하여 열매를 맺게 하려 함이라 5 우리가 육신에 있을 때에는 율법으로 말미암는 죄의 정욕이 우리 지체 중에 역사하여 우리로 사망을 위하여 열매를 맺게 하였더니 6 이제는 우리가 얽매였던 것에 대하여 죽었으므로 율법에서 벗어났으니 이러므로 우리가 영의 새로운 것으로 섬길 것이요 율법 조문의 묵은 것으로 아니할지니라

4 Likewise, my brothers, you also have died to the law through the body of Christ, so that you may belong to another, to him who has been raised from the dead, in order that we may bear fruit for God. 5 For while we were living in the flesh, our sinful passions, aroused by the law, were at work in our members to bear fruit for death. 6 But now we are released from the law, having died to that which held us captive, so that we serve in the new way of the Spirit and not in the old way of the written code.6

7 그런즉 우리가 무슨 말을 하리요 율법이 죄냐 그럴 수 없느니라 율법으로 말미암지 않고는 내가 죄를 알지 못하였으니 곧 율법이 탐내지 말라 하지 아니하였더라면 내가 탐심을 알지 못하였으리라 8 그러나 죄가 기회를 타서 계명으로 말미암아 내 속에서 온갖 탐심을 이루었나니 이는 율법이 없으면 죄가 죽은 것임이라 9 전에 4)율법을 깨닫지 못했을 때에는 내가 살았더니 계명이 이르매 죄는 살아나고 나는 죽었도다 10 생명에 이르게 할 그 계명이 내게 대하여 도리어 사망에

이르게 하는 것이 되었도다 <sup>11</sup>죄가 기회를 타서 계명으로 말미암아 나를 속이고 그것으로 나를 죽였는지라 <sup>12</sup>이로 보건대 율법은 거룩하고 계명도 거룩하고 의로우며 선하도다

<sup>7</sup> What then shall we say? That the law is sin? By no means! Yet if it had not been for the law, I would not have known sin. For I would not have known what it is to covet if the law had not said, "You shall not covet." <sup>8</sup> But sin, seizing an opportunity through the commandment, produced in me all kinds of covetousness. For apart from the law, sin lies dead. <sup>9</sup> I was once alive apart from the law, but when the commandment came, sin came alive and I died. <sup>10</sup> The very commandment that promised life proved to be death to me. <sup>11</sup> For sin, seizing an opportunity through the commandment, deceived me and through it killed me. <sup>12</sup> So the law is holy, and the commandment is holy and righteous and good.

<sup>13</sup> 그런즉 선한 것이 내게 사망이 되었느냐 그럴 수 없느니라 오직 죄가 죄로 드러나기 위하여 선한 그것으로 말미암아 나를 죽게 만들었으니 이는 계명으로 말미암아 죄로 심히 죄 되게 하려 함이라 <sup>14</sup> 우리가 율법은 신령한 줄 알거니와 나는 육신에 속하여 죄 아래에 팔렸도다 <sup>15</sup> 내가 행하는 것을 내가 알지 못하노니 곧 내가 원하는 것은 행하지 아니하고 도리어 미워하는 것을 행함이라 <sup>16</sup> 만일 내가 원하지 아니하는 그것을 행하면 내가 이로써 율법이 선한 것을 시인하노니 <sup>17</sup> 이제는 그것을 행하는 자가 내가 아니요 내 속에 거하는 죄니라 <sup>18</sup> 내 속 곧 내 육신에 선한 것이 거하지 아니하는 줄을 아노니 원함은 내게 있으나 선을 <sup>5)</sup>행하는 것은 없노라 <sup>19</sup> 내가 원하는 바 선은 행하지 아니하고 도리어 원하지 아니하는 바 악을 행하는도다 <sup>20</sup> 만일 내가 원하지 아니하는 그것을 하면 이를 행하는 자는 내가 아니요 내 속

에 거하는 죄니라

13 Did that which is good, then, bring death to me? By no means! It was sin, producing death in me through what is good, in order that sin might be shown to be sin, and through the commandment might become sinful beyond measure. 14 For we know that the law is spiritual, but I am of the flesh, sold under sin. 15 For I do not understand my own actions. For I do not do what I want, but I do the very thing I hate. 16 Now if I do what I do not want, I agree with the law, that it is good. 17 So now it is no longer I who do it, but sin that dwells within me. 18 For I know that nothing good dwells in me, that is, in my flesh. For I have the desire to do what is right, but not the ability to carry it out. 19 For I do not do the good I want, but the evil I do not want is what I keep on doing. 20 Now if I do what I do not want, it is no longer I who do it, but sin that dwells within me.

21 그러므로 내가 한 법을 깨달았노니 곧 선을 행하기 원하는 나에게 악이 함께 있는 것이로다 22 내 속사람으로는 하나님의 법을 즐거워하되 23 내 지체 속에서 한 다른 법이 내 마음의 법과 싸워 내 지체 속에 있는 죄의 법으로 나를 사로잡는 것을 보는도다 24 오호라 나는 곤고한 사람이로다 이 사망의 몸에서 누가 나를 건져내랴 25 우리 주 예수 그리스도로 말미암아 하나님께 감사하리로다 그런즉 내 자신이 마음으로는 하나님의 법을 육신으로는 죄의 법을 섬기노라

21 So I find it to be a law that when I want to do right, evil lies close at hand. 22 For I delight in the law of God, in my inner being, 23 but I see in my members another law waging war against the law of my mind and making me captive to the law of sin that dwells in my members. 24 Wretched man that I am! Who will deliver me from this body of

death? <sup>25</sup> Thanks be to God through Jesus Christ our Lord! So then, I myself serve the law of God with my mind, but with my flesh I serve the law of sin.

1) 헬, 또는 침례 2) 헬, 너희를 맡은 바 교훈의 3) 선물 4) 헬, 법 없이 내가 5) 또는 행할 능은

*1* Greek *man* *2* Greek *has been justified* *3* For the contextual rendering of the Greek word *doulos*, see Preface; twice in this verse; also verses 17, 19 (twice); 20 *4* Or *brothers and sisters*; also verse 4 *5* Greek *law concerning the husband* *6* Greek *of the letter*

〰〰〰 단락 개관 〰〰〰

바울은 교회를 박해하다가 주후 30년대 초에야 예수님을 따르는 자가 되었다. 그가 로마서를 쓸 무렵은 25년여 동안 교사와 설교자와 선교사로 섬겨온 시점이었는데, 그 시대의 수명이 짧았던 것을 감안할 때 거의 온 평생에 해당하는 시기였다. 처음부터 그는 변증가였으며 논쟁가로 인식되었다. 그는 회심한 직후 "각 회당에서 예수가 하나님의 아들이심을 전파하니…사울은 힘을 더 얻어 예수를 그리스도라 증언하여 다메섹에 사는 유대인들을 당혹하게"(행 9:20, 22) 했다.

따라서 로마서에서 바울이 그가 제시하는 복음에 맞서는 반론들에 응답하는 것은 그다지 놀랍지 않다. 그는 자신이 오랫동안 옹호했던 그리스도의 진리들에 관해 논쟁하는 노련한 인물이다. 그는 이미 그의 메시지에 대한 반론이나 오해에 답하기 위해 디아트리베와 수사적 질문들을 사용한 적이 있다(예. 2:1-3:21; 3:27-31; 4:1, 9). 그러나 다음 단락에서는 온통 이 과업에 전념한다.

'떡 본 김에 제사 지낸다'는 속담이 있다. 복음 메시지는 그 안에 걸림

돌들을 갖고 있다(참고. 고전 1:18-31). 고린도에서의 많은 논쟁(참고. 고전 1-2
장)을 포함해 바울이 겪은 폭넓은 선교 경험은 신랄한 논쟁의 상황을 구속
에 관해 가르치는 기회로 활용하는 기술을 연마시켜 주었다.

바울은 로마서를 작성하면서 복음을 들은 회중이 내놓을 만한 반론
들을 예상할 수 있었다. 그래서 이 편지 중앙부에서(나중에 생각해낸 것이 아니
라), 그는 동의하지 않거나 이해하지 못하는 독자가 "모든 믿는 자에게 구
원을 주시는 하나님의 능력이 되는"(롬 1:16) 기쁜 소식을 어떻게 논박하려
는지를 다룬다.

일부 사람은 유대인이 이해하는 규율이나 "율법"을 경시하면 그런 규
율을 위반하도록 부추길 것이라고 우려할지도 모른다. 바울은 율법을 소
유하고 유대교 유산을 지킨다고 해서 율법 위반 행위를 피할 수 없음을 이
미 보여주었다(2장). 믿음을 통해 은혜로 구원받으라는 요청은 죄를 부추
기지 않으며, 오히려 죄의 횡포를 십자가에서 죽고 부활한 그리스도의 더
큰 능력 아래로 끌고 오는 유일한 길임을 주장했다. 바울은 이 논점을 6:1-
14에서 다룬다.

다음으로 그는 복음의 가르침을 왜곡하는 주장, 즉 그리스도인들은
율법 아래 있지 않고 은혜 아래 있으므로 율법의 정죄와 제약에서 자유롭
다는 주장과 씨름한다. 그들은 자기가 바라는 대로 행동할 수 있다고 한다.
그러나 6:15-23에서 바울은 이 개념을 바로잡고 인간이 두 주인 중 하나
(죄 아니면 의)에 예속되어 있음을 강조한다. 오직 복음만이 의로움이 왕 노
릇할 수 있게 해준다. 죄에 굴복하는 것은, 은혜가 그것을 용서하리라는 관
점을 가지고 있다 해도 죄의 왕 노릇을 확증해줄 뿐이다. 이는 은혜를 갖
고 있다는 징표가 아니다.

세 번째 하부단락(7:7-25)은 바울이 율법(구약 전체)의 신성함과 권위를
경시한다는 오해를 바로잡는다. 이 오해를 논박할 때에 바울은 그리스도
안에서 하나님의 은혜 아래 영위하는 삶의 모습, 즉 줄곧 죄를 인식하면서
도 '우리 주 예수 그리스도로 말미암아' 고통스럽지만 성공적으로 죄에 저
항해서 승리하는 거의 자전적인 이야기를 극적으로 사용한다(7:25).

이 단락 전체는, 예수 그리스도에 대한 믿음(이미 수십 번 언급됨)을 통한 은혜의 복음(로마서에서 이미 열 번 언급됨)을 오해하는 사람들에게 바울이 대응하는 내용이다. 이것이 이 편지의 큰 주제인 만큼 이런 교정 사항들은 로마만이 아니라 스페인에서도 복음의 진리가 "[속히] 퍼져나가 영광스럽게"(살후 3:1) 되기를 간절히 바라는 모든 독자들이 환영할 만한 것이다. 마침내 로마제국의 수도를 방문한 바울은 메시지를 들고 가고 싶은 다음 선교지로 스페인을 꼽는다.

≈≈≈≈≈ 단락 개요 ≈≈≈≈≈

V. 믿음(은혜)의 원리에 내놓는 세 가지 반론(6:1-7:25)
  A. "믿음은 죄를 부추긴다!"(6:1-14)
  B. "은혜는 율법을 폐지한다!"(6:15-7:6)
  C. "율법 자체가 죄다!"(7:7-25)

≈≈≈≈≈ 주석 ≈≈≈≈≈

**6:1** "우리가 무슨 말을 하리요?"는 바울이 로마서에서 자주 제기하는 질문이다(참고. 4:1; 7:7; 8:31; 9:14, 30)으로, 이는 반론을 예상하고 그에 대답하는 한 방식이다. 5장에서는 은혜의 복음이 부각되는데, 이는 자칫 교활한 사람의 경우 죄는 별것 아니라고 결론짓도록 유혹할 수 있다. 은혜가 그토록 충분히 죄를 덮어준다면 죄인은 아무 걱정을 할 필요가 없다는 것이다. 바울이 이미 수사적 질문을 던졌듯이("그러면 선을 이루기 위하여 악을 행하자 하지 않겠느냐?", 3:8), 그것이 은혜의 좋은 점이다. 또는 여기서 묻듯이 "은혜를 더하

게 하려고 죄에 거하겠느냐"다. '어쨌든 죄를 더 많이 지을수록 그만큼 은혜가 더 많이 베풀어지지 않겠는가'라는 식으로 왜곡된 논리를 펼 수 있다.

**6:2** 바울은 이를 강력하게 부인한다. 그의 강한 확신은 예수를 믿는 자들이 중요한 의미에서 그리스도와 함께 십자가에 못 박혔다는 진리에 기초한다. 믿는 자들이 그들의 삶을 살지만 더 중요한 점은 그리스도께서 그들을 통해 그분의 삶을 사신다는 진리다(갈 2:20). 이에 기초하여 신자들은 "죄에 대해여 죽[었다]"고 말할 수 있다. 바울은 이것을 잠시 후 설명할 것이다. 이것이 참이라면 그들이 '죄 가운데 더 사는' 것은 도무지 생각할 수 없다. 죄 가운데 더 살리요"는 로마서 6:1에 나오는 "죄에 거하[는]" 것처럼 그리스도가 아니라 육신을 주인으로 모신 채, 또는 하나님과 그분의 말씀에 순종하는 것이 아니라 그 자신을 기쁘게 하는 욕망에 따라 사는 삶을 의미한다.

**6:3** 더 많은 죄가 더 많은 은혜를 받는 길(1절)이라 생각하는 사람들은 책망받아 마땅하다. 바울은 실제로는 하나의 주장인 질문 형식으로 그런 책망을 발한다. "세례를 받은"은 복음을 영접하고 믿음을 고백한 데 따르는 물세례를 가리키는 것일 수 있다. 또는 신자들을 그리스도와 연합시키는 성령의 행위(고전 12:13)를 가리키는 것일 수도 있다. 또는 둘 다를 언급할 가능성도 있다.

　　요점은 그리스도를 믿는 구원의 믿음이 예전의 그릇된 태도, 신념, 행실에 내리는 사형선고에 해당하는 내면의 변화를 불러온다는 것이다. 예수님이 그분을 따르는 자들을 죄에서 구원하기 위해 생명을 앗아가는 세례를 받았듯이(막 10:38; 눅 12:50), 그분을 따르는 자들도 그들의 믿음이 그들을 그리스도와 연합시킬 때 죄로 얼룩진 예전의 길 및 거기에 바친 충성에 대해 믿음으로 말미암아 죽음을 겪는다. 그들은 "그의 죽으심과 합하여 세례를 받[았다]." 이에 그들은 십자가가 하나님에 대한 무관심과 반역에 내린 부정적 판결에 점점 더 순응해간다. 이는 신자의 삶의 모든 영역에서 완전하고 즉각적인 행실의 변화를 낳지는 않는다. 바울은 믿음과 경건은 점점 성장한다고 강조한다. 그러나 이는 신자들이 그리스도와 동일시되어 그들의 삶에서 죄를 미워하고 죄로부터 해방되고 죄를 이기는 방향으로 움직이게 하며, 어느 의미에서 완전히 새로운 자리(참고. 골 1:13-14)로 향하게 한다.

**6:4** 성령이 실제로 베푸는 것이든(고전 12:13) 성례의 물로 상징적으로 주는 것이든, 세례는 신자의 내면생활을 변화시키고 외적인 변화를 가져온다. 예전에는 그들이 죄 많은 아담의 삶을 살았다(롬 5:12-21). 그러나 이제는 그리스도의 의가 그들을 변화시켰다. 왜냐하면 그분이 그들을 위해 죽음에 들어갔을 때, 하나님이 판단하시기로 그들이 "그의 죽으심과 합하여…그와 함께 장사되었[기]" 때문이다.

실제 생활에 나타나는 복음의 능력이 바로 여기에 있다. 바울은 즉시 이 세례가 "우리로 또한 새 생명 가운데서 행하게 하려[는]" 것이라고 단언함으로써 이를 가리킨다. '행하다'는 일상생활을 의미한다. "또한"은 그리스도가 죽은 상태에서 일어난 것을 반영한다. 그러므로 우리 역시 그리스도의 부활한 존재가 힘을 공급하는 삶을 영위하려는 목적으로, 그리스도의 죽음에서 우리의 아담형 자아가 죽은 것에 편승할 수 있다. "영광으로 말미암아"는 아들을 죽음에서 생명으로 들어가게 한 근원이신 아버지의 찬란함과 무한한 생명력을 가리킨다. 그리스도께서 죽음을 정복했기 때문에 그분은 그리스도를 따르는 자들에게 죄를 이기는 힘, 즉 그 힘을 사용하기 원하는 그들의 뜻에 의해서만 제한되는 힘을 가득 채우실 수 있다.

**6:5** 여기에 묘사된 행동은 하나님의 결정으로 그리된 듯하다. 우리가 그리스도를 믿으면 하나님은 우리를 죽음에 처해진 그분의 아들과 연합시키신다. 그 아들이 우리와 상관없이 그 자신의 죽음(십자가)을 죽은 것이 아니라, 하나님이 훗날 믿게 될 우리가 그 아들의 죽음에 함께하는 것으로 간주하셨다는 뜻이다.

따라서 그 결과는 그의 부활과 똑같다. 그 아들이 죽음에서 살아난 것처럼 우리도 그리될 수 있는데, 이는 하나님께서 그를 믿는 이들에게 그리스도의 의와 그 혜택을 전가시키기로 결정하셨기 때문이다. "그의 부활과 같은 모양"은 다가올 시대에, 즉 종말론적으로 사실이지만 현재로서는 "새 생명 가운데"(4절) 살고 더 이상 "죄에게 종노릇 하지"(6절) 않는 것과 관련이 있다.

**6:6** 바울은 계속해서 교리적 진리를 윤리적인 적용의 방향으로 돌린다. 여기서의 진리는 이미 언급한 바 있는 '함께 십자가에 못 박혔다'는 사실이다(3-5절). 실제로 다음 두 가지와 같이 적용이 가능하다. 첫째, 죄와 관련해서는 "죄의 몸"이 효력을 잃어버렸다. 이는 아담형 개개인(그리스도를 믿지 않는 사람들)의 몸을 지배하는 죄의 세력이 죄와 죽음을 정복한 그리스도의 더 큰 세력에 압도되었다는 뜻이다.

둘째, 죄의 마력은 깨어졌고, 이와 함께 죄의 횡포에서 해방되었다. 다른 곳에서 바울은 사람들이 "깨어 마귀의 올무에서 벗어나 하나님께 사로잡힌바 되어 그 뜻을 따[를]"(딤후 2:26) 필요가 있다고 말한다. 그리스도 밖에 있는 인간은 이런 곤경을 보편적으로 겪는다. 그들의 몸은 죄와 마귀에게 종속되어 있다. 모든 신자의 몸이 '함께 십자가에 못 박히는' 죽음은, 그 곤경을 해결하기 위한 하나님의 일 가운데 일부다.

**6:7** 바울은 '함께 십자가에 못 박히는 것'이 얼마나 중요한지 설명한다. "죽은 자가 죄에서 벗어나." 이는 일반적 원리이다. 우리가 이생에서 죄와 아무리 많이 씨름해도 죽음으로써 그 씨름은 끝이 난다. 죄는 시체를 장악하지 않는다. 바로 이것이 함께 십자가에 못 박히는 것을 그토록 강력하게 만든다. 그리스도가 죄에 대해 죽어 생명에 이른 것이 우리가 새롭게 되고 그리스도와 연합하는 것의 기반이 된다. 하나님의 지혜롭고 자비로운 계산에 따르면, 그리스도가 죽었을 때 결국 그를 믿을 모든 사람이 함께 죽은 것으로 간주되었기 때문이다.

**6:8** 바울은 앞 구절들의 진리를 적용한다. "만일 우리가…죽었으면"은 "만일" 진술이 사실임을 긍정하는 문법상의 구문이다. 바울은 우리가 "그리스도와 함께 죽[은]" 것이 사실이기 때문에, "우리가…또한 그와 함께 살" 것이라는 하나님의 약속을 확신한다고 말할 수 있다. "우리가…함께 살"은 원어로는 한 단어이며 '공동의 삶'(co-lived)으로 이해할 수 있다. 이는 '공동의 장사'(co-buried, 4절), '공동의 연합'(co-united, 5절), 그리고 '공동의 십자가 죽음'(co-crucified, 6절)으로 번역할 수도 있는 비슷한 복합어 유형을 따른다. 그리스도가 경건치 않은 자들을 위해 죽기까지 죄인들과 동일시되었기 때문에(4:5; 5:6, 8), 하나님은 그리스도의 구원 사역이 이루는 순환 전체에서 그들이 그리스도와 함께한다고 충분히 간주하실 수 있다.

바울이 "우리가…믿노니"라고 강하게 진술한 근거는 다음 구절에 나온다.

**6:9** "[우리가] 앎이로라"는 '우리가 알기 때문이다'로 번역할 수 있다. 9절은 8절에 나오는 "우리가…믿노니"의 근거에 해당하는 지식을 진술한다.

여기서 "우리"는 사도의 증언이고, 이를 연장하면 교회가 사도의 확신을 받아들이는 한 교회의 확신이기도 하다. 그리스도는 영원하신 "아버지의 영광으로 말미암아…죽은 자 가운데서 살리심"을 받았다(4절). 그러므로 "죽은 자 가운데서 살리심"을 받은 그리스도도 마찬가지로 불멸의 존재일 것이다. 그분은 다시는 죽음의 지배를 받지 않을 것이다. 비록 이 땅에 있을 동안에는 그분은 자신을 사망에 내어주었지만, 사망이 "다시 그를 주장하지 못할" 것이다. 지금은 그분이 사망을 포함한 모든 것을 다스리신다.

이 때문에 "우리가…그와 함께 살 줄을 믿[는]" 것이다(8절). 그분의 영원한 생명이 우리의 영생을 보장한다.

**6:10** 바울은 그리스도의 죽음이 지닌 특별한 성격과 그분이 아버지와 영원히 함께하심을 대조시킨다.

그분은 죄인에게 포학을 부리고 그 결과 정죄를 초래하는 죄를 다루기 위해 죽음을 감당하셨다. 그분의 죽음에는 '목표'(telos)가 있었다. 또한 종점(terminus), 곧 끝도 있었다. 그 죽음은 "단번에" 일어났다. 이는 속죄의 범위(그리스도께서 모든 사람을 위한 죽으셨는지, 선택받은 자들을 위해 죽으셨는지)와 아무런 관계가 없다. 오히려 그리스도의 죽음이 지닌 일회성을 가리킨다. 이는 반복 불가한 것으로, 그분이 죄에 대해 완전하고 온전한 희생을 치르셨기 때문이다.

예수님의 부활의 생명은 그렇지 않다. 부활은 어느 시점에 국한되지 않는다. "그가 살아 계심은 하나님께 대하여 살아 계심이니." 이 생명이 영원한 차원을 지니는 이유는 영원성이 하나님의 고유한 특성이기 때문이다(1:20). 그분은 "영원하신 하나님"이다(16:26). 그 아들은 이 생명을 완전히 공유하고, 또한 끝없이 그럴 것이다.

**6:11** 이 구절에는 로마서에서 두 번째로 나오는 명령이 담겨 있다. 첫 번째 명령은 "오직 하나님은 참되시다 할지어다"이며, 이는 수사적인 것이었다. 그러나 "너희도…여길지어다"는 진짜 명령이다. 이를 '너희 자신을…로 생각하라!'로 번역할 수도 있다. '생각하다'[로기조마이(logizomai)]는 '간주하다'는 뜻이다. 하나님은 아브라함의 믿음을 의로 '간주하셨다'(4:22). 우리의 믿음도 '믿는 우리에게' 그와 똑같이 '간주될' 것이다(4:24).

하나님께서 그리스도를 믿는 이들을 진실하게 대하시는 것과 같이, 바울은 독자들도 그들 자신을 특정한 관점에서 '생각하라'고, 즉 간주하라고 요청한다. 이 관점은 6:1-10에서 확증한 사실, 즉 그리스도가 죄에 대해 죽고 하나님 안에 있는 영원한 생명으로 살아났다는 사실이다. 이 사실에 기초하여, 신자들은 믿음을 통해 그리스도와 연합되었으므로 그들 자신을 "죄에 대하여는 죽은 자요 그리스도 예수 안에서 하나님께 대하여는 살아 있는 자"라고 여길[간주할]" 수 있다(그리고 이제는 간주하라는 명령을 받는다).

이 구절은 직설법이 명령법 앞에 나오는 잘 알려진 바울의 패턴을 보여준다. 문법상 직설적 동사는 사물의 지금 상태를 묘사한다. 명령법은 어떤 명령을 표현한다. 바울은 명령을 선언하기 전에 직설문으로 토대로 놓곤 한다. 그리스도가 행하신 일은 신자들의 정체성에 대한, 따라서 그들의 행실에 대한 기초를 제공한다. 그들이 그리스도와 연합한 사실은 그들에게 능력을 준다. 이런 직설법-명령법의 논리가 6장에서 여러 차례 나타난다.

**6:12** 어느 의미에서 이 구절은, 현재 다루는 논의의 시발점이 된 질문인 "그런즉 우리가 무슨 말을 하리요 은혜를 더하게 하려고 죄에 거하겠느냐"(1절)에 주는 답이다. 12절에 나오는 "그러므로"는 바울이 앞 절들로부터 어떤 추론을 끌어내고 있음을 시사한다. 그리스도의 십자가와 부활 때문에, 바울은 독자들에게 죄가 "너희 죽을 몸을 지배하지 못하게" 하라고 명한다.

표면적으로 이는 모순처럼 보인다. "죽을"은 죽음의 지배를 받는다는 뜻이다. "우리의 겉 사람은 낡아지[고]"(고후 4:16) 있다. 죄가 세상에 들어와서 죽음을 초래했다(롬 5:12). 그런데 죽음을 피할 수 없고 죄가 만연한 우주 질서(3:23)에 속한 우리의 몸이 어떻게 죄를 짓는 성향과 충동을 뛰어넘을 수 있는가?

여기서 논점은 누가 주인이냐는 것이다. 바울은 나중에 이렇게 단언한다. "이를 위하여 그리스도께서 죽었다가 다시 살아나셨으니 곧 죽은 자와 산 자의 주가 되려 하심이라"(14:9). 로마서 6:1-11은 예수님이 죄와 죽음을 이기신 분임을 입증했다. 그리고 신자들은 그분의 죽음과 부활과 생명에 그분과 함께한, 곧 그분과 연합한 자들이라고 주장했다. 이에 기초하여 바울은 신자들에게 피할 수 없어 보이는 '죄'에 반항하라고 명령할 수 있다. 죄는 우리 모두(신자들을 포함한) 안에 여전히 존재하고 있지만 신자를 "지배하지"는 않는다. 오히려 그리스도께서 지배하신다.

그러므로 죄는 우리가 "몸의 사욕에 순종하[게]" 하지 못한다. 우리가 "그리스도 예수"에 호소하는 11절의 명령에 귀기울이기를 그치지 않는 한 말이다. 그리스도의 주 되심을 인정하고 받아들이면, 12절의 진리로 귀결된다.

**6:13** "지체"는 "죽을 몸"(12절)의 일부를 가리킨다. 눈, 귀, 손, 가슴 등 모

든 지체가 사악한 목적을 위한 도구로 이용될 수 있다. "내주지 말고"라는 명령은 현재 명령형이므로 '내주는 것을 멈추라'는 뜻일 수 있다. 또는 하나님이 우리에게 주신 몸을 오용하는 것과 반대되는 행동(campaign)을 계속 진행하여 우리가 행하는 모든 일에서 그분께 존귀와 영광을 돌리라는 요청일 수 있다(고전 10:31; 골 3:17).

바울이 부당한 짓을 금지하는 것을 최종 결론으로 도출하는 경우는 아주 드물다.[66] 그는 신자들에게 "너희 지체를…하나님께 드리라"고 요구한다. 여기에 나오는 명령은 현재형이 아니라 부정과거형이다. 이는 결정적인 움직임, 즉 몸을 '불의를 위해' 사용하고픈 지속적인 충동에서 벗어나는 것을 의미할 수 있다. "하나님께"는 (사랑하는) 부모와 (신뢰하는) 자녀처럼 하나님을 관계적인 분으로(참고. 롬 8:15) 생각하고 있음을 상기시킨다.

예수님의 죽으심과 부활하심에 다시금 호소하며, 바울은 독자들에게 그들 자신을 하나님께 "죽은 자 가운데서 다시 살아난 자같이" 드리라고 요청한다. 그리스도의 전례를 생각할 때, 이 명령은 실제적이며, 몸의 지체를 "의의 도구로 하나님께" 드리는 신체적이고 실천적인 헌신의 형태를 취한다. 이 주제에 관해 바울은 12:1-2과 그 이후에서 더 설명할 것이다.

**6:14** '주장하다'로 번역한 단어[퀴리유오(*kyrieuō*)]는 '주인'[퀴리오스(*kyrios*), Lord]을 의미하는 단어와 관련이 있다. 인간들은 자신에게 자결권이 있다고 생각하길 좋아한다. 그렇지만 아무도 자기가 원해서 태어나지 않았고 본인이 언제 어떻게 죽을지에 관해 최종 결정권이 없다. 더 높은 권세가 우리 모두를 "주장한다[지배한다]."

그런 권세 가운데 하나가 죄[하마르티아(*hamartia*)]다. 이 단어는 로마서 6장의 9번을 포함해 지금까지 19번이나 등장했다. 아담 이후 죄가 "왕 노릇" 해왔다(5:21). 이제까지 바울의 주장은 그리스도께서 죄와 죽음을 이기

---

66 이슬람교와 대비되는 것을 보려면 다음 책을 참고하라. Michael Cook, *Forbidding Wrong in Islam: An Introduction* (Cambridge: Cambridge University Press, 2003).

셨기 때문에 믿음을 통해 그분과 연합한 이들도 죄를 이길 수 있다는 것이다. 이는 단순한 이론이나 종교적 고백이 아니라 예수님의 십자가 죽음과 부활만큼 구체적인 엄연한 사실이다.

이것이 "죄가 너희를 주장하지 못하리니"라고 바울이 확신하게 하는 기반이다. 그리스도에 대한 참된 믿음은 한 사람을 "법 아래에" 있는 상태에서 벗어나게 한다. 예전에 바울은 율법을 자기가 충족할 수 있는 표준으로 보았다(고전 9:20). 그는 자기가 "율법의 의"(빌 3:6)를 달성해서 하나님을 기쁘게 해드릴 수 있다고 생각했다. 그러나 그리스도를 만난 후에는 율법의 행위가 하나님 앞에 의로움을 세울 수 없음을 알았다(롬 3:28). 하나님은 바울을 그리스도에 대한 믿음을 통해 "법 아래에" 있던 상태에서 "은혜 아래에" 있는 상태로 바꾸셨다. 바울은 이 표현을 이곳과 6:15에서만 사용한다. 사람은 율법 아래에 있으면 자기가 충족할 수 없는 표준을 짊어지고 있는 셈이다. 반면에 그리스도와 은혜 아래 있으면, 그리스도의 의로움 때문에 하나님의 완전한 용납을 받고 살아가는 자유를 누릴 수 있다.

그러므로 바울은 인간의 의지력에 있지 않다고 확신한다. 아울러 하나님의 법이 틀렸다거나 더 이상 효과가 없다고도 생각지 않는다. 그는 로마서에서 구약성경을 수십 번 인용하며, 믿음으로 "우리가…율법을 굳게 세우느니라"(3:31)고 진술한다. 앞의 구절들 모두와 마찬가지로 여기서도 논점은 주 되심이다. "은혜 아래에"는 그리스도의 명령권을 가리킨다. 사람이 그리스도의 영역에 있을 때는 죄가 배를 몰고 있지 않는 셈이다.

**6:15** "그런즉 어찌하리요"는 1절의 반향이다. 하지만 바울이 이번에는 다른 질문을 던진다. 14절에 나온 "법 아래에 있지 아니하고"라는 말이 다음과 같은 생각을 떠올리게 할 수도 있다. 즉 죄악된 행동이 종종 매력 있게 보이기 때문에 죄는 허용할(또는 권할) 만하다는 것이다. "은혜 아래에" 있는 것은 십계명과 같은 가르침을 따르는 데 무관심함을 정당화하는가? 그것은 생명과 결혼의 신성함에 대한 성경의 한결같은 증언을 무효로 만들도록(그래서 요구만 있으면 낙태를 인정하고, 교회와 목사들이 동성 간의 합일을 축복하는

등을) 허용하는가? 그것은 그리스도인이 얼마나 자주 그리고 심하게 죄악된 행위를 저질러도 "은혜 아래에" 있기 때문에 문제가 되지 않는다는 뜻인가?

신약 저자들이 "죄"를 중요한 개념으로 여기는 이유는, 하나님의 법이 그분의 성품을 드러내는 항구적인 증언이자 인간 행위에 대한 표준으로 고스란히 남아 있기 때문이다. 물론 구약의 일부가 규범적이지 않고 서술적인 것임은 사실이다. 또한 그리스도께서 구약이 약속하고 미리 보인 것의 상당 부분을 성취했기 때문에 일부 내용(동물 제사, 음식법)은 더 이상 구속력이 없다. 하지만 구약의 전반적인 몸통으로서의 "율법"은 "은혜 아래"에서도 중요한 자리를 차지한다. 이 때문에 예수님은 물론이고 신약의 저자들이 율법을 자주 인용하고 언급하는 것이다. 또한 이 때문에 바울은 15절의 두 질문에 대해 그토록 강하게 부정적인 답변을 내놓고 있다.

**6:16** 죄는 은혜 아래서도 문제로 남아 있다. 왜냐하면 하나님의 법을 위반하는 것은 그리스도, 곧 그분을 따르는 자들을 다스리시고 그들을 그들의 죄에서 해방시키는 주님이 아니라 죄에 대한 충성을 표시하기 때문이다(참고. 계 1:5).

로마서 6:13에서 바울은 신자들에게 그들 자신을 죄가 아니라 하나님께 드리라고 요구했다. 단지 영적으로만이 아니라 그들 몸의 지체를 포함해서 그렇게 하라고 했다. 이제 그는 도발적인 질문을 던져서 이 이미지를 확대하는데, 다소 조급하거나 불쾌한 소리로 들릴 수도 있다. 그는 온 인류에게 해당하는 시나리오를 대략적으로 그린다. 우리는 우리 자신에게서 시작해 우리 자신을 위해 우리 자신의 지식에 따라 살아간다. 이런 경우에 죄가 우리의 주인이 되는 이유는 죄가 타락한 인간의 정체성, 역사, 성향의 핵심에 있기 때문이다(롬 1:18-3:20; 5:12-21을 상기하라). 그리스도 안에서 하나님의 의가 주는 해방시키는 효과가 없으면 우리에게 삶은 유일한 대안은 불의에 속박되는 것뿐이다.

그러나 순종을 특징으로 삼는 또 다른 시나리오가 있다. 이는 율법으로 의롭게 되는 것이 아니라 하나님과 관계를 맺는 삶, 곧 하나님을 알고 사랑하는 이들이 그분의 법을 기뻐하고 그 법에 따라 사는 삶이다(시 1편; 119편; 롬 7:22, "내 속사람으로는 하나님의 법을 즐거워하되"). 이 시나리오에 따르면, 우리는 하나님께 순종함으로 우리 자신을 그분께 드린다. 그런데 그 순종은 우리가 처한 상황에서 성경이 규정하는 바를 포함하지만 그것에 국한되지는 않는다(로마서 8장은 성령께서도 인도하신다는 사실을 분명히 밝힐 것이다).[67] 하나님의 뜻에 순종하는 일에 관심을 품는 것은 그리스도의 의가 신자의 삶에서 작용하고 있음을 보여준다. 그것은 "의에 이르[게]" 한다.

그 대신 죄는 "사망에 이르게" 한다. 죄는 줄곧 그 방향으로 나아갔다. 어느 의미에서 6:16은 예수님의 원리, 즉 '그들의 열매로 그들을 알 것이다'(마 7:16, 20)는 원리를 적용한 것이다. "은혜 아래에" 있다고 주장하는 사람이 하나님의 법과 명시적인 뜻이 옳지 않고 구속력이 없는 것처럼, 하나님에게 계속 죄를 짓는 것은 말 그대로 모순이다.


**6:17** "하나님께 감사하리로다"는 바울의 독자들이 가지고 있었던 "죄가…주장하지 못하리니"라는 14절에 표명된 낙관론을 반영한다. 물론 그들의 과거에 기초해서 볼 때 그들의 앞날은 암담하다. 바울은 그들이(모든 인간처럼) "죄의 종"이었다고 단호히 진술한다. 그러나 지금은 다르다. 무엇이 변한 것인가?

로마서 앞부분에서 알게 된 것은, 그 청중이 복음 메시지를 분명히 듣고 받아들였고 그래서 "예수 그리스도의 것으로 부르심을 받은"(1:6) 자라는 사실이다. 정말로 그들은 "성도"다(1:7). 6:17에서 더 알게 되는 사실이 있다. 그 메시지를 결코 피상적으로 받아들이지 않았다는 것이다. 그들은 "마음으로 순종하[게]" 되었다. 또한 그들은 아무렇게나 또는 자기 마음대로 나아가지 않았다. 오히려 그들은 "너희[그들]에게 전하여준 바 교훈의

---

67  또한 절대 잊어서는 안 되는 사실이 있다. 성경은 성령께서 주신 것이므로, 그 자체가 그리스도 안에서 성경을 읽는 이들을 위한 성령의 인도 가운데 한 가지 형태라는 점이다.

본[표준]"에 경의를 표했다. 이 "교훈"(ESV는 "teaching")은 복음 메시지 및 그것에 직접 부속된 것들일 가능성이 매우 높다. "전하여 준"은 "복음을 통해 신자들을 하나님의 권위 아래로 데려오신 하나님의 행동"을 가리킨다.[68]

이 구절은 초기 기독교의 성격을 이해하는 데 중요한 구절이다. 왜냐하면 그동안 교리가 거의 또는 전혀 역할을 하지 못했다는 주장이 있어왔기 때문이다. 이 견해에 따르면, 초기 교회는 가르침이 아니라 경험을 양분으로 삼았던 매우 다양한 종교적 운동이었다고 한다.[69] 그러나 바울이 교리의 정형화된 양식 내지는 "표준"을 언급한 부분은, 로마에서 기독교가 처음부터 중심을 이루는 교리적 요소를 갖고 있었음을 시사한다.

이 구절은 또한 최초의 복음 영접을 피상적 동의가 아닌 순종으로, 그저 정신적인 수용이 아닌 "마음으로" 받아들이는 것으로 묘사한다. 바울이 이해한 구원의 믿음은, 최근에 일부 사람이 손쉬운 신봉주의 내지는 값싼 은혜라고 부르는 것이 결코 아니었다. 그의 사명은 이방인들 가운데 '믿음의 순종'을 불러일으키는 것이었다(1:5; 16:26). 로마 교인들이 복음을 설명한 그 가르침에 순종했다는 사실은 그들이 진정으로 이 사명에 참여했다는 징표였다.

**6:18** 17절에서 시작된 하나님께 드리는 바울의 대한 감사가 계속 이어진다. 그는 복음적 가르침을 받아들인 데서 비롯되는 두 가지 결과를 이야기한다. 첫째는 죄에서의 해방이다. 온 피조물이 "썩어짐의 종노릇"을 하고 있다(8:21). 해방은 과거에 그랬듯이 현재에도 그리스도의 사명의 핵심에 있다. 그분의 초림에서는 물론 그분의 몸인 교회가 복음을 전파하고 가르침으로 계속 수행하는 사역에서도 마찬가지다. "그리스도께서 우리를 자

---

68  Peterson, *Commentary on Romans*, 275.

69  이 그릇된 견해에 대한 비판은 다음 책을 참고하라. Andreas J. Köstenberger and Michael J. Kruger, *The Heresy of Orthodoxy: How Contemporary Culture's Fascination with Diversity Has Reshaped Our Understanding of Early Christianity* (Wheaton, IL: Crossway, 2010).

유롭게 하려고 자유를 주셨으니 그러므로 굳건하게 서서 다시는 종의 멍에를 메지 말라"(갈 5:1). 바울이 복음을 자유롭게 되는 것과 관계가 있다고 보는 것은 '자유롭게 되다'[엘류테로오(eleutheroō)]라는 동사를 다섯 번, '자유, 해방'[엘류테리아(eleutheria)]을 일곱 번 사용한 것에서 나타난다.[70]

복음에 의한 해방은 정치 이론을 하나님의 이름으로 적용하는 것, 흔히 '해방 신학'이라고 알려진 것이 아니다. 개인을 주인으로 만드는 것은 더더욱 아니다. 오히려 신자를 하나님의 감독과 선하심이 존중되지 않는 영역에서 그분의 주 되심을 환영하는 영역으로 옮긴다. "그가 우리를 흑암의 권세에서 건져내사 그의 사랑의 아들의 나라로 옮기셨으니 그 아들 안에서 우리가 속량 곧 죄 사함을 얻었도다"(골 1:13-14).

로마서 6:18에 나오는 두 동사('해방되다'와 '종이 되다')는 모두 수동태로, 하나님이 능동적 행위자이시다. 이런 움직임은 그분의 사역이다. 신자들은 더 이상 마귀의 지배 아래에 있지 않고, 그의 횡포에 시달리며 스스로 이 생의 끝에 받을 진노를 쌓고 있지 않다(2:5, 8을 상기하라). 오히려 이제는 아버지라고 부를 수 있는 창조주요 구속자의 양자들이 되었다(8:15). 따라서 "의의 종"이 되는 것은 부담스럽거나 따분한 일이 아니라 이 시대와 다음 시대에 한 사람에게 일어날 수 있는 가장 좋은 일이다. 그래서 바울은 뒷부분에서 이렇게 말한다. "하나님의 나라는…오직 성령 안에 있는 의와 평강과 희락이라"(14:17).

**6:19** 모든 비유는 실제와 과도하게 밀착되어 버리면 무너지기 마련이다. 하나님은 호의적인 노예 주인과 '비슷하고' 신자들은 그의 "종"[둘로이(douloi)]과 '비슷하다'. 그러나 하나님을 기쁘게 하는 것을 그분의 불가사의하고 절대적인 지배에 굴복하는 것으로 환원시키는 종교는 이슬람('복종')이지 기독교 신앙이 아닐 것이다. 바울은 "내가 사람의 예[방식]대로 말하

---

70  명사로는 롬 8:21; 고전 10:29; 고후 3:17; 갈 2:4; 5:1; 13(두 번), 동사로는 롬 6:18, 22; 8:2, 21; 갈 5:1.

노니"라는 말로 주인-노예 비유의 한계를 인정한다. 로마인의 '자연스러운 한계'에 포함된 사실은, 그들이 인간 노예가 도처에 널린 시대와 제국에서 살았다는 점이다. 바울은 신학적 진리들을 납득시키기 위해 그런 일상적인 현상을 예로 들어 설명한다. 바울이 노예제를 용인하지 않는 것은, 우리가 일부 지역에서 노동을 착취해 만든 운동 장비를 사용한다고 반드시 억압을 용인하는 것은 아닌 것과 같다.

19절은 권면으로 방향을 돌린다. 노예 이미지를 이어가는 그 권면은 그들의 지체를 "의에게 종으로 내주어 거룩함에 이르라"는 것이다. 여기서 "의"는 그리스도, 곧 그분에 대한 믿음을 통해 신자의 것으로 간주된 그 의를 소유하신 분과의 연합에 걸맞은 성향과 행실을 가리킨다. "의"[디카이오쉬네(*dikaiosynē*)]는 때때로 '칭의'로 번역되는데, 단지 영적인 개념만이 아니라 일상적인 삶을 변화시키는 하나의 진리이기도 하다.

바울은 그의 글에서 "거룩함"[하기오스모스(*hagiosmos*)]을 여덟 번 언급한다(또한 고전 1:30; 살전 4:3, 4, 7; 살후 2:13; 딤전 2:15도 보라). 바울은 로마 교인이 진리에 순종하는 모습과 지금의(19절) 실제적인 거룩함을 들어 하나님께 감사드리는데, 이는 몇 년 전에 데살로니가 교인들에게 쓴 글을 상기시킨다. "주께서 사랑하시는 형제들아 우리가 항상 너희에 관하여 마땅히 하나님께 감사할 것은 하나님이 처음부터 너희를 택하사 성령의 거룩하게 하심과 진리를 믿음으로 구원을 받게 하심이니"(살후 2:13).

**6:20-21** 이 구절들은 그들의 몸을 "의에게 종으로 내주어 거룩함에 이르라"(19절)는 바울의 권면을 뒷받침하는 이중적 기반을 제공한다. 첫째 이유는, 죄의 종이 되는 것은 의에 관한 한 본인을 합당치 못한 존재로 만든다는 것이다. 다른 곳에서 바울은 "하나님을 시인하나 행위로는 부인하니 가증한 자요 복종하지 아니하는 자요 모든 선한 일을 버리는 자"(딛 1:16)에 관해 말한다. 이는 그 편지를 받은 사람들이 복음을 받아들이기 이전에 가졌던 모습을 묘사한다. 그들은 "자유로웠[지만]" 바람직한 의미에서 그러하지 않았다.

로마서 6:21에서 바울은 죄에 순종하는 것이 얼마나 어리석은지 강조한다. 그는 "이제는 너희가…부끄러워하[는]" 그 일의 열매가 무엇인지를 묻는다. 로마 신자들은 우리처럼 그리스도를 믿기 이전의 삶을 돌아보고서 그들의 습관과 행습, 즉 하나님과 분리된 상태에 빠진 것을 보여주는 이른바 "육체의 일"에 몸서리칠 수 있었다. "음행과 더러운 것과 호색과 우상 숭배와 주술과 원수 맺는 것과 분쟁과 시기와 분냄과 당 짓는 것과 분열함과 이단과 투기와 술 취함과 방탕함과 또 그와 같은 것들이라"(갈 5:19-21). 앞에서 바울은 동성 간의 타락상(롬 1:24-28)에 덧붙여 이와 비슷한 목록을 제공했다(1:29-31). 바울은 얼굴을 찡그리며 콕 집어서 "그 마지막이 사망임이라"고 결론짓는다. 이런 것들은 이 시대가 끝에 이르렀음을 나타내는 행위들이고 결국에는 심판에 이르게 한다.

**6:22** "이제는"은 강조어법이다[뉘니(*nyni*), 이와 동일한 형태가 3:21; 7:6, 17; 15:23, 25에 나온다].[71] 바울은 그리스도에 대한 믿음과 함께 새 날이 동텄음을 부각시키려 한다. 복음을 받아들인 결과 네 가지 진리가 세상을 환하게 밝힌다.

(1) 신자들은 "죄로부터 해방되[었다]." 이것은 앞 절들의 주제였다. 죄는 마음을 사로잡아서 대체로 저항할 수 없는 듯 보이며, 세계 전역에 무수한 불행을 몰고 왔다. 그러나 죄가 행하는 억압은 깨질 수 있다. "은혜 아래에"(6:14) 있으면 그리스도가 주관하는 새로운 인생 경영이 가능하다. "율법 아래에"(14절)서 피할 수 없었던 패배가 제거되었다. 아니, 역전되었다.

(2) 신자들은 "하나님의 종이" 된다. 이것 역시 앞 절들에서 설명하고 탐구한 바 있다. 바울이 이 편지에서 자신을 소개할 때 사용한 두 번째 단어가 종[둘로스(*doulos*)]이다. 오래전 시편 기자는 이렇게 썼다. "주의 궁정에서의 한 날이 다른 곳에서의 천 날보다 나은즉 악인의 장막에 사는 것보다

---

71 강조체가 아닌 뉜(*nyn*)은 로마서 6:19, 21을 포함해 모두 14번 나온다.

내 하나님의 성전 문지기로 있는 것이 좋사오니"(시 84:10). 가장 열악한 상황에서 하나님의 종으로 사는 것이 자기를 주인으로 삼는 미혹된 삶(사실은 죄에 속박된 삶)을 사는 것보다 낫다.

(3) 신자들은 "거룩함[성화]"의 열매를 '맺는다'(참고. 롬 6:19). 문법적으로 보면, 이것이 이 구절 전체의 중심 동사다. 이 열매는 21절에 나오는, 사망에 이르게 하는 열매와 반대되는 것이다. 복음의 좋은 열매는 하나님에 대한 헌신으로 이끈다. "열매"[카르포스(*karpos*)]는 사복음서에 수십 번도 넘게 나온다. 예수님은 다음과 같이 가르치셨다 "너희가 열매를 많이 맺으면 내 아버지께서 영광을 받으실 것이요 너희는 내 제자가 되리라"(요 15:8). 바울도 예수님처럼 복음을 영접한 일이 실천으로 드러나는 열매로 무르익기를 간절히 바란다. 이 주제는 로마서 7:4에 다시 나올 것이다.

(4) 신자들은 가능한 최고의 '목표'[텔로스(*telos*), 개역개정은 "마지막"]에 도달한다. 바로 "영생"이다. 이는 종말론적으로 이해할 수 있다. 죽음 이후에 신자들은 다가오는 영광스러운 끝없는 시대에 한없는 복을 누리게 된다. 그러나 "아직 아닌" 것이 "이미" 만물을 새롭게 한다(참고. 고후 5:17).

**6:23** 바울은 폭넓고 심오한 논의를, 아무도 피할 수 없는 단순한 진리를 천명하는 것으로 마무리한다. 죄의 결말은 확실하고 치명적이다. 바울은 7장에서 그 자신이 그로부터 가까스로 벗어난 것을 묘사할 것이다. 죄는 우리 모두를 얽어맨다. 그런데 우리는 죄의 꼴사나움에도 불구하고 그 비참한 삶인 "사망"을 앞두고 있으면서도 죄를 위해 기쁘게 일한다.

그러나 하나님은 "은사"[카리스마(*charisma*), ESV는 "free gift"], 6:22에 언급한 바로 그 "영생"을 주신다. 그런데 이제 바울은 "영생"이 거론되는 모든 곳이 가정하는 바를 명백히 밝힌다. 그리스도 중심적인 차원이다. "영생"은 우리 스스로 어떤 공식적인 말이나 행실로 획득하는, 슬롯머신에서 터진 대박 같은 것이 아니다. 그것은 신학적 진리의 개념을 정확히 아는 것 또는 오류를 논박한 데에 따라오는 자동적인 보상이 아니다. 오히려 "그리스도 예수 우리 주"의 사역이다. 복음 메시지를 통하여 그리스도를 믿으면 우리는 우리의 내면생활을 정화하고 새로 시동하는 암호를 얻으며 포괄적이고 변혁적인 외적 결과가 뒤따른다. 우리는 더 이상 "율법 아래에" 있지 않고 "은혜 아래에" 있다(15절).

따라서 너무나 당연하게 바울은 "하나님께 감사하리로다"(17절)라고 외칠 수 있는 것이다!

**7:1** "형제들아⋯알지 못하느냐?"는 6:3의 반향이다. "형제들아"는 따스한 형제애를 담은 목회적인 호소이며, 바울은 무언가를 알리거나 권면하려 할 때 로마서에서 이 표현을 자주 사용한다(참고. 1:13; 8:12; 10:1; 11:25; 12:1; 15:14, 30; 16:17). 삽입구인 "내가 법 아는 자들에게 말하노니"는, 바울이 청중 가운데 있는 유대인 신자들을 특별히 염두에 두고 있음을 의미할 수 있다(참고. 16:3, 7, 11). 또는 바울이 이 편지에서 구약을 그토록 많이 인용하고 구약에 호소하는 것을 감안할 때, 이는 구약("법"의 가능한 뜻)을 많이 이해하고 있다고 간주되는 독자 전체를 언급하는 것일 수 있다.

이 구절의 주안점은 6:7이 예상한 것이다. "죽은 자가 죄에서 벗어나 의롭다 하심을 얻었음이라." 그러나 6:7에서의 적용점은 실제적인 삶이었다. 이제부터 바울은 법[구약 전반이든, 모세와 직접 연관되는 토라(창세기-신명기)든]을 비롯해 법이 복음 메시지 및 그리스도에 대한 믿음과 어떤 관계가 있는지 자세히 탐구하기 시작한다.

바울은 그 탐구를 시작하면서 기본적인 주장을 편다. "그 법이 사람이 살 동안만 그를 주관[한다.]" 이는 사람이 죽으면 법에서 해방된다는 뜻이다. 우리 모두가 죄 때문에 들어가 있는 그 법으로부터의 자유, 따라서 그 법이 내리는 정죄로부터 자유로워지는 일이 가능하다. 그러나 그 값이 너무나 터무니없기 때문에 그것을 지불하기란 불가능해 보일 것이다. 어떤 소유물을 얻기 위해 자기 목숨을 내놓아야 한다면 도대체 누가 그로부터 유익을 누릴 수 있겠는가?

**7:2** 유능한 설교자가 그러하듯이 바울은 예화의 가치를 안다. 대다수 사

람은 결혼이 작동하는 방식을 알고 있으며, 이 경우에 관해서는 로마의 법과 유대의 법이(구약은 물론) 모두 동의한다. 합법적으로 혼인한 아내는 그들의 서약이 효력이 있는 동안 그녀의 남편에게 매여 있다. '죽음이 우리를 갈라놓을 때까지'라는 말은 이 원리의 전통적인 표현이었다. 하지만 만일 남편이 죽으면 '그녀는 혼인의 법에서 풀려난다'(개역개정은 "남편의 법에서 벗어나느니라").

이것에만 얽매여 바울이 배우자의 죽음 이외에는 혼인관계에서 벗어날 만한 다른 근거를 전혀 인정하지 않았다는 뜻으로 해석하면 안 된다. 그는 지금 법에 관한 논리를 펴기 위해 예화를 들어 폭넓게 말하고 있지, 극단적인 또는 보기 드문 상황에서 결혼과 이혼의 복잡한 문제를 푸는 규칙을 개관하는 것이 아니다.

**7:3** 2절에서 시작된 예화가 계속 이어진다. 일반적으로 혼인한 여자가 또 다른 남자와 동거하면 당연히 음녀가 된다. 그녀와 그녀의 남편을 묶어준 법의 효력이 여전히 살아 있기 때문이다. 반면에 남편이 죽는다면 사정이 달라진다. 이 경우에는 남편의 죽음이 그녀를 법의 권세에서 해방시켜준다. 그녀는 혼인의 법에 따라 음녀로 간주되지 않은 채 남편과 나눈 서약에서 자유로워진다.

이론상으로 여자 A의 행동은, 두 사례에서 남자 B와 동거하는 것으로 동일하다. 차이점은 오직 남자 C의 상태에 있다. 이 남자가 살아 있는 동안에는 그녀의 혼인이 법에 저촉된다. 그 남자가 죽은 이후로는, 그녀가 법 아래에서 남자 C에게 한 서약이 더 이상 강제력을 가지지 않는다. 그녀는 그 법과 형벌에서 자유로워지고 원하면 다른 남자와 합법적으로 서약할 수 있다.

**7:4** "그러므로"(ESV는 "likewise")는 바울이 앞 구절들에서 하나의 유비를 끌어낼 것임을 시사한다. 그 유비는 (1) 하나의 사실과 (2) 하나의 함의를 담고 있다. "내 형제들아"는 특별한 배려 내지는 흥분을 전달하는 것일 수

있다. 바울이 로마서에서 독자들에게 호소하기 위해 "형제들아"를 사용하는 경우들 가운데 이곳과 15:14에서만 인칭대명사 "나의"를 사용한다.

(1) 바울이 주장하는 사실은 로마의 신자들이 "그리스도의 몸으로 말미암아 율법에 대하여" 죽었다는 것이다. BDAG는 이곳의 '죽었다'를 "신자가 십자가에서 죽은 그리스도의 몸과의 신비로운 연합을 통해 죽는 죽음"으로 정확하게 해석한다.[72] 이 죽음은, 예수님을 따르던 자들이 약속된 메시아(또는 그리스도)로 여긴 나사렛 예수님이 십자가에 못 박혀 확실히 죽었다는 사실에 의거한다. 신자들이 그분과 함께 죽었다는 것은 예수님의 몸이 숨을 거둘 때 하나님이 신자들도 거기에 있었던 것으로 간주한다는 점에서 신비롭다. 어떤 인간의 능력도 하나님의 그 결정을 이끌어 낼 수도 없고 온전히 이해할 수도 없다. 그리고 죄를 지어서 마땅히 죽어야 할 죄인들에게 율법에 따라 내려진 사형선고가, 율법을 위반한 적이 없으며 따라서 죄인들을 위해 죽으심이 전적으로 순전한 은혜로 말미암은 것이었던 예수님에게 적용된 사실은 더더욱 신비롭다.

(2) 바울이 지적하는 함의는, 율법의 판결로 예전에 죄와 죽음에 묶여 있던 신자들이 그리스도의 죽음으로써 해방되어 "다른…이에게 가서", 말하자면, 죽은 자 가운데서 일으켜진(개역개정은 "살아나신") 이에게 속하게 되었다는 것이다. '일으켜진'은 수동태이므로 그분을 일으키신 아버지 하나님을 가리킨다.

그리고 이 함의에는 하나의 목적이 있다. "하나님을 위하여 열매를 맺게 하려 함이라"(6:21-22에서 "열매"를 언급한 것을 상기하라). 죄인들을 위한 예수님의 죽음과 부활은 단지 그리스도가 율법의 판결을 받아들여서 그들을 파멸에서 구출하는 것만이 아니다. 그것은 동시에 하나님의 주권이 신자들을 정죄받은 속박으로부터 바울이 나중에 "하나님의 자녀들의 영광의 자유"(8:21)라 부르는 것으로 풀어줌으로써 하나님의 영광을 위해 회복시

---

72  BDAG s.v. θανατόω.

키는 것이기도 하다. 바울이 그리스도를 따르는 자들이 맺을 열매에 높은 기대를 품는 것은 매우 당연하다.

**7:5** 이 편지를 읽는 로마 독자들(또는 청중)이 이방인이나(그랬을 가능성이 많다) 유대인인(일부는 그랬던 것으로 보인다. 참고. 1절) 것은 중요하지 않았을 것이다. 예수님의 죽음 이후 한두 세대 동안에는 하나님의 아들의 죽음의 의미(유일한 하나님이 어떻게 동등한 아들을 가질 수 있는가? 불멸의 존재가 어떻게 죽을 수 있는가? 등 그 자체가 난제였다)에 대한 진실한 설명이, 바울과 베드로와 다른 신약 저자들과 같은 영감 받은 사도적인 해석자들의 마음과 지성, 그리고 결국 설교와 펜을 통해 서서히 드러나고 있었을 뿐이다.

구약(또는 "율법")과 유대인의 구약 해석 전통에 푹 젖어 있었던 바울과 같은 인물은, 죄인들을 구원하기 위한 하나님의 행위와 논리를 더더욱 설명할 필요가 있었다. 이번 장의 나머지 부분은 바울이 죄와 율법에 비추어 예수님의 죽음과 부활의 원리(mechanics)와 의미를 밝히는 비할 데 없는 설명이다.

"육신에 있을 때"는 "그리스도 안에" 있지 않은 삶을 묘사한다. 그리스도가 아니라 죄악된 자아와 죄 자체가 지배한다. 우리에게 자연스러운 "죄의 정욕"은 "율법으로 말미암[아]" 일어난다. 바울이 이미 "율법이 들어온 것은 범죄를 더하게 하려 함이라"(5:20)고 주장했기 때문에 이는 새로운 개념이 아니다.

바울이 강조하려는 것은, 그리스도는 신자들이 "하나님을 위하여 열매를 맺게 하려"(7:4) 죽고 부활하신 데 반해, 선천적인 인간의 상태와 성향은 "사망을 위하여 열매를 맺[는다]"는 점이다. 그리고 이것은 단순히 종교적 오해나 이념적인 오류가 아니다. 그 결함은 "우리 지체 중에" 있다. 바로 우리의 몸 안에, 그런즉 우리의 자아 속에 있다는 뜻이다.

하나님의 진노가 죄인들과 그들의 죄를 기다리고 있다면(1:18-3:20), 이 구절은 성경 전체에서 가장 경각심을 불러일으키는 구절들 가운데 하나다.

**7:6** 5절이 무척 괴로운 선언이었기 때문에 즉시 구출하기 위해 6절이 나온다. 이 구절에서는 (1) 신자들의 해방, (2) 그 해방의 수단, (3) 신자들의 새로운 존재 양식을 주장한다.

(1) 해방은 율법에서 자유로워지는 것이다. 율법 자체의 존재나 율법이 얼마나 실제에 잘 맞느냐에 있는 것이 아니다. 왜냐하면 우리는 믿음으로 율법을 굳게 세우고(3:31), 율법이 신자들 속에 나타나서(8:4) 복음이 주입하는 사랑을 통해 그들의 삶에서 실행되는 것(13:8, 10)을 즐거움으로(7:22) 여기기 때문이다. 오히려 이 "벗어[남]"은 죄에 대한 율법의 사형선고(이를 그리스도가 하나님의 백성을 위해 받아들이셨다)와 "[우리의] 죄의 정욕"(7:5)을 부추기는 능력과 관련이 있다. 율법의 억압은 복음이 개입하면서 와해되었다. 7장은 부분적으로 이 명제에 대한 선언이다.

(2) 해방시키는 수단은 그리스도, 은혜, 믿음, 용서 등 여러 가지다. 그러나 여기서 바울은 관심을 "우리가 얽매였던 것", 즉 죄와 죽음에 집중시킨다. 율법에 대한 죽음은 복음이 선언하는 구원에 매우 중요하다. 얼마나 중요한지 바울이 그것을 설명하는 데 1-5절을 할애할 정도다. 율법에서 자유로워지는 요건은, 예수님의 죽음 그리고 우리가 그분을 믿음으로써 그분의 죽음에 함께하는 것이었다(참고. 6:1-11).

(3) 신자의 새로운 존재 양식은 두 가지 특징이 있다. '성령의 새 방법'(개역개정은 "영의 새로운 것")은 바울이 다른 곳에서 "중생의 씻음과 성령의 새롭게 하심"(딛 3:5)으로 묘사한 것을 가리킨다. 내면의 점진적 변화는 자기를 위해서가 아니라 '섬기기' 위해 살게 한다. 그리고 이는 "율법 조문"에 기계적으로 집착하는 작용이 아니다(여기서 율법 조문은 바울이 그리스도 안에서 하나님을 알기 이전에 실행했던 토라에 근거한 또는 전통이 지배하는 종교를 가리키는 듯하다). 그것은 오히려 복음 안에서 믿음을 통해 성령이 주관하는 그리스도의 임재가 수행하는 작용이다. 이에 관해서는 바울이 나중에 더 말할 것이다(예. 롬 8:11).

**7:7** 바울은 이 구절에 나오는 수사적 질문을 이미 두 번 사용했고(4:1; 6:1)

앞으로 세 번 더 사용할 것이다(8:31; 9:14, 30). 이는 그가 쌓아올리는 논거에 대단히 중요한 설명을 도입한다.

여기서 중요한 논점은 "율법"이다. 이것이 논점이 되는 이유는 모세의 저술(토라)과 구약 전체가 유대교, 즉 예수님이 태어나신 배경이자 인정한(4:22), 그러나 서로 다투다 결국 그 손에 죽임을 당한 종교[73]의 근본을 이루었기 때문이다. 복음 메시지는 율법으로부터의 분리와 더불어 율법에의 의존 및 그것의 성취라는 두 요소를 조심스레 담고 있다. 그러나 "이제는 '율법 외에[상관없이]' 하나님의 의가 나타났으니 '율법과 선지자들에게 증거를 받은 것'이[다]"(롬 3:21).

7:7에서 바울은 하나님 앞에서 인간이 가지는 딜레마가 결국 율법이 유발한 것인지 그 여부를 묻는다. 문제는 "율법이 죄"라는 것인가? 바울은 이를 완강히 부인한다. 이것은 오늘날에도 여전히 유효한 질문이다. 오늘날 많은 신학적 · 윤리적 논의에서도, 사람들이 선호하지 않는다고 생각하는 성경의 계명들[74]에 관한 문제를, 그 계명들을 재해석하거나 더 이상 구속력이 없는 것이라고 주장해서 해결하려고 한다. 사람들의 율법 위반이 아니라 바로 율법이 문제라는 것이다.

그러나 바울은 실제로 율법이 죄도, 문제도 아니라고 단언한다. 율법은 오히려 좋은 것이다. 율법은 학문적으로가 아니라 마음속 깊은 곳에서 바울의 죄를 폭로했다(참고. 8절). 바울은 그가 직접 경험한 십계명의 마지막 계명을 언급한다. 유대인은 어릴 때부터 모세의 책들을 배웠기 때문에(참고. 딤후 3:15) 바울도 머리로는 그 계명을 알았다. 그러나 그의 생애의 어느 시점, 아마 자기 확신이 절정에 도달해 교회를 박해했을 때, 그는 스스로를 "율법의 의로는 흠이 없는 자"(빌 3:6)로 여기기에 이르렀다.

---

73  이 말이, 시편 2:1-2이 예언했고 초기 교회가 인정했듯이(행 4:24-28) 이방인(로마인)도 공범이었다는 사실을 간과하는 것은 아니다.

74  많은 교회들은 이것을 열 번째 계명으로 읽는다. 로마 가톨릭교회와 루터교회는 탐내지 말라는 계명을 두 부분으로 나눠서 아홉 번째 계명과 열 번째 계명으로 삼는다.

이후 하나님이 율법을 통해 그에게 일하신 결과 그는 스스로를 완전히 다른 각도에서 보게 되었다.

**7:8** 그래서 율법이 바울에게 큰 호의를 베풀었다(7절). 율법은 그에게 하나님의 관대한 성품(욕심 많은 분이 아닌 은혜로운 분, 빌 2:6)과 언약 백성에게 준 그에 상응하는 기대를 드러냈다. 그들은 탐내지 말아야 한다. 그들의 하나님, 곧 주님은 베푸시는 분이기 때문이다. 그들은 그분이 그들에게 허락하신 것으로 만족해야 한다(빌 4:11).

그런데 바울은 자신이 탐내는 모습을 발견했다. 이는 그를 당황하게, 아마도 섬뜩하게 만들었을 것이다. 그리고 그것은 상당 부분 죄가 하는 일이었다. 죄가 "계명"을 이용했기 때문이다. 그것은 바울 속에서 "온갖 탐심"을 불러일으켰다. 열 번째 계명은 그 범위가 포괄적인 동시에 구체적이다. "네 이웃의 집을 탐내지 말라 네 이웃의 아내나 그의 남종이나 그의 여종이나 그의 소나 그의 나귀나 무릇 네 이웃의 소유를 탐내지 말라"(출 20:17). 바울은 무엇이 자기를 넘어뜨렸는지에 자세히 말하지 않는다. 굳이 그럴 필요가 없다. 그의 무죄함은 끝났고 탐심으로 불타올랐으며, 앞서 묘사한 "그들의 몸을 서로 욕되게"(1:24) 한 자들 못지않게 그의 죄가 그를 정죄했다.

바울이 그렇게 느낄 만한 충분한 이유가 있다. 그는 이 구절을 "율법이 없으면 죄가 죽은 것임이라"는 말을 설명하기 시작하는 것으로 마무리한다. 즉, 어떤 사람이 율법에 금지된 것을 범한 죄가 있음을 하나님 앞에서 자각하지 못한다면, 그는 비교적 행복하고 자신 있게 살 수 있다. 그러나 이것은 치명적으로 안일한 모습이다. 바울이 말하듯이, 죄가 잠자고 있을지 모른다. 그러나 바울이 이제 설명하려는 것처럼, 율법이 선언하는 죄책과 정죄(3:19을 상기하라)가 매우 큰 힘을 발휘한다.

**7:9** 다른 곳에서 바울은 사람들이 그리스도를 믿기 전에는 "[그들의] 허물

과 죄로 죽었[다]"고 말한다(엡 2:1, 참고. 엡 2:5; 골 2:13). 그들이 움직이는 시체였다는 뜻이 아니다. 이는 그들이 하나님의 법을 알아 자신의 죄를 깨닫고, 회개와 믿음을 통해 구원에 이르지 못한 채로, 어쩌면 풍족하고 즐거운 삶을 살고 있었다는 뜻이다.

이와 비슷한 방식으로 바울도 '전에 율법을 깨닫지 못했을 때에는 살아 있었다'. 그는 율법의 정죄를 알아채지 못했다. 오히려 그의 종교적 헌신과 열심에 자부심을 느꼈다. "내가 내 동족 중 여러 연갑자보다 유대교를 지나치게 믿어 내 조상의 전통에 대하여 더욱 열심이 있었으나"(갈 1:14).

그런데 이후 "계명이 이르[렀다]." 그는 "탐심이 무엇인지"(롬 7:7, 새번역) 깨달았다. 죄가 "이 계명을 통하여 틈을 [잡았다]"(8절, 새번역). 계명을 통하여, 율법의 아주 작은 부분이 613개의 계명을 담고 있다고 말하자 '죄가 살아났다'. 죄가 더 이상 '율법이 없는 상태'로 잠자고 있지 않았다(8절).

그 결과 바울은 "내가 죽었다"고 말한다. 이는 무슨 뜻인가? 다음 구절이 이 질문에 대답한다.

**7:10** 구약의 율법이 주어진 이유는, 어떤 의미에서는 사람들이 그것들을 지켜 보상을 받게 하려는 것이었다. 그 계명들은 '생명을 약속했다'. 아버지와 어머니를 공경하라는 계명은 "네 생명이 길리라"(출 20:12)는 동기를 부여한다. 모세는 "내가 오늘 명하는 모든 명령을 너희는 지켜 행하라 그리하면 너희가 살고"(신 8:1)라는 말로 권면한다. 예수님은 어떤 율법교사가 영생을 물려받는 법에 관해 물었을 때 다음의 확신을 전한다(눅 10:25-28). 그분은 그 율법교사로부터 정답(하나님과 이웃을 사랑하라)을 이끌어낸 후 그에게 (아마도 비꼬면서) "네 대답이 옳도다 이를 행하라 그러면 살리라"(눅 10:28)고 일러주신다. 생명을 주시는 하나님께 순종하는 것과 그분이 생명을 주시는 것 사이에는 확실한 상관관계가 있다.

그러나 바울은 의롭게 되는 것이 율법과 상관없다는 것을 이미 거듭해서 확증해왔다(롬 3:28). 하나님을 순종하는 것은 언제나 선하고 지혜롭지만(예. 눅 18:29-30을 보라), 율법을 가진 유대인이라 해도 율법을 완전히 지켜서 하나님으로부터 완전한 의미의 생명(영생)을 상급으로 받은 일은 결코 없었다. 바울의 가르침에 따르면, 율법을 가진 유대인이 "율법을 의지하며 하나님을 자랑하며 율법의 교훈을 받아 하나님의 뜻을 알고 지극히 선한 것을 분간하[는]"(롬 2:17-18) 것은 잘못이었다. 왜냐하면 모든 인간이 그러듯이, "만일 율법을 범하면 네 할례는 무할례가 되[기]"(2:25) 때문이다.

바울은 이를 다음 말로 확증한다. "생명에 이르게 할 그 계명이 내게 대하여 도리어 사망에 이르게 하는 것이 되었도다." 바울은 하나님의 법을 최고로 존중하고 최선의 노력을 기울였지만, 그가 갖고 있다고 교만하게 생각했던 그 생명을, 율법은 주지 못한다는 것을 깨달았다.

**7:11** 바울은 그 자신이 생명을 줄 것으로 생각했던 계명이 어째서 영적으로 치명적인 것으로 판명되었는지를 설명한다. 그는 죄를 범인으로 지목하며 이미 말한 내용(8절)을 반복한다. 그러나 8절에서는 "죄가 기회를 타서 계명으로 말미암아 내 속에서 온갖 탐심을 이루었나니"라고 말한 데 비해, 이번에는 약간 다르게 "죄가 기회를 타서 계명으로 말미암아 나를 속이고 그것으로 나를 죽였는지라"고 진술한다.

"나를 속이고 그것으로 나를 죽였는지라"라는 말은 계명이 바울 자신 안에서 탐심을 부추겨서 낳은 영적인 결과를 묘사한다. '속이다'는 아주 적절한 단어다. 아담과 하와가 에덴동산에서 속임을 당한 것을 거론할 때 바울이 동일한 단어[아파타오(*apataō*)]나 비슷한 단어[엑사파타오(*exapataō*)]를 사용하기 때문이다(고후 11:3; 딤전 2:14). "나를 죽였[다]"는 '나를 파멸시켰다'는 뜻일 수 있다. 또는 아담과 하와의 범죄에 대해 그들에게 유죄를 선언한 하나님의 말씀("네가 [그 열매를] 먹는 날에는 반드시 죽으리라", 창 2:17)이 그의 경험 가운데 죄를 어떻게 정죄했는지를 직접 언급한 것일 수 있다. 탐내고 싶은 통제 불능의 욕망에게 습격당한 바울은 그가 이미 진술한 대로("죄의 삯은 사망이요", 롬 6:23) 죄의 결과와 그 형벌을 몸소 알았다.

**7:12** 이 구절은 율법이 죄인지 여부를 묻는 질문(7절)에 대한 바울의 답변을 마무리한다. 만일 율법이 문제이고 복음이 해결책이라면, 이는 복음이 율법을 무익하고 헛된 것으로 선언하리라는 것을 의미한다. 기독교 신앙은 나아갈 방향을 구약과 그 계명들과 반대되게, 또는 적어도 그것들에 무관하게 그려갈 것이다. 그러나 구약과 신약의 신앙 및 행습 사이에는 불연속성이 많을 지라도 사실 공통점이 더 많다. 특히 둘 다 하나님과 그리스도를 통한 그분의 구원 사역을 증언하는 점에서 한목소리를 낸다.

12절에서 바울은 구약과 신약의 신앙과 행습이, 토라를 포함한 구약에 관해서라면 또한 동일한 목소리를 낸다는 것을 보여준다. 바울은 율법을 "거룩하[다]"고 부른다. 마찬가지로 계명도 거룩하고 "의로우며 선하[다]." 바울이 로마서에서 구약을 사용한 사례들이 그의 논점을 예증한다. 그는 구약을 오용하는 것을 비판하고 그에 대한 오해를 바로잡는 한편, 줄곧 구약을 인용하고 언급하기도 하며 간접적으로 구약에 의지하기도 한다.

인간의 죄 문제를 치료하는 방법은(만일 치료책이 있다면) 구약이나 그 계명들을 평가 절하하는 데 있지 않다.

**7:13** 바울은 죄의 깊이를 더욱 깊이 살핀다. "선한 것"은 12절에 나온 율법을 가리킨다. 바울은 탐심을 품은 그에게 사망을 초래한 것은 율법이었다는 말을 단호히 부인한다. 아니다! 그것은 죄였다. 죄가 선한 것, 곧 율법을 이용해서 바울에게 사망을 안겨주었다. 이것이 본질적으로 에덴에서 속이는 자가 행한 짓이다. 마귀는 하나님의 은혜로운 명령(창 2:16-17)을 왜곡하여 최초의 인간에게 주입시켰다(창 3:1-5). 그 결과 하나님의 온전한 뜻과 지침이 위반된 것이다. 죄의 역병이 전염되기 시작했다.

에덴에서 그랬듯이 바울의 삶에서도 인간의 범죄는, 어떤 행위들을 금하는 하나님의 지침이 아니라 죄로 거슬러 올라간다. 계명은 전혀 비난받아야 할 것이 아니라 '죄를 극도로 죄답게' 한다는 점에서 은혜의 방편이다. 죄의 문제를 효과적으로 다루려면 극도로 근본적이고 (인간이) 상상할 수 없는 조치가 필요하다.

**7:14** 바울은 분명히 죄의 문제를 해결할 수 있다고 생각한다. 그래서 그는 이 단락에서 씨름하는 논제가 곤란한 것임에도 그리스도 안에 희망이 있기 때문에 25절에서 하나님께 감사할 것이다. 그러나 그는 감사의 진술을 향해 일부러 천천히 움직인다. 14절은 죄 자체와 그 해결책과 관련하여 죄 문제의 뿌리를 밝히도록 이끌어주는 체계적인 분석의 시발점이다. 바울이 사용하는 어구 "우리가…알거니와"에 대해서는 76쪽의 표2를 보라.

바울은 율법이 "신령[하다]"는 말을 반복한다. 이는 율법이 거룩하고 의롭고 선하다는 선언(12절)에 힘을 더한다. 그런데 죄가 그 어두운 작업을 하려면 죄인이 필요하다. 바울 또는 어떤 인간에게라도 들어가보라. 다음에 나오는 말이 에덴 이후 모든 인간의 상태에 해당한다. "나는 육신에 속하여 죄 아래에 팔렸도다." 이것은 바울이 이미 표현한 바 죄의 노예가 된 상태를 다르게 묘사하는 것이다. 그리스도 밖에 있었을 때는 우리가 "죄에게 종노릇"했고(6:6) "죄의 종"이었다(6:17, 20). 우리는 우리 몸의 지체를 "부정과 불법에 내주어 불법에" 이르렀다(6:19).

그리스도인인 바울이 자기가 "죄 아래에 팔렸도다"라고 말하는 것은 불가능하다는 반론을 제기할 수도 있다. 그리고 나중에 바울은 그리스도인에게 죄의 정죄는 과거의 일이라고 확증할 것이다(8:1). "죄 아래에 팔렸도다"는 말은 에덴 이후로 그리스도에 대한 믿음 바깥에 있는 모든 인간을 묘사한다. 그리고 이 말은 또한 어느 정도는 그리스도인들을 묘사한다. 즉, 그들이 부정한 욕망, 여전히 짓는 죄로부터 느끼는 죄책감과 영적 무기력, 타인에 대한 분노 및 사랑 없음, 그리고 성경이 우리에게 새로운 피조물로서 대체하라고 권면하는 옛 사람의 특성과 씨름할 때의 모습을 그린다(엡 4:22-24; 골 3:9-10).

**7:15** 때로는 우리가 우리 자신에게 최악의 적이다. 우리는 스스로가 더 잘 알면서도 말하거나 행한 일로 인해 (적어도 뒤늦게 깨닫고) 자책한다. 이 구절과 이어지는 구절들은 우리가 어떤 지대를 피해야 할 줄 알면서도 어쨌든 거기로 빨려들어가는, 너무도 익숙한 징후를 파고들어간다. 이것은 스

스로를 한탄하는 지난 세대의 팝송이 증언하듯, 그리스도인만이 아니라 모든 인간에게 나타나는 현상이다. "널 사랑하는 나 자신이 싫어 / 네가 하는 것들에 신경을 끌 수 없어 / 걷고 싶지만 뛰어서 너에게로 돌아가지 / 널 사랑하는 나 자신이 싫어."[75] 이 노래는 연인을 위해 부른 것이다. 그러나 모든 사람이 하나같이 죄에 바치는 송가이자 자기혐오에 대한 증언, 즉 바울이 죄와 연루시키는 '죽음'(5, 9, 10, 11, 13절)의 일부로도 손색이 없다.

이렇게 보면 15절은 냉정한 묘사보다 한탄에 더 가깝다. 우리 모두는 최선의 의도에 맞추어 살지 못한다. 그리스도인 어느 누구도 너무나 성화되어서 "내가…미워하는 것을 행함이라"는 진술이 자기에게 해당되지 않는다고 정직하게 말할 수 없다. 사실 복음적 거룩함은 점점 더 부드러운 양심을 만들기 때문에, 우리가 그리스도와 연합했음에도 하나님의 선하심과 영광을 온전히 반영하지 못할 때는(이는 불가피하다, 3:23) 패배의식과 무가치하다는 생각이 더욱 커질 수밖에 없다.

**7:16** 우리가 미워하는(또는 "내가 원하지 아니하는") 것을 행한다는 사실은 다음과 같은 것들을 요구하지 않는다. (1) 복음이 즉시 우리를 완벽하게 만들지 않기 때문에 복음을 포기하는 것, (2) 죄 짓는 쪽으로 기울어진 우리의 성향을 부인하는 것, (3) 우리가 위반하는 계명을 재해석해서 더 이상 그 계명의 반대편에 적용되지 않게 하는 것이다.

오히려 바울은 15절의 통찰을 붙잡아서 율법에 관해 가르칠 수 있는 기회로 삼는다. 첫째, "율법[은] 선한 것[이다]." 그는 이미 이번 장에서 이 주장을 되풀이했다. 둘째, 그는 이에 동의한다. 죄가 계명을 통해 그에게 입힌 불행에도 불구하고, 그는 앞에서 표명한 확신을 굳게 지킨다. "사람은 다 거짓되되 오직 하나님은 참되시다"(3:4). 바울은 하나님의 기록된 말씀을 비난하지 않을 것이다.

---

75 "I Hate Myself for Loving You" by Joan Jett and the Blackhearts.

**7:17-20** 이 구절들은 동일한 글귀("그것을 행하는 자가 내가 아니요 내 속에 거하는 죄니라")로 시작해서 끝나는 소단락으로 볼 수 있다. 17절에 나오는 이 어구는 앞서 다룬 논의에서 끌어낸 결론이다. 20절에 나오는 동일한 어구는 17-20절이 설명하는 내용을 요약한다.

17절에 따르면, 바울은 자기가 미워하는 것을 행하지만(15절) 그런 것을 금하고 정죄하는 하나님의 선한 법에 동의하고 있기에(16절), 그가 미워하는 것을 행하는 데 관여하고 있지만 이는 단순히 그 자신이 행하는 것이 아니다. 오히려 "속에 거하는 죄"가 더 큰 몫의 책임을 져야 마땅하다.

18절은 바울(죄를 짓는)과 율법(죄를 금하는)을 대조시킨다. 바울에 관해 말하자면, 그는 자기 "속에 선한 것이 거하지 아니하는 줄을" 안다. 인간으로서 그는 1:18-3:20이 자세히 묘사한 결함과 성향을 그대로 갖고 있다. 에덴 이후의 흠 있는 피조성(그의 "육신")을 지닌 그는 '선을 행하길' 원한다. 그러나 그는 '그것을 실행할 능력'이 없다. 율법에 대해 말하자면, 바울은 율법(선한)이 가르치는 바를 행하길 원한다. 그러나 그는 자기 속에서 그것을 행할 만한, 상응하는 "선"을 찾지 못한다.

7:19에서 바울은 18절을 입증하는 개인적인 증언을 한다. 19절은 대체로 15b절을 재진술한다. 그는 선한 것을 행하고 싶으나 그의 행동은 언제나 그의 뜻과 맥을 같이하진 않는다.

20절은 더 깊은 무언가가 작동하고 있다고 결론짓는다. 선을 행하고픈 욕망(때로는 덜 강력한)과 어긋나는 악을 지향하는 욕망(19절)이 작동한다. 그는 마음속으로 타협한다. 은밀한 바이러스처럼 바울 "속에 거하는 죄"가 바울의 '나'를 압도한다. 바울은 자기가 원하는 바를 언제나 행하지는 않는다. 유감스럽고 당황스럽게도 그는 때때로 죄가 요구하는 바를 행한다.

17-20절이 왜 여기에 있는지 궁금해할 수 있다. 이 부분은 동일한 내용을 되풀이하는 듯 보인다. 바울은 명백하지 않은 결론에 도달하려고 낑낑거리는 것만 같다. 하지만 이것은 당시에나 이후에도 필적할 만한 것이 없는 종교적 심리에 대한 설명이라고 주장할 수 있다. 그 방향이 약간 다르긴 할지라도 바울이 동일한 땅을 여러 번 갈고 있는 것은 놀랄 일이 아

니다. 해석자들은 좌절해서는 안 되며 실제로 기뻐해야 한다. 바울은 동일한 것(또는 밀접하게 관련된 것들)을 다양하게 말함으로써 자기가 심각하게 오해받지 않을 확률을 높이고 있다. 그래서 이 단락은 해석자들로 하여금 자신들의 입장을 취하고 바울의 논증에 관한 전반적인 지도를 만들게 해주는 복수의 지향점을 제공하는 것으로 이해할 수 있다. 이 소단락은 시편과 구약의 지혜서에 종종 나오는 일종의 유사 대구법(synonymous parallelism)으로 표현되어 있다.

**7:21** 스포츠 기자들과 감독들은 '게임 속 게임'에 관해 말한다. 게임에는 규칙들과 경쟁이 있다. 그렇지만 게임 주변부에 있는 원칙들이 있고, 그것들 안에는 미묘한 지점도 있다. 하나님의 율법도 마찬가지다. 율법은 선하고, 바울이 앞서 말했듯이 "지식과 진리의 모본"(2:20)으로 간주될 수 있다. 또는 잠언이 말하듯이 "대저 명령은 등불이요 법[가르침]은 빛이[다]"(잠 6:23, 참고. 시 119:105).

그러나 토라 또는 구약에서 모든 참된 원리를 모두 선언하고 있는 것은 아니다. 로마서 7:21에서 바울은 구약에 나오지 않지만 구약과 관련해 참되다는 "한 법"을 거론한다. "선을 행하기" 원하는 충동이 생길 때 그와 상반되는 악을 행하고픈 충동이 숨어 있다는 것이다. 이 긴장이 다음 두 절에서 크게 부각된다.

**7:22-23** 바울은 자신 안에서 발견되는 특이한 대립을 묘사한다.

한편으로, "내 속사람으로는 하나님의 법을 즐거워하되"라는 진술은, 하나님의 기록된 자기계시(구약)를 칭송한다는 점에서 시편 1편, 19편 또는 119편에 필적할 만하다. 바울의 저술 전반 및 특히 로마서는 그리스도 중심적인 구약 해석, 구약 내러티브의 각색(예. 고전 10:1-11), 그리고 개인적이고 공동체적인 차원의 기독교적인 고찰과 적용을 위한 가르침(예. 롬 8:36) 등에 관한 하나의 연구이다. 바울은 구약을 거론하면서 로마 교인들에게 이렇게 말한다. "무엇이든지 전에 기록된 바는 우리의 교훈을 위하여 기록된 것이니 우리로 하여금 인내로 또는 성경[즉, 구약]의 위로로 소망을 가지게 함이니라"(롬 15:4). 바울은 구약, 토라. 또는 거기에 나오는 계명들을 폄하할 생각이 전혀 없다.

다른 한편으로, 바울은 하나님의 선한 율법을 인정하려는 높은 이상(7:22)과 그 높은 이상에 반대하는 "한 다른 법" 사이에 지속적인 싸움이 있으리라고 본다. 이 다른 법('게임 속 게임'의 일부. 참고. 7:21 주석)은 하나님의 법을 칭송하는 바울의 속사람에 맞서 싸우는 중이다. 사실 그 법은 바울을 "[그의] 지체 속에 있는 죄의 법으로⋯사로잡는[다].'' 바울은 아무리 노력해도 이 갈등과 그 원인들을 떨쳐버리지 못한다. 그 원인들은 (1) 죄, 그리고 (2) 그가 죄에 굴복하기 쉬움을 가리킨다.

앞에서 바울은 로마 교인들에게 이렇게 촉구했다. "너희 지체를 불의의 무기[도구]로 죄에게 내주지 말고⋯너희 지체를 의의 무기[도구]로 하나님께 드리라"(6:13). 따라서 바울이 이런 권면을 한 것은 놀랍지 않다. 그 자신이 씨름하는 사안이기 때문이다. 다른 곳에서는 그 싸움을 이런 글로 묘사한다. "육체의 소욕은 성령을 거스르고 성령은 육체를 거스르나니 이 둘이 서로 대적함으로 너희가 원하는 것을 하지 못하게 하려 함이니라"(갈 5:17).

이 싸움은 어디서 끝나는가? 과연 해결책은 있는가?

**7:24** 이 싸움이 끝나는 곳과 관련하여, "오호라 나는 곤고한 사람이로다"라는 말은 사도조차 상쇄시키고 극복하려고 애써야 할, 그리스도에 대한 충성에 수반되는 불가피한 비애가 있음을 시사한다. 고린도전서 4:9-13 등에서 사도들의 씨름을 묘사했는데, 이후에 바울은 고린도 교인들에게 자기를 본받도록 권면한다(고전 4:16). 바울이 로마서를 쓰기 몇 달 전에 "사방으로 환난을 당하여 밖으로는 다툼이요 안으로는 두려움이었노라"(고후 7:5)고 묘사한 그 어려운 제자의 길은, 사도나 목회 지도자만 걷는 일이 아니라 모든 사람을 위한 것이다. 이 씨름의 일부는 바로 내면의 싸움, 즉 우리도 거울 안에서 자주 보는 그 사람이 우리 최대의 적임을 바울처럼 거듭

발견하게 되는 싸움이다.

해결책은 처한 상황이 어떠하냐에 달려 있다. 바울은 "이 사망의 몸에서 누가 나를 건져내랴?"라고 부르짖는다. 만일 정말로 이 곤경을 벗어날 수 있는 사람이 있다고 판명나면, 바울이 때때로 느끼는 그 곤고함에 대한 희망이 있다

**7:25** "우리 주 예수 그리스도로 말미암아 하나님께 감사하리로다"는 24절 끝에 있는 질문에 다행스러운 답변이 있음을 기대하게 한다. 이는 "그리스도 예수 안에" 있는 응급 치료실과 재활원을 예상시킨다. 바울은 7장에 나온 부담스럽고 때때로 비참한 갈등을 다시 얘기한다. 그러나 그것은 행복한 결말을 지닌 가슴 벅찬 이야기이다. 그 다양한 차원이 8장에서 묘사된다.

그러나 바울은 그리스도인의 삶에서 죄의 문제를 길게 다룬 7장을 마무리하려고 이렇게 요약한다. "그런즉 내 자신이 마음으로는 하나님의 법을 육신으로는 죄의 법을 섬기노라." 하지만 이것이 이 주제에 관해 할 말의 전부는 아니다. 예를 들어, 6장에서 바울은 죄에 속박된 상태를 이기는 일에 관해 폭넓고도 긍정적으로 말한 바 있다. 이제 8장에서는 신자를 위협하는 죄와 죽음과 그 밖의 모든 것을 이긴 그리스도의 승리를 적용할 것이다. 죄의 횡포에서 해방되는 일은 가능할 뿐만 아니라 반드시 이뤄져야 한다. 앞에서 해석한 대로 7장에는 6장 및 8장의 내용과 모순되는 것이 전혀 없다.

그러나 7장은 그리스도인들이 직면하는(일례로 6장의 명령에 따라 8장이 제공하는 확신을 추구해야 할 도전을 받아들이는 것과 같은) 영적 싸움의 내적인 역학 관계(dynamics)에 중요한 빛을 비춰준다. 하나님의 신실하심 때문에 그들은 "너희[그들] 안에서 착한 일을 시작하신 이가 그리스도 예수님의 날까지 이루실 줄을" 확신할 수 있다(빌 1:6). 한 차원에서는 그들이 하나님의 계명을 기뻐하고 그런 의미에서 그들의 생각과 의향과 열망으로 "하나님의 법을…섬기[게]" 될 것이다. 하지만 동시에 그들은 "육신"이 "죄의 법을 섬

기[라]"고 끝어내리는 것을 느낄 것인데, 이는 우리가 선행을 결심할 때에도 동일하게 겪는 과정이다.

전반적으로 7장은 극심한 곤경을 묘사한다. 로마서 8장은 구출의 길을 가리키지만, 이는 끔찍한 싸움 위쪽이나 바깥이 아니라 그 싸움 한복판에 있는 것이다. 이런 이유로 그 처절한 신음의 한복판에 계신 그리스도와 성령과 소망이 도드라진다.

≋≋≋ 응답 ≋≋≋

(1) 6-7장에서 배우는 하나의 교훈은 복음 메시지가 왜곡될 수 있다는 것이다. 바울이 말하는 "그런즉…하리요?"(6:1, 15, 7:7)와 다른 수사적 질문들의 어조에는, 단지 끈기 있는 가르침이 아니라 그토록 명료하고 중요한 어떤 것(구원의 복음 메시지)이 근본적으로 오해받을 수 있다는 경각심이 담겨 있다.

사도 바울이 복음을 단계적으로 철저히 설명해야 했다는 사실은, 오늘날 복음을 전하는 목사와 복음전도자와 선교사 등도 동일한 필요를 접할 수 있음을 상기시켜준다. 그렇다, 복음은 1:16-17에 요약된 것처럼 무척 단순하다. 그러나 단지 그런 말을 반복하고, 사람들에게 고개를 끄덕이도록 권하고, 그렇게 할 때 복음이 승리한다는 선언으로는 충분치 않다.

바울이 복음이 어떻게 잘못 적용되는지를 깊이 다룬 것은 우리가 처한 환경에서 그와 비슷한 오해를 부지런히 탐지하라는 요청이다. 또한 교회와 목회 지도자들에게 열심히 연구하고 준비하고 훈련해서 그들도 바울처럼 복음을 설명하고 적용할 수 있게 하라는 요청이기도 하다.

(2) 이 장들에서 보아 알 수 있듯이 죄는 우리를 속인다. 이 주석은 로마서가 하나님 중심임을 부각시키고 그리스도의 인격과 사역에 초점을 두고 있음을 강조하려고 한다. 그러나 이 편지가 죄와 죄악을 매우 다양한

단어들을 사용해 백 번도 넘게 부르거나 묘사한다는 사실을 간과하면 안된다. 죄의 문제가 6-7장의 주제라 해도 과언이 아니다.

세 개의 하부단락은 죄가 얼마나 기만적일 수 있는지를 잘 보여준다. 각 하부단락이 죄를 정당화하려는 반론들(복음에 대한)을 제기하기 때문이다. 은혜가 배가되도록 계속 죄를 지어라!(6:1-14), 우리는 율법이 아닌 은혜 아래에 있기 때문에 죄를 지어도 괜찮다!(6:15-7:6), 율법이 문제이니 옆으로 치워놓아라!(7:7-25)가 그 반론들이다.

서양 많은 나라에서는 부도덕한 행위가 정부, 교육, 산업과 같은 강력한 사회 제도들에게서 지지를 받는다. 죄를 '죄'로 부르는 것을 갈수록 더 혐오 발언으로 치부한다. 바울의 어조는 신랄한 비난이나 개인적 공격을 피하는 점에서 모범적이다. 하지만 오늘날 많은 곳에서 어떤 흔한 행습들을 하나님이 보시기에 잘못이라고 부르는 것을 인정하지 않는 분위기다. 다른 집단이 저지르는 잘못은 비난하면서도 우리 집단의 잘못은 간과하고 심지어 정당화하는 경향까지 보인다.

그리스도가 주가 되신다는 복음을 철저히 설파해서 죄인들이 자신의 죄를 있는 그대로 직면하게 하는 일은 그리 쉽지 않았다. 오늘날 역시 온전하고 진정한 복음을 전파할 때 그 메시지와 전달자에게 분노를 느끼거나 선동하는 사람들의 분개와 배척과 적대행위를 마주하지 않을 곳은 세상 어디에도 존재하지 않는다.

바울의 경우도 마찬가지였다. 그는 유대인에게 예수님을 메시아로 영접하도록 요청했을 뿐만 아니라 "이방인들이 복음으로 말미암아 그리스도 예수 안에서 함께 상속자가 되고 함께 지체가 되고 함께 약속에 참여하는 자가 됨이라"(엡 3:6)는 사실을 인정하도록 요구했다. 이로 인해 그는 줄곧 곤경에 처했다.

로마서 6-7장은 그리스도인들에게 복음을 전하지 못하게 압력을 가하는 상황에서 그들을 안정시키고 대처하는 법을 알려주는 좋은 본보기다. 복음은 우리에게 다음 교훈을 준다. 그리스도인인 우리도 언제나 우리의 죄를 고백해야 한다는 사실, 그리고 이후 복음의 능력과 인도하심에 힘입어 그리스도가 약속하신 새로운 삶을 찾을 필요가 있다는 사실이다. 그렇다면 그리스도를 믿지 않는 이들은 더더욱 그들이 행한 죄의 문제를 직면하고 그리스도를 받아들여야 하는 것이다.

(3) 6-7장은 복음 메시지를 믿고 구원받는 것이 머리의 지식, 소속된 교단, 또는 세례와 같은 의식에 참여하고 교회에 출석하는 행위를 넘어서는 일임을 상기시켜준다. 그런 믿음은 우리의 물리적인 몸에 활기를 주고 변화를 가져온다. "너희는 죄가 너희 죽을 몸을 지배하지 못하게 하여"(6:12). "너희 지체를 불의의 무기[도구]로 죄에게 내주지 말고"(6:13). 여기서 성경은 교리적이거나 윤리적인 가르침을 뛰어넘어 복음이 유발하는, 즉 그리스도와 성령의 인도를 받아 직접 행동하라고 가르친다.

이와 같은 교훈은 교회가 형식(비록 격식이 없으며 '현대적'이라고 묘사될지라도)을 중시하고 일상생활을 경시한다고 생각하는 많은 신자에게 마음의 안정을 선사할 것이다. 6-7장은 정반대 것을 강조하기 때문이다. 물론 참된 교리는 타협이 불가능하지만(6:17), 그런 교리를 고백한다는 것은 우리의 일상에 찾아오는 철저한 도전을 받아들이는 것이다. 컴퓨터나 핸드폰으로 무엇을 볼지 결정할 때나 무엇을 실컷 먹을지를 결정할 때 과연 그리스도는 우리 몸의 주님이신가? 아니면 우리의 자연스런 식욕과 어두운 취향이 우리를 지배하는가?

복음과 복음의 주체이자 객체이신 그리스도가 아름다운 이유는, 그리스도와 복음이 온전히 변화될 것을 요구할 뿐만 아니라 하나님을 기쁘시게 할 수 있는 자원도 공급하기 때문이다. "죄가 너희를 주장하지 못하리니 이는 너희가 법 아래에 있지 아니하고 은혜 아래에 있음이라"(6:14). "그가 죽으심은 죄에 대하여 단번에 죽으심이요 그가 살아 계심은 하나님께 대하여 살아 계심이니 이와 같이 너희도 너희 자신을 죄에 대하여는 죽은 자요 그리스도 예수 안에서 하나님께 대하여는 살아있는 자로 여길지어다"(6:10-11).

그리스도께서 승리하셨으므로 그분을 따르는 자들도 그럴 수 있고 또 실제로 그렇다. 이것이 6-7장이 말하는 큰 소망이자 진리이다.

(4) 로마서 7:7-25은 앞에서 해석한 대로 대다수 그리스도인이 알고 있는 바를 때로는 기분 좋게, 때로는 유감스럽게 확인시켜준다. 그리스도를 추구하는 삶은 때로는 성가시고 자주 힘에 부치는 지속적인 싸움이다.

우리가 그리스도를 추구하다가 "오호라 나는 곤고한 사람이로다"(7:24)라는 바울의 말이 가슴이 와 닿을 때는 참으로 유감스럽게 느껴진다. 반면에 우리가 다시금 "선을 행하기 원하는 나에게 악이 함께 있는 것이로다"(7:21)라는 말을 이해할 때는 기분이 좋아진다. 사탄 역시 예수님을 유혹하려고 감언이설과 함정을 동원했다. 하지만 종들은 그들의 선생보다 높지 못하다(요 13:16; 15:20). 또한 다음과 같은 사실을 알게 될 때, 우리는 해방감과 힘을 얻는다. 우리만 죄와 싸우는 것이 아니다. 우리의 종교가 우리를 내적 및 외적인 갈등에서 다 해방시킨 것처럼 거짓으로 꾸밀 필요가 없다(참고. 고후 7:5). 그리고 이생에서 우리가 육신의 연약함 때문에 때때로 "이 사망의 몸에서 누가 나를 건져내랴?"(롬 7:24)고 외칠 때, 복음 메시지가 우리와 함께하신 예수 그리스도의 이름으로 응답한다. 로마서 8장이 첫 구절부터 이 진리를 명명백백하게 밝혀줄 것이다.

¹ 그러므로 이제 그리스도 예수 안에 있는 자에게는 결코 정죄함이 없나니 ² 이는 그리스도 예수 안에 있는 생명의 성령의 법이 죄와 사망의 법에서 ¹⁾너를 해방하였음이라 ³ 율법이 육신으로 말미암아 연약하여 할 수 없는 그것을 하나님은 하시나니 곧 죄로 말미암아 자기 아들을 죄 있는 육신의 모양으로 보내어 육신에 죄를 정하사 ⁴ 육신을 따르지 않고 그 영을 따라 행하는 우리에게 율법의 요구가 이루어지게 하려 하심이라 ⁵ 육신을 따르는 자는 육신의 일을, 영을 따르는 자는 영의 일을 생각하나니 ⁶ 육신의 생각은 사망이요 영의 생각은 생명과 평안이니라 ⁷ 육신의 생각은 하나님과 원수가 되나니 이는 하나님의 법에 굴복하지 아니할 뿐 아니라 할 수도 없음이라 ⁸ 육신에 있는 자들은 하나님을 기쁘시게 할 수 없느니라

¹ There is therefore now no condemnation for those who are in Christ Jesus.¹ ² For the law of the Spirit of life has set you² free in Christ Jesus from the law of sin and death. ³ For God has done what the law, weakened by the flesh, could not do. By sending his own Son in the likeness of sinful flesh and for sin,³ he condemned sin in the flesh, ⁴ in

order that the righteous requirement of the law might be fulfilled in us, who walk not according to the flesh but according to the Spirit. ⁵ For those who live according to the flesh set their minds on the things of the flesh, but those who live according to the Spirit set their minds on the things of the Spirit. ⁶ For to set the mind on the flesh is death, but to set the mind on the Spirit is life and peace. ⁷ For the mind that is set on the flesh is hostile to God, for it does not submit to God's law; indeed, it cannot. ⁸ Those who are in the flesh cannot please God.

⁹ 만일 너희 속에 하나님의 영이 거하시면 너희가 육신에 있지 아니하고 영에 있나니 누구든지 그리스도의 영이 없으면 그리스도의 사람이 아니라 ¹⁰ 또 그리스도께서 너희 안에 계시면 몸은 죄로 말미암아 죽은 것이나 영은 의로 말미암아 ²⁾살아 있는 것이니라 ¹¹ 예수를 죽은 자 가운데서 살리신 이의 영이 너희 안에 거하시면 그리스도 예수를 죽은 자 가운데서 살리신 이가 너희 안에 거하시는 그의 영으로 말미암아 너희 죽을 몸도 살리시리라

⁹ You, however, are not in the flesh but in the Spirit, if in fact the Spirit of God dwells in you. Anyone who does not have the Spirit of Christ does not belong to him. ¹⁰ But if Christ is in you, although the body is dead because of sin, the Spirit is life because of righteousness. ¹¹ If the Spirit of him who raised Jesus from the dead dwells in you, he who raised Christ Jesus⁴ from the dead will also give life to your mortal bodies through his Spirit who dwells in you

¹² 그러므로 형제들아 우리가 빚진 자로되 육신에게 져서 육신대로 살 것이 아니니라 ¹³ 너희가 육신대로 살면 반드시 죽을 것이로되 영으로써 몸의 행실을 죽이면 살리니 ¹⁴ 무릇 하나님의 영으로 인도함을 받

로마서 8:1-39 _ 203

는 사람은 곧 하나님의 아들이라 15 너희는 다시 무서워하는 종의 영을 받지 아니하고 양자의 영을 받았으므로 우리가 아빠 아버지라고 부르짖느니라 16 성령이 친히 우리의 영과 더불어 우리가 하나님의 자녀인 것을 증언하시나니 17 자녀이면 또한 상속자 곧 하나님의 상속자요 그리스도와 함께 한 상속자니 우리가 그와 함께 영광을 받기 위하여 고난도 함께 받아야 할 것이니라

12 So then, brothers,[5] we are debtors, not to the flesh, to live according to the flesh. 13 For if you live according to the flesh you will die, but if by the Spirit you put to death the deeds of the body, you will live. 14 For all who are led by the Spirit of God are sons[6] of God. 15 For you did not receive the spirit of slavery to fall back into fear, but you have received the Spirit of adoption as sons, by whom we cry, "Abba! Father!" 16 The Spirit himself bears witness with our spirit that we are children of God, 17 and if children, then heirs—heirs of God and fellow heirs with Christ, provided we suffer with him in order that we may also be glorified with him.

18 생각하건대 현재의 고난은 장차 우리에게 나타날 영광과 비교할 수 없도다 19 피조물이 고대하는 바는 하나님의 아들들이 나타나는 것이니 20 피조물이 허무한 데 굴복하는 것은 자기 뜻이 아니요 오직 굴복하게 하시는 이로 말미암음이라 21 그 바라는 것은 피조물도 썩어짐의 종노릇 한 데서 해방되어 하나님의 자녀들의 영광의 자유에 이르는 것이니라 22 피조물이 다 이제까지 함께 탄식하며 함께 고통을 겪고 있는 것을 우리가 아느니라 23 그뿐 아니라 또한 우리 곧 성령의 처음 익은 열매를 받은 우리까지도 속으로 탄식하여 양자 될 것 곧 우리 몸의 속량을 기다리느니라 24 우리가 소망으로 구원을 얻었으매 보이는 소망이 소망이 아니니 보는 것을 누가 바라리요 25 만일 우리가 보

지 못하는 것을 바라면 참음으로 기다릴지니라

18 For I consider that the sufferings of this present time are not worth comparing with the glory that is to be revealed to us. 19 For the creation waits with eager longing for the revealing of the sons of God. 20 For the creation was subjected to futility, not willingly, but because of him who subjected it, in hope 21 that the creation itself will be set free from its bondage to corruption and obtain the freedom of the glory of the children of God. 22 For we know that the whole creation has been groaning together in the pains of childbirth until now. 23 And not only the creation, but we ourselves, who have the firstfruits of the Spirit, groan inwardly as we wait eagerly for adoption as sons, the redemption of our bodies. 24 For in this hope we were saved. Now hope that is seen is not hope. For who hopes for what he sees? 25 But if we hope for what we do not see, we wait for it with patience.

26 이와 같이 성령도 우리의 연약함을 도우시나니 우리는 마땅히 기도할 바를 알지 못하나 오직 성령이 말할 수 없는 탄식으로 우리를 위하여 친히 간구하시느니라 27 마음을 살피시는 이가 성령의 생각을 아시나니 이는 성령이 하나님의 뜻대로 성도를 위하여 간구하심이니라 28 우리가 알거니와 하나님을 사랑하는 자 곧 그의 뜻대로 부르심을 입은 자들에게는 3)모든 것이 합력하여 선을 이루느니라 29 하나님이 미리 아신 자들을 또한 그 아들의 형상을 본받게 하기 위하여 미리 정하셨으니 이는 그로 많은 형제 중에서 맏아들이 되게 하려 하심이니라 30 또 미리 정하신 그들을 또한 부르시고 부르신 그들을 또한 의롭다 하시고 의롭다 하신 그들을 또한 영화롭게 하셨느니라

26 Likewise the Spirit helps us in our weakness. For we do not know what to pray for as we ought, but the Spirit himself intercedes for us

with groanings too deep for words. 27 And he who searches hearts knows what is the mind of the Spirit, because[7] the Spirit intercedes for the saints according to the will of God. 28 And we know that for those who love God all things work together for good,[8] for those who are called according to his purpose. 29 For those whom he foreknew he also predestined to be conformed to the image of his Son, in order that he might be the firstborn among many brothers. 30 And those whom he predestined he also called, and those whom he called he also justified, and those whom he justified he also glorified.

31 그런즉 이 일에 대하여 우리가 무슨 말 하리요 만일 하나님이 우리를 위하시면 누가 우리를 대적하리요 32 자기 아들을 아끼지 아니하시고 우리 모든 사람을 위하여 내주신 이가 어찌 그 아들과 함께 모든 것을 우리에게 주시지 아니하겠느냐 33 누가 능히 하나님께서 택하신 자들을 고발하리요 의롭다 하신 이는 하나님이시니 34 누가 정죄하리요 죽으실 뿐 아니라 다시 살아나신 이는 그리스도 예수시니 그는 하나님 우편에 계신 자요 우리를 위하여 간구하시는 자시니라 35 누가 우리를 그리스도의 사랑에서 끊으리요 환난이나 곤고나 박해나 기근이나 적신이나 위험이나 칼이랴 36 기록된 바 우리가 종일 주를 위하여 죽임을 당하게 되며 도살당할 양같이 여김을 받았나이다 함과 같으니라 37 그러나 이 모든 일에 우리를 사랑하시는 이로 말미암아 우리가 넉넉히 이기느니라 38 내가 확신하노니 사망이나 생명이나 천사들이나 권세자들이나 현재 일이나 장래 일이나 능력이나 39 높음이나 깊음이나 다른 어떤 피조물이라도 우리를 우리 주 그리스도 예수 안에 있는 하나님의 사랑에서 끊을 수 없으리라

31 What then shall we say to these things? If God is for us, who can be[9] against us? 32 He who did not spare his own Son but gave him up

for us all, how will he not also with him graciously give us all things? <sup>33</sup> Who shall bring any charge against God's elect? It is God who justifies. <sup>34</sup> Who is to condemn? Christ Jesus is the one who died—more than that, who was raised—who is at the right hand of God, who indeed is interceding for us.<sup>10</sup> <sup>35</sup> Who shall separate us from the love of Christ? Shall tribulation, or distress, or persecution, or famine, or nakedness, or danger, or sword? <sup>36</sup> As it is written,

"For your sake we are being killed all the day long;

we are regarded as sheep to be slaughtered."

<sup>37</sup> No, in all these things we are more than conquerors through him who loved us. <sup>38</sup> For I am sure that neither death nor life, nor angels nor rulers, nor things present nor things to come, nor powers, <sup>39</sup> nor height nor depth, nor anything else in all creation, will be able to separate us from the love of God in Christ Jesus our Lord.

8장

1) 어떤 사본에, 나를  2) 헬, 생명  3) 어떤 사본에, 하나님이 모든 것을 합하여 선을 이루시느니라

*1* Some manuscripts add *who walk not according to the flesh (but according to the Spirit)*
*2* Some manuscripts *me*  *3* Or *and as a sin offering*  *4* Some manuscripts lack *Jesus*
*5* Or *brothers and sisters*; also verse 29  *6* See discussion on "sons" in the Preface
*7* Or *that*  *8* Some manuscripts *God works all things together for good, or God works in all things for the good*  *9* Or *who is*  *10* Or *Is it Christ Jesus who died…for us?*

로마서 8:1-39 _ **207**

# 〰〰 단락 개관 〰〰

로마서 6-7장은 복음 메시지를 오해해 문제가 될 수 있는 여러 측면을 다루었다. 그 메시지를 올바르게 받아들여도 삶에서 실천하려 하면 죄의 영향 때문에 어려움이 생길 수 있다. 복음을 믿는 자는 하나님의 뜻을 행하고 싶어 한다. 그러나 숨어 있는 악과 죄가 육신과 율법의 선동을 받아 그리스도인의 더 고상하고 더 나은 삶을 살려는 열망을 좌절시키곤 한다. 7장 마지막은 복음의 확실한 소망과 신자들이 그 소망대로 살 때의 긴장을 모두 표현한다. "우리 주 예수 그리스도로 말미암아 하나님께 감사하리로다 그런즉 내 자신이 마음으로는 하나님의 법을 육신으로는 죄의 법을 섬기노라"(7:25).

6-7장이 그런 삶을 살 때 따라오는 도전에 초점을 맞췄다면, 8장은 구속받은 삶의 영광에 초점을 맞춘다. 그 삶은 하나님이 죄의 노예였던 사람을 사서 하나님의 의의 종으로 만드신 신자의 삶이다.

8장은 두 부분으로 나눌 수 있다. 첫째 부분(1-17절)은 그리스도의 구원 사역이 가지는 개인적 역학 및 그에 대한 신자의 반응을 다룬다. 로마서에서는 성령을 30번 언급하는데 그중 20번이 로마서 8장에 나온다. 로마서의 다른 어느 곳보다 8장에서 하나님(16번)과 그리스도 예수(10번)를 더 자주 언급하지만, 무엇보다 성령의 중요성을 특히 부각시킨다.

1-17절 메시지의 핵심은 10절에 나온다. "그리스도께서 너희 안에 계시면 몸은 죄로 말미암아 죽은 것이나 영은 의로 말미암아 살아 있는 것이니라." 영은 살아 있다! 그리스도께서 하나님의 의를 적용시키는 해방의 사역을 하셨기 때문에, 하나님의 율법의 요구가 "육신을 따르지 않고 그 영을 따라 행하는 우리에게 이루어지게"(4절) 된다. 하나님은 "너희 안에 거하시는 그의 영으로 말미암아 너희 죽을 몸도 살리[신다]"(11절).

1-17절의 극치(the capstone)는 단지 변화된 삶이 아닌 "양자의 영"이다. 양자의 영은 신자들에게 "우리가 그와 함께 영광을 받기 위하여 고난도 함께 받아야" 한다는 중요한 조건과 함께, "하나님의 상속자요 그리스도와

함께한 상속자"임을 확신시킨다.

그 조건이 8장의 둘째 부분, 곧 구속받은 삶의 우주적 함의로 향하는 전환점이 된다. 하나님의 구원 사역은 신자들뿐만 아니라(17절) 온 우주 질서를 고통으로 부른다. 이렇게 함으로써 신자들과 온 우주와 성령 하나님이 모두 탄식한다(22, 23, 26절). 그러나 우리 앞에는 현재의 고통보다 훨씬 더 큰 장래의 영광이 기다린다(18절). 그러나 피조물이 "썩어짐의 종노릇한 데서 해방되어 하나님의 자녀들의 영광의 자유에 이르[기]"(21절)까지는 진통이 있다.

그러나 불리한 현상과 환경에도 불구하고 그 무엇도 신자들을 "우리 주 그리스도 예수 안에 있는 하나님의 사랑에서 끊을 수"(39절) 없다. 8장 후반부는 이 진리를 훌륭하게 해설한다. 바로 그 진리로 인해 용기를 품으라는 호소이다.

≋≋≋≋ 단락 개요 ≋≋≋≋

VI. 구속받은 삶(8:1-39)
   A. 개인적 차원에서의 의미(8:1-17)
   B. 우주적 차원에서의 의미(8:18-39)

≋≋≋≋ 주석 ≋≋≋≋

**8:1** 이 구절은 앞 절("육신으로는 죄의 법을 섬기노라", 7:25b)에서 직접 추론한 것이 아니다. 앞 절은 "정죄함이 없다"는 말과 정반대로 들린다. 그러나 바울은 그로 하여금 "우리 주 예수 그리스도로 말미암아 하나님께 감사하리

로다"(7:25a)라고 외치게 한 그 렌즈를 통해 보고 있다. 바울이 "그러므로 이제…결코 정죄함이 없나니"라고 기뻐하는 말은, 1:1-17부터 3:21-6:23에 이르기까지 많은 전조가 있다. 그러나 앞선 담론의 흐름을 보면 8:1은 7:6에서 중단된 것을 계속 이어주는 듯하다. "이제는 우리가 얽매였던 것에 대하여 죽었으므로 율법에서 벗어났으니 이러므로 우리가 영의 새로운 것으로 섬길 것이요 율법 조문의 묵은 것으로 아니할지니라." 이 연결이 맞다면, 그리스도를 통해 정죄함에서 해방된 것을 기뻐할 만한 이유가 확실히 있다.

"그리스도 예수 안에 있는 자"라는 표현은 의미심장하다. 이는 그리스도에 대한 믿음이 그리스도가 주시는 은혜에 접근하는 데 필요한 요건임을 상기시켜준다. 이 구절들을 문맥에서 떼어놓지 않는다면, 모든 사람이 결국에는 구원받을 것이라는 오래된(특히 현대에 신학자들과 일부 목사들 사이에까지 떠도는 그릇된) 말은 바울의 저술에서 근거를 찾을 수 없다.[76] 그렇다. 그리스도는 아담이 불러들인 "정죄"[카타크리마(*katakrima*)]를 취소한다(5:16, 18, 이 단어는 로마서에서, 실제로는 신약 전체에서 두 번만 더 나온다).[77] 그러나 아브라함이 앞서 갔고 다윗이 기뻐했던(참고. 4장), 구원에 이르는 하나님과의 관계는 누구에게나 허용되는 것이 아니라 주님을 믿는 사람에게만 주어진다.

**8:2** 문맥을 살펴보면 "생명의 성령의 법"을 7:7뿐만 아니라(참고. 8:1 주석) 7:7-25에서 바울이 율법을 긍정하는 방식들과 얼마든지 연결시킬 수 있다. 이것은 스스로를 의롭게 하는 수단(예전에 바울은 이에 근거하여 스스로를 "흠이 없는" 존재로 보았다, 빌 3:6)이 아니라 은혜의 수단으로 본 "율법"이다. 하나님의 '토라'(가르침, 지침)는 성령이 주셨고(모든 성경과 마찬가지로), 이는 "생명",

---

76 Michael J. McClymond, *The Devil's Redemption: A New History and Interpretation of Christian Universalism* (Grand Rapids, MI: Baker Academic, 2018)을 보라.

77 친족 명사인 카타크리시스(*katakrisis*)는 고린도후서 3:9; 7:3에 나온다. '정죄하다'[카타크리노(*katakrinō*)]라는 동사는 신약에 18번 나오는데, 그중에 네 번이 로마서에 나온다(2:1; 8:3, 34; 14:23).

즉 영생을 낳는 것(참고. 롬 2:7; 5:21; 6:22)으로 볼 수 있다. 이는 "그리스도 예수 안에[서]…해방[된]" 사람들에게 해당되는 진리이다. 그들은 그들의 죄를 인정하고 그들의 의를 율법이 아니라 그들을 위해 율법의 요구를 이루신 분 안에서 구함으로써 율법의 사망에서 해방된 것이다.

"죄와 사망의 법"은 더 많은 죄를 짓도록 부추기고(5:20; 7:5, 8, 11) 결국은 정죄를 초래하는 법이다. 바울은 하나님의 법과 같은 선한 것이 어떻게 그런 파멸을 초래할 수 있는지를 나중에 명백히 진술할 것이다. "의의 법을 따라간 이스라엘은 율법에 이르지 못하였으니 어찌 그러하냐 이는 그들이 믿음을 의지하지 않고 행위를 의지함이라"(9:31-32). 이것은 이스라엘의 모든 사람에게는 아니었을지라도 상당히 많은 이들에게 해당되었다(10:2-3도 보라). 바울의 시대에는 "부딪칠 돌"이신 메시아 곧 그리스도 예수에게 부딪친 사람들에게 해당되었다(9:32-33).

율법을 바라보는 두 가지 방식(하나는 율법에 대한 인간의 순종을 의지하는 것, 다른 하나는 율법의 성취인 그리스도를 바라보는 것)은 바울의 고안해낸 것이 아니다. 이 두 방식은 예수님이 종교 지도자들과 벌인 논쟁에 이미 나타나 있다(요 5:39-47).

**8:3-4** "율법이 육신으로 말미암아 연약하여"는 7장에 꽤 많이 등장한다. 우리가 그리스도에 대한 믿음 바깥에서 율법에 접근할 때에 우리가 믿음으로 율법을 성취하신 분을 의지하지 않는 한, 그 결과는 부정적이다. 율법을 이용해서 신자들을 "그리스도 안에[서]…죄와 사망의 법에서…해방[시킨]"(8:2) 그 하나님(의 영)이 또한 예수님을 보내 "그 육신에다 죄의 선고를 내리셨[다]"(새번역). 예수님이 죽었을 때, 그분은 장차 믿음으로 주님을 의지할 모든 하나님의 백성을 위해 율법이 명한 죽음을 죽은 것이다. 6장이 단언하듯이, 따라서 그들은 그분을 통해 율법에 대해 죽은 것이다.

"자기"(ESV는 "His own")는 아버지와 아들 사이의 친밀한 관계를 강조한다(참고. 8:32). 그러므로 그리스도와의 연합은 또한 충만하신 하나님과의 연합이기도 하다. "죄 있는 육신의 모양으로"는 예수님이 죄인이었다는 뜻이 아니다. 그분은 이를 부인했다(요 8:46, 참고. 히 4:15). 오히려 그분은 아담 안에 있는 자들과 완전히 동일시되셨는데(롬 5:12-21, 참고. 마 3:14-15), 이는 그들을 대신해 의로움을 세워서 믿음을 통해 그분과 동일시될 모든 사람에게 같은 영향을 미치게 하려는 것이었다.

로마서 8:4은 핵심이 되는 긍정적 결과를 언급한다. 어느 의미에서 이것은 앞에서 바울이 말한 "믿음으로 말미암아…율법을 굳게 세우느니라"(3:31)라는 말씀이 무슨 뜻인지 설명한다. 이는 구원을 받으려면 그리스도에 대한 믿음을 갖는 것과 함께 율법의 요구에 걸맞게 살아야 한다는 뜻이 아니다. "이루어지게 하려 하심이니라"라는 말씀이 열쇠다. 이 말은 그리스도를 믿는 신자들에게 주신 그리스도의 의를 통해 하나님이 그들의 삶에서 활발히 일하시는 것을 가리킨다.

"율법의 [의로운] 요구"는 믿음을 통해 하나님과 교제하는 이들을 위한 하나님의 빛이자 지침인 율법에 담긴 의도를 가리킨다. 그 의도는 그들로 "그 영을 따라 행하는" 것이다. 그들은 "[그들의] 마음으로 하나님의 법을…섬[길]"(7:25a) 뿐만 아니라 "육신을 따르지 않[을]"(8:4) 수 있는 능력을 부여받는다. 그들은 "[그들의] 육신으로는 죄의 법을 섬기[지]"(7:25b) 않는다. 그들의 삶은 오히려 복음이 나가서 촉진하는 "믿어 순종[함]"(1:5, 16:26)을 그 특징으로 삼는다. 여기에 7장이 그토록 날카롭게 묘사하는 곤경에서 벗어나는 점진적인 해방이 있다.

**8:5** 4절, 그리스도가 율법을 성취하신 사실이 "영을 따라" 행하는 신자의 일상생활로 나타나는 행복한 시나리오를 내다본다. 물론 이 영은 다름 아닌 그리스도의 영이다.

5절은 두 집단을 대조시킨다. 첫째는 "육신을 따르는 자"다. '따르다'(ESV는 "live")는 보통 행위나 윤리적 성향이라는 의미를 담고 있지만 여기서 헬라어가 가리키는 의미는 존재에 가깝다. '그리스도 안에서 행하는 것/사는 것'과 단순히 '그리스도 안에' '존재'하는 것은 차이가 있다. 여기서 바울은 "육신을 따[라]" '존재하는' 사람들을 거론한다. 그 사람의 존재 자체가 "육신"에 푹 젖어 있다. 이는 타락한 인간이 살 수 있는 유일한 방식을 말한다. 바로 "죄와 사망의 법"(2절)에 지배 당하는 모습이다.

사실 그들의 "생각"은 '육신에 속한 것에 쏠려 있다'. 이는 어느 경우든 그들의 마음이 자동적으로 전념하는 것은 육신이 결정한 존재 양식에 순응하며 사는 것을 의미한다.

이와 반대로 다른 이들은 영(성령) 안에 존재한다. 영이 그들의 존재에 표준이 된다. "영의 일"(ESV는 "things of the Spirit")이 그들의 생각과 성향의 범위를 지배한다, 이 본문에서 강조하는 바는 아니지만, 그들은 그런 생각에 따라 살아간다. 이 둘째 집단은 4절에 나오는 사람들, 즉 "율법의 요구가 이루어지[는]" 이들에 해당한다. 그들은 육신의 명령이 아닌 영의 인도에 지배를 받는다. 그리스도는 그들에게 단순한 신념이 아니라 살아 있는 매우 유익한 존재이다.

**8:6** 한 사람의 성향 내지 내적 지향은 그 사람이 인생에서 나아가고자 하는 궁극적 목적지를 보여준다. 일부에게는 그 목적지가 "사망"이다. 이제까지 등장하는 구절을 통해 이 단어가 로마서에서 얼마나 지배적이었는지를 살펴보면 매우 놀랍다(1:32; 5:10, 12, 14, 21; 6:3, 4, 5, 9, 16, 21, 23; 7:5, 10, 13, 24; 8:2). 마지막으로 나오는 구절은 8:38이다. 스무 개의 구절에서 모두 22번 나온다. 이 가운데 일부는 그리스도의 죽음을 가리키지만, 대다수는 이생을 마치고 다가오는 시대에 하나님 없이 존재하는 것과 관련이 있다. 이는 대다수 사람이 원하거나 환영하는 목적지가 아니다.

육신이 좌우하는 사고방식은 사망인 반면, 그리스도 안에 있는 이들은 "영[성령]에" 초점을 둔 사고방식을 갖고 있다. 이를 성령이 생성하는 성향으로 이해해도 무방하다. 또는 이런 안목이 성령을 중심으로 삼고 그 기원을 성령에 두고 있다고 해석할 수도 있다. 어쨌든 그 목적지는 "생명과 평안"이다.

생명에 관해서는, 바울이 이미 "하나님의 은사는 그리스도 예수 우리주 안에 있는 영생이니라"(6:23)라고 주장한 바 있다. 이 진술(이에 상응하는

"죄의 삯은 사망이다"라는 어구와 함께)은 바울 구원론의 요약에 가까운데, 이는 마치 요한복음 3:16이 사복음서에서 다룬 구원론을 요약한 것에 가까운 것과 같다. "생명"은 로마서에 모두 20번 나오기에 "사망"만큼이나 눈에 띄는 단어다.

"평안"은 로마서에서 '생명'이라는 단어보다 절반(10번) 정도만 나온다. 그런데 몇몇 구절에서는 이 단어가 결정적으로 중요하다. "그러므로 우리가 믿음으로 의롭다 하심을 받았으니 우리 주 예수 그리스도로 말미암아 하나님과 화평을 누리자"(5:1). 로마서에서 화평은 그리스도인과 교회의 존재가 지향하는 큰 목표다(14:17). 하나님은 "평강의 하나님"이시다(15:33, 16:20).

한마디로, 이 구절은 서로 극명히 다른 두 선택지를 제시한다. 하나는 얽어매는 파괴적인 것이고, 다른 하나는 약속이 가득한 것이다.

**8:7-8** 이 구절들은 '육신에게 지배당하는 생각'(7절, NIV, 개역개정은 "육신의 생각")이 왜 그토록 문제가 되는지를 설명한다. '육신에 쏠려 있는' 생각은 다음 네 가지 이유 때문에 치명적이다.

(1) 그것은 "하나님과 원수[에크트라(*echthra*)]가" 된다. 적대 행위는 창세기 3:15로 거슬러 올라가고, "적대감"은 죄의 결과로 하나님의 "심히 좋[은]"(창 1:31) 세계로 들어왔다. 아담과 하와가 범죄하고, 또 사람들이 그 죄를 안고 태어남으로써 인류는 하나님과 불화하게 되었다. 그런데 그리스도가 신자들을 위해 이 적대감(에크트라, 참고. 엡 2:14, 16)에 종지부를 찍었고, 사람들이 그리스도를 믿음으로써 하나님과의 화평, 적대감을 화해로 대체할 수 있다.

(2) 그것은 "하나님의 법에 굴복하지 아니[한다]." 로마서 7장은 그리스도를 아는 선의의 사람조차 율법에 나타난 하나님의 성품과 뜻과 권위를 거슬러 도덕적 갈등을 겪는 모습을 묘사한다. "굴복하지 아니[한다]"는 말은 현재형이며 육신적인 사람의 특징적인 성향을 묘사한다. 이는 그 사람이 하나님의 모든 명령 가운데 하나도 결코 순종할 수 없다는 뜻이 아니

다. 예를 들어 대다수 사람은 하나님이 주신 살인하지 말라는 계명에 따라 살아간다. 그러나 전반적으로 그들은 하나님의 폭넓은 가르침(3:23)과 그 가르침을 주신 의도(일례로, 살인에 관해서는 마 5:21-26에서 예수님이 그 계명을 분노까지 확장하신 것을 상기하라)에 미치지 못한다.

(3) 그것은 "하나님의 법에 굴복…할 수도 없[다]." 육신에 치우친 생각은 율법의 부추김을 받은 죄의 능력에 적수가 되지 못한다. 그런 생각이 방향을 재설정하려면 복음을 통한 그리스도의 개입이 필요하다. 바울은 이에 대해 여러 방식으로 묘사한다. 두 개의 예를 들자면, 하나는 바울이 신자들 속에 그리스도의 형상이 이루어지길 갈망하는 모습이다(갈 4:19). 다른 하나는 바울이 독자들에게 "오직 주 예수 그리스도로 옷 입고 정욕을 위하여 육신의 일을 도모하지 말라"(롬 13:14)고 권면하는 모습이다.

(4) "육신에 있는 자들은 하나님을 기쁘시게 할 수 없느니라." 가장 중요한 것은 하나님과 어떤 관계를 맺느냐 하는 것이지 율법을 지키는 것이 최고가 아니라고 말하는 것이다. 그저 계명들을 지키거나 율법 위반을 피하는 문제가 아니다. 바로 하나님과의 올바른 관계를 말하는데, 이를 통해 하나님이 그분의 백성 모두를 각각 기뻐하시고, 그들이 점점 더 그분을 영화롭게 하고 지금과 영원히 그분을 즐거워하는(웨스트민스터 교리문답의 표현대로) 가운데 자라는 것이다.

**8:9** 바울은 복음을 영접한 독자들에게 말한다. 그들은 7-8절이 묘사하듯이 "육신에 있[지]" 않다. 그들은 "영에"('그리스도 안에'의 다른 표현 방식, 삼위일체의 세 번째 위격을 강조하면서) 있다. 그들은 죄의 종노릇과 율법의 정죄에서 해방되었다. 다음 두 절에 나오듯이, '영[성령] 안에'는 그들을 위해 죽으시고 부활하신 그리스도의 영이 그들의 마음과 생각을 지키신다는(참고. 빌 4:7) 뜻으로 해석할 수 있다.

"만일…면"[에이페르(eiper), ESV는 "if in fact"]은 진실일 확률이 매우 높은 가설적 상황을 자주 가리킨다(바울이 이 단어를 사용하는 다음 다섯 구절을 보라. 롬 3:30; 8:17, 고전 8:5; 15:15; 살후 1:6). '거하다'는 '사이에 살다'로 번역할 수도 있다. 하나님이 성령으로 현존하심은 개인적 차원에 국한되지 않고 성령이 다함께 묶으시는 그리스도의 몸까지 확장된다.

바울은 양자택일의 진술을 덧붙인다. "그리스도의 영"을 갖고 있지 않다는 것은 그리스도도 갖고 있지 않다는 뜻이다. 로마에 있는 교회에서 영향력이 있던 일부 사람이 그리스도, 성령, 그리스도인의 삶, 또는 이 가운데 두세 가지와 관련해 무언가 다른 것을 가르치고 있었을 가능성이 있다. 바울은 복음 영접이 교리적으로, 또 윤리적으로 지니는 뜻을 통합하려고 한다.

**8:10** 이 구절은 "그리스도의 영"(9절) 안에서의 삶이 취하는 형태를 요약한다. "그리스도께서 너희 안에 계시[다]"는 아브라함이 하나님을 믿었듯(4장) 독자들이 그리스도를 믿는다는 뜻이고, 따라서 그리스도께서 그들의 삶에 실재하시고 그들을 교회의 다른 이들과 연합시킨다는 의미이다. 8:9과 같이 "너희 안에"는 '너희 사이에'라는 뜻이기도 하다. 그리스도인의 모임은 (신앙은 개인적인 것이지만) 같은 종교를 믿는 개인들의 모임이 아니라, 그리스도께서 그들을 지체로 부르셨으므로, 그 모임은 그리스도가 주 되시고, 머리가 되시는 공동의 정체성을 가진다.

바울이 묘사하는 상태는 변증법적으로, 두 가지가 동시에 참이다. 첫째, "몸은 죄로 말미암아 죽[었다]." 불신자들은 죄에 묶여 있고, 신자들조차 죄의 유혹과 씨름한다. 더구나 죄 때문에 인간의 몸은 결국 이생에서 죽음에 굴복하고 만다. 죽음이라는 운명은 우리 모두에게 영향을 미치는 사안이다.

하지만 "영은 의로 말미암아 살아 있[다]." 복음을 통해 선포되고 그리스도의 죄 없는 죽음을 통해 세워진 하나님의 의는 성령이 예수님의 추종자들에게 들어가서 그들을 해방시키는 길을 닦아주었다. 바울이 여기서 '살아 있'다고 부르는 성령의 권세와 영향력은 앞서 언급한 죽음과 정반대되는 것이다.

**8:11** 9절은 성령이 신자들 안에, 그리고 사이에 살아 계신다고 말했다. 10절은 "너희 안에" 계신 그리스도를 말했다. 이제 11절은 아버지께서 로마의 신자들 안에 그리고 사이에 살아 계신다고 한다. 그분은 "예수를 죽은 자 가운데서 살리신" 분이다. 하나님의 삼위일체적인 존재와 활동은 바울이 생각하는 하나님과 그분의 구원 사역에 근본이 된다.

11절은 그리스도의 부활이, 신자들이 육신 안에 살지 않고 영 안에 살게 하는 데에 얼마나 중요한지 강조한다. 바울은 예수님이 죽은 자 가운데서 살아나셨음을 두 번이나 언급함으로써 하나님이 신자들의 "죽을 몸"에서도 비슷한 기적을 일으키신다고 주장한다. 이는 10절에 나온 "몸은 죄로 말미암아 죽은 것이나"라는 말을 연상시킨다. 그러나 "[그분의] 영이 너희 안에 거하시[기]" 때문에 죽음은 최종 결론이 아니다. 아버지는 성령에 의한 아들의 부활 생명을 교회와 그 지체들에게 적용하신다.

그리스도의 부활에는 새롭게 하는 힘이 있으므로 신자들은 죄와 죽음에 굴복할 까닭이 없다. 만일 하나님께서 아들을 일으키셨다고 믿는다면, 신자들은 또한 그들의 삶과 교회에 하나님의 함께하심이 바로 그들도 "죄와 사망의 법"(2절) 위로 일으킴을 받았다는 뜻임을 믿어야 한다.

**8:12** "그러므로"는 앞 단락을 요약하고 다음 단락으로 넘어간다는 말이다. "형제들아"는 애정 어린 목회적 호소를 담은 용어로, 로마서에 10번을 비롯해 바울의 저술에 69번 나온다. 지금 바울은 그들에게 멀찌감치 있는 권위자로서 명령하지 않고 믿음의 형제로서 권면한다.

다른 곳에서 바울은, 율법에 대한 순종에만 기초해서 하나님께 접근하는 것은 "율법 전체"를 완전히 지킬 의무를 가진 자[오페일레테스(*opheiletēs*), "빚진 자"]가 된다는 뜻임을 상기시켜준다(갈 5:3).[78] 그리스도가 부활하신 덕분에(롬 8:11) 그리스도인들은 "육신대로 살" 운명에 처하게 하는 이런 절

---

78 이 점에서 바울과 야고보가 일치한다. "누구든지 온 율법을 지키다가 그 하나를 범하면 모두 범한 자가 되나니"(약 2:10).

망적인 곤경에 빠져 있지 않다. 바울이 거듭해서 강조했듯이 육신은 죄나 율법에 적수가 되지 못하고, 오히려 그것들과 연합하여 복음의 해독제를 무시한 채 그 경로를 좇는 모든 사람에게 패배와 정죄를 안겨준다. 그리스도 안에 있는 자들은 "육체를 신뢰하지 아니[한다]"(빌 3:3). 다음 구절이 그 이유를 설명한다.

**8:13** 바울은 앞에서 "육신대로" 사는 것을 이렇게 묘사했다. 그리스도를 알지 못한 채 "우리가 육신에 있을 때에는 율법으로 말미암는 죄의 정욕이 우리 지체 중에 역사하여 우리로 사망을 위하여 열매를 맺게 하였더니"(7:5). 우리에게 "원함은 있으나 선을 행하는 것은 없[기]" 때문에 "내 속 곧 내 육신에 선한 것이 거하지 아니하는 줄을" 안다(7:18).

그런즉 8:13에서 바울이 육신이 지배하는 삶의 치명적 결과를 지적하는 것은 당연하다. 만일 은혜가 없다면, 그런 삶은 이생은 물론 내세에도 한 사람을 하나님에게서 분리시킨다. 반면에 은혜가 개입한다면, 새로운 능력이 그 그림에 들어간다. 그리스도를 믿는 이들은 "영[성령]으로써 몸을 행실을 죽[일]" 수 있고 그럼으로써 "살[게]" 될 것이다. 그들은 하나님으로부터 영적 분리를 면하고 그 대신 그분과의 교제를 누릴 것이다.

**8:14** 이 구절은 "영으로써" 살고 따라서 "몸의 행실을 죽[인다]"(13절)는 것이 무슨 뜻인지를 묘사한다. 그런 삶에는 활동과 정체성이라는 두 가지 측면이 있다. "하나님의 영으로 인도함을 받는"은 활동을 가리킨다. 예수님은 시험을 받을 때 "성령에게 이끌리[셨다]"(눅 4:1). 바울은 고린도 교인들에게 그들이 "이방인"이었을 때는 "말 못하는 우상에게로 끄는 그대로 끌려갔느니라"(고전 12:2)라고 일러준다. 바울은 "성령의 인도[함]"을 받는 사람은 율법의 종노릇에서 해방된다고 가르친다(갈 5:18). 이 모든 구절들은 그리스도를 전적으로 믿음으로 사는 생활양식의 현존(또는 부재, 고전 12:2)을 가리킨다. 그러한 개개인과 집단들에게 하나님의 영이 영향력을 발휘하여 그들이 무관심이나 반역이 아니라 하나님께 순종하도록 격려한다.

"영으로 인도함을 받는" 삶이라는 '활동'을 수행하는 사람들은 그들의 '정체성'이 "하나님의 아들[들]"(ESV는 "sons of God")이기 때문에 그렇게 한다. 이는 예수님이 "하나님의 아들"(ESV는 "Son of God")이심과 관련이 있으나 동일하지는 않다. 예수님은 다른 어떤 인간과도 비교할 수 없는 하나님의 아들이시다. 신자들의 양자 됨은, 하나님이 그분의 아들을 믿는 이들에게 그분을 아버지로 부르도록 허락하시는 특권이다. 다음 구절이 이 관계의 깊이와 결과를 말해준다.

**8:15** 이 구절은 하나님의 영의 인도함이 없는 것은 다른 영, 곧 종으로 삼아 무서워하게 하는 영의 지배를 받는 것이라고 한다. 바울은 이미 육신과 율법이 단합하여 불신자들을 어떻게 죄로 얼룩진 삶으로 넘겨주어 결국 심판을 받게 하는지를 묘사한 바 있다(1:18-3:20). 그런 "종노릇"은 당연히 "무서[움]"을 낳는다. 육신이 지배하고 율법이, 그리고 궁극적으로 하나님이 정죄하는 것에 대한 두려움이다.

"하나님의 아들[들]"(8:14)이 된다는 것은 "양자의 영을 받았[다]"는 뜻이다. 복음 메시지를 믿는다는 고백은 성령을 받는 것을 의미한다. 성령은 하늘의 아버지와 신자 사이에 가족 관계를 맺어준다. 하나님은 온 인류를 내려다보며 그들이 필요로 하는 것을 공급하신다. "하나님이 그 해를 악인과 선인에게 비추시며 비를 의로운 자와 불의한 자에게 내려주심이라"(마 5:45, 또한 행 14:16-17도 보라). 그러나 하나님은 그의 아들 예수 그리스도를 믿는다고 고백하는 이들과 특별한 관계를 맺고 있다. 그들은 성령에 의해 그리고 성령 때문에 하나님을 그들의 "아빠 아버지"로 부르짖는 것이 가능하고 또 바람직하다는 것을 알게 된다. 하나님의 배척이나 그분의 진노의 심판을 무서워하는 것은 지난 과거의 일이다.

**8:16** 15절에 나오는 안도의 부르짖음은 성령이 복음 메시지를 믿은 사람들의 내면에서 일하신 결과다. "성령이 친히"는 다름 아닌 하나님이 직접 친밀한 유대감을 만들고 계심을 강조한다. "우리의 영과 더불어"는 우리의

개인적인 내적 기능과 인식을, 그리고 그리스도의 몸의 지체가 되었다는 공동체적 의식을 의미한다.

"양자의 영을 받은"(15절) 사람들에게 진정으로 통합하는 무언가가 있다. 그들은 "하나님의 자녀"이고 또한 그 사실을 안다. 그들은 다함께 하나님을 부르고, 다함께 아버지 하나님이 용납하고 보호하고 돌보심을 보여 주는 표지를 찾아낸다. 그들은 예수님이 제자들에게 가르치신 대로 확신을 품고 "하늘에 계신 우리 아버지"(마 6:9)라고 부르며 기도할 수 있다. 그분은 저 멀리 떨어져 계신 위협적인 분이 아니라, 가까이서 관여하고 양육하며 지도하시는 분이다.

**8:17** 바울은 "하나님의 자녀"(16절)에 따르는 두 가지 결과를 언급한다. 하나는 신자들이 "상속자"라는 것이다. 바울의 신약 저술에는 "상속자"[클레로노모스(klēronomos)]라는 단어가 여섯 번 더 나온다. 그 가운데 다섯 번은 신학적 의미를 담고 있다.[79] 아브라함은 율법이 아니라 믿음을 통해 "세상의 상속자"로 부름을 받았다(4:13-14). "그리스도의 것"인 사람들은 "아브라함의 자손이요 약속대로 유업을 이을 자"(갈 3:29)이다. 그리스도 안에 있는 사람은 더 이상 율법 아래 있는 종이 아니라 "하나님으로 말미암아 유업을 받을 자"(갈 4:7)이다. "그의 은혜를 힘입어 의롭다 하심을 얻[는]" 것은 "영생의 소망을 따라 상속자가" 된다는 뜻이다(딛 3:7).

이런 언급에는 그리스도에 대한 믿음이 무엇을 의미하는지 자세히 적혀 있다. 보통은 이런 이미지를 덜 사용하는 편이다. 하나님은 그리스도를 따르는 자들에게 유업을 허락하시고, 그들은 "하나님의 상속자요 그리스도와 함께 한 상속자"가 된다. 이는 장래가 보장되는 탄복할 만한 진리다.

그러나 "하나님의 자녀"로서 치러야 하는 또 하나의 결과는 반갑지 않다. 하나님의 자녀는 그리스도와 함께 고난을 받아야 하기 때문이다. "우리가 그와 함께 영광을 받기 위하여 고난도 함께 받아야 할 것이니라." 그

---

79  여섯 번째인 갈 4:1은 어떤 논점을 예증하기 위해 "상속자"의 개념을 사용한다.

리스도와 함께 고난을 받는다는 것은 그분에게 신실할 때 생기는 불편함을 감수하는 것이다. 그것이 내적 갈등일 수도 있고 외부에서 오는 형벌일 수도 있다. 이생에서 그리스도께 헌신한 결과 다가오는 시대에 진정한 예배자로 인정받는 이들은 최후의 영광을 받을 것이라고 한다. 이와 반대로, 그리스도께 헌신했다고 말하면서도 고난은 피하려는 자들은 그분과 함께 영광을 받지 못할 것이다.

**8:18** '왜냐하면'(ESV는 "for", 개역개정에는 없음)은 하나님의 자녀가 동료 상속자인 예수님과 고난을 받을 것이라는 바울의 앞 진술과 관련이 있는 설명하는 내용이 이어질 것임을 시사한다.

물론 우리가 싸워야 할 "현재의 고난"이 있다. 이것이 바울에게 의미하는 바는 고린도후서 11:23-12:10에 자세히 쓰여 있다. 대다수 그리스도인은 그리스도를 믿으며 사는 생애 동안 그 정도로 시련을 겪지는 않을 것이다. 비록 오늘날의 교회에서도 이백 명이 넘는 그리스도인이 날마다 박해를 받아 생명을 잃고 있지만 말이다. 이는 현재의 고난이 취하는 하나의 극단적인 형태다. 지금도 그리스도를 따르다가 엄청난 대가를 치르는 신자가 많다. 다른 곳에서 바울은 어떤 형태로든 어느 정도로든 "무릇 그리스도 예수 안에서 경건하게 살고자 하는 자는 박해를 받으리라"(딤후 3:12)고 말한다.

하지만 "우리에게 나타날 영광"도 있다. 다른 곳에서 바울은 장래에 있을 변호(살후 1장)의 영광, 몸의 부활(고전 15장)의 영광, 그리고 "우리의 크신 하나님 구주 예수 그리스도의 영광이 나타나심"에 비추어 "경건하지 않은 것과 이 세상 정욕을 다 버리[는]" 것(딛 2:12-13)의 영광에 관해 다양하게 말한다. 현재의 모든 시련과 환난은 하나님이 약속하시는 하늘의 상급 앞에서 무색해진다.

**8:19** 여기서부터 8장 끝까지, 바울은 현 시대의 삶이 지닌 불완전하고 흠 있고 종종 고통스러운 차원들을 묘사하려고 애쓴다. 이 모두는 하나님이

그분의 선하심과 권위에 도전할 만한 모든 것을 정복하시기 때문에 신자들에게 궁극적 승리를 확신시키는 장래의 영광을 배경으로 다뤄진다(38-39절). 바울은 방금 언급한 고난(22절)을 고려하여 피조물 자체의 "탄식"을 인정하길 원한다(22절). 진통을 겪는 그리스도인들은 현재 더 큰 세계 질서의 일부로 점차 변화를 겪을 뿐만 아니라 다시 세워지는 중이다.

　　바울은 그 결말에 창조질서가 바로서리라 "고대하는" 모습이다. 피조물은 "하나님의 아들들이 나타나는 것"을 절박하게 기다리는 중이다. 이는 방금 언급한 대로(17절) 그들이 "그와 함께 영광을 받[을]" 것이라는 뜻이다. 이는 예수님 자신이 현 시대의 완성을 간절히 고대하셨음을 상기시킬 것이다. "나는 받을 세례가 있으니 그것이 이루어지기까지 나의 답답함이 어떠하겠느냐?"(눅 12:50). 바울은 이제 그와 똑같은 열렬한 갈망을 창조질서의 것으로 돌린다.

**8:20** 계속해서 피조물을 의인화한다. '굴복하다'는, 에덴에서 지은 죄가 초래한 저주(창 3:14-19)로 이해하는 것이 가장 적절하다. 하나님은 세계를 특정한 조건들에 종속시키셨는데, 그 모두가 마침내 구속될 필요가 있지만 다수는 달갑잖은 것들이다. "허무한 데"는 질병과 죽음과 같은 삶의 비참한 측면들이다. 에덴에서 하나님은 해산(창 3:16)과 땅의 경작(창 3:17-19)에 고통의 형벌을 더하셨다. "자기 뜻이 아니요"는 인간과 세계가 하나님의 판결을 직접 요청한 것이 아니었음을 시사한다. 하나님이 하나님이시기에 그런 조건을 명하신 것이다. 다른 한편, 모든 사람의 삶이 죄 때문에 절망만이 가득했으나 하나님이 행동하셨기에 희망이 있을 것이었다. 진정 이 구절은 '소망 가운데'(개역개정은 21절의 "그 바라는 것") 하나님이 타락 이후의 상황을 다루기로 결심하셨다는 말로 끝난다. 그분의 목표는 형벌만이 아니라 구속이기도 했다.

**8:21** "그 바라는 것"(ESV는 20절 끝에 나옴)은 막연한 낙관론이 아닌 확실한 기대다. 인간의 죄에 반응하여 하나님은 창조질서를 해방시키기로 결심하

셨다. 그것은 "썩어짐의 종노릇[둘레이아(*douleia*)]한 데서 해방되는" 것일 터였다. 바울은 방금 그리스도나 성령이 없는 이들을 떠나지 않는 "종[둘레이아]의 영"에 관해 썼다. 이것은 "썩어짐"의 핵심에 있는 죄와 죽음의 결과로써 아담과 하와의 후손이 살아가는 모든 곳에서 눈에 띈다. 바울은 "썩어짐"[프토라(*phthora*)]을 다른 곳에서 네 번 더 거론한다(고전 15:42, 50; 갈 6:8; 골 2:22).

그러나 겉으로는 그렇게 보일지라도 상실과 눈물로 점철된 이생에는 종노릇이나 타락보다 더 많은 것이 있다. 복음 메시지를 듣고 그 말씀대로 행하는 자는 "하나님의 자녀"가 될 수 있는데, 하나님은 복음 메시지에 잠재된 "영광"을 붙잡는 이들에게 "자유"를 주신다. 이 자유는 성령의 주권적 사역의 특징이다(고후 3:17). 이는 그리스도의 구속사역의 목표이자 신자들에게 "굳건하게 서서 다시는 종의 멍에를 메지 말라"(갈 5:1)라고 촉구하는 자극제이다. '자유로 부름받은' 이들은 자유를 오용하지 말고 '사랑으로 서로 섬겨야' 마땅하다(갈 5:13).

**8:22** 로마서에서 바울은 "우리가 안다"는 표현을 사용해 사도의 사상에서 공리에 해당하는 진리를 가리킨다(참고. 76쪽 표2; 3:19 주석; 7:14 주석; 8:28 주석). 그는 피조물의 일부가 아니라 '온 피조물'이 공유하는 상태를 묘사한다. "함께 탄식하며"는 집합적인 한탄을 가리키는 헬라어 동사[쉬스테나조(*systenazō*)]를 번역한 것이다. 성경은 창조질서가 흥겹게 찬양하는 모습을 그리지만(시 47:1; 98:8; 사 55:12), 세계는 또한 인간의 범죄와 임박한 심판의 먹구름 아래 갇혀 있다.

"함께 탄식하며"는 "함께 고통을 겪고"[어원은 쉬노디노(*synōdinō*)]와 짝을 이룬다. 바울은 동일한 접두사를 지닌 두 단어를 노련하게 묶어놓는다. 두 단어 모두 함께 겪는 고뇌를 언급한다. ESV는 이 둘을 '해산의 고통 안에서 함께 탄식한다'("groaning together in the pains of childbirth")라고 묶어놓지만, 바울이 공동의 극한적 고통을 일부러 따로 선언하는 것을 놓치면 안 된다.

"이제까지"는 '이 순간에 이르기까지'라는 뜻이다. 이는 방금 묘사한 상태가 과거의 것이라는 뜻이 아니다. 그 상태는 "고대하는"(롬 8:19)과 "해

8장

방되어"(21절)라는 말이 가리키듯이 현재까지 끈질기게 계속되며 해결을 기다리는 것이다.

**8:23** 이 구절은 그 안에서 인간 생명이 펼쳐지는 창조질서에서 모든 인간 각자가 가지는 바로 그 생명들로 방향을 돌린다. 바울은 자기가 이제 개개인 및 그들 가운데 1인까지 언급하고 있음을 강조하기 위해 수사법을 활용한다.

바울은 하나님의 성령이 우리와 함께하심이 얼마나 유익한지, 그리고 성령의 사역을 이미 칭송한 바 있다(5:5; 7:6; 8:2; 4, 5, 6, 9-16). 성령의 유익들은 "처음 익은 열매"라고 불린다. 이는 지나간 복에 대한 증거요 장래의 더 나은 것들에 대한 맛보기를 의미한다. 그리스도 안에 있는 하나님의 구속은 이미 있으며, 강력하며, 또한 즐겁다.

그러나 신자들까지도 "속으로 탄식하여 양자 될 것을…기다[린다]"(참고. 7장). 여기서의 창조질서는 목가적인 모습과 거리가 멀다. 이는 8:22에 나온 피조물의 탄식을 되울리고 개인화한다. "속으로"는 개인적 경험의 깊숙한 곳을 의미한다. 신자들이 이미 누리는 '양자 됨'(14-17절)은 이스라엘이 물려받은 심오한 유산(9:4)으로써 아직 마지막 날의 완성에 이르지는 못했다. "기다리느니라"는 8:19에 나온 피조물의 "고대[함]"을 묘사하는 동사와 동일하다.

더 나아가 바울은 신자들이 간절히 기다리는 양자 됨을 묘사하기 위해 "몸의 속량"이라는 말을 사용한다. 바울은 경건한 꿈이나 영적 환상에 대해서가 아니라, 하나님이 장차 이생의 우리의 몸을 우리가 다가올 시대에 생명을 즐기는 데 적합한 영화로운 몸으로 대체하실 것이라 언급한다. 내용은 고린도전서 15:35-57에 이에 관한 더 상세한 설명이 나온다.

**8:24** 20절과 같이 "소망"은 하나님이 성취하시리라고 확실히 기대하는 것이다. 신자에게 양자 됨과 몸의 속량(23절)보다 더 확실한 것은 없다. 비록 신자들이 그것을 불완전하게 전유하고 살아낼지라도, 그런 "소망"은 모

든 신자가 삼중으로 받는 큰 소유의 일부다(고전 13:13). 이는 그들이 "구원을 얻었[을]" 때 그들의 마음과 영혼을 가득 채운 확신이다.

그런데 분명히 할 것이 있다. 모순이 있는 듯하다. 신자들은 영광스러운 "성령의 처음 익은 열매"(롬 8:23)을 갖고 있으면서도 "속으로 탄식한다." 어째서 전자가 후자를 완전히 삼켜버리지 않는가? 다가올 시대에는 그럴 것이다. 그러나 현재에는 아직 완성되지 않은 채 있는 것이 그 소망의 성격이다. "보이는 소망[은] 소망이 아니[다]." 바울의 수사적 질문이 시사하듯, 만일 하나님이 장래에 이루시겠다 한 약속을 완전히 성취되하셨다면 그 결과는 완전히 눈에 보일 것이다. 그러면 장래가 이미 이르렀을 테니 소망이 필요하지 않을 것이다. 그러나 장래는 아직 이르지 않았다. 그러므로 소망이 여전히 유효하다.

**8:25** 바울은 24절에서 묘사하는 소망이 얼마나 적합한지를 말한다. "우리가 [아직] 보지 못하는 것"은 그리스도께서 대표하고 그분의 몸의 부활로써 예상하는 세계와 몸의 완전한 속량이다. 그것이 사실이라면, 이 단락에 나오는 모든 "탄식"이 정당화하거나 가리키듯이 우리는 절망하지 않는다. 오히려 우리는 아직 볼 수 없는 것을 "참음으로 기다[린다]."

'기다리다'는 19절과 23절에서 간절한, 심지어 기쁜 기다림과 고대를 가리킬 때 사용한 그 단어를 번역한 것이다. 그리스도인의 소망은 아무 것도 영향을 주거나 바꾸거나 막을 수 없는 어떤 시간표 또는 장래 사건을 앞서서 단념하는 것이 아니다. "참음으로"는 장차 있을 하나님의 도래와 변혁 사역을 집요하게 확신하도록 만드는 능동적인 신실함을 가리킨다. 이 집요한 확신은 비록 그 존귀와 영광이 지금 보이지 않으며 이 생애 동안 우리가 보지 못할지라도, 우리가 현재 그분의 이름으로 행하는 모든 것이 적절한 때에 그분에게 존귀와 영광을 돌릴 것이라는 확신이다. "참음"은 '끈기'(perseverance)로도 번역할 수 있다. 이는 수동적인 갈망이 아니라 장차 이뤄질 것이 현재의 삶을 변화시키리라는 것을 묘사한다. 요한은 이렇게 표현한다. "주를 향하여 이 소망을 가진 자마다 그의 깨끗하심과 같이 자기를 깨끗하게 하느니라"(요일 3:3).

바울의 소망은 그를 소심하게 하지 않고 담대하게 만든다. "우리가 이 같은 소망이 있으므로 담대히 말하노니"(고후 3:12). 영광스러운 장래를 투영하는 하나님의 약속들은 게으름이 아니라 열렬한 행동을 낳는다. "그런 즉 사랑하는 자들아 이 약속을 가진 우리는 하나님을 두려워하는 가운데서 거룩함을 온전히 이루어 육과 영의 온갖 더러운 것에서 자신을 깨끗하게 하자"(고후 7:1). 바울이 로마서를 쓰기 직전에 고린도후서를 썼다는 사실을 기억하라.

**8:26** 바울은 이제 성령의 첫 열매들(23절)이 수행하는 중요한 사역을 언급한다. 바로 복음을 믿는 자들의 연약함을 포함해 모든 인간의 연약함을 돕는 일이다. 이것은 모호한 확신이나 한가한 약속이 아니다. 성령은, 앞에서 언급한 피조물과 하나님의 백성이 겪는 괴로움("탄식")을 같이 느끼신다. 신자들이 상처를 받으면 성령도 그것을 느낀다.

바울은 전형적인 기독교 활동인 기도를 예로 든다. 예수님은 제자들에게 "항상 기도하고 낙심하지 말아야 할 것을"(눅 18:1) 가르치셨다. 바울은 본을 보이고(롬 1:9) 쉬지 말고 기도하라고 명한다(살전 5:17). 그런데 기도에서 큰 도전거리이자 방해거리 가운데 하나는 인간의 우유부단함과 무지다. 바울은 솔직하게 "우리는 마땅히 기도할 바를 알지 못한다"고 시인한다. 이런 제약 때문에 기도하지 않을 소지가 있다.

이 때문에 바울은 "성령이 말할 수 없는 탄식으로 우리를 위하여 친히 간구하[신다]"는 사실을 강조하고자 한다. "친히"(ESV는 "Himself")는 성령이 다름 아닌 하나님이심을 주목케 한다. "탄식"은 성령이 앞에서 말한 탄식 가운데 있는 피조물과 신자들의 바로 옆에 계시며 영향을 받는 분임을 보여준다. 하나님은 저 멀리 외딴 곳에서 관망하지 않고 "말할 수 없는" 인간의 정서를 스스로 떠안는 분이다. 성령께서 친히 기도하는 가운데 끙끙거리며 아마도 탄식하는 신자와 동일시하시고 그를 도우실 때, 기도가 우리의 한계와 무지와 불완전함에 얼룩졌을지라도 증폭되고 정결해지고 강렬해진다. 우리는 이를 확신할 수 있다.

바울은 성령의 중보기도를 강조(롬 8:26-27)하는데, 이는 그리스도가 우리의 본질적 정체성을 확증하기 위해 "우리를 위하여 간구하시는"(34절) 것과 짝을 이룬다. 신자들은 서로 구별되지만 완전히 하나다. 주권자이신 하나님(28절), 삼위일체의 충만함이 기도하려고 애쓰는 그분의 백성에게 손을 내밀고 그들을 가득 채우신다.

**8:27** "마음을 살피시는 이"는 아버지 하나님을 가리킨다. 구약의 큰 주제 가운데 하나는 하나님이 모든 마음을 샅샅이 아신다는 것이다. "주만 홀로 사람의 마음을 다 아심이니이다"(왕상 8:39, 참고. 대하 6:30). 하나님은 "마음의 비밀을 아[신]다"(시 44:21). 요약하자면 "여호와께서는 모든 마음을 감찰하사 모든 의도를 아[신다]"(대상 28:9).

모든 것을 아시는 하나님은 당연히 "성령의 생각을 아[신다]." 이 둘은 본질적으로 완전히 하나이기 때문이다. 하나님은 두 신(또는 세 신)이 아니라 하나이시다. 그리고 이처럼 지식과 목적이 통일된 결과는 "성령이 하나님의 뜻대로 성도를 위하여 간구하심"이다. 우리는 무엇을 기도할지 또 어떻게 기도할지 모를 수 있다(많은 경우에 그렇다). 그러나 하나님의 "성도들"(참된 신자들)은 그들의 기도가 "하나님의 뜻대로" 될 것임을 확신할 수 있다. 왜냐하면 그들 기도의 효능이 인간적인 유창함, 정확함, 또는 수다스러움에 달려 있지 않고(예수님은 기도할 때 '많은 말'을 하지 말라고 경고하신다, 마 6:7), 바울도 그의 편지들에서 간명한 기도를 드리기 때문이다. 신자들의 기도는 성령의 사역으로 온전케 되고 하나님의 뜻에 순응하게 된다.

**8:28** "우리가 알거니와"라는 바울의 표현에 관해서는 8:22 주석을 참고하라. "하나님을 사랑하는 자"는 그리스도를 믿는 신자를 가리킨다. 이후에 바울은 그들을 "그의 뜻대로 부르심을 입은 자들"로 묘사한다. 그리스도에 대한 믿음이 하나님을 향한 사랑과 하나님으로부터 오는 사랑을 가능케 한다. 바울은 일어나는 모든 것이 선하다고 말하지 않는다. 오히려 하

나님은 무한한 자비와 지혜를 통해 모든 상황과 환경이 그분을 믿는 자들에게 우호적인 방향으로 흘러가게 하신다. 이는 그리스도를 섬김으로 인해 고난을 겪을(18절), 고통만 줄 뿐인 세상(22절)에서 속으로 탄식할(23절), 그리고 성령의 동정하심으로 힘을 얻을(26절) 자들에게 딱 들어맞는다.

바울은 하나님의 "뜻"[프로테시스(*prothesis*), ESV는 "purpose"]을 다른 네 구절에서 언급한다. (1) 그분의 '뜻'은 구원에 이르도록 개개인을 선택하시는 것이 "행위로 말미암지 않고 오직 부르시는 이로 말미암아"(9:11) 된 것임을 알려준다. (2) 신자들은 "모든 일을 그의 '뜻'의 결정대로 일하시는 이의 계획을 따라 예정을 입어 그 안에서 기업이 되었[다]"(엡 1:11). (3) 하나님의 지혜가 "이제 교회로 말미암아 하늘에 있는 통치자들과 권세들에게" 알려졌으니 이는 "영원부터 우리 주 그리스도 예수 안에서 예정하신 '뜻'대로 하신 것이[다]"(엡 3:10-11). (4) 하나님이 "우리를 구원하사 거룩하신 소명으로 부르심은 우리의 행위대로 하심이 아니요 오직 자기의 '뜻'과 영원 전부터 그리스도 예수 안에서 우리에게 주신 은혜대로 하심이[다]"(딤후 1:9).

요약하자면 하나님의 뜻에 대한 바울의 교리는, 다음 두 구절에서 제시하는 구원의 순서를 알려주는 심오한 단언을 조명해주고 또 지지해준다.

**8:29** "미리 아신"은, 하나님의 지식과 목적(참고. 8:28 주석)이 그분을 사랑하는 이들(28절)의 구원보다 먼저 있었고, 또한 그 궁극적 원인임을 바울이 확신했음을 가리킨다. 이는 믿음이 필요치 않다는 것이 아니라 오히려 보증한다. 오히려 믿음이 생겨나는 배후에 하나님이 서 계시므로 그 덕분에 믿음이 그 목표를 이룰 것임을 확신시켜준다.

하나님을 사랑하는 자들은 "그 아들의 형상을 본받게 하기 위하여" 그들을 "미리 정하[신]" 분의 뜻에 맞추어 그렇게 행한다. 하나님의 "은밀한 가운데 있는…지혜"는 "우리의 영광을 위하여 만세 전에" 미리 정하신 것이다(고전 2:7). 하나님은 "그 기쁘신 뜻대로…예수 그리스도로 말미암아 자기의 아들들이 되게 하[시려고]" 신자들을 예정하셨다(엡 1:5). 이 모든 구절들을 고려할 때, 이 구절들과 "미리 정하[심]"에 대한 언급은 우리에게 위로와 확신을 안겨준다. 바울의 결론은 다음과 같다. 하나님의 예정 사역의 결과로 장차 "맏아들"이신 그리스도의 신분에 장차 "많은 형제"(빈약한 소수가 아니라)가 동참할 것이다. "맏아들"은 은유적 표현이며, 하나님의 유일한 아들이신 그리스도의 독특하고 높은 신분을 가리킨다.

**8:30** 죄인들을 구원하겠다는 하나님의 의도(경건치 않은 자들을 의롭게 하신다는 언급에서 예시된, 4:5; 5:6)는 그분을 예정하심에서 부르심으로, 의롭게 하심으로, 그리고 영화롭게 하심으로 움직이도록 재촉한다. 참으로 신자들 안에서 "행하시는 이는 하나님"이시고, "자기의 기쁘신 뜻을 위하여 너희[신자들]에게 소원을 두고 행하게 하시[는]" 분이다(빌 2:13).

'부르심'은 그 부르심으로 하나님의 종이요 예배자가 되는 죄인들에게 그리스도의 공로를 적용하는 신비롭고 과분한 은혜의 약칭이다(참고. 롬 1:1, 6, 7, 9:24에 나오는 '부르심을 받다'). '부르심'은 하나님의 구원의 은혜가 낳은 결과를 묘사하고(갈 1:6, 15) 복음 메시지를 통해 주어진다(살후 2:14). '의롭다 하심을 받은' 신분은 이와 비슷하게 "그리스도 예수 안에 있는 속량으로 말미암아 하나님의 은혜로 값없이"(롬 3:24) 생긴다. 이는 또한 "믿음"(3:28, 5:1)과 그리스도의 죽음(5:9)을 포함한다. '영화롭게 되다'는 그리스도의 재림 때와 다가올 시대에 신자들이 온전해지는 것을 가리킨다. 그러나 바울은 그 미래를 과거형으로 말한다. 이는 고난으로 둘러싸인 고통스럽고 버거운 세상에서도(8:18, 35-37) 믿음의 결과가 신자들을 위해 하나님 안에 확보되어 있음을 강조하려는 것이다.

**8:31** "우리가 무슨 말 하리요"는 로마서에 7번 나오는 수사적 장치다(또한 3:5; 4:1; 6:1; 7:7; 9:14, 30도 보라). "그런즉"은 바울이 앞 구절들에서 주장한 "이 일"(ESV는 "these things")에서 추론을 끌어내고 있음을 시사한다. 그는 두 개의 상충되는 진리를 주장했다. 하나는 신자들이 더 넓은 세상(22절)과 중보하는 성령(26절)과 더불어 탄식할(26절) 때에 그들을 무릎 꿇게 하는 세

상에서 고난을 직면하고 있다는 것이다. 다른 하나는 하나님께서 그분의 백성에게 우호적인 목적, 그들이 인내해야 할 "모든 것"(28절)에 퍼져 있는 목적을 갖고 계시다는 것이다.

바울의 결론은, 하나님이 29-30절에 제시된 거침없는 구속 사역을 통해 모든 역경을 그분 앞에 아무것도 아닌 것으로 만드신다는 것이다. 그 어느 것도 하나님이 시동하신 구원 사역을 억누를 수 없다. "누가 우리를 대적하리요"에 내놓을 자명한 대답은 아무도 없다는 것이다.

**8:32** 바울은 "아들"에 이중적인 강조점을 찍는다. 첫째, 헬라어 게(*ge*)는 하나님께서 그분의 아들'마저' 또는 아들'조차' 희생시키셨다는 것을 강조한다. 둘째, 바울은 그것이 바로 그분의 '친'[이디오스(*idios*)] 아들이었음을 강조한다. 그것은 그 목적으로 징집된 아담의 보통 아들이 아니었다. "모든"은 이미 5:12-21에서 부각되는 근본적인 비대칭 관계를 주목하게 한다. 아담의 수많은 자손이 지은 죄와 죄악들이 하나님의 유일한 아들이 자기를 드리심으로써 상쇄되었고, 이후로도 계속 상쇄될 것이라는 진리다. "아끼지 아니하시고"는 십자가와 그곳에서 이뤄진 그리스도의 유기됨(dereliction)까지 상기시킨다. "[그를] 내주신"[파라디도미(*paradidōmi*)에서 나온 말]은 예수님의 예언, 곧 "인자가 죄인의 손에 넘겨져 십자가에 못 박히고 제 삼일에 다시 살아나야 하리라"(눅 24:7)는 말씀을 상기시킨다.

"어찌…주시지 아니하시겠느냐"는 강조체다. 하나님이 이미 우리에게 가장 중요한 것을 주셨으니 그보다 못한 것들도 주시지 않겠는가? "모든 것"은 그분의 백성이 믿음으로 굳게 서고 인내하는 데 필요한 것 전체를 가리킨다. 여기에 사용된 동사형에 '은혜롭게'가 내포되어 있다. 이 동사는 '주다'[디도미(*didōmi*)]에 해당하는 일반적인 단어가 아니라 '은혜'[카리스(*charis*)]와 어원이 같은 단어[카리조마이(*charizomai*)]이며, 바울은 이 단어를 아낌없는 베풂을 나타내는 데 사용한다(고전 2:12; 갈 3:18; 빌 1:29, 2:9; 몬 1:22).

**8:33** 바울은 처음에 던진 수사적 질문(31절)에 이어 그런 질문을 세 번 더

던지는데, 이는 그 세 번 가운데 첫 번째 것이다. 여기서도 정답은 "단연코 아무도 없다"가 될 것이다. 신자들은 단지 어떤 교회나 교단에 소속하기로 결정을 내렸거나 소속된다고 밝히는 사람들이 아니다. 더 중요한 점은, 하나님을 사랑하고(28절) 하나님이 미리 아셨고(29절) "미리 정하신"(30절) 자들은 "하나님께서 택하신 자들"이라는 사실이다.

"택하심을 받은 천사들" 역시 존재한다(딤전 5:21). 그러나 바울의 저술에 나오는 '택함 받은 자들'은 주로 그들을 위해 그리스도께서 죽으신 자들, 그러므로 신자로서 하나님의 구원 목적을 위해 그분에게 '선택된' 것으로 간주되는 자들을 가리킨다(참고. 골 3:12; 딛 1:1). 임박한 처형을 앞두고 사슬에 묶인 바울은 박해를 예상하면서 다음과 같이 선언한다. "내가 택함 받은 자들을 위하여 모든 것을 참음은 그들도 그리스도 예수 안에 있는 구원을 영원한 영광과 함께 받게 하려 함이라"(딤후 2:10).

로마서 수신자들은 하나님께서 그 어떤 상황에도 그분의 백성을 인도하고 살펴보신다는 사실에서 힘을 얻어야 한다. 이것은 초기 교회가 박해를 받는 와중에 다음과 같이 기도하게 해준 바로 그 확신이다. '헤롯과 빌라도가 예수님을 대적하는 사악한 입장에 서서 "하나님의 권능과 뜻대로 이루려고 예정하신 그것을 행하려고 이 성에 모였나이다"'(행 4:28). 이는 숙명론이 아니라 하나님의 더 높은 지혜를 이해하고 신뢰하며 존중하는 모습이다.

"의롭다 하신…하나님"은 그리스도 안에서 이뤄진 하나님의 사역을 묘사하는데, 다음 구절이 그 사역에 관해 자세히 기술한다. 그 사역 때문에 "하나님께서 택하신 자들[에 대한] 고발"은 전혀 받아들여질 수 없다.

**8:34** 바울은 이미 "그러므로 이제 그리스도 예수 안에 있는 자에게는 결코 정죄함이 없나니"(1절)라고 단언했다. "누가 정죄하리요"는 하나님이 완전히 혐의를 벗겨주셨는데도(33절) 누군가 유죄를 입증하려고 애쓰는 우스운 꼴을 시사한다. 이 구절의 대부분은 그 어떤 고발이 있다 해도 하나님이 의롭다고 하신다는 것을 바울이 얼마나 확신할 수 있는지를 다루고

있다. 다름 아닌 "그리스도 예수"께서 신자들이 의롭다 함을 얻게 하려고 죽으셨다. 더구나 그 죽음 자체가 흠 없는 속죄 제물로 손색이 없었지만, 그분은 단지 죽으시기만 한 것이 아니다. 이 완전한 제물, 자신을 희생 제물로 바치신 하나님이자 온전한 인간이신 분이 죽음에서 일으킴을 받았으며, 이 사실 역시 칭의에 기여한다. "예수는 우리가 범죄한 것 때문에 내줌이 되고 또한 우리를 의롭다 하시기 위하여 살아나셨느니라"(롬 4:25).

그리고 바울은 신자들이 정죄와 그 결과에서 해방된 것을 과거의 일로 생각하지 않게 하려고 예수님이 현재 계신 곳을 상기시켜준다. 그분은 "하나님 우편에 계신 자요 우리를 위하여 간구하시는 자시[다]." 그리스도의 삶을 특징짓고 그분을 끝까지 움직였던(요 13:1) 자기 사람들을 위한 사랑이 성령과 나란히 수행하는 중보기도로 계속 이어진다(롬 8:27).

**8:35** 예수님의 중보기도에 담긴 사랑(참고. 8:34 주석)은, 이번 단락에 나오는 바울의 마지막 수사적 질문을 위한 발판이 된다. "누가"는 바울이 열거하는 일곱 가지 위협 가운데 하나 또는 그 이상의 배후에 서 있을 법한 인간 행위자를 그려준다.

"환난"은 5:3에서 고난으로 번역한(ESV는 "suffering", 개역개정은 동일함) 바로 그 단어다. 이 단어는 역경이나 곤경을 의미하며 특히 데살로니가전서 1:6("너희는 많은 환난 가운데서 성령의 기쁨으로 말씀을 받아")에 나온 대로 복음을 받은 것과 연관이 있는 어려움을 가리킨다. "환난"이 외부에서 오는 고통스러운 처우를 의미한다면, "곤고"는 그 환난이 어떤 느낌인지를 가리킨다(롬 2:9, 고후 6:4; 12:10에서 ESV는 "calamities"). 이는 심한 고통이다.

"박해"는 곤고함을 유발하고 목숨을 잃을 수도 있는 일종의 환난이다. 바울은 이 단어를 세 번 더 사용한다(고후 12:10; 살후 1:4; 딤후 3:11). "기근"은 로마 세계를 끊임없이 위협하는 문제였는데(행 11:28), 그리스도인과 같은 멸시받는 소수파는 박해까지 더해져 이중으로 영향을 받을 터였다. 또한 이 단어는 바울이 사역하는 동안 겪었던 '굶주림'을 의미할 수도 있다(고후 11:27). "적신"은 기독교에 참여했다는 이유로 체포된 후 공개적인 노출을

당한 데 따른 수치를 가리키는 것일 수 있다. 예수님이 십자가 처형에 앞서 그 옷이 벗겨진 모습(요 19:23-24)이 바울에게 생생한 이미지로 다가왔을 것이다. 이는 또한 초기 교회가 일부 지역에서 겪었던 빈곤(예. 히 10:32-34) 또는 바울과 같은 선교사들이 여행하던 중에 겪었던 결핍(고후 11:27, '헐벗음')을 의미할 수 있다.

"위험"(고후 11:26도 보라)과 "칼"은 신자들이 그리스도를 따르는 중에 직면할 수 있는 모든 위험 요소들을 아우른다. "칼"은 사형을 상징한다. 로마법은 보통 중범죄로 유죄 판결을 받은 로마 시민들에게 참수형을 내렸다. 몸에서 머리가 분리되는 것은, 그 사람이 그리스도의 사랑에서 끊어졌음을 의미하는가? 그리스도에게 향하는 그 사람의 사랑이든, 그 사람에게 주시는 그리스도의 사랑이든, 둘 다이든 상관없이 그러한가?

**8:36** 안전한 곳에서 빨리 읽어보라. 35절은 그 표적을 놓칠 수 있다. 그러나 36절이 있어 그러지 않을 수 있다. 바울은 시편 44:22을 인용한다. 이는 박해를 겪는 하나님의 신실한 백성이, 하나님께서 응답하지 않는 듯이 보이기 때문에 그분께 도와달라고 부르짖는 긴 시편의 중심 구절이다. 사실 그 시편의 다음 구절이 이렇게 외친다. "주여 깨소서 어찌하여 주무시나이까 일어나시고 우리를 영원히 버리지 마소서"(시 44:23).

로마서 8:35은, 그리스도의 추종자들을 괴롭히지만 그의 사랑에서 끊어내지 못하는 재앙들을 부각시켰다. 36절은 이 엄숙한 진리를 구약성경("기록된 바")에 고정시킨다. 그리고 로마 회중들에게 하나님의 백성이 언제 어디서나 "종일 죽임을 당하[고]" 하나님이 그들을 "도살당할 양"처럼 여긴다고 느낄 수 있음을 상기시킴으로써 그 진리에 감탄 부호를 찍는다. 바울의 관점에서 이것은 그들이 버림받았다는 표시가 아니라, 하나님이 세상에서 그들을 감찰하시고 그분의 사역에 포함시켰다는 증거다. 잘 알려진 대로 예수님이 그분을 따르는 자들에게 자기 십자가를 지라고 요구하시는 것이 단지 비유적인 것만은 아니다.

오늘날처럼 해마다 약 9만 명(세계적으로 매일 거의 250명)의 그리스도인

들이 죽는 세상[80]에서는 그리스도인의 고난에 하나님이 가까이 계신다는 단언은 대단히 중요하다.[81]

**8:37** "그러나"(ESV는 "No")는 35절의 질문, 즉 칼에 의한 처형 등 그 어떤 것이라도 신자들을 그리스도의 사랑에서 끊을 수 있는지에 관해 바울이 내놓은 답변이다. "이 모든 일"은 하나님의 보호가 전혀 있을 것 같지 않은 상황에도 보호받고 있음을 강조한다. 바울이 오랫동안 고통스러운 경험으로 발견했듯이(고후 11:23-12:10), 억압과 고난 앞에서 드러나는 인간의 연약함은 하나님이 행하시는 위대한 구원의 기회가 된다. 이것은 또한 예수님이 겟세마네와 십자가에서 가르친 교훈이기도 하다. "그가 아들이시면서도 받으신 고난으로 순종함을 배워서"(히 5:8). 그분은 순종을 배웠을 뿐만 아니라 죄악을 속죄하고 세상의 구속을 이루셨다.

"넉넉히 이기느니라"로 번역한 헬라어 동사는 '이기고도 남다'로도 번역이 가능하다. 박해받는 것은 승리자가 되는 것과 양립할 수 없는 듯 보인다. 그러나 그리스도를 믿는 믿음으로 사는 이들에게는 역경이 "우리를 사랑하시는 이로 말미암아" 그분의 우주적이고 영원한 승리를 확장시키고, 하나님을 영화롭게 하는 은혜의 수단이 된다.

**8:38-39** 바울은 그리스도를 위한 고난이 겪을 만한 가치가 있다고 확신하면서 그 근거를 제공한다. "확신하노니"는 바위처럼 견고한 확신을 가리킨다. 바울은 이 단어를 네 번 더 사용하는데, 그중에 하나는 이것이다. "내가 믿는 자를 내가 알고 또한 내가 의탁한 것을 그날까지 그가 능히 지키실 줄을 확신함이라"(딤후 1:12, 또한 롬 14:14; 15:14; 딤후 1:5도 보라). 이는 자신에

---

80 80 Todd M. Johnson, Gina A. Zurlo, Albert W. Hickman, and Peter Crossing, "Christianity 2017: Five Hundred Years of Protestant Christianity," *IBMR* 41/1 (January 2017): 41-52, 같은 저자, "Christianity 2018: More African Christians and Counting Martyrs," *IBMR* 42/1 (January 2018): 20-28을 보라.

81 신약 시대에 있었던 박해에 관해서는 Eckhard J. Schnabel, "The Persecution of Christians in the First Century," *JETS* 61/3 (2018): 525-547을 보라.

234 234 __ ESV 성경 해설 주석

대한 확신이 아니라 부르고 구비시키고 지켜주시는 분에게 갖는 확신이다.

베드로 역시 고난이라는 논제를 다루면서 하나님의 은혜와 부르심과 지탱하시는 사역에 기반을 둔 완전한 확신을 표명한다. "모든 은혜의 하나님 곧 그리스도 안에서 너희를 부르사 자기의 영원한 영광에 들어가게 하신 이가 잠깐 고난을 당한 너희를 친히 온전하게 하시며 굳건하게 하시며 강하게 하시며 터를 견고하게 하시리라"(벧전 5:10).

바울은 "우리 주 예수 그리스도 안에" 나타난 하나님의 사랑에서 그분의 백성을 끊을 수 있을 것 같은 열 가지 강적들을 열거한다. (1) "사망"(참고. 롬 8:6 주석)은 하나님의 버리심을 명백히 가리키는 듯 보이는 지표다. 그러나 죽은 자를 일으키시는 이 하나님의 경우에는 그렇지 않다. (2) "생명"은 바울이 이미 하나님의 보존하시는 능력에 적수가 될 수 없다고 입증한 폭넓은 위협(35절)의 배경(venue)일 수 있다. (3) "천사들"과 (4) "권세자들"은 성경에서 종종 하나님의 목적에 반대하는 존재로 묘사된다. 그러나 하나님께 비교해서 그들이 연합한 힘은 무시해도 좋다. (5) "현재 일"과 (6) "장래 일"은 현재 가능하거나 마음속으로 그리는 상황 전체를 포괄한다. 그러나 하나님은 주권자이시고 "모든 일"에서 자애로운 분으로 입증된다 (28, 37절).

(7) "능력"은 어쩌면 과학적으로 설명할 수 없는 수단을 사용해 악한 영향력을 행사하는 인간 존재(참고. 행 8:10)나 초자연적 존재를 가리킨다(참고. 고전 15:24; 엡 1:21; 벧전 3:22). 그들은 그리스도를 따르는 자들을 보호하시는 하나님의 관심에 맞서지 못한다. (8) "높음"은 하늘의 영역을 가리키는 천문학 용어다. (9) "깊음"은 "그로부터 별들이 솟아오르는 지평선 아래에 있는 하늘의 공간"을 가리킨다.[82] 그러나 그 어떤 장소도 하나님의 감시와 궁극적 통제에서 벗어나 있지 않다.

(10) "다른 어떤 피조물이라도"는 하나님의 돌봄과 보호에 맞설 만한

---

82  BDAG, s.v. βάθος

경쟁자의 목록을 완결한다. 신자들은 그들의 안락함, 신체적 안녕, 가족, 고국, 건강, 직업, 친구, 그리고 하나님께서 대개 의인과 악인에게 똑같이 베푸시는(마 5:45) 일반 은총의 온갖 열매로부터 끊어질 수 있다. 불경한 칼이 그들에게서 목숨을 앗아갈 수 있다(롬 8:35-36). 대다수 사도들이(바울을 포함한) 순교함으로써 남긴 사도적 증언은, 하나님을 대적하거나 그의 백성을 괴롭히는 그 어떤 것도 결코 "우리를 우리 주 그리스도 예수 안에 있는 하나님의 사랑에서 끊을 수 없으리라"는 것이다.

하나님의 "인자하심이 생명보다" 낫다(시 63:3). 바울의 결론은 모든 신자에게, 믿음을 통해 그리스도께서 "네 생명을 파멸에서 속량하시고 인자와 긍휼로 관을 씌우[신다]"(시 103:4)는 것을 상기시켜준다.

〰〰〰 **응답** 〰〰〰

(1) 로마서 7장에 나타난 긴장이 너무나 강해서 아무것도 그 문제를 해결할 수 없다고 느낄 수 있다. 로마서 8장이 구조하려고 온다. 이 장은 신자들이 개인적 차원에서나 전체적으로 고통당하는 세계에서 느끼거나 직면할 수 있는 어떤 반대나 역경에도 불구하고, 그들이 '이기고도 남는' 자들이라는 확신을 거듭 품을 수 있는 이유를 제공한다.

(2) 신자들은 최후의 정죄를 받을 것 같다는 느낌이 들지라도 그것은 착각일 뿐이라고 확신할 수 있다. 죄를 이긴 그리스도의 승리는 그분이 죽은 자 가운데서 부활하신 것만큼 확실하다. 우리가 믿음으로 "그리스도 예수 안에" 있다면 그 승리가 우리의 개인적인 죄에까지 미친다. 그리스도께서 그분을 따르는 자들의 순례로 우리를 이끄시는 만큼 우리는 종말론적 심판(지옥)이나 낭비한 인생에 대한 두려움을 떨쳐버릴 수 있다.

(3) 그리스도께서 가져오시는 변화의 열쇠는 그분이 성령으로 창조

하시는 변화된 사고방식[프로네마(*phronēma*)], 성령이 친히 공유하시는 사고 방식이다. 신약에서 딱 세 번만 나오는 이 단어가 모두 로마서에 있다.

> "육신의 생각[사고방식]은 사망이요 영의 생각[사고방식]은 생명과 평안이니라"(8:6).

> "육신의 생각[사고방식]은 하나님과 원수가 되나니 이는 하나님의 법에 굴복하지 아니할 뿐 아니라 할 수도 없음이라"(8:7).

> "마음을 살피시는 이가 성령의 생각[사고방식]을 아시나니 이는 성령이 하나님의 뜻대로 성도를 위하여 간구하심이니라"(8:27).

신자들은 복음에서 새로운 사고방식 내지는 지향점을 발견하는 데 필요한 자원을 찾는다. 그리스도를 믿기 전에는 그들의 성향이 하나님께 무관심하거나 적대적인 방향으로 나아갔던 것처럼, 그리스도 안에 있으면 새로운 관점이 정립된다. 이 관점은 배우고 실천함에 따라 더욱 연마된다. 하지만 이는 하나님이 주신 생산적이고 변혁적인 관점이다. 이는 "예수를 죽은 자 가운데서 살리신 이의 영이 너희 안에 거하시면 그리스도 예수를 죽은 자 가운데서 살리신 이가 너희 안에 거하시는 그의 영으로 말미암아 너희 죽을 몸도 살리시리라"(11절)는 말씀을 설명할 때 크게 다가온다. 성령의 '사고방식'을 가진 죽을 몸이 불멸의 몸을 입을 수 있는데, 이는 죄를 하나님이 기뻐하시는 의로운 태도와 행동으로 대체하는 것이 포함한다.

과학자들은 어떤 활동들(포르노 시청과 같은)이 뇌를 다시 프로그래밍해서 행동과 관점에 큰 영향을 줄 수 있음을 입증했다. 하나님께서 성령의 지향점을 주셔서 우리의 사고방식을 개조하신다면 기뻐할 만한 변화를 얼마나 빠르게 이뤄내시겠는가?

(4) "너희는 다시 무서워하는 종의 영을 받지 아니하고 양자의 영을

받았으므로 우리가 아빠 아버지라고 부르짖느니라"(15절). 21세기를 특징 짓는 것이 있다면 결손 가정, 아버지 없는 자녀들, 그리고 국제적으로는 피난민의 존재일 것이다. 1960년대의 소울 밴드인 챔버스 브라더즈가 부른 노래 가사는 그 분위기와 음울한 현실을 표현하고 있다. 지금은 그 시대보다 더 나빠졌을 따름이다.

> 오늘 규칙이 바뀌었어(헤이)
> 난 머물 곳이 없어(헤이)
> 지하철을 생각하고 있어(헤이)
> 내 사랑이 날아가버렸어(헤이)
> 눈물이 흘러 말라버렸어(헤이)
> 오 주님, 난 방황해야 해요(헤이)
> 난 집이 없어요(헤이)
> 난 집이 없어요(헤이)[83]

로마서 8장은 신자들에게 집이 있다고, 아버지(Father)와 가족이 있다고 말한다. 우리는 "상속자"인 만큼 "하나님의 자녀들이다"(16절). 그래서 우리는 "하나님의 상속자요 그리스도와 함께 한 상속자니 우리가 그와 함께 영광을 받기 위하여 고난도 함께 받아야 할 것이니라"(17절)라고 말한다. 비록 "고난"이라는 말 때문에 멈칫거려지지만, 소외와 방황으로 채색된 세상에서 아버지 하나님과 다른 신자들에게 속해 있다는 것은 기쁨이 아닐 수 없다.

이런 의미에서 복음을 믿고 그리스도를 신뢰하며 따르라는 초대는, 그 기쁨의 표본이 되고 그 속으로 들어오라는 초대다.

---

83 "Time Has Come Today," single, The Chambers Brothers, Columbia Records, 1966.

(5) 감독이 제대로 준비시키지 못한 팀은 운동 경기에서 가장 애처로운 광경 가운데 하나다. 선수들은 더 힘들고 더 호되게 훈련받아야 한다. 그러나 그들의 감독이 무능하거나 오산하는 바람에 그들을 실망시켰다. 선수들은 그 상황의 요구에 눌려 녹아버렸고 더 잘 준비된 팀에게 압도당했다.

17절("우리가 그와 함께 영광을 받기 위하여 고난도 함께 받아야 할 것이니라")에 비춰보라. 쓴 열매로 보이는 것부터 준비하고 맛보는 것은, 장래에 좋은 열매를 누릴 준비를 제대로 하는 것이다. 여기서 쓴 열매란 좌절, 응답받지 못한 기도, 좋지 못한 건강, 유산이나 불임과 같은 불행, 계획한 진로를 막는 장애물, 친구나 가족의 배신, 재정적 어려움, 그리고 그 무엇보다도 그리스도를 좇을 때 따르는 반대와 박해 등을 말한다.

로마서에서 제시하는 복음은, 신자들이 자기연민에 빠졌을 때 유용한 지표를 제공한다. 우리는 우리 자신과 하나님께 "우리가 종일 주를 위하여 죽임을 당하게 되며 도살당할 양 같이 여김을 받았나이다"(36절)라고 되풀이할 수 있다. '잠깐만! 나는 우리가 공동상속자라고 생각했어(17절)!' 그렇다, 맞는 말이다. 그러나 그리스도를 따르는 자들은 하나님의 백성에게 위협과 상처를 주며 때로는 죽음을 초래하는 "이 모든 일에"(37절) '이기고도 남는 사람들'이다. 로마서 7장의 신자는 날마다 죄와 싸움으로써 하나님을 영화롭게 한다. 로마서 8장의 신자는 복음을 전하는 자가 반드시 직면할 공격과 반대를 이김으로써 하나님을 영화롭게 한다.

로마서 8장은 아버지의 신실한 자녀들을 기다리는 끔찍한 곤경에 대해 매우 솔직하다. 물론 하나님이 대부분의 때에 그 대부분의 것을 우리 대다수에게서 모면시켜주신다. 그러나 그분은 팀원들이 예상해야 할 것에 대해 그들을 준비시키지 못하는 감독이 아니다. 이 땅의 모든 능력(38-39절) 위에 있는 그분의 사랑은 그들보다 앞서 그리고 그들과 함께 가시고, 그들을 끝까지 도와주실 것이며, 건너편에서 그들을 맞아주실 것이다. 이 때문에 로마서 8장은 확신을 기뻐하는 대목일 뿐만 아니라, 동시에 아버지의 은혜로운 뜻에 따라 우리를 기다리는 것에 대해 준비하는 훈련표(workout sheet)이기도 하다.

9:1-2 내가 그리스도 안에서 참말을 하고 거짓말을 아니하노라 나에게 큰 근심이 있는 것과 마음에 그치지 않는 고통이 있는 것을 내 양심이 성령 안에서 나와 더불어 증언하노니 3 나의 형제 곧 골육의 친척을 위하여 내 자신이 저주를 받아 그리스도에게서 끊어질지라도 원하는 바로라 4 그들은 이스라엘 사람이라 그들에게는 양자됨과 영광과 언약들과 율법을 세우신 것과 예배와 약속들이 있고 5 조상들도 그들의 것이요 육신으로 하면 그리스도가 그들에게서 나셨으니 1)그는 만물 위에 계셔서 세세에 찬양을 받으실 하나님이시니라 아멘

9:1 I am speaking the truth in Christ—I am not lying; my conscience bears me witness in the Holy Spirit— 2 that I have great sorrow and unceasing anguish in my heart. 3 For I could wish that I myself were accursed and cut off from Christ for the sake of my brothers,*1* my kinsmen according to the flesh. 4 They are Israelites, and to them belong the adoption, the glory, the covenants, the giving of the law, the worship, and the promises. 5 To them belong the patriarchs, and from their race, according to the flesh, is the Christ, who is God over all, blessed forever. Amen.

6 그러나 하나님의 말씀이 폐하여진 것 같지 않도다 이스라엘에게서 난 그들이 다 이스라엘이 아니요 7 또한 아브라함의 씨가 다 그의 자녀가 아니라 오직 이삭으로부터 난 자라야 네 씨라 불리리라 하셨으니 8 곧 육신의 자녀가 하나님의 자녀가 아니요 오직 약속의 자녀가 씨로 여기심을 받느니라 9 약속의 말씀은 이것이니 명년 이 때에 내가 이르리니 사라에게 아들이 있으리라 하심이라 10 그뿐 아니라 또한 리브가가 우리 조상 이삭 한 사람으로 말미암아 임신하였는데 11 그 자식들이 아직 나지도 아니하고 무슨 선이나 악을 행하지 아니한 때에 택하심을 따라 되는 하나님의 뜻이 행위로 말미암지 않고 오직 부르시는 이로 말미암아 서게 하려 하사 12 리브가에게 이르시되 큰 자가 어린 자를 섬기리라 하셨나니 13 기록된 바 내가 야곱은 사랑하고 에서는 미워하였다 하심과 같으니라

6 But it is not as though the word of God has failed. For not all who are descended from Israel belong to Israel, 7 and not all are children of Abraham because they are his offspring, but "Through Isaac shall your offspring be named." 8 This means that it is not the children of the flesh who are the children of God, but the children of the promise are counted as offspring. 9 For this is what the promise said: "About this time next year I will return, and Sarah shall have a son." 10 And not only so, but also when Rebekah had conceived children by one man, our forefather Isaac, 11 though they were not yet born and had done nothing either good or bad—in order that God's purpose of election might continue, not because of works but because of him who calls— 12 she was told, "The older will serve the younger." 13 As it is written, "Jacob I loved, but Esau I hated."

¹⁴ 그런즉 우리가 무슨 말을 하리요 하나님께 불의가 있느냐 그럴 수 없느니라 ¹⁵ 모세에게 이르시되 내가 긍휼히 여길 자를 긍휼히 여기고 불쌍히 여길 자를 불쌍히 여기리라 하셨으니 ¹⁶ 그런즉 원하는 자로 말미암음도 아니요 달음박질하는 자로 말미암음도 아니요 오직 긍휼히 여기시는 하나님으로 말미암음이니라 ¹⁷ 성경이 바로에게 이르시되 내가 이 일을 위하여 너를 세웠으니 곧 너로 말미암아 내 능력을 보이고 내 이름이 온 땅에 전파되게 하려 함이라 하셨으니 ¹⁸ 그런즉 하나님께서 하고자 하시는 자를 긍휼히 여기시고 하고자 하시는 자를 완악하게 하시느니라

¹⁴ What shall we say then? Is there injustice on God's part? By no means! ¹⁵ For he says to Moses, "I will have mercy on whom I have mercy, and I will have compassion on whom I have compassion." ¹⁶ So then it depends not on human will or exertion,² but on God, who has mercy. ¹⁷ For the Scripture says to Pharaoh, "For this very purpose I have raised you up, that I might show my power in you, and that my name might be proclaimed in all the earth." ¹⁸ So then he has mercy on whomever he wills, and he hardens whomever he wills.

¹⁹ 혹 네가 내게 말하기를 그러면 하나님이 어찌하여 허물하시느냐 누가 그 뜻을 대적하느냐 하리니 ²⁰ 이 사람아 네가 누구이기에 감히 하나님께 반문하느냐 지음을 받은 물건이 지은 자에게 어찌 나를 이같이 만들었느냐 말하겠느냐 ²¹ 토기장이가 진흙 한 덩이로 하나는 귀히 쓸 그릇을, 하나는 천히 쓸 그릇을 만들 권한이 없느냐 ²² 만일 하나님이 그의 진노를 보이시고 그의 능력을 알게 하고자 하사 멸하기로 준비된 진노의 그릇을 오래 참으심으로 관용하시고 ²³ 또한 영광 받기로 예비하신바 긍휼의 그릇에 대하여 그 영광의 풍성함을 알게 하고자 하셨을지라도 무슨 말을 하리요 ²⁴ 이 그릇은 우리니 곧 유대인 중에

서뿐 아니라 이방인 중에서도 부르신 자니라 ²⁵ 호세아의 글에도 이르
기를

    내가 내 백성 아닌 자를 내 백성이라, 사랑하지 아니한 자를 사랑
    한 자라 부르리라
²⁶ 너희는 내 백성이 아니라 한 그곳에서 그들이 살아 계신 하나님의
    아들이라 일컬음을 받으리라

함과 같으니라

## 9장

¹⁹ You will say to me then, "Why does he still find fault? For who can
resist his will?" ²⁰ But who are you, O man, to answer back to God?
Will what is molded say to its molder, "Why have you made me like
this?" ²¹ Has the potter no right over the clay, to make out of the same
lump one vessel for honorable use and another for dishonorable use?
²² What if God, desiring to show his wrath and to make known his
power, has endured with much patience vessels of wrath prepared for
destruction, ²³ in order to make known the riches of his glory for vessels
of mercy, which he has prepared beforehand for glory— ²⁴ even us
whom he has called, not from the Jews only but also from the Gentiles?
²⁵ As indeed he says in Hosea,

    "Those who were not my people I will call 'my people,'
        and her who was not beloved I will call 'beloved.' "
²⁶ "And in the very place where it was said to them, 'You are not my
people,'
        there they will be called 'sons of the living God.' "


²⁷ 또 이사야가 이스라엘에 관하여 외치되 이스라엘 자손들의 수가
비록 바다의 모래 같을지라도 남은 자만 구원을 받으리니 ²⁸ 주께서
땅 위에서 그 말씀을 이루고 속히 시행하시리라 하셨느니라 ²⁹ 또한

이사야가 미리 말한바

> 만일 만군의 주께서 우리에게 씨를 남겨 두지 아니하셨더라면 우
> 리가 소돔과 같이 되고 고모라와 같았으리로다

함과 같으니라

27 And Isaiah cries out concerning Israel: "Though the number of the sons of Israel[3] be as the sand of the sea, only a remnant of them will be saved, 28 for the Lord will carry out his sentence upon the earth fully and without delay." 29 And as Isaiah predicted,

> "If the Lord of hosts had not left us offspring,
> we would have been like Sodom
> and become like Gomorrah."


30 그런즉 우리가 무슨 말을 하리요 의를 따르지 아니한 이방인들이 의를 얻었으니 곧 믿음에서 난 의요 31 의의 법을 따라간 이스라엘은 율법에 이르지 못하였으니 32 어찌 그러하냐 이는 그들이 믿음을 의지하지 않고 행위를 의지함이라 부딪칠 돌에 부딪쳤느니라 33 기록된바

> 보라 내가 걸림돌과 거치는 바위를 시온에 두노니 그를 믿는 자는
> 부끄러움을 당하지 아니하리라

함과 같으니라

30 What shall we say, then? That Gentiles who did not pursue righteousness have attained it, that is, a righteousness that is by faith; 31 but that Israel who pursued a law that would lead to righteousness[4] did not succeed in reaching that law. 32 Why? Because they did not pursue it by faith, but as if it were based on works. They have stumbled over the stumbling stone, 33 as it is written,

> "Behold, I am laying in Zion a stone of stumbling, and a rock of offense;

and whoever believes in him will not be put to shame."

10:1 형제들아 내 마음에 원하는 바와 하나님께 구하는 바는 이스라엘을 위함이니 곧 그들로 구원을 받게 함이라 2 내가 증언하노니 그들이 하나님께 열심이 있으나 올바른 지식을 따른 것이 아니니라 3 하나님의 의를 모르고 자기 의를 세우려고 힘써 하나님의 의에 복종하지 아니하였느니라 4 그리스도는 모든 믿는 자에게 의를 이루기 위하여 율법의 마침이 되시니라

10:1 Brothers,[5] my heart's desire and prayer to God for them is that they may be saved. 2 For I bear them witness that they have a zeal for God, but not according to knowledge. 3 For, being ignorant of the righteousness of God, and seeking to establish their own, they did not submit to God's righteousness. 4 For Christ is the end of the law for righteousness to everyone who believes.[6]

5 모세가 기록하되 율법으로 말미암는 의를 행하는 사람은 그 의로 살리라 하였거니와 6 믿음으로 말미암는 의는 이같이 말하되 네 마음에 누가 하늘에 올라가겠느냐 하지 말라 하니 올라가겠느냐 함은 그리스도를 모셔 내리려는 것이요 7 혹은 누가 무저갱에 내려가겠느냐 하지 말라 하니 내려가겠느냐 함은 그리스도를 죽은 자 가운데서 모셔 올리려는 것이라 8 그러면 무엇을 말하느냐 말씀이 네게 가까워 네 입에 있으며 네 마음에 있다 하였으니 곧 우리가 전파하는 믿음의 말씀이라 9 네가 만일 네 입으로 예수를 주로 시인하며 또 하나님께서 그를 죽은 자 가운데서 살리신 것을 네 마음에 믿으면 구원을 받으리라 10 사람이 마음으로 믿어 의에 이르고 입으로 시인하여 구원에 이르느니라 11 성경에 이르되 누구든지 그를 믿는 자는 부끄러움을 당하지 아니하리라 하니 12 유대인이나 헬라인이나 차별이 없음이라 한 분이

신 주께서 모든 사람의 주가 되사 그를 부르는 모든 사람에게 부요하시도다 13 누구든지 주의 이름을 부르는 자는 구원을 받으리라

5 For Moses writes about the righteousness that is based on the law, that the person who does the commandments shall live by them. 6 But the righteousness based on faith says, "Do not say in your heart, 'Who will ascend into heaven?' " (that is, to bring Christ down) 7 "or 'Who will descend into the abyss?' " (that is, to bring Christ up from the dead). 8 But what does it say? "The word is near you, in your mouth and in your heart" (that is, the word of faith that we proclaim); 9 because, if you confess with your mouth that Jesus is Lord and believe in your heart that God raised him from the dead, you will be saved. 10 For with the heart one believes and is justified, and with the mouth one confesses and is saved. 11 For the Scripture says, "Everyone who believes in him will not be put to shame." 12 For there is no distinction between Jew and Greek; for the same Lord is Lord of all, bestowing his riches on all who call on him. 13 For "everyone who calls on the name of the Lord will be saved."

14 그런즉 그들이 믿지 아니하는 이를 어찌 부르리요 듣지도 못한 이를 어찌 믿으리요 전파하는 자가 없이 어찌 들으리요 15 보내심을 받지 아니하였으면 어찌 전파하리요 기록된 바 아름답도다 2)좋은 소식을 전하는 자들의 발이여 함과 같으니라 16 그러나 그들이 다 복음을 순종하지 아니하였도다 이사야가 이르되 주여 우리가 전한 것을 누가 믿었나이까 하였으니 17 그러므로 믿음은 들음에서 나며 들음은 그리스도의 말씀으로 말미암았느니라

14 How then will they call on him in whom they have not believed? And how are they to believe in him of whom they have never heard?7 And how are they to hear without someone preaching? 15 And how are

they to preach unless they are sent? As it is written, "How beautiful are the feet of those who preach the good news!" **16** But they have not all obeyed the gospel. For Isaiah says, "Lord, who has believed what he has heard from us?" **17** So faith comes from hearing, and hearing through the word of Christ.

**18** 그러나 내가 말하노니 그들이 듣지 아니하였느냐 그렇지 아니하니

그 소리가 온 땅에 퍼졌고 그 말씀이 땅 끝까지 이르렀도다

하였느니라 **19** 그러나 내가 말하노니 이스라엘이 알지 못하였느냐 먼저 모세가 이르되

내가 백성 아닌 자로써 너희를 시기하게 하며 미련한 백성으로써 너희를 노엽게 하리라

하였고 **20** 이사야는 매우 담대하여

내가 나를 찾지 아니한 자들에게 찾은바 되고 내게 묻지 아니한 자들에게 나타났노라

말하였고 **21** 이스라엘에 대하여 이르되 순종하지 아니하고 거슬러 말하는 백성에게 내가 종일 내 손을 벌렸노라 하였느니라

**18** But I ask, have they not heard? Indeed they have, for

"Their voice has gone out to all the earth,

and their words to the ends of the world."

**19** But I ask, did Israel not understand? First Moses says,

"I will make you jealous of those who are not a nation;

with a foolish nation I will make you angry."

**20** Then Isaiah is so bold as to say,

"I have been found by those who did not seek me;

I have shown myself to those who did not ask for me."

**21** But of Israel he says, "All day long I have held out my hands to a disobedient and contrary people."

11:1 그러므로 내가 말하노니 하나님이 자기 백성을 버리셨느냐 그럴 수 없느니라 나도 이스라엘인이요 아브라함의 씨에서 난 자요 베냐민 지파라 2 하나님이 그 미리 아신 자기 백성을 버리지 아니하셨나니 너희가 성경이 엘리야를 가리켜 말한 것을 알지 못하느냐 그가 이스라엘을 하나님께 고발하되 3 주여 그들이 주의 선지자들을 죽였으며 주의 제단들을 헐어 버렸고 나만 남았는데 내 목숨도 찾나이다 하니 4 그에게 하신 대답이 무엇이냐 내가 나를 위하여 바알에게 무릎을 꿇지 아니한 사람 칠천 명을 남겨 두었다 하셨으니 5 그런즉 이와 같이 지금도 은혜로 택하심을 따라 남은 자가 있느니라 6 만일 은혜로 된 것이면 행위로 말미암지 않음이니 그렇지 않으면 은혜가 은혜 되지 못하느니라

11:1 I ask, then, has God rejected his people? By no means! For I myself am an Israelite, a descendant of Abraham,*8* a member of the tribe of Benjamin. 2 God has not rejected his people whom he foreknew. Do you not know what the Scripture says of Elijah, how he appeals to God against Israel? 3 "Lord, they have killed your prophets, they have demolished your altars, and I alone am left, and they seek my life." 4 But what is God's reply to him? "I have kept for myself seven thousand men who have not bowed the knee to Baal." 5 So too at the present time there is a remnant, chosen by grace. 6 But if it is by grace, it is no longer on the basis of works; otherwise grace would no longer be grace.

7 그런즉 어떠하냐 이스라엘이 구하는 그것을 얻지 못하고 오직 택하심을 입은 자가 얻었고 그 남은 자들은 우둔하여졌느니라 8 기록된바 하나님이 오늘까지 그들에게 혼미한 3) 심령과 보지 못할 눈과 듣지 못

할 귀를 주셨다 함과 같으니라 ⁹ 또 다윗이 이르되

그들의 밥상이 올무와 덫과 거치는 것과 보응이 되게 하시옵고

¹⁰ 그들의 눈은 흐려 보지 못하고 그들의 등은 항상 굽게 하옵소서 하였느니라

⁷ What then? Israel failed to obtain what it was seeking. The elect obtained it, but the rest were hardened, ⁸ as it is written,

"God gave them a spirit of stupor,

eyes that would not see

and ears that would not hear,

down to this very day."

⁹ And David says,

"Let their table become a snare and a trap,

a stumbling block and a retribution for them;

¹⁰ let their eyes be darkened so that they cannot see,

and bend their backs forever."

¹¹ 그러므로 내가 말하노니 그들이 넘어지기까지 실족하였느냐 그럴 수 없느니라 그들이 넘어짐으로 구원이 이방인에게 이르러 이스라엘 로 시기나게 함이니라 ¹² 그들의 넘어짐이 세상의 풍성함이 되며 그들 의 실패가 이방인의 풍성함이 되거든 하물며 그들의 충만함이리요

¹¹ So I ask, did they stumble in order that they might fall? By no means! Rather, through their trespass salvation has come to the Gentiles, so as to make Israel jealous. ¹² Now if their trespass means riches for the world, and if their failure means riches for the Gentiles, how much more will their full inclusion[9] mean!

¹³ 내가 이방인인 너희에게 말하노라 내가 이방인의 사도인 만큼 내

직분을 영광스럽게 여기노니 14 이는 혹 내 골육을 아무쪼록 시기하게 하여 그들 중에서 얼마를 구원하려 함이라 15 그들을 버리는 것이 세상의 화목이 되거든 그 받아들이는 것이 죽은 자 가운데서 살아나는 것이 아니면 무엇이리요 16 제사하는 처음 익은 곡식 가루가 거룩한즉 떡덩이도 그러하고 뿌리가 거룩한즉 가지도 그러하니라

13 Now I am speaking to you Gentiles. Inasmuch then as I am an apostle to the Gentiles, I magnify my ministry 14 in order somehow to make my fellow Jews jealous, and thus save some of them. 15 For if their rejection means the reconciliation of the world, what will their acceptance mean but life from the dead? 16 If the dough offered as firstfruits is holy, so is the whole lump, and if the root is holy, so are the branches.

17 또한 가지 얼마가 꺾이었는데 돌감람나무인 네가 그들 중에 접붙임이 되어 참감람나무 뿌리의 진액을 함께 받는 자가 되었은즉 18 그 가지들을 향하여 자랑하지 말라 자랑할지라도 네가 뿌리를 보전하는 것이 아니요 뿌리가 너를 보전하는 것이니라 19 그러면 네 말이 가지들이 꺾인 것은 나로 접붙임을 받게 하려 함이라 하리니 20 옳도다 그들은 믿지 아니하므로 꺾이고 너는 믿으므로 섰느니라 높은 마음을 품지 말고 도리어 두려워하라 21 하나님이 원 가지들도 아끼지 아니하셨은즉 너도 아끼지 아니하시리라 22 그러므로 하나님의 인자하심과 준엄하심을 보라 넘어지는 자들에게는 준엄하심이 있으니 너희가 만일 하나님의 인자하심에 머물러 있으면 그 인자가 너희에게 있으리라 그렇지 않으면 너도 찍히는바 되리라 23 그들도 믿지 아니하는 데 머무르지 아니하면 접붙임을 받으리니 이는 그들을 접붙이실 능력이 하나님께 있음이라 24 네가 원 돌감람나무에서 찍힘을 받고 본성을 거슬러 좋은 감람나무에 접붙임을 받았으니 원 가지인 이 사람들이야 얼마나 더 자기 감람나무에 접붙이심을 받으랴

[17] But if some of the branches were broken off, and you, although a wild olive shoot, were grafted in among the others and now share in the nourishing root[10] of the olive tree, [18] do not be arrogant toward the branches. If you are, remember it is not you who support the root, but the root that supports you. [19] Then you will say, "Branches were broken off so that I might be grafted in." [20] That is true. They were broken off because of their unbelief, but you stand fast through faith. So do not become proud, but fear. [21] For if God did not spare the natural branches, neither will he spare you. [22] Note then the kindness and the severity of God: severity toward those who have fallen, but God's kindness to you, provided you continue in his kindness. Otherwise you too will be cut off. [23] And even they, if they do not continue in their unbelief, will be grafted in, for God has the power to graft them in again. [24] For if you were cut from what is by nature a wild olive tree, and grafted, contrary to nature, into a cultivated olive tree, how much more will these, the natural branches, be grafted back into their own olive tree.

[25] 형제들아 너희가 스스로 지혜 있다 하면서 이 신비를 너희가 모르기를 내가 원하지 아니하노니 이 신비는 이방인의 4)충만한 수가 들어오기까지 이스라엘의 더러는 우둔하게 된 것이라 [26] 그리하여 온 이스라엘이 구원을 받으리라 기록된 바

구원자가 시온에서 오사 야곱에게서 경건하지 않은 것을 돌이키시겠고

[27] 내가 그들의 죄를 없이 할 때에 그들에게 이루어질 내 언약이 이것이라

함과 같으니라 [28] 복음으로 하면 그들이 너희로 말미암아 원수 된 자요 택하심으로 하면 조상들로 말미암아 사랑을 입은 자라 [29] 하나님의

은사와 부르심에는 후회하심이 없느니라 30 너희가 전에는 하나님께 순종하지 아니하더니 이스라엘이 순종하지 아니함으로 이제 긍휼을 입었는지라 31 이와 같이 이 사람들이 순종하지 아니하니 이는 너희에게 베푸시는 긍휼로 이제 그들도 긍휼을 얻게 하려 하심이라 32 하나님이 모든 사람을 순종하지 아니하는 가운데 가두어 두심은 모든 사람에게 긍휼을 베풀려 하심이로다

25 Lest you be wise in your own sight, I do not want you to be unaware of this mystery, brothers:[11] a partial hardening has come upon Israel, until the fullness of the Gentiles has come in. 26 And in this way all Israel will be saved, as it is written,

"The Deliverer will come from Zion,

he will banish ungodliness from Jacob";

27 "and this will be my covenant with them

when I take away their sins."

28 As regards the gospel, they are enemies for your sake. But as regards election, they are beloved for the sake of their forefathers. 29 For the gifts and the calling of God are irrevocable. 30 For just as you were at one time disobedient to God but now have received mercy because of their disobedience, 31 so they too have now been disobedient in order that by the mercy shown to you they also may now[12] receive mercy. 32 For God has consigned all to disobedience, that he may have mercy on all.

33 깊도다 하나님의 5)지혜와 지식의 풍성함이여, 그의 판단은 헤아리지 못할 것이며 그의 길은 찾지 못할 것이로다
34 누가 주의 마음을 알았느냐 누가 그의 모사가 되었느냐
35 누가 주께 먼저 드려서 갚으심을 받겠느냐
36 이는 만물이 주에게서 나오고 주로 말미암고 주에게로 돌아감이라

그에게 영광이 세세에 있을지어다 아멘

33 Oh, the depth of the riches and wisdom and knowledge of God! How
unsearchable are his judgments and how inscrutable his ways!

34 "For who has known the mind of the Lord,
    or who has been his counselor?"

35 "Or who has given a gift to him
    that he might be repaid?"

36 For from him and through him and to him are all things. To him be
glory forever. Amen.

1) 또는 만물 위에 계신 하나님께 세세에 찬양이 있으리로다 2) 또는 복음을 3) 헬, 영
4) 헬, 충만히 5) 또는 부요와 지혜와 지식이여

*1* Or *brothers and sisters*  *2* Greek *not of him who wills or runs*  *3* Or *children of Israel*
*4* Greek *a law of righteousness*  *5* Or *Brothers and sisters*  *6* Or *end of the law, that
everyone who believes may be justified*  *7* Or *him whom they have never heard*
*8* Or *one of the offspring of Abraham*  *9* Greek *their fullness*  *10* Greek *root of richness;
some manuscripts* richness  *11* Or *brothers and sisters*  *12* Some manuscripts omit *now*

## 〰〰〰 단락 개관 〰〰〰

이 단락의 서두는 충격적이다. "내가 그리스도 안에서 참말을 하고 거짓말
을 아니하노라"(롬 9:1-2). 이는 뜬금없는 소리처럼 들린다. 바울은 어째서
자신의 진실함을 변호할 필요가 있다고 생각하는가? 그러나 그 배후의 내
용(1-8장)과 바로 앞의 내용(9-11장)을 감안하면 정직하다는 바울의 항변은
충분히 이해할 만하고 또 필요하다.

　방금 끝마친 여덟 장은 바울 당시의 유대인이라면 완전히 용납할 수
없어 보인다. 바울이 복음에 관해 주장한 모든 것은 하나님, 하나님의 말

씀, 하나님의 백성, 하나님의 구원 계획, 그리고 하나님의 약속들에 관한 주장에 뿌리박고 있다. 그런데 이분은 아브라함과 이삭과 야곱의 하나님이다. 바울은 이분이 또한 메시아 예수, 곧 하나님의 아들 안에서 사람이 된 그 하나님이라고 주장한다. 그러나 대다수 유대인은 이 주장을 거부한다. 그런 의미에서 바울은 이스라엘과 그 종교인 유대교의 적이자 사기꾼으로 비칠 수 있다.

바울은 유대인이면서 그의 친족이 구원받기를 간절히 바라므로, 이런 암묵적인 고발을 중대하게 여긴다. 9-11장에서 그는 그런 고발을 예상하고 답변을 내놓는다. 따라서 이어지는 단락 개요와 주석 부분은 '이스라엘과 하나님의 구속 사역'이라는 주제를 다룬다. 1-8장에 나온 복음과 그리스도에 관한 바울의 주장이 어떻게 예수를 구원자요 주님으로 인정하지 않는 유대인의 입장과 어울릴 수 있을까?

9-11장에는 두 가지의 핵심 질문이 있다. (1) 하나님의 말씀이 실패로 돌아갔는가? 이에 대해 바울은 9-10장에서 대답한다. (2) 하나님이 그분의 백성을 버리셨는가?(11:1) 바울은 11장에서 대답한다.

9장 첫 부분은 이스라엘에 대한 바울의 슬픔과 하나님께서 그들을 세상의 복으로 삼으셨음에 찬성하는 입장이다(9:1-5). 하지만 그들이 예수님을 배척했다고 해서 하나님의 말씀이 실패로 돌아갔다는 뜻은 아니다(9:6). 그와 반대로 그 말씀이 참된 것으로 입증된다. 하나님이 약속의 자녀를 선택하셨다는 점(9:6-13), 그분이 자격 없는 자들에게 자비(긍휼)를 베푸신다는 점(9:14-18), 그분의 지혜가 그분의 영광과 진노를 통해 드러났다는 점(9:19-24), 그리고 그분의 신실하심이 성경이 예언한 것을 수행하셨다는 점(9:25-29)을 통해 참되다고 입증된다. 걸림돌에 넘어진 것은 하나님의 말씀이 아니라 이스라엘이다(9:30-33).

10장은 이스라엘을 전도하고픈 바울의 사랑을 재진술하며, 그들의 열심은 인정하지만 그리스도를 배척한 것으로 나타난 그들의 무지와 독선을 지적한다(10:1-4). 모세를 올바로 읽으면 그들이 구원은 예수를 주님으로 부르는 데서 온다는 것을 깨달을 것이다(바울이 그랬듯이, 10:5-13). 그래서 이스라엘은 계속해서 하나님의 말씀을 완강히 거절하는 반면에 이방인은 받아들이고 있으므로(10:18-21) 그리스도를 전파하는 일이 가장 필요하다(10:14-17).

바울은 하나님의 말씀이 실패로 돌아가지 않고(9:6) 완전히 참되다는 것을 입증한 다음, 11장에서는 하나님이 그분의 말씀에 신실하실 뿐만 아니라 그분의 백성에게 한 약속에도 신실하시다는 것을 보여준다. 그분은 그들을 버리지 않았다. 은혜로 구원받는 남은 자들이 남아 있다(11:1-6). 이 것 역시 성경과 일치한다(11:7-10). 실제로 이스라엘의 넘어짐(그리스도에게 걸려, 9:32-33)은 "이방인의 풍성함"을 의미했고, 이는 이스라엘의 최종적인 "충만함"(ESV는 "full inclusion")에 의해 배가될 것이다(11:11-12).

그러나 이방인도 주의할 필요가 있다. 왜냐하면 그들도 이스라엘을 전염시키는 그 불신과 교만에 면역된 상태가 아니기 때문이다(11:13-24). 그런 잘못을 피하는 길은 이방인과 유대인 모두를 향한 하나님의 자비로운 목적을 분별하는 것과 하나님의 행동을 설명하려는 모든 시도를 "하나님의 지혜와 지식의 풍성함"(11:33)에 비추어 경배에 종속시키는 것이다.

9-11장이 만만찮은 해석상의 과제를 안겨주지만, 바울은 그의 논증이 자신의 영광의 무한한 광휘 가운데 계신 하나님에 대한 경배로 이어지도록 기여하는 데 가장 열심을 쏟으며, 이 모습으로 가장 큰 인상을 준다(11:33-36).

〰〰〰 **단락 개요** 〰〰〰

> Ⅶ. 이스라엘과 하나님의 구속 사역(9:1-11:36)
>   A. 하나님의 택한 백성(9:1-33)
>   B. 하나님의 지속적 계획(10:1-21)
>   C. 하나님의 지속적 약속(11:1-36)

**9:1-2**[84] 바울은 이제 생길 수 있는 오해를 처음부터 막아야겠다고 여긴 주제로 전환한다. "내가 참말을 하고"(참고. 고후 12:6; 딤전 2:7에 나오는 비슷한 표현)와 "거짓말을 아니하노라"(참고. 고후 11:31; 갈 1:20; 딤전 2:7)는 다음을 시사한다. 바울은 이제 그가 말할 내용에 대해 독자들(또는 청중들, 이 편지가 회중 가운데 큰 소리로 읽힐 것이므로) 가운데 일부가 회의적이라는 것임을 알았다.

바울은 곧 무엇을 어떻게 설명할지 입장을 정한다. 아울러 그의 "양심", 곧 옳고 그름에 대한 그의 타고난 인식도 확신하고 있다. 양심은 따로 놓고 보면 약하고 오염될 수 있다(고전 8:7; 딛 1:15). 양심의 지도는 거부당할 수 있는데, 그 결과 그의 믿음은 파괴된다(딤전 1:19). 또한 양심은 "화인을 맞아서"(딤전 4:2) 믿을 수 없게 될 수 있다. 양심의 가책에서 자유롭다고 해서 의롭게 되는 것이 아니며, 하나님이 양심을 심판하신다(고전 4:4). 그러나 양심이 "성령 안에서" 발휘되고 경건함과 하나님의 은혜의 도움을 받으면(고후 1:12), 신자가 하나님을 지향하게 하고 그분의 지시에 순종하게 할 수 있다. 바로 이런 의미에서 바울이 그의 양심에 호소하는 것이다.

그런데 바울이 그의 동족에게 연민을 품은 것을 두고 왜 회의적인 사람이 있는가? 아마도 그들은 바울의 이방인 선교 사역을 반대하는 반응에 바울이 보인 반응을 두고는 그가 연민이 없다고 여겼던 것 같다(살전 2:14-16). 사람은 흔히 반대를 직면하면 반대로 반응하는 것을 예상한다.

"나에게 큰 근심이 있는 것과 마음에 그치지 않는 고통이 있는 것을"(ESV는 9:2)은 3절을 배경으로 삼을 때에만 이해할 수 있다. 거기서 바울은 9-11장 전체의 초점이 되는 이유들 때문에 동료 유대인과 관련해 고통을 느낀다고 말한다. 바울의 동족 대다수가 그릇된 확신으로 인한 불신앙 때문에 길을 잃는 불행을 겪는다. 이런 모습을 보고 바울은 (1) "큰 근

---

84  ESV는 9:1과 9:2가 분리되어 있지만 개역개정은 9:1-2로 되어 있음. (편집자주)

심"과 (2) "그치지 않는 고통"을 느낀다고 한다. "마음에"는 바울의 염려가 그저 학문적이고 얄팍한 것이 아님을 가리킨다.

"근심"은 고통스러운 유감을 의미한다. 바울이 곧 주목하게 할 것은 내적으로 그를 무척 파괴한다. "그치지 않는"은 바울이 기도를 실천하고 변호할 때 사용하는 말이다(딤후 1:3, 또한 롬 1:9; 살전 1:2; 2:13; 5:17도 보라). 그런데 여기서는 내면의 "고통", 믿음을 버림으로써 맞닥뜨릴 것에 비견할 수 있는 정신적 고뇌를 언급한다(딤전 6:10). 잃어버린 자를 참으로 사랑하고 그들과 동일시되는 사람들은 절망에 빠지는 자를 배려할 수 있는 짐을 지게 된다(눅 19:41; 요 11:35; 빌 3:18).

**9:3** 바울은 어떤 상황을 가정하여 제시한다. 만일 바울 자신이 하나님의 저주를 받고, 그 보답으로 그리스도를 배척한 동료 유대인들이 그분을 메시아로 영접하는 길이 있다면 어떠할 것인가? 이는 그분의 백성이 죄를 용서받는 대가로 모세가 자기 이름을 하나님의 생명책에서 지워달라고 제안한 것을 상기시킨다(출 32:32). 하나님은 그 제안을 받아들이지 않으셨다(출 32:33). 아마 여기서도 가능하지 않을 것이다. 그리스도의 죽음만이 유대인은 물론이요 이방인의 죄까지 사할 수 있는 유일하고 또 충분한 희생제물이기 때문이다.

하지만 이 구절의 어법에 따르면 바울은 생각할 필요도 없이 그렇게 하려고 한다. 그들이 만일 예수님이 가져온 천국의 제안을 받아들이기만 한다면, 그는 기꺼이 지옥("저주를 받아")을 받아들이려 한다. "형제"는 바울이 흔히 의미하는 동료 그리스도인들이 아니라, "나의…골육의 친척[쉰게논(syngenōn)]"이 밝히듯이 동일한 민족의 사람들을 가리킨다. 바울은 "친척"으로 번역한 이 단어를 로마서에서 세 번 더 사용한다(16:7, 11, 21). 바울이 '저주받다'[아나테마(anathema)]라는 말을 사용하는 다른 경우는 고린도전서 12:3; 16:22, 갈라디아 1:8, 9을 보라.

**9:4** 바울이 유대인 동족들을 "그들"이라 부르는 것은 충격적이다. 그의

세대에서 바울보다 더 이 민족과 종교에 헌신한 사람은 없다. "내가 내 동족 중 여러 연갑자보다 유대교를 지나치게 믿어 내 조상의 전통에 대하여 더욱 열심이 있었으나"(갈 1:14). 그러나 그리스도는 이제 혈연적 유대를 초월하고 그릇된 종교적 결연을 깨뜨리는 충성을 요구하신다.

하지만 이 새로운 충성은 하나님이 이전 시대에 행하신 은혜로운 사역, 즉 한 백성을 구원하고 그들을 통해 세상에 구속을 가져오기 위해 행하신 사역의 소중한 가치와 중요성을 변경시키지 않는다. 이 사람들은 야곱의 후손, 곧 "이스라엘 사람"이다. 하나님은 아버지의 애정을 그들에게 쏟으셨고 이런 의미에서 그들을 양자로 삼으셨다("이스라엘이 어렸을 때에 내가 사랑하여 내 아들을 애굽에서 불러냈거늘", 호 11:1, 참고, 사 63:8; 렘 3:19).

"영광"은 성막(출 16:10)과 훗날의 솔로몬 성전(왕상 8:11)을 가득 채웠던 하나님의 광채를 가리킨다. "언약들"은 하나님이 노아와 아브라함, 모세와 다윗과 같은 인물들과 맺은 협약을 포괄한다. "율법을 세우신 것"은 하나님의 백성과 "여러 민족들"(신 4:6)을 위해 모세에게 주신 토라를 가리킨다. "예배"는 그리스도를 예시했던 제사 제도를 가리킨다. 또한 바울이 기도와 안식일 준수와 같은 것들을 염두에 둔 것일 수도 있다. "약속들"은 구약 전반에 나오는 하나님의 신실함에 대한 서약들이다.

**9:5** 유대인이 물려받은 복의 목록이 계속 이어진다. "조상들"은 아브라함과 이삭과 야곱을 가리킨다(11:28; 15:8도 보라). "그들에게서" 또는 민족적 유산("육신")으로 말하자면 복을 받은 남자들과 여자들이 연달아 나왔다(복음서의 족보들을 보라). 그리고 그 가운데 주인공 후손이 바로 예수님, 곧 "그리스도"였다.

이보다 더 큰 영예나 특권은 상상할 수 없다. 왜냐하면 그리스도는 그분의 출현에 이르는 모든 이름과 사건보다 뛰어난 분일 뿐만 아니라 "만물 위에 계셔서 세세에 찬양을 받으실 하나님"[85]이시기 때문이다. 바울의 "아멘"은 로마서에 나오는 다섯 개의 송영 가운데 두 번째 것이다(참고, 1:25; 11:36; 15:33; 16:27).

유대인이 누린 복들로 인해 하나님께 찬송을 돌림으로써 바울은 유대인들의 유산을 평가절하한다거나 그가 옹호하는 복음 메시지에 유대인들이 제공하는 기반을 가볍게 여긴다는 고발에 관해 스스로를 변호한다. 무엇보다도 그는, 하나님께서 그 오랜 세월에 걸쳐 이 백성을 다루실 때 그분의 말씀에 신실하셨다는 확신을 다시금 강조한다.[85]

**9:6** 4-5절에 나온 복의 목록을 고려할 때 과연 누가 "하나님의 말씀이 폐하여진 것 같[다]"고 추정할 수 있겠는가? 바울은 분명히 서로 연관된 두 가지를 생각한다. 하나는, 방금 열거된 하나님의 복들을 상속한 유대인 대부분이 그들의 메시아 곧 그리스도이신 예수님을 배척했다는 것이다. 물론 바울을 포함해 많은 예외도 있다. 그러나 예루살렘, 유대, 갈릴리, 그리고 로마제국 전역의 디아스포라 등 대다수 1세기 유대인은, 바울이 그들의 약속된 왕이라 주장한 그분을 환호하며 맞이하지 않았다.

이처럼 유대인 대다수가 그리스도를 인정하지 못한 사실은 하나님의 말씀이 실패로 돌아간 증거라고 해석할 수 있었다. 그 말씀이 참되고 복음 메시지의 배경이 되는 그 역사와 일맥상통하는 것이라면, 어째서 하나님의 백성이 그것을 받아들이지 않았는가?

두 번째 고려 사항은 4-5절에 묘사된 혈통이 명백한 민족적 중심을 갖고 있다는 것이다. 먼저는 아브라함, 히브리인과 이스라엘 사람으로 알려진 그의 자손, 그리고 그들로부터 내려온 유대인이다. 그러나 바울은 "이방인의 사도"다(11:13). 바울은 그 자신이 주로 이방인으로 대하는 로마 회중들에게 말하고 있고, 그 목적은 "너희 중에서도 다른 이방인 중에서와 같이 열매를 맺게 하려[는]" 것이다(1:13).

유대인의 관점에서 보면, 아브라함과 이삭과 야곱의 하나님께 기반을 둔 구원의 메시지를 이제 주로 이방인이 받아들였다면, 하나님이 유대인

---

85 이와 다른 번역으로는 Kruse, *Paul's Letter to the Romans*, 373-374을 보라.

을 곤경에 빠뜨린 것처럼 보인다.

이 반론에 바울이 내놓은 답변은, 시사하는 바가 많은 만큼 간결하기도 하다. 하나님의 말씀은 실패하지 않았는데, "이스라엘에게서 난 그들이 다 이스라엘이 아니[기]" 때문이다.

**9:7** 바울은 하나님의 말씀이 실패했다는 고발에 대한 답변을 계속 이어간다. 그의 요점은 간단하다. 민족적 계보 자체가 구원이 아니라는 것이다. 이는 한 세대 전에 세례 요한이 유대인 청중에게 말한 바와 같다. "그러므로 회개에 합당한 열매를 맺고 속으로 아브라함이 우리 조상이라 말하지 말라 내가 너희에게 이르노니 하나님이 능히 이 돌들로도 아브라함의 자손이 되게 하시리라"(눅 3:8). 예수님 역시 하나님의 확실한 약속과 그들의 회의적인 반응 간에 단절이 있으리라고 예고하셨다. "너희가 아브라함과 이삭과 야곱과 모든 선지자는 하나님 나라에 있고 오직 너희는 밖에 쫓겨난 것을 볼 때에 거기서 슬피 울며 이를 갈리라"(눅 13:28).

바울은 그날이 도래했음을 확증한다. "이스라엘에게서 난" 그들에게서 자기네 하나님과 언약적 구속의 조건을 배척하는 자들이 많이 나왔다. 하나님이 이스라엘(주전 722)과 유다(주전 587)를 멸망시킨 사건은 아브라함의 혈통이라고 해서 하나님께서 자동적으로 승인하시는 것이 아님을 강조한다. 진정한 "아브라함의 씨"는 아브라함이 행한 대로 믿음과 신실함을 보여준다. 그리고 그들은 하나님이 아브라함에게 한 약속을 성취하시는 의미로 보내주신 이를 환영한다.

따라서 아브라함과의 혈연관계는 사람들을 최고의 의미에서 "아브라함의 씨"로 만들지 못한다. '이삭에게서 태어난 사람만을 너의 자손이라고 부르겠다'는 약속이 더 깊은 진리를 가리킨다(창 21:12).

**9:8** 바울은 아브라함의 혈통 자체는 하나님의 구원을 확보하지 못한다는 6-7절의 주장을 명백히 설명한다.

누가 진정한 "하나님의 자녀"인가? 바울 당시에는 유대인이 아브라함을 자기들의 아버지로 내세워서 그런 특권이 자기들 것이라고 주장할 수 있었다(요 8:39). 그러나 바울은 차별성을 지적한다. 아브라함의 자손은 실제로 두 가지 유형으로 구성되어 있다. 일부는 "육신의 자녀"였다. 그들은 아브라함과 혈연관계에 있지만 그의 믿음을 물려받거나 보여주지 않았다. 에서가 하나의 본보기일 수 있다(히 12:16-17). 다른 이들은 "약속의 자녀"였다. 그들은 아브라함과의 혈연관계를 하나님과의 영적인 관계와 결합시켰다. 그들이 하나님의 약속을 받고 그 약속에 비추어 살았던 것이다. "씨로 여기심을 받느니라"는 앞에서 아브라함의 믿음이 "그에게 의로 여겨진 바 되었다"(롬 4:3)고 묘사할 때 사용했던 바로 그 단어를 사용한다.

아무도 여태껏 하나님의 용납을 받을 만한 자격이 없었다. 언제나 하나님이 죄인들, 곧 스스로 하나님의 은총을 받을 만한 의로움이 없는 죄인들에게 용서를 전가하는 문제였다. 구원은 항상 인간이 무슨 노력을 해서가 아니라 하나님의 약속으로 이루어졌다.

**9:9** 바울은 8절에서 말한 요점을 요약된 형식으로 결론짓는다. 하나님의 자녀는 혈통처럼 형식적 연줄을 지닌 사람들이 아니라 "약속의 자녀"다. 이를 예증하기 위해 바울은 창세기 18:10의 한 부분을 인용한다. 그 구절 전문은 이렇다. "그[여호와]가 이르시되 '내년 이맘때 내가 반드시 네게로 돌아오리니 네 아내 사라에게 아들이 있으리라' 하시니 사라가 그 뒤 장막 문에서 들었더라." 여기서 작은따옴표 부분이 바울이 인용하는 것이다.

이 작은따옴표 부분이 바울의 논지에 어떻게 도움을 주는가? 그는 저 멀리 아브라함에게로 되돌아가서 하나님의 진정한 자녀는 "약속의 자녀"(롬 9:8)라고 주장하는 중이다. 창세기 18:10절 인용문과 함께 바울은 독자를 아브라함을 통한 구원의 시작으로 돌아가게 한다. 아브라함은 99세가 되었을 때 하나님의 명령에 응하여 그 집안의 모든 남자들과 함께 할례를 받았다(창 17장). 이제 세 명의 남자가 방문하는데, 이들은 소돔과 고모라에 하나님의 심판을 집행하려고 보내진 천사들이다(창 18:16-19:29). 그들이 방문하는 중에 한 천사가 방금 인용한 "약속"을 알린다.

아브라함과 사라에게 약속하신 자녀는 이스마엘이 아니라 이삭이 될 것이다(창 18:19). 이것이 바울의 첫 번째 암묵적인 요점이다. 구속은 다른 어디에도 아닌 그 족장의 계보에 있다. 이와 관련하여 바울의 요점은, 구속이 우리가 좋은 소식이라고 부르는 하나님의 약속에서 온 것이며, 이스마엘을 낳은 인간의 책략에서 시작하지 않는다는 것이다. 그리고 세 번째 요점은 다음과 같다. 하나님의 구속은 인간의 이해를 초월하며 불가능하게 보일 수 있다. 사라와 아브라함이 그 나이에 어떻게 아들을 바랄 수 있었겠는가? (바울은 롬 4:19에서 이 점을 이미 말했다.)

근본적으로 바울이 말하는 바는, 바울 당시에 그리스도를 믿는 신자들이 그가 전하는 좋은 소식을 통해 믿음으로 하나님께 나아가게 해주는 그 역동적인 약속을 깨달았다는 것이다. 그렇지 못한 이들은 아브라함의 혈통을 물려받았음에도 불구하고 "육신의 자녀"(9:8)의 역할을 메우는 중인데, 우선 그토록 많은 것을 위임받았으나 예수님이 메시아임을 부인하는 동료 유대인들이 그에 해당한다.

**9:10** 이제 바울은 아브라함과 사라로부터 그들의 아들인 이삭 및 그의 아내 리브가로 움직인다. 그는 계속해서 구원이 약속으로 말미암는다는 것을 보여주며, 하나님이 구원의 은혜를 베푸시는 방식에 대한 반론에 대답하는데 필요한 토대를 놓을 것이다.

"그뿐 아니라 또한"은 바울이 그의 논증을 또 다른 결정적 단계로 가져갈 것임을 시사한다. 그는 리브가 및 아브라함의 아들인 이삭으로 옮겨감으로써 하나님의 약속이 어떻게 이뤄졌고 계속 실행되었는지를 보여준다. 아브라함에서 시작해 이삭으로 이어진 족장들은, 바울이 이미 말했듯이(5절) 예수님 안에서 성취되고 바울이 전파한 복음의 약속에 필수불가결하다.

**9:11-12** 이 구절들은 하나님의 구원 약속이 아브라함과 이삭을 통해 이뤄진다는 9-10절의 단언에 기반한다. 그러나 이 구절들은 논증을 한 단계

더 끌고 간다. 하나님의 구원 사역과 감춰진 지혜가 이삭의 자식들이 태어나기도 전에 이미 신비로운 방식으로 작동했다. 왜냐하면 그 시점에 리브가가 "큰 자가 어린 자를 섬기리라"는 말씀을 들었기 때문이다(참고. 창 25:23).

바울은 구약 이야기를 인용하는 근거를 이렇게 설명한다. 그는 구원이 하나님의 선택으로 말미암는다는 것을 확증하려 한다. 이와 관련해 '하나님의 선택의 목적'("God's purpose of election", 개역개정은 "택하심을 따라 되는 하나님의 뜻")은 사람들의 "선하거나 악한" 행위로 말미암지 않고 "오직 부르시는 이로 말미암아" 실현되는 것이다. 구원받는 데 믿음이 필요하지 않다는 말이 아니다. 바울은 이미 하나님의 의가 인간의 믿음을 통해 온다는 논지를 폈다(롬 1:16-17). 그는 오히려 구원이 행위로 말미암지 않는다는 것을 상기시키고 있다. 그리고 하나님의 구속의 목적, 그리고 누가 하나님의 백성의 반열에 들지 누가 들지 않을지에 대한 하나님의 예지는, 약속에 달려 있다고 확증하는 중이다. 민족과 종교적 행위 모두 하나님의 은총을 보장할 수 없다. 그것은 오직 하나님의 약속이 성취하는 일이다.

**9:13** 바울의 입장은 구약 정경에 나오는 마지막 선지자인 말라기 1:2-3으로 인증된다. 말라기에 따르면, 야곱과 에서가 살다가 각기 제 길로(야곱은 축복의 길로 에서는 멸망의 길로) 간 지 천오백 년이나 지난 후에도, 하나님은 계속해서 그분의 구원 약속을 존중하고 시행하셨다. 바울도 이에 동의한다.

다음에 주목해야 한다. 바울은 하나님이 주권적인 구원 사역에 신실하신 분임을 강조하는 한편, 반면 성경에 나오는 에서 내러티브는 에서가 장자권을 팔아버린 것이 비난받을 행위였음을 분명히 한다(창 25:29-34, 참고. 히 12:16). 로마서 9:17에 나오는 바로처럼 또는 1:24, 26, 28에서 하나님이 멸망하도록 '내버려두신' 자들처럼, 에서는 자기가 선택한 어두운 길에 있는 흠 없거나 무력한 자가 아니었다. 하나님의 '선택의 목적(뜻)'(9:11)은, 그것이 영향을 주는 사람들(온 인류)에게 우주의 창조자와 구속자를 찾아야 할 책임을 면제시켜주지 않는다. 성경에서 에서와 바로를 비롯해 자기 죄에 빠진 많은 이들은 "핑계하지 못[하고]"(1:20) 하나님의 무정한 선택의 무력한 피해자가 아니다.

바울은 9:1절까지 거슬러 올라가는 그의 논증에서 하나의 지점에 도착했다. 그는 아브라함을 통한 구원의 복이 그리스도 안에서 성취되었음을 주장하려고 애썼고, 그토록 많은 아브라함의 자손이 하나님의 구원의 약속이 예수 안에서 성취된 것을 인정하지 않아서 슬픔을 토로했다(1-5절). 무엇보다도 그는 하나님의 말씀이 바울이 사는 현 시점에 이르기까지 여전히 자비로운 힘을 보유하고 있으며 결코 실패로 돌아가지 않았음을 입증했다(6절). 아울러 앞으로 다루게 될 주제를 암시하기도 했다. 하나는 하나님이 에서가 아니라 야곱을 선택하신 것이다.

**9:14** 만일 누군가가 이방인에게 전한 복음이 아브라함을 통한 하나님의 약속을 저버린 것이기 때문에 하나님의 말씀이 실패로 돌아가게 했다(6절)고 주장해서 바울의 복음을 평가절하한다면, 그 사람은 하나님께 "불의"[아디키아(*adikia*), ESV는 "injustice"]하다는 혐의를 씌우는 것과 같다. 이 단어는 바울의 글에 12번 나오는데, ESV에서는 "unrighteousness"(1:18, 29; 2:8; 3:5; 6:13; 살후 2:12), "wrongdoing"(고전 13:6), "wrong"(개역개정은 "공평하지 못한 것", 고후 12:13), 또는 "iniquity"(딤후 2:19)로도 번역된다.[86] 에서와 야곱이 태어나기도 전에 에서가 아닌 야곱이 선택받는다는 것이 과연 공평한가(롬 9:11)? 하나님이 누구를 구원할지 결정하실 때 인간의 행위를 고려하지 않는 것이 과연 공평한가(11절)? 자신의 민족 때문에 영원한 구원을 갖고 있다고 생각하는 사람들이 다음 사실, 즉 최후의 심판에서 하나님이 편파적이지 않고(2:11) 오직 은혜로, 오직 믿음을 통해 그분께 나아오는 모든 사람을 그분의 자녀로 입양하신다는 사실을 갑자기 깨닫는다면, 그것이 공평한가? 모든 사람이 하나님의 자녀인가? 만일 "약속의 자녀"만 그분의 복

---

86 ESV가 unrighteousness, wrongdoing, iniquity로 번역한 곳에서 개역개정은 모두 "불의"로 번역한다.(편집자주)

을 받는다면, 이것은 인간적 생각과 기대에 부응하지 못하는 차별이 아닌 가? 어떤 이들은 이것을 인권 침해라고 부를 것이다.

바울은 그런 반론을 다루기 위해 하나님이 어떤 식으로든 '불의하실' 수 있다는 신성모독적인 주장을 수사적인 방식을 사용해 표현한다(3:5-8도 보라). "그럴 수 없느니라"는 가장 강력한 부인이다.

9장

**9:15** 하나님이 불의하지 않은 주된 이유는 그분이 자비롭다는 단순한 사실이다. 그분은 연민을 베푸신다. 바울은 이미 아무도 그런 대우를 받을 자격이 없음을 입증했다. 공의로운 것은 하나님의 진노이기 때문이다(1:18-3:20). 구약의 기본 진리는 하나님이 "자비롭고 은혜롭고 노하기를 더디하고 인자와 진실이 많은" 분이라는 것이다(출 34:6, 참고. 민 14:18; 느 9:17; 시 86:15; 103:8; 145:8; 욜 2:13; 욘 4:2). 하지만 이 진리에는 대조적인 면이 있다. "여호와는 노하기를 더디하시며 권능이 크시며 벌 받을 자를 결코 내버려 두지 아니하시느니라"(나 1:3). 하나님의 연민은 풍성하다. 반면에 그분은 그것을 걷어차는 자들에게 책임을 물으신다.

그러므로 모든 인간이 하나님의 배척을 받아야 마땅한데도, 모세는 하나님이 언제든지 용서하고 구원하실 준비가 된 분이라고 말한다. 이런 측면에서도, 마찬가지로 하나님의 말씀은 실패하지 않았고(롬 9:6) 옳다는 것이 입증된다.

**9:16** ESV의 "it depends"는 번역가들이 추가한 것으로, "그런즉 원하는 자로 말미암음도 아니요 달음박질하는 자로 말미암음도 아니요 오직 긍휼히 여기시는 하나님으로 말미암음이니라"를 합리적으로 번역한 것이다. 이 추가된 문구는 누군가의 구원에 관한 하나님의 주권을 강조하며, 이는 성경이 묘사하는 대로 개인의 구원과(집합적인 구원과 더불어) 관련해 부인할 수 없는 진리다(요 1:12-13도 보라).

그러나 현재의 담론에서 그와 똑같이 중요한 것은 하나님이 그분의 말씀에 신실하시다는 더욱 근본적인 진리다(롬 9:6). 그분은 불의하지 않으시다(14절). 자격이 없는 수많은 죄인들을 찾아 구원하시는 하나님의 자비와 긍휼이야말로 하나님의 말씀이 모든 장애물을 극복하고 그분의 이름을 부르는 모든 사람의 장소와 마음에 미친다는 것을 상기시켜준다. "오직 긍휼히 여기시는 하나님으로 말미암음이니라"(ESV는 "So then it depends…in God, who has mercy")고 말하는 것은, '하나님의 말씀이 실패하지 않았다'(6절, 또한 사 55:10-11도 보라)고 말하는 것과 "불의"는 하나님이 계획하시거나 행하시는 모든 일에 적합한 꼬리표가 아니라고 말하는 것이다.

**9:17** 바울은 모세를 끌어와, 구원에서 하나님의 주권이 그분의 신실하고 틀림없는 말씀을 통해 입증됨을 예증한다. 바로는 그 시대의 가장 막강한 왕 중 하나였고 아브라함의 하나님을 믿지 않는 자였는데도, 하나님의 목적에 종속되어 그의 삶과 환경을 통해 하나님의 능력을 보여주는 인물로 '세움을 받았다'. 또 하나의 신적 의도는 하나님이 애굽의 주권자와 상호작용을 한 결과 하나님의 "이름이 온 땅에 전파되게 하려[는]" 것이었다.

에서의 경우처럼, 하나님의 주권적 손길이 바로의 모든 행위를 좌우했고 궁극적으로 그의 마음을 완고하게 했다. 그런데 출애굽 내러티브에 따르면 바로 역시 자신의 마음을 완고하게 했기에(출 8:15, 32, 9:34) 자신의 정죄와 관련해 책임을 지게 된다.

그리고 바로를 통해 드러난 하나님의 자비는, 바로의 때만이 아니라 지금 바울이 이 글을 받아쓰게 하는 순간을 포함해 토라가 읽히고 적용되는 모든 시대에 나타났다. 로마서가 전하고 설명하는(부분적으로는 9장에 나온 논증을 통해) 복음은, 바로에게 하신 하나님의 신실한 말씀의 작용을 통해 하나님의 "이름이 온 땅에 전파되[는]" 것의 연장선상에 있고, 이는 깨닫는 눈을 가진 자들이 토라를 읽는 곳 어디에서나 "불의"(14절)가 아닌 자비를 통해 알려진다.

**9:18** 바울은 이 소단락(14-18절)을 '하나님 편에 불의함'(14절)이 없고 오히려 일관된 자비가 있다는 말로 결론짓는다. 하나님은 자격 없는 사람(인

류의 모든 일원 하나하나)을 향해 '긍휼히 여기시고자 하는 사람을 긍휼히 여기신다'. 바울은 곧 그 대상의 정체를 분명히 밝힐 것이다. "누구든지 주의 이름을 부르는 자는 구원을 받으리라"(10:13. 이는 요엘 2:32의 인용문으로 사도행전 2:21에서 베드로도 오순절에 이 구절을 인용한다).

9장

바울이 하나님의 자비(긍휼, 신약에서 수십 번 언급되는 단어)에 특히 강한 확신을 품는 이유는, 그 자비가 그를 살기등등한 열정의 불길에서 끌어냈기 때문이다. 그는 자신을 이렇게 말한다. "전에는 비방자요 박해자요 폭행자였으나 도리어 긍휼을 입은 것은 내가 믿지 아니할 때에 알지 못하고 행하였음이라"(딤전 1:13). "내가 긍휼을 입은 까닭은 예수 그리스도께서 내게 먼저 일체 오래 참으심을 보이사 후에 주를 믿어 영생 얻는 자들에게 본이 되게 하려 하심이라"(딤전 1:16). 베드로 역시 하나님의 은총을 받을 권리가 없음에도 하나님의 자비로 그것을 받은 사람들을 보고 놀라움을 금치 못한다. "너희가 전에는 백성이 아니더니 이제는 하나님의 백성이요 전에는 긍휼을 얻지 못하였더니 이제는 긍휼을 얻은 자니라"(벧전 2:10).

그리고 하나님은 자비를 베푸는 면에서 일관성 있고 공평하신 것처럼, '완악하게 하시고자 하는 사람을 완악하게 하신다'. 바울은 하나님이 모든 사람에게 그분을 인정할 책임을 물을 만큼 충분히 자신을 알리셨음을 이미 입증했다. 우리 모두는 똑같이 "핑계하지 못[한다]"(롬 1:20). 그분이 완악하게 하시는 일은 그분의 자비가 걷어차일 때 생기는 결과다. 이는 자화자찬하는 죄악된 관점에서 볼 때에만 "불의"로 비칠 수 있다. 그러나 우리는 하나님의 관점을 분별하고 또 인정해야 마땅하다.

**9:19** 바울은 앞의 수사적 질문(14절)에 내놓은 그의 답변(15-18절)에 저항하고 나설 반론을 예상한다. "네가"는 단수형이며 한 명의 대화상대를 그려준다. 바울은 하나님의 선하심에 의문을 제기하는 누군가와 마음속으로 대면하는 중이다. 예수님처럼 바울은 순회선교사요 대중설교자일 뿐 아니라 개인적인 복음 전도자이기도 하다.

여기에 나오는 수사적 질문은 이중적이다. (1) 하나님은 왜 사람들을 탓하시고, 또 유죄 판결을 내리시는가? 왜냐하면 (2) 바울이 방금 말했듯이(18절) 하나님이 완악하게 하시고자 하는 사람을 완악하게 하시기 때문이다. 그리고 "누가 하나님의 뜻을 거역할 수 있다는 말인가?"(새번역).

**9:20** 바울은 그 질문 배후에 있는 불경건한 태도, 곧 감히 하나님을 의문시하고 탓하는 태도를 간파한다.

현대의 독자는 바울이 가진 자기 확신 때문에 쉽사리 그를 부정적으로 해석할 수도 있다. 그러나 이것은 그가 가진 확신의 근거를 간과하는 처사다. 그 근거는 그 자신이나 그의 논리가 아니라 하나님의 기록된 말씀에 있다. 바울은 예수님이 좋아했던 구절 직후에 나오는 이사야 29장의 한 대목을 인용한다.[87] 이 구절(사 29:13)은 하나님을 입술로만 공경하고 속마음은 사실 완악한 이들에 관해 말한다(참고. 막 7:6-8). 바울은 의문을 제기하는 사람의 말투로 볼 때 그가 바로 예수님이 지적하신 사람들에 속한 인물이라고 상상하는 듯하다. 그는 구도자가 아니라 이사야 29:15-16이 못 박은 사람처럼 조롱하는 자다.

> 자기의 계획을 여호와께 깊이 숨기려 하는 자들은 화 있을진저
> 　　그들의 일을 어두운 데에서 행하며 이르기를
> 　　"누가 우리를 보랴? 누가 우리를 알랴?" 하니
> 너희의 패역함이 심하도다!
> 토기장이를 어찌 진흙 같이 여기겠느냐
> 지음을 받은 물건이 어찌 자기를 지은 이에게 대하여 이르기를
> 　　"그가 나를 짓지 아니하였다" 하겠으며
> 빚음을 받은 물건이 자기를 빚은 이에게 대하여 이르기를
> 　　"그가 총명이 없다" 하겠느냐?

---

87  이사야 45:9도 그 배경에 있을 수 있다. 그러나 바울의 답변에서는 이사야 29장이 더 두드러진다.

따라서 바울의 관심사는 논쟁을 이기거나 자기가 옳다는 것을 입증함으로써 그의 추론을 변호하는 것이 아니다. 오히려 의문을 제기하는 자의 눈가리개를 제거해서 그가 하나님과 복음 메시지를 볼 수 있게 하는 것이다. 자신의 죄를 무시하거나(사 29:15) 누가 누군지를 뒤집을 만큼(사 29:16) 오만한 자세로 하나님께 접근하는 사람은 누구든지 하나님의 풍성한 자비를 맛볼 수 없다. 하나님이 사람을 의문시하는 것이지, 거꾸로 뒤집으면 안 된다.

**9:21** 예수님의 비유들처럼 바울은 고대 세계에서 일상적인 토기장이와 그릇이라는 이미지를 끌어온다. 분명히 토기장이는 자기 그릇으로 자기가 원하는 것을 할 수 있다. 바울은 20절에서 그랬듯이 이번에는 예레미야 18장에 의지해서 성경적으로 생각한다. 거기서 하나님은 예레미야에게 토기장이가 "그것[진흙]으로 자기 의견에 좋은 대로"(렘 18:4) 무엇이든 만드는 모습을 가서 관찰하라고 일러주신다. 예레미야는 자기가 그 일에서 배운 바를 보고한다. "그때에 여호와의 말씀이 내게 임하니라 이르시되 여호와의 말씀이니라 이스라엘 족속아 이 토기장이가 하는 것 같이 내가 능히 너희에게 행하지 못하겠느냐 이스라엘 족속아 진흙이 토기장이의 손에 있음 같이 너희가 내 손에 있느니라"(렘 18:5-6).

그러나 예레미야 본문이 말하는 요점은 하나님께서 헤아릴 수 없는 명령으로 자비를 베풀거나 완악하게 하신다는 것이 아니다. 오히려 하나님이 심판을 선언하시더라도 사람들이 회개하면 그분이 심판을 돌이키신다는 것이다(렘 18:7-11). 그러므로 그분은 그분의 말씀을 경청해서 돌이킬 사람은 누구나 부르신다.

달리 말하면, 토기장이(하나님)는 그 시스템(그의 구원 계획)에 어떤 판단을 내장했는데, 이는 사람들(그릇들)이 하나님의 자기 계시에 반응하고, 그들의 길을 살피고, 그분께 돌이킬 경우에는 뒤집을 수 있는 것이다. 하나님은 그런 은혜로운 조건 아래 자비를 베풀거나 완악하게 할 수 있는 완전한 권한을 갖고 계신다.

이 논의에 등장하는 일차적 질문(롬 9:19)은, 그 태도로 보아 선을 넘은 것으로 판명된다. 그 자신이 자비로운 분임을 영원히 보여주신 하나님께 대한 그와 같은 고발적 접근을 정당화할 수 있는 것은 인간의 자기 의뿐이다.

**9:22-23** 이 구절들에서 바울은, 하나님이 예레미야 18:7-10에서 말씀하시는 것과 똑같은 주장을 편다. 만일 한 백성이(이방인과 같은) 하나님께 정죄를 받았으나 그분께 돌이킨다면, 하나님은 "내가 그에게 내리기로 생각하였던 재앙에 대하여 뜻을 돌이키겠[다]"(렘 18:8)고 말씀하신다. 반면에 한 백성이(유대인과 같은) 하나님이 보시기에 장래가 유망하지만 "만일 그들이 나 보기에 악한 것을 행하여 내 목소리를 청종하지 아니하면 내가 그에게 유익하게 하리라고 한 복에 대하여 뜻을 돌이키리라"(렘 18:10)고 말씀하신다.

로마서 9:22은 하나님이 죄를 처벌하시고("그의 진노를 보이시고") 그분께 저항하는 이들을 정복하시려는("그의 능력을 알게 하고자 하사") 이중적인 의도를 묘사한다. 하나님은 고의적인 무지로 "진노의 날 곧 하나님의 의로우신 심판이 나타나는 그날에 임할 진노를…쌓는"(2:5) 사람들의 태도를 참으시며(2:4) 진노하심을 보여주기 위해 "멸하기로 준비된 그릇을 오래 참으심으로" 관용하신다. 바울은 이것을 이미 보여주었다. "오직 당을 지어 진리를 따르지 아니하고 불의를 따르는 자에게는 진노와 분노로 하시리라"(2:8)

로마서 9:23은 동전의 다른 면을 거론한다. 이 무리도 앞에서 등장했다. "참고 선을 행하여 영광과 존귀와 썩지 아니함을 구하는 자에게는 영생으로 하시고"(2:7). 하나님은 "영광 받기로 예비하신 바 긍휼의 그릇에 대하여 그 영광의 풍성함을 알게 하고자" 그들을 미리 아셨고, 또 예정하셨다(8:29-30).

따라서 로마서 9:22-23은 일부를 정죄하고 다른 이들을 구원한다는 면에서 하나님의 공의("불의"가 아니라, 14절)를 확증해준다. 이것이 언제나 제멋대로 하는 인간들을 향한 하나님의 입장이었다. 이런 의미에서도 하나님의 말씀은 실패로 돌아가지 않았다(6절). 왜냐하면 그분은 바울 당시 로마제국에 사는 사람들을 언제나 그분의 구속적 통치를 특징지어온 동일한 인자하심(아무도 받을 자격이 없는)과 준엄하심(모든 사람에게 마땅한)으로 다루시기 때문이다(하나님의 인자하심과 준엄하심에 관해서는 11:22를 참고하라).

**9:24** "우리니 곧…부르신 자"는 바울과(유대인인) 로마 독자들을(대다수가 이방인인) 가리킨다. 이 구절 나머지 부분("유대인 중에서 뿐 아니라 이방인 중에서도")은 앞의 담론에서 바울이 염두에 두었던 문제가, 이방인까지 포함시키는 그의 복음이 예수님을 배척했던 유대인에게 제기한 문제임을 확실히 보여준다.

그런 유대인들이 '하나님의 말씀이 실패로 돌아갔다'고 생각했던 이유는, 하나님이 비(非)유대인을 유대인만의 종교단체에 허용하셨기 때문이다. 바울은 이 문제에 "이스라엘에게서 난 그들이 다 이스라엘이 아니요"(6절)라는 주장으로 답변하기 시작했다. 24절은 그의 예비적 결론(이는 나중에 실증되고 확대된다), 곧 "진노의 그릇"(22절)과 "긍휼의 그릇"(23절)이 유대인과 이방인 모두에서 발견될 수 있다는 결론을 요약한다. 전자를 후자로 바꾸는 것은 하나님의 부르심이다.

**9:25** 이 구절은 4:17절, 즉 바울이 "하나님은 죽은 자를 살리시며 없는 것을 있는 것으로 부르시는 이시니라"고 말한 것을 상기시킨다. 이제 그는 그의 결론(롬 9:24)에 성경적 정당성을 제공하기 위해 호세아 2:23을 인용한다. 그의 결론은 그 자신이 아브라함의 유산에 오랫동안 헌신했음에도 불구하고 이방인과 유대인이 함께하는 교제가 하나님께 용납될 수 있다는 것을 말한다. 처음부터 하나님은 그분의 백성에 대해 민족중심적인 정체성이 아니라 보편적인 정체성을 염두에 두고 계셨다. (1) 아브라함은 맨 처음 부르심을 받고 의롭게 되었을 때에 할례를 받지 않은 이방인이었다(창 15:6, 참고. 롬 4:10). (2) 하나님은 처음부터 아브라함에게 단지 히브리인과 유대인 가족들만이 아니라 "땅의 모든 족속이 너로 말미암아 복을 얻을

것이라"고 말씀하셨다(창 12:3).

그래서 바울이 과거에는 하나님의 이방인 백성이 없었으나 지금은 있다고 지적하는 것이 완전히 정당화된다. 그 백성은 하나님이 "사랑한" 또는 선택한 백성(히브리인과 유대인이 그들 자신을 올바르게 이해했던 것처럼)이 아니었으나 지금은 그런 백성이다.

호세아의 인용문은 바울의 입장을 지지하는데, 그 이유는 그 본문이 바울과 교제하는 로마 그리스도인들이 파악하는 바를 확증해주기 때문이다. 그 내용은, 그리스도 안에 있는 하나님의 백성이 어느 한 민족에 국한되지 않는다는 것이다. 하나님은 그분이 이제 실현시키신 것을 미리 말씀하셨다(베드로 역시 벧전 2:10에서 동일한 구절에 의지해 그의 주장을 편다).

하나님의 말씀은 실패로 돌아가지 않았고(롬 9:6), 그런 취지로 항의하는 것(14, 19절)은 왜곡된 처사다. 그 부분적인 이유는, 구약의 다양한 구절들에 예언된 대로 이방인이 하나님의 백성에 포함될 것이라는 강력한 증거를 그들이 깨닫지 못했다는 것이다.

**9:26** 바울은 이제 호세아 2:23을 호세아 1:10(칠십인역은 2:1)로 뒷받침한다. 이 구절은 로마서 9:25의 핵심을 재진술한다. 후자를 인용하는 이유는 어떤 사실을 복수의 증인들에 의해 확증하는(신 19:15) 바울의 랍비적 본능 때문일 것이다. 아울러 "살아 계신 하나님의 아들"은 바울의 이전 논증에 중요한 두 가지 논점을 확증해준다. (1) 로마 신자들은 하나님의 입양의 수혜자들이다(롬 8:14-17), (2) 그들이 그리스도에 대한 믿음을 통해 경외하는 하나님은 바로 예수님이 계시하신 그 "살아계신" 하나님이고(마 16:16, 22:32) 족장들의 하나님이기도 하다.

선지자 호세아(주전 8세기 후반)에게는 미래였던 것을 바울은 초기 교회에서 이뤄진 복음 영접 덕분에 현재 목도하고 있다.

**9:27-28** 바울은 다음과 같은 두 가지 진술로 로마서를 열고 닫는다. 그의 복음은 "하나님이 선지자들을 통하여 그의 아들에 관하여 성경에 미

리 약속하신"(1:2) 것이고, "이제는 나타내신 바 되었으며 영원하신 하나님의 명을 따라 선지자들의 글로 말미암아 모든 민족이…알게 하신" 것이다 (16:26). 이런 글들에 기초해서 바울은 이제 그리스도 안에 있는 하나님의 백성이 "유대인 중에서뿐 아니라 이방인 중에서도 부르신 자"(9:24)라는 그의 입장을 계속 이어가고, 나아가 더욱 강화한다.

27절에서 바울은 이사야 10:22에 나오는 심각한 선언, 즉 눈에 보이는 이스라엘의 수가 엄청나게 많을지라도 먼 장래에 "남은 자만 구원을 받으리니"라는 선언을 끌어온다. 이는 구원받지 못하는 많은 사람에게 심판이 임할 것임을 의미하는데, 이사야 10:22의 히브리어 텍스트("넘치는 공의로 파멸이 작정되었음이라")가 확증하는 바다. (이 구절이 롬 9:14에 나온 바울의 주장, 곧 하나님은 심판하실 때에도 불공평한 분이 아니라는 주장을 뒷받침해준다는 것에 주의하라.) 이 진술이 바울이 인용하는 칠십인역 본문에서는 모호하다. 그런데 바울은 이사야 10:23의 히브리어 본문("이미 작정된 파멸을 주 만군의 여호와께서 온 세계 중에 끝까지 행하시리라")을 번역하지 않는다. 이것은 바울이 인용하는 칠십인역 본문('주께서 땅 위에서 그 말씀을 이루고 속히 시행하시리라')보다 약간 더 온건하고 한편 더욱 모호하다.

따라서 바울은 그리스도 안에 있는 하나님의 백성이 유대인과 이방인을 포함함을 구약에 기초해 입증한 것에서(롬 9:24) 하나님이 장차 뜻밖의 방법으로 그 자신의 백성("이스라엘 자손들")을 심판하실 것이라는 이사야의 예언(사 9:8-10:21)을 지적하는 데로 이동했다. 그리고 그 예언은 언젠가 "이스라엘의 남은 자와 야곱 족속의 피난한 자들[생존한 자들]이…이스라엘의 거룩하신 이 여호와를 진실하게 의지[할]"(사 10:20) 날을 내다본다. 그날은 복음과 함께 도래했다. 바울과 다른 유대인 신자들이 바로 그 남은 자와 생존한 자들이다.

**9:29** 바울은 성경에 기초해서 그 자신이 증언하고 증진시켰으며 스페인까지 확장하고픈(15:24, 28) 복음의 분출이 하나님의 말씀을 저버린 것(9:6)이 아니라, 그 말씀의 영광스럽고 필연적인 성취라는 논증을 계속 이어간다.

이제는 이사야 1:9을 끌어온다. 이사야는 하나님의 백성이 그분께 반역하는 충격적인 환상(사 1:2)과 함께 말문을 연다. 그들은 더없이 부패했고(사 1:4), 심판받을 때가 무르익었다(사 1:7-8). 바울은 이사야 1:9를 인용하면서 이방인을 포함하는 복음 메시지에 반대하는 유대인에 관해 두 가지 사항을 얘기한다. 그 반대는 (1) 이사야가 그 당시에 비난했던 영적인 부패 및 무감각과 유사하며, (2) 바울의 시대에 바울을 비롯한 초기 교회 지도자들이 선포한 복음에 반대하는 유대인의 가르침과 행습에 의해 성취되었다.

바울 이전에는 세례 요한이 당시 유대인의 세대 전체가 회개하고 새 출발을 해야 한다고 선언했다. 그다음에는 예수님께서 그의 메시지를 듣는 소수의 유대인이 그것을 영접하고 구원받을 것이라고 말씀하셨다(눅 13:23-24). 이런 전례들을 좇아 바울은 아브라함의 유산을 통한 하나님의 구속 사역을 재설정하는 일이 절박하게 필요하다고 말한다. 왜냐하면 유대인의 가르침과 행습이 너무나 많은 방면에서 소돔과 고모라 사람들의 삶만큼 벗어나버렸기 때문이다.

9장의 남은 구절들에서 바울은 하나님이 이방인을 용납하신 것과 유대인이 그리스도 안에 있는 하나님의 구원의 메시지와 사역을 받아들이지 않는 현상을 설명한다.

**9:30** 이는 로마서에 일곱 번 나오는 "우리가 무슨 말을 하리요?" 진술의 마지막이다(참고. 3:5; 4:1; 6:1; 7:7; 8:31; 9:14). 바울은 동료 유대인이 복음 메시지를 수용하지 않음을 슬퍼한다는 그의 주장(9:1-3)을 재진술하고 확대하기 전에 예비적인 결론을 끌어낸다(10:1-4).

첫째 결론은 사실상 요약이다. 그는 이미 "그의 이름을 위하여 모든 이방인 중에서 믿어 순종하게 하[는]"(1:5) 것이라고 그가 부르심을 받은 사도직의 목표를 밝혔다. 또한 하나님은 유대인의 하나님일 뿐만 아니라 이방인의 하나님이기도 하다고 단언했다(3:29). 그는 또한 아브라함에게 주신 하나님의 약속을 "많은 민족"(또는 이방인들)의 구원과 연결시켰다(4:17-18).

이제 바울은 "의를 따르지 아니한 이방인들이 의를 얻었으니 곧 믿음에서 난 의"라고 주장함으로써 그 논의의 맥락들을 모두 끌어온다. (1) 의를 받은 자들과 (2) 의를 받게 한 수단 모두 의미심장하다.

(1) "이방인들"은 "의를 따르지 아니한" 자들이다. 의를 따르는 것은 아브라함에서 시작해 이후로도 하나님이 계속 나타나주신 그분의 택한 백성에게 속하는 특권이자 은혜로운 보상이었기 때문이다. 그러나 그리스도가 오신 이후에는 많은 이방인들이 의로움을 받았다.

(2) 그들은 율법의 행위가 아니라 믿음으로 그 의로움을 받았다. 반면에 바울이 유대인으로서 시도했던 것처럼 그의 동료 유대인은 여전히 율법의 행위로 의롭게 되려고 애쓰고 있다. 이를 다음 구절이 보여준다.

**9:31** 의를 추구하지 않았으나 의로움을 얻은 이방인과는 상반되게 "이스라엘"(바울이 속한 유대 백성)은 율법 곧 "의의 법"(ESV는 "law that would lead to righteousness")에 집중함으로써 의로움을 추구했다. 복음서에 나오는 다음과 같은 대목들이 이런 모습을 암시하는 듯하다. 한 관리가 예수님께 자기는 모든 계명을 다 지켰다고 말한 대목(눅 18:21), 또는 어떤 유대인들이 "율법의 더 중한 바 정의와 긍휼과 믿음"은 소홀히 하면서도 식용 식물의 십일조는 세심하게 드리는 모습을 가리킬 때(마 23:23) 등이다.

바울의 예전 생활이 그랬듯이, 그런 경우에는 사람들이 "율법에 이르지 못하였[다]"(롬 9:31). 바울은 구약의 성도들이 하나도 구원받지 못했다고 말하는 것이 아니다. 하나님의 토라는 그들을 하나님의 대체물이 아니라 하나님께 인도하도록 설계되어 있었는데 너무도 많은 사람이 규율과 의례에 만족했다는 것이다. 설상가상으로, 구약 선지자들은 하나님의 백성이 고의적으로 율법을 무시하거나 불순종했기 때문에 율법에 이르는 데 실패했다고 여러 방식으로 증언했다. 바울 역시 로마서의 앞부분에서 그의 시대에도 유대인이 율법을 자랑했으나 율법을 어겨서 하나님을 욕되게 했다고 말한다(2:22).

바울은 10:2-4에서 이 논증에 마침표를 찍을 것이다.

**9:32** 이스라엘은 왜 율법의 의도에 이르지 못한 것일까? 바울은 명쾌한 답변을 준다. "그들이 믿음을 의지하지 않고 행위를 의지함이라." 바울은 과거에 자기도 그 길을 좇았다는 것을 안다. 문제는 유대인이 토라를 신성하게 여기는 것이 아니다. 바울은 이미 율법이 "거룩하고 의로우며 선하도다"(7:12)라고 말했다. 율법은 "생명에 이르게"(ESV는 "promised life") 하는 것이다(7:10, 또한 시 119:25, 40, 93, 107, 156을 보라, '주의 규례들에 따라 나를 살리소서'). 많은 이들이 은혜의 수단으로 이해한 율법을 통해 하나님과 구원에 이르는 관계를 맺었다.

그러나 그런 일이 일어나려면, 율법에 따라 살 수 없는 자신의 죄와 무능력을 율법이 정죄한다는 사실을 받아들였어야 했다. 율법은 모든 인간에게 그들의 죄를 깨닫게 한다(롬 3:20). 올바르게 이해하면, 율법은 그 자체 너머를 가리키며, 율법의 복이 율법 자체에서 흘러나오지 않는다는 것을 확실히 일깨워준다. 실제로 율법은 참회하는 자에게 은혜를 허락하시는 하나님을 가리킨다. 여기서 우리는 예수님의 비유, 즉 "자기를 의롭다고 믿고" 다른 사람들보다 우월함을 증명하기 위해 자신들의 율법 준수를 칭찬한 자들에 관한 비유(눅 18:9-14)를 떠올릴 수 있다. 자기 죄를 한탄했던 세리가 "의롭다 하심을 받고 그의 집으로 내려갔[다]." 그 교만한 율법 준수자는 핵심을 놓치고 말았다. 이 때문에 그는 율법이 중재할 수 있었던 용서와 영생의 복도 놓쳤던 것이다.

로마서 9:32은 "이스라엘"이 그릇된 방식으로 율법을 추구했음을 폭로하는 지표로 끝난다. 율법이 약속한 구원자가 나타났을 때, 그들은 그분을 알아채지 못하고 그 걸림돌에 '걸려 넘어지고' 말았다.

**9:33** 바울은 하나님의 말씀이 어떻게 실패로 돌아가지 않았는지를 설명하려고 성경으로 되돌아간다. 그 말씀은 실제로 예수님에게서 체현된 그 사건들을 예언한다. 예루살렘의 제사장들과 선지자들이 술에 취해 있고(사 28:1, 7) 백성의 지도자들이 "오만한 자"(사 28:14)였던 시대에 하나님은 이사야를 통해 그분이 "시온에" 즉, 예루살렘에 두실 돌을 가리키셨다. 그 돌

이 걸려 넘어지게 할 것이며 사람들은 화를 낼 것이다. 바울은 이 예언이 예수님에게서 성취되었음을 안다.

그러나 그 예언(칠십인역 사 8:14에서 끌어온 문구로 보강된)에는 약속 하나가 담겨 있다. 바울은 이사야 28:16의 칠십인역을 인용한다. "그를 믿는 자는 부끄러움을 당하지 아니하리라." 이는 구원을 받아 최후 심판에서 해방된 다는 뜻이다. 이어지는 구절들에서 바울은 동료 유대인이 율법 준수가 아니라 그리스도야말로 하나님의 계획에 따른 영원한 소망임을 깨닫기를 간절히 바라는 마음을 재진술할 것이다.

**10:1** "형제들아"는, 바울이 말하는 바를 독자들이 잘 듣기를 바라는 목회적 호소다. 그는 9:1-3이 역설한 것을 다시 진술한다. 그의 내적 갈망과 기도는 그가 잃어버린 동료 유대인에 대한 무거운 짐을 지고 있음을 입증한다는 것이다. 예수님께서 예루살렘을 바라보며 우셨던 것(눅 19:41)이 생각날 것이다. 바울은 유대인 역시 복음을 확실히 듣게 하고자 그의 사역 가운데 모든 노력을 기울인다(고전 9:20).

**10:2** 바울은 이 "열심"을 잘 안다. 그는 자신이 "열심으로는 교회를 박해[한]" 자였다고 쓰고 있다(빌 3:6). 열심이나 성실함은 칭송할 만한 것일 수 있으나 오도될 수 있다. 예수님이 제자들에게 "때가 이르면 무릇 너희를 죽이는 자가 생각하기를 이것이 하나님을 섬기는 일이라 하리라"(요 16:2)고 말씀하셨다.

열정은 "올바른 지식을 따[라]" 전개되어야 한다. 이것이 진정한 의미에서 하나님을 아는 "지식"[에피그노시스(*epignōsis*)]이다. 그분이 복음 메시지를 통해 그 지식을 계시하셨고, 그분을 믿음으로써 그 지식이 우리의 것이 되었기 때문이다. 바울은 이 지식을 열두 번 이상 언급한다(예. 엡 1:17; 4:13; 빌 1:9; 골 1:9-10; 딛 1:1). 바울이 거론하는 유대인은 그들에게 의로움을 확보해줄 것으로 기대한 "율법"에 도달하지 못했던 것처럼(9:31), 하나님이 두신 "돌"을 배척해서(9:33) 그런 지식에 도달하지 못했다.

**10:3** 바울이 그 문제점을 묘사한다. 모든 인간처럼 유대인 또한 죄의 문제를 안고 있다(1:18-3:20). 그들은 믿음을 통해 오는 "하나님의 의"에 전념하지 않았다(1:16-17). 예수님은 '힘으로' 천국을 차지하려는 자들에 관해 말씀하셨다(마 11:12). 그들은 자기가 고안한 방법으로 천국에 들어가려는 자들이다. 하나님이 지정하신 수단과는 다른 방법으로 하나님께 접근하려는 시도는 무지를 드러낼 뿐이다. 어느 누구도, 수많은 선물을 받은(롬 9:4-5) 유대인조차도 "자기" 의를 세울 수 없다. 모두 "하나님의 의에 복종[해야]" 한다. 유대인은 그리스도를 배척함으로써 하나님을 배척했을 뿐만 아니라 오직 그리스도께서 제공할 수 있는 의로움까지 거부했다.

**10:4** "마침"(텔로스)은 일종의 종결, 목표, 또는 둘 다를 의미할 수 있다.

그리스도는 새로운(이전 시대와 연속성을 가지면서도 다른) 시대가 왔음을 알리신다는 의미에서 율법의 종결자가 되신다. 그리스도는 죄인이 자기 공로로 하나님 앞에서 의롭게 될 수 있다는 착각(구약 역시 반대했던 것. 참고. 10:8 주석)을 깨트린다. 복음 메시지는 흔히들 그렇게 생각하는 "율법"을 배제시킨다. 예수님 역시 "너희 의가 서기관과 바리새인보다 더 낫지 못하면 결코 천국에 들어가지 못하리라"(마 5:20)고 주장하심으로써 그와 똑같이 말씀하신다. 가장 고상한 종교적 및 도덕적 성취라도 완전히 거룩하신 하나님 앞에서는 색이 바랜다.

그리스도는 율법이 그리스도를 가리키고 그분께 이르는 길을 인도한다는 의미에서 율법의 목표가 되신다(갈 3:24). 율법으로 스스로 의롭게 하려는 모든 허세를 제쳐놓으면, 믿음으로 의롭게 되는 길이 활짝 열린다.

"모든 믿는 자"는 유대인과 이방인 모두 똑같이 복음 메시지에 제시된 대로 그리스도에 대한 믿음을 통해서만 구원을 받는다는 진리를 확증한다.

**10:5** 바울은 율법 준수를 떠벌리는 그릇된 자신감을 비판하는데, 자신만이 그렇게 생각하는 것이 아님을 보이고자 한다. 사실 그 비판은 모세에게

서 나온다. 레위기 18:5에 의지해 바울은 율법을 생명에 이르는 길로 이해하는 접근을 묘사한다("그로 말미암아 살리라", 여기서 '살다'는 하나님이 약속하신 복에 이른다는 뜻이다). 바울이 이미 말했듯이, 문제는 "오직 율법을 행하는 자라야 의롭다 하심을 얻[는다]"(롬 2:13)는 점이다. 그런데 모세 시대와 그 이후를 막론하고 한낱 사람이 율법을 완전히 지킨 적이 없다.

여기서 바울이 묘사하는 견해는 모세에게 딱 들어맞지도 않는다. 모세는 하나님과의 관계를 바로잡으려면 마음의 변화가 필요하다는 것을 알았기 때문이다(신 10:16; 30:6). 율법은 죄를 깨닫게 해서 하나님을 찾는 이들을 하나님과 이웃 사랑 쪽으로 돌릴 수 있다. 율법은 수많은 방식을 통해 이스라엘이 개인적이고 공동체적으로 하나님의 거룩하심을 반영하고 그분에 대한 헌신을 표현하는 삶을 살도록 안내했다.

다만 기억할 것은, 율법 준수를 마치 본인의 의로움을 전시하는 벽화를 만드는 숫자 색칠 활동으로 여기는 것은 율법을 주신 뜻에 어긋난다는 것이다. 아마도 "그로 말미암아 살리라"라는 말을 오해해서 나온 생각인 듯하다. 무엇보다 바울의 시대에 그런 오해가 흔했으며, 오늘날도 여전히 그러하다. 많은 사람에게 천국에 갈 것이라고 생각하는 이유를 물어보라. 그러면 그들이 다음과 같이 말할 것이다. "나는 십계명을 지키려고 애쓴다." "나는 내가 꽤 괜찮은 사람이라고 생각한다." 이는 개인적인 도덕적 상태나 성취를 하나님의 인정을 받고 심판을 피하기에 충분한 것으로 보는 셈이다.

**10:6-7** 그런데 율법에 접근하는 또 다른 길이 있는데, 곧 복음 메시지를 가리키는 접근이다. 바울은 먼저 율법을 지킴으로써 개인의 의를 세움(이는 예나 지금이나 항상 착각이었다)이 아니라, "믿음으로 말미암는 의"를 가리키는 모세의 글을 인용해 그 접근을 묘사한다.

바울은 신명기 30:11-14을 인용한다(약간 변형시켜서). 이 본문에서 모세는 "내가 오늘 네게 명령한 이 명령은 네게 어려운 것도 아니요 먼 것도 아니라"(신 30:11)고 말한다. 사람들은 율법의 수많은 요구 사항을 이해하고 순종하기 위해 온갖 상상을 다 할 수 있다. 이것이 "하늘에 올라가겠느냐"와 "무저갱에 내려가겠느냐"는 말이 뜻하는 바이다. 이는 모세의 말을 과도하게 생각하는 모습으로, 하지만 실은 "네게 어려운 것도 아니요 먼 것도 아니라"는 말씀대로 모세의 말은 그리 큰 신비가 아니다.

모세의(하나님의) 명령들에 대한 이스라엘 사람의 반론, 즉 그것들을 순종하려면 누군가가 "하늘에 올라[갈]" 필요가 있다는 것은, 그리스도가 성육신하시기 오래전에 '우리가 "그리스도를 모셔 내[릴]" 필요가 있다'는 말이나 마찬가지다. 누군가가 죽음의 "무저갱"의 깊이를 잴 필요가 있다는 반론은 그리스도께서 장사되고 부활하시기 오래전에 '우리가 "그리스도를 죽은 자 가운데서 모셔올[릴]" 필요가 있다"는 말이나 마찬가지다.

모세와 바울에 따르면, 이는 겉으로만 그럴듯한 추론에 불과하다. "네 마음에…말하지 말라"는 이와 같이 생각하거나 말하지 말라는 뜻이다. 율법 아래 있는 죄인이 율법으로 스스로를 의롭게 하는 것은 가능하지도, 필요하지도 않다. 오직 그리스도만이 의롭게 할 수 있다. 그리고 이제 바울이 지적할 것처럼, 그 일은 율법이 아니라 믿음으로 받는 그분의 사역과 약속으로만 가능하다.

**10:8** "그러면 무엇을 말하느냐?"는 독자에게 하나님의 말씀에 주의를 기울이라는 호소이다. 모세가 이스라엘 사람들에게 "말씀이 네게 가까워 네 입에 있으며 네 마음에 있다"고 말했을 때는 복음을 사전에 선포하던 셈이다. 구원은 하나님의 약속에 의한 것이기에 듣고서 받아야 했다(신 4:10, 36; 5:1; 6:3-4; 9:1; 13:11 등). 그러나 모세는 백성에게 "그러나 깨닫는 마음과 보는 눈과 듣는 귀는 오늘 여호와께서 너희에게 주지 아니하셨느니라"(신 29:4)고 말해야 했다. 모세가 설파했던 대상인 광야 세대는 그들이 듣고 구원받는 데 필요했던(그러나 원치 않았던) 것에 대해 하나님의 말씀이 그들에게 말하기를 허용하지 않음으로써 모세와 하나님을 완강히 거부했다.

바울은 그의 청중들(또는 독자들)에게 그런 상황이 생기지 않길 바란다. 그들이 모세 안에서 "우리가 전파하는 믿음의 말씀"을 분별하길 원한다.

**10:9** 바울은 하나님의 구원의 말씀이 "네게 가까워 네 입에 있으며 네 마음에 있다"(8절)는 모세의 진술에서 하나의 유사성, 하나의 예시(foreshadowing)를 본다. 예수님이 시험을 받으셨을 때(마 4:4) 모세의 말("사람이 떡으로만 사는 것이 아니요 여호와의 입에서 나오는 모든 말씀으로 사는 줄을", 신 8:3)을 인용하시면서 인정하셨듯이, 그 말씀에는 변화시키는 잠재력이 있다.

모세가 백성에게 들으라고 요구하며 예시했던 것을 복음은 성취되었다고 선언한다. 그것은 사람들에게 그들로 "네[그들의] 입으로 예수를 주로 시인하며 또 하나님께서 그를 죽은 자 가운데서 살리신 것을 네[그들의] 마음에 믿[게]" 하는 믿음을 갖도록 요구한다.

예수님의 주 되심과 그분의 부활(이는 우리의 죄로 인한 그분의 십자가 죽음을 포함한다)은 구원에 이르게 하는 고백의 기둥들이다. "네가⋯구원을 받으리라"는 말은 종말론적인(하늘에서 영원히 사는) 것만이 아니다. 하나님이 명령하신 것을 행하라는 모세의 요구(레 18:5; 신 4:1; 8:1)를 올바르게 받으면 마음을 변화시키는 잠재력이 있었듯이, 이 말 역시 현재의 존재가 변화될 것을 가리킨다.

**10:10** "마음"은 속사람의 중심이고 율법과 성령으로 죄를 깨달은 진정한 '나'다. 이 사람은 그 풍성함의 어떤 외적 표현(some semblance)인 복음 메시지를 듣고, 하나님이 우리의 죄로 인해 죽은 예수를 일으키셨음을 "믿어", 그 결과 "의에 이르[는]" 사람이다.

감동을 받아 변화된 마음과 더불어, 입은 그 신앙고백('예수님은 주님이다', 롬 10:9)이 보여주듯이 내적 변화("마음에 가득한 것을 입으로 말함이라", 마 12:34)를 반영한다. 이는 그저 말로만 하는 인정이 아니고, 신자들이 "몸의 행실을 죽이[고]"(롬 8:13) "하나님을 위하여 열매를 맺게"(7:4) 됨에 따라 "너희 죽을 몸도 살리[게]"(8:11) 된다.

"구원에 이르느니라"는 10:9과 같이 현재의 삶과 다가올 시대의 삶을 모두 가리킨다.

**10:11** 다시금 바울은 그의 논증을 지지하려고 성경으로 눈을 돌린다. 그는 9:33에서처럼 이사야 28:16을 끌어온다(참고. 롬 9:33 주석). "그를 믿는"은 하나님에 대한 일반적인 믿음이 아니라 10:9-10처럼 부활하신 주 예수님에 대한 개인적인 신뢰를 의미한다. "누구든지"라는 말이 적합한 이유는 바울이 "경건하지 아니한 자를 의롭다 하시는 이"에 대한 믿음을 염두에 두고 있으며, "경건하지 아니한 자"가 모든 사람을 묘사하기 때문이다(3:23). 성경에서 말하는 믿음은 구원의 약속을 붙잡는 것이다. 왜냐하면 "일을 아니할지라도 경건하지 아니한 자를 의롭다 하시는 이를 믿는 자에게는 그의 믿음을 의로 여기시[기]"(4:5) 때문이다. 진정한 믿음은 행위로 나타난다(갈 5:6; 살전 1:3; 살후 1:11). 나아가 그 행위는 공로가 아니며, 단지 복음을 믿으라는 하나님의 부르심을 들음으로 촉발된 그분의 은혜를 제 것으로 삼는 수단이다.

"부끄러움을 당하[다]"는 최후 심판에서 유죄로 밝혀지는 것에 대한 완곡어법이다.

**10:12** "유대인이나 헬라인이나 차별이 없음이라"는 11절의 "누구든지"에서 도출된다. 바울은 이미 유대인과 헬라인 둘 다를 구원시키는 복음의 능력(1:16)과 관련해 이 점을 반복해서 강조했다. "악을 행하는 각 사람의 영에는 환난과 곤고가 있으리니 먼저는 유대인에게요 그리고 헬라인에게며"(2:9). "선을 행하는 각 사람에게는 영광과 존귀와 평강이 있으리니 먼저는 유대인에게요 그리고 헬라인에게라"(2:10). "유대인이나 헬라인이나 다 죄 아래에 있다"(3:9).

하나님 앞에서 모든 사람이 동등한 처지이며 구속을 필요로 함은, 아담과 하와를 기원을 하는 인간의 통일성과 연대성에서 비롯된다. 바울에 따르면, 하나님은 "인류의 모든 족속을 한 혈통으로 만드사 온 땅에 살게"(행 17:26) 하셨다. "부요하시도다"(ESV는 "bestowing his riches")는 죄 사함과 새로운 삶으로의 해방과 같은 복음 영접의 열매들을 가리킨다.

**10:13** 바울은 그의 논점을 강조하기 위해 또 다른 성경으로 눈을 돌린다. 이번에는 요엘 2:32(칠십인역 욜 3:5)이다. 요엘서에서 '주'("the LORD", ESV)는 여호와(개역개정) 또는 아버지 하나님을 지칭한다. 그러나 로마서 10장의 흐름에서는 "주"("Lord")가 예수님을 가리킨다. 바울은 요엘이 하나님께 부여하는 그 위상을 예수님께 부여한다.

**10:14-15** 바울은 탁상공론만 하는 신학자가 아니다. 그가 이해하는 복음은 단지 분석하고 변호하고 결국 한가로이 긍정하는 메시지가 아니라 듣고 유념하고 전파해야 할 메시지다. 그는 선교사고, 필요할 때라면 자기에게 맡겨진 복음 메시지의 진실성을 변호하는 변증가다.

바울은 이제까지 하나님의 말씀이 실패로 돌아가지 않았고 사실은 다양한 성경 대목에 의해 확증되었다는 명제를 변호해왔다. 대다수 유대인은 예수님의 메시아 직분을 배격했을 것이고, 일부는 하나님 앞에서 유대인과 이방인이 동등한 지위임을 거부할 것이다. 그러나 바울은 그런 반론에 충분히 답변했다.

이제 그는 이 복음 메시지를 어떻게 해야 할지의 문제에 접근한다. "누구든지 그를 믿는 자"(11절)와 "누구든지 주의 이름을 부르는 자"(13절)는 구원의 복을 받을 수 있기 때문이다.

바울은 다음과 같이 재빠르게 추론한다. 그분을 부르려면 그들이 믿어야 한다. 믿으려면 그들이 들어야 한다. 들으려면 누군가가 전파해야 한다. 전파하려면 누군가가 보냄을 받아야 한다. 바로 이것이 로마서를 집필할 무렵의 바울이 지난 이십 년 동안 종사해온 일이다. 그는 보냄을 받아 복음을 전파하는 일꾼이었다. 그리고 성경이 인정하듯이 이것은 명예로운, 진정 아름다운 전개 과정이다. "아름답도다 좋은 소식을 전하는 자들의 발이여." 여기서 바울은 심판 이후에 이스라엘의 회복을 거론하는 이사야 52:7을 인용하면서, 로마서 9:1에서 시작한 논증 가운데 잠시 숨을 고르고, 유대인의 예수 배척에 비추어 이방인에게 복음을 전파하는 그의 사역을 변호한다. 하나님의 말씀은 실패로 돌아가지 않았다(참고. 9:6). 그와 정반대로 바울이 선구자 역할을 한 사역, 곧 이방세계(그리고 기꺼이 들으려는 유대인)에 복음을 전파하는 것이 너무나 아름다운 일로 판명되었다!

하지만 작은 문제가 있다. 바울은 이번 장의 남은 부분에서 그 문제에 관해 논의한다.

**10:16** 실망스러운 일은 "그들이 다 복음을 순종하지 아니하였[다]"는 것이다. 이 때문에 하나님의 말씀이 실패로 돌아갔다는 또 다른 고발이 제기될 수 있었다. 설령 그렇지 않더라도 이는 부인할 수 없는 관찰 결과다. 이사야가 이를 예언한 바 있다(칠십인역 사 53:1). 바울은 그가 관찰하는 상황에, 또는 그가 내놓은 주장과 구약의 여러 부분에서 인용한 본문 간의 상응관계에 주목하는 패턴을 계속 이어간다. 하나님의 말씀은 실패로 돌아가기는커녕 오히려 그 당시 및 미래와 관련해 참되고 정확한 것으로 입증된다.

바울이 여기서 강조하는 하나님의 말씀의 판단은, "좋은 소식을 전하는 자들의 발"(롬 10:15)이 아름다운데도 많은 이들이 복음에 순종하지 않는다는 것이다.

**10:17** 17절과 16절의 연관성은 모호하다. 16절 끝부분을 '누가 우리의 말을 듣고[아코에(akoē)] 믿었는가?'로 번역할 수도 있다. 17절도 똑같은 단어를 사용한다. "그러므로 믿음은 들음(아코에)에서 나며." 16절과 17절 모두 들음을 중심으로 돌아간다. 두 구절 모두 복음을 영접함이라는 주제를 다루는데, 복음은 당연히 듣게 할 의도로 선포되는 메시지이기 때문이다.

17절은 믿음이 어떻게 생기는지(어떤 선포를 들음으로써)와 무엇이 그런 들음을 그토록 강력하게 만드는지(선포되고 들리는 것은 "그리스도의 말씀"이고, 이는 복음 메시지인 듯하다)에 관한 강력하고 독립적인 요약이다. 그런데 17절은 앞의 구절 및 뒤의 구절과 어떤 관계에 있는가?

17절은 그 내용이 생략된 듯하다. 바울은 자기가 굳이 말하지 않아도 자기 생각을 명백히 밝혀줄 마지막 절을 추가할 필요를 느끼지 않는 것 같다. 아마도 그 절은, 하나님의 말씀이 실패로 돌아간 것이 아니라 그것이 신실하게 선포되는 곳이면 어디서나 믿음을 불러일으킨다는 내용일 것이다. 복음에 불순종(16절)하거나 무관심(18절)한 것은, "그리스도의 말씀"이 나아가서 구원의 믿음을 유발한다는 사실을 바꾸지 못한다.

**10:18** 바울은 복음에 대한 불순종이라는 논제를 더욱 탐구한다. 혹시 사람들이 듣지 못한 것이 문제는 아닐까? 바울은 시편 19:4(칠십인역)을 인용하면서 그렇지 않다고 대답한다. 시편 19편은 이렇게 시작한다. "하늘이 하나님의 영광을 선포하고 궁창이 그의 손으로 하신 일을 나타내는도다 날은 날에게 말하고 밤은 밤에게 지식을 전하니 언어도 없고 말씀도 없으며 들리는 소리도 없으나"(시 19:1-3). 이를 4절과 묶으면 하나님에 관한 지식을 묘사한 대목이며, 바울은 그 지식이 창조세계에 나타난 계시를 통해 모든 인간에게 주어졌다고 말한다(롬 1:19-23).

그렇다. 모든 사람은 하나님이 만드신 것들을 통해 "땅 끝까지" 이르는 하나님의 음성과 말씀을 알려고 주의한다면 관찰을 통해 충분히 들을 수 있었기에 책임을 모면할 수 없다.

**10:19-20** 이 구절들은 이스라엘이 "그리스도의 말씀"(17절)에 귀를 닫을 수 있던 것이 믿기지 않음을 말한다. 먼저 바울은 모세가 이스라엘에게 하나님으로부터 등을 돌리지 말라고 경고하는 대목에서 한 구절(칠십인역 신 32:21)을 인용한다. 하나님은 이스라엘의 변절을 내다보시는데(신 32:19-21a), 이는 믿음이 없는 상태와 우상숭배를 포함한다. 하나님은 그들의 회개를 불러일으키기 위해 은혜로운 반응을 보이시며 모세를 통해 이렇게 말씀하신다. "나도 백성이 아닌 자로 그들에게 시기가 나게 하며 어리석은 민족으로 그들의 분노를 일으키리로다." 바울은 이 구절을 이방인이 복음을 통해 하나님의 백성에 포함되리라는, 로마서 전체의 밑바닥에 흐르는 의미심장한 주제를 예측한 것으로 본다.

그러나 모세만이 아니라 이사야 역시 들음에 둔감한 이스라엘의 모습을 증언한다. 바울은 이사야 65:1의 말씀이 이스라엘의 죄와 불경함 때문에 하나님이 이스라엘이 아닌 백성에게 열려 있음을 묘사하는 이상한 대목임을 알게 된다. 바울이 인용하는 구절 직후에 나오는 어구가 더 많은 것을 시사한다. "내 이름을 부르지 아니하던 나라에 내가 여기 있노라 내가 여기 있노라 하였노라"(사 65:1c). "내가 여기 있노라 내가 여기 있노라"고 두 차례나 말씀하시는 것은, 하나님이 이스라엘과의 싸움에서 무엇이든 행하시겠다는 의미이다. 그러나 여전히 이사야 65장을 인용하는 다음 구절은 이스라엘의 고집스러운 반항에 음울한 방점을 찍는다.

**10:21** "이스라엘에 대하여 이르되"는 '이스라엘에게 이르되'로 번역할 수도 있다. 바울이 여기서 인용하는 이사야 65장에서 하나님은 그분의 백성이 자기에게 되돌아올 것을 바라면서 그들에게 최대한 노골적으로 도발하는 모습을 보이신다.

그리고 아니나 다를까 하나님은 이어서 "순종하지 아니하고 거슬러 말하는 백성"을 묘사하신다. 그들은 토라가 아니라 "자기 생각"을 따르고, 하나님의 면전에서 그분의 화를 돋우고, 신성모독의 죄를 범하고, 번지르르한 자기 의를 가지고 서로에게 "너는 네 자리에 서 있고 내게 가까이 하지 말라 나는 너보다 거룩함이라"고 말한다(사 65:2-5). 분명히 바울은 당시의 많은 유대인에게서 그와 비슷한 모습을 본다.

이는 하나님의 말씀이 실패하지 않고 성공했다는 바울의 논증을 마무리한다. 그 말씀에 불순종한 이유는 하나님이나 그리스도에 관한 구원의 메시지가 아닌 다른 곳에서 찾아야 했다.

**11:1** 9-10장에서 바울은, 하나님이 선택한 백성 가운데 너무도 많은 사람이 복음 메시지에 반응하지 않았기 때문에 하나님의 말씀이 실패로 돌아가지 않았느냐는 질문을 다루고 답변했다. 11장에서는 그와 관련이 있으나 다른 질문, "하나님이 자기 백성을 버리셨느냐?"는 질문을 다룬다.

바울의 첫 반응은 자전적 성격의 것으로, 그런 생각을 단호하게 배격한다. 그는 이스라엘, 아브라함, 그리고 베냐민 지파와 연관이 있기에[88] 아브라함 자손에 대한 하나님의 신실하심을 보여주는 증거물 제1호다.

**11:2** 바울은 1절에서 펼친 주장을 뒷받침하려고 핵심적인 성경구절을 인용한다. "하나님이 그 미리 아신 자기 백성을 버리지 아니하셨나니"(참고. 8:29)는 사무엘상 12:22과 시편 94:14과 비슷하다. 더구나 예레미야 31:31-34에 나오는 유명한 새 언약의 대목 직후에 하나님은 "이스라엘 자손"이 "내 앞에서 끊어져 영원히 나라가 되지 못하는" 일이 결코 있을 수 없다고 말씀하신다(렘 31:36). 이어서 그 어떤 상황에서도 "내가 이스라엘 자손이 행한 모든 일로 말미암아 그들을 다 버리[는]" 일이 없을 것이라고 단언하신다(렘 31:37).

복음의 시대가 동텄고 하나님의 백성 대다수가 다른 방향을 쳐다보거나 복음 메시지에 반대하는 것을 선택할지라도, 하나님의 언약 백성은 여전히 그분의 백성으로 남을 것임을 확신해도 좋다.

이를 더욱 뒷받침하고자 바울은 엘리야 내러티브로 눈을 돌린다.

**11:3-4** 열왕기상 19:10, 14에서 끌어온 이 인용문에서 엘리야는 하나님의 주권에 대해 부당한 비관론을 품기가 얼마나 쉬운지를 보여준다. 선지자들이 학살되고(18:13), 제단이 무너지고(18:30), 엘리야의 목숨이 이세벨에 의해 위협당하는(19:2) 등 엘리야의 시대는 이루 말할 수 없을 만큼 암담한 상황이었다.

그러나 엘리야의 시야는 너무 좁았다. 하나님은 그에게 줄 대답이 있었다. "대답"은 헬라어 단어 크레마티스모스(*chrēmatismos*)를 번역한 것으로, 신적인 또는 신탁의 언설을 가리킨다(참고. 칠십인역 잠 31:1; 마카베오2서 2:4). 하나님은 친히 엘리야에게 말씀하셨다. 그분은 거짓 선지자들과 다르며

---

88 고린도후서 11:22과 빌립보서 3:5에 바울의 혈통에 관한 이와 비슷한 언급이 있다.

하나님께 신실한 큰 무리가 남아있다고 확신시켜주셨다. "그러나 내가 이스라엘 가운데에 칠천 명을 남기리니 다 바알에게 무릎을 꿇지 아니하고 다 바알에게 입 맞추지 아니한 자니라"(왕상 19:18). 환경이 불리하게 보일 때에도 하나님의 목적은 온전히 남아 있다.

**11:5** 바울은 주전 9세기, 엘리야를 대적한 이세벨의 명령을 따라 아합이 북 왕국을 다스렸던 시대로부터 교훈을 끌어낸다. 그 당시와 마찬가지로 바울의 시대에도 "남은 자"가 남아 있다. 구약에는 "남은 자"란 단어가 수십 번 나오는데, 종종 박해나 유수의 시대 이후 또는 배신의 시대 동안 남아 있는 극소수의 하나님 백성을 묘사한다. 예를 들어 예레미야 당시 바벨론이 예루살렘을 멸망시키고 유다 백성의 다수를 바벨론으로 이송하기 직전에 하나님은 이렇게 약속하신다. "내가 내 양 떼의 남은 것을 그 몰려갔던 모든 지방에서 모아 다시 그 우리로 돌아오게 하리니 그들의 생육이 번성할 것이며"(렘 23:3).

바울은, 그런 남은 자가 하나님의 선택과 은혜의 결과임을 강조한다. 성경은 "남은 자가 예루살렘에서 나[올]" 것이라고 거듭 보증하는데, 그 배후에는 "만군의 여호와의 열심이 이를 이루시리이다"(사 37:32)라는 한결같은 확언이 있다. 바울의 확신은 그 자신이나 백성에 있지 않고 하나님께 있다.

**11:6** 바울은 하나님이 남은 자들을 보존하셨고 그 남은 자들이 그분의 선택과 은혜로 인내한다는 틀림없는 사실을 지렛대로 삼아 고백과 같은 성격의 선언을 한다. '하나님의 백성'(1절, 유대인)이 하나님께 대한 그들의 신실함을 그분의 은총을 받는 근거로 내세울지 몰라도, 바울은 이미 하나님의 은총이 '더 이상'(많은 이들이 추정하고 가르치듯) '행위에 근거한' 것이 아님을 보여주었다(4장과 다른 곳에서). 하나님은 오랜 세월에 걸쳐 이스라엘에게 은총을 베푸셨고, 이는 어디까지나 하나님의 은혜에서 왔지 인간이 노력해서 얻은 것이 아니다. 그런데 마치 그들의 신실함 덕분인 듯 이야기한다.

그러나 구원하고 보존하겠다는 하나님의 약속은 인간의 노력이 아니라 은혜에 달려 있고, 이는 "율법에 속한 자들"(4:16)에게도 해당한다.

**11:7** "그런즉 어떠하냐?"는 로마서에 나오는 11번의 수사적 질문 가운데 마지막 것이며 첫 열한 장이 대화의 말투임을 가리킨다. 이 표현은 바울이 앞의 구절들에서 추론을 이끌어낼 것임을 알린다.

바울의 결론은 앞의 주장과 짝을 이룬다. "의의 법을 따라간 이스라엘은 율법에 이르지 못하였[다]"(9:31). 그들이 실패한 이유는 (1) "그들이 믿음을 의지하지 않고 행위를 의지[했기]" 때문이고, (2) 그들이 메시아이신 예수를 배척했기("부딪쳤느니라") 때문이다(9:32).

11:7도 그렇게 말한다. '이스라엘이 실패한' 이유는 그릇된 방식으로 그릇된 것을 찾고 있었기 때문이다. "택하심을 입은" 남은 자들은 하나님이 신실하심을 발견했으나 전반적인 사람들은 그들 나름의 고집에 빠진 채 "우둔하여졌[다]"(ESV는 "were hardened"). 바울은 이에 관해 상세히 다룰 것이다.

**11:8** 다시금 바울은, 대다수 유대인이 복음 메시지에 우호적으로 반응하지 않는다고 생각하는 이유를 설명하려고 성경으로("기록된바") 눈을 돌린다. 이는 모세와 이사야의 시대로 거슬러 올라가는 징후다. 모세는 하나님이 이스라엘을 이집트에서 해방시킨 사건과 광야 시절에 걸쳐 그들에게 구원과 복을 베푸신 것을 모두 상세히 얘기한다(신 29:5). 그렇지만 그들은 여전히 마음이 완고한 상태로 남아 있었다. 이사야는 그들의 가짜 경건과 차가운 마음(사 29:13)에서 비롯한 "깊이 잠들게 하는 영"과 선지자들의 혼란을 한탄했다(사 29:10).

로마서 1:18-32이 단언했듯이, 어떤 신념을 품은 사람들이든 하나님께 등을 돌리면 그들의 분별력과 도덕적 추론이 손상을 입는다. 이것은 징벌적일 뿐만 아니라 사람들이 회개하도록 충격을 줄 수 있다는 점에서 구속적이기도 하다.

**11:9-10** 바울은 시편 69편으로 향하는데, 다윗이 노래한 이 시는 신약에 나오는 다윗의 자손이자 하나님의 아들의 삶에 많은 반향을 불러일으킨다. 바울이 인용하는 구절들(시 69:22-23)은 다윗의 대적들에게 내리는 저주이다. 그러나 시편 69편의 더 큰 맥락에서 예수님의 삶과 그리고 그분이 대적들에게 무엇을 내리실지 볼 수 있다. 시편 69:9은 성전을 향한 예수님의 열심을 언급하는데(요 2:17), 이 열심 때문에 많은 대적이 생겨났다. 시편 69:21은 예수님이 십자가 위에서 느끼신 목마름(마 27:48)을 예언한다. 시편 69:25은 유다를 맛디아로 대체하기로 내린 사도들의 결정을 미리 알려준다(행 1:26).

미묘하게도 자기 대적들에게 저주를 내려달라는 다윗의 요청은, 다윗의 자손에 반대하는 이들이 얻은 정죄를 설명한다. 그래서 이 구절들은 그리스도 안에 있는 하나님의 은혜의 수단에 대한 유대인의 반대뿐만 아니라 하나님의 판결까지 특징짓는다. 또한 이 구절들은 다윗의 자손인 예수 그리스도, 그들이 인정하길 거부했던 "걸림돌"(롬 9:33)을 냉대했던 대가를 가리킨다. 이 일로 바울은 큰 슬픔과 당혹감을 느꼈다.

**11:11** 그러나 바울이 유대인의 완고함에 관해 묘사한 것들 가운데 어느 하나도 그들을 하나님께 소망이 없는 상태로 두지 않는다. 그들은 '걸려 넘어져서 완전히 쓰러져 망하게 된 것이 아니다. 그들의 완고함(7절)은 이중적인 긍정적 목표가 있다.

첫째, "그들의 넘어짐"(그리스도에 대한 반대)은 이방인이 구원받을 수 있는 문을 열어주었다. 바울과 바나바가 비시디아 안디옥의 한 회당에서 복음을 전할 때, 이 사실이 극적이고도 명백히 드러났다. 그들의 메시지가 큰 관심을 불러일으켰다(행 13:44). 그러나 질투하는 유대인이 바울의 말을 반박하고 "비방[했다]"(행 13:45). 그 결과는 다음과 같다. "바울과 바나바가 담대히 말하여 이르되 하나님의 말씀을 마땅히 먼저 너희[유대인]에게 전할 것이로되 너희가 그것을 버리고 영생을 얻기에 합당하지 않은 자로 자처하기로 우리가 이방인에게로 향하노라"(행 13:46).

이방인의 편에서는 "이방인들이 듣고 기뻐하여 하나님의 말씀을 찬송하며 영생을 주시기로 작정된 자는 다 믿더라"(행 13:48). "영생을 주시기로 작정된 자"는 아브라함의 자손에게 적용된다고 여겨지던 표현이다. 그것이 이제는, 유대인이 복음에 적대감을 품으로 말미암아 예수 그리스도를 믿게 된 이방인들에게 해당된다.

둘째, 유대인의 복음 배척과 이방인의 복음 영접은 "이스라엘로 시기나게" 할 수 있고 다시 생각하도록 격려할 수 있는 잠재력이 있다.

**11:12** 바울은 자기가 묘사하는 상황에 담긴 크나큰 잠재력에 놀라움을 금치 못한다. "세상의 풍성함"은 복음이 로마제국에서 유대인 공동체들의 제한된 테두리를 넘어 확장되는 열매를 의미한다. 하나님의 유대인을 향한 복은 유대인들이 잘못할 때에도 널리 유익을 미칠 정도로 강력하다!

"그들의 실패"는 복음이 이방인에게 전파되는 결과를 낳는다. 바울은 이 실패가 한시적이기를 바란다. 이스라엘(유대인)이 마침내 제정신을 차리고 자기네 왕을 알아볼 때, 그들이 이방인 신자들과 함께 하나님의 백성에 충만하게 포함되는 것은 얼마나 더 의미심장하겠는가?

**11:13-14** 이 담론에서 바울은 복음에 대한 유대인의 냉담함을 분석하고 있는 자신이 주로 이방인들에게 말하고 있음을 안다. 그는 오래전 하나님이 선택하신 "이방인의 사도"(참고. 행 9:15)이므로, 하나님이 그에게 주신 섬김의 영역인 "직분"[디아코니아(diakonia)]을 중시한다. 이는 그를 드러내보이게 한다.

그러나 그 의도는 스스로 영광을 받으려는 것이 아니라, 오히려 복음을 전하는 것이다. 그는 "내 골육", 그의 유대인 형제들에게 질투심을 일으켜서 "그들 중에서 얼마를 구원하려" 한다. 로마서 11:14에 나오는 '시기하다'는 문자 그대로의 뜻이다. 즉, 이방인들이 그리스도에 대한 믿음을 통해 아브라함과 이삭과 야곱의 하나님에게 입양되어 번성하는 모습을 보고서 유대인들도 복음에서 유익을 얻기를 바라는 마음이 생기는 것을 말한다.

그런데 그것은 그들을 '열성적으로' 만든다는 뜻일 수도 있다. 많은 사람은 자신들이 느끼는 영적 상태에 안주한다. 이방인들이 복음의 초대에 응답하고 기뻐하는 모습은, 유대인들로 하여금 예수님을 메시아와 주님으로 고백하는 대가를 치르더라도 하나님이 그들의 온전한 헌신과 열성을 바치기에 합당한 분임을 떠올리게 하는 긍정적 효과를 낳을 수 있다.

**11:15** 바울은 작은 것에서 큰 것으로 논증해나간다. 만일 "그들을 버리는 것"(유대인이 그리스도를 배척함과 하나님이 그들을 돌아서 이방인에게 가심으로써 한시적이며 전략적으로 그들을 버리심)이 "세상의 화목"을 이루는 것이라면, 그들이 그리스도를 "받아들이[고]" 하나님이 그들을 그분과의 온전한 교제 안으로 다시 받아들이시는 것은 얼마나 더 크겠는가? 그것은 부활처럼 막강한 하나님의 행위일 테고, 하나님을 찬양할 까닭이자 이스라엘의 새로운 희망이 될 것이다.

　"세상의 화목"은 보편적 구원을 의미하지 않는다. 바울은 도처에서 개인적인 믿음을 갖게 되어 하나님과 화목하게 되는 이방인들을 가리킨다.

**11:16** 이 구절은 제사장 이미지(민 15:17-21)를 끌어온다. 이스라엘은 이런 명령을 받았다. "너희의 처음 익은 곡식 가루 떡을 대대에 여호와께 거제로 드릴지니라"(민 15:21). 이는 떡덩이 '전체'를 거룩하게 하는 효과를 낼 것이며, 이로 말미암아 그들은 하나님의 온전한 복과 함께 먹을 수 있었다. 또 다른 이미지인 뿌리와 가지의 관계도 똑같은 개념을 전달한다(욥 18:16; 렘 17:8; 호 9:16). 거룩한 뿌리는 곧 거룩한 열매를 의미한다.

　"처음 익은 곡식 가루"는 예전이나 지금이나 바울처럼 믿음으로 하나님을 꼭 붙잡는 남은 자로 이해할 수 있다. "뿌리"는 그와 비슷한 언급이거나 혹은 족장들을 언급하는 것일 수 있다. 이 두 표현 모두가 시사하는 바는, 하나님이 이스라엘 중 일부를 구원의 믿음으로 인도하심이 장차 더 많은 수가 메시아를 믿으리라 보증한다는 것이다.

**11:17-18** 바울은 9:1절 이후 이스라엘을 세밀히 살펴왔다. 그러나 바울이 이제껏 말한 내용은 이방인을 도취시키려 한 것이 아니다. 바울은 이제 그 이유를 설명할 것이다.

"가지 얼마가 꺾이었는데"는 내면적이 아니라 외면적으로만 아브라함의 자손이었던 자들(2:28-29)을 가리킨다. 그들은 약속의 자녀가 아니라 육신의 자녀들이었다(9:6-8). 그들은 하나님이 아브라함과 맺은 언약의 복을 가볍게 여겼으며, 완고하게 되고 하나님께 버림을 받는 벌을 받았다.

17절의 나머지 부분은 이방인이 아브라함의 복에 포함된 것을 묘사한다. "네가"는 단수형이고, 바울은 독자들이 그들 개개인의 태도에 대해 성찰하기를 원한다. "뿌리의 진액을…받는"은 9:4-6에 묘사한 대로 족장들과 그리스도를 포함해 중요한 은혜의 수단을 통해 주어지는 메시아의 복으로 간주해도 좋다.

"자랑하지 말라"는 남의 불행을 기뻐하고 자신을 더 나은 존재로 생각하는 인간의 성향을 부각시킨다. 바울은 이방인에게 유대인이 빠졌던 그 함정에 빠지지 말라고 경고한다. 그들은 자신들이 하나님을 옴쭉달싹 못하게 했다고 생각하기에 이르렀다. 자신들이 하나님의 백성이기 때문엔 그분이 자신들에게 의존한다고 생각한 것이다. 그러나 하나님이 주시는 구원은 언제나 근본적으로 하나님께 달려 있다.

**11:19** 이 구절은 그리스도를 믿는다고 건방지게 굴면서 "가지들이 꺾인 것은 나로 접붙임을 받게 하려 함이라"고 말하는 교만한 이방인을 묘사한다. 이런 모습은 하나님의 은혜에 대한 감사, 과분한 복을 받은 겸손함, 또는 꺾인 가지들이 곤경에 처했을 때 느끼는 당혹감(바울이 앞서 보여준 것 같은)을 거의 반영하지 않는다. 이는 자신의 특권을 자랑하는 위험한 발언이다.

**11:20** 바울은 19절에 담긴 교만함은 모른 체하고 그 발언의 객관적 정확성에 대해 논평한다. 이방인들이 접붙임을 받았다. 유대인들은 믿음이 없어서 넘어졌다. 그러나 '믿음을 통해 꿋꿋이' 서 있는 사람은 누구나 개인

적 능력이나 업적이나 공로가 아니라 은혜 때문에 그렇게 서 있는 것이다. 이런 이유로 교만(19절에 나타난 것과 같은)은 결코 현명하지 않고 근거도 없다. 오히려 "여호와를 경외하는 것이 지식의 근본이다"(잠 1:7)라는 말은 솔로몬에게 옳았듯이 바울의 시대에도 옳다. 유대인이든 이방인이든 지혜로운 신자는, "하나님의 성령으로 봉사하며 그리스도 예수로 자랑하고 육체를 신뢰하지 아니하는" 자가 진정한 "할례파"임을 배웠다(빌 3:3).

**11:21** 이 진술에서 하나님이 편파적이지 않다는 바울의 이전 진술(2:11)이 떠오른다. 또한 바울은 온 인류가 똑같이 가지는 죄짓는 성향(1:18-3:20)과 아담 안에 있는 사람의 타락한 연대성(5:12-21)을 확실히 입증했다. 그러므로 하나님이 예전에 완고한 이스라엘 사람들을 아끼지 않으셨기에, 하나님과 그들의 주제넘은 의로움에 대해 오산하는 이방인들도 "아끼지 아니하[실]" 것이다.

**11:22** 여기서 배울 교훈은 균형이다. 일부 사람은 하나님을 자비로운 분으로 보길 원한다. 다른 이들은 그분의 엄격함을(특히 다른 집단들에 대해) 부각하길 원한다. 그러나 두 가지 특성 모두 장엄하신 하나님께 똑같이 해당한다.

하나님은 자신에게 변화가 필요하다는, 즉 하나님이 필요하다는 사실을 부인함으로써 그분께 돌아오라는 그분의 부르심에 도전하는 이들에게 엄격하시다. 하나님은 복음 전파를 통해 그 자신이 다정한 분임을 이방인들에게 보여주셨다. 그래서 그들은 처음에 가졌던 의존적인 믿음으로 계속 걸어가야 한다(참고. 갈 3:1-6). 그렇지 않으면, 착각한 이방인 신자들 역시 자신들이 지나치게 자신했던 유대인들과 똑같이 그리고 똑같은 이유로 하나님의 언약의 복에서 벗어나 있음을 발견할 것이다.

**11:23** 바울은 자신이 가설적으로 상정한, 자신감이 넘치는 이방인에게 계속 말을 건넨다. 그러면서 하나님이 바울이 글을 쓰던 당시의 유대인을

(대체로 복음에 적대적인) 설득해서 행하실 수 있는 일을 추정한다. "그들도 믿지 아니하는 데 머무르지 아니하면" 하나님은 그들을 다시 본래 가지로 접붙일 수 있다.

이런 일을 행하실 "능력이 하나님께 있[다]." 바울은 그분의 "능력"을 이미 여러 번 언급했다(1:4, 16, 20; 9:17, 22). 하나님과 비교하면 어떤 인간도, 아니 모든 인간을 다 합쳐도 무력하다는 사실을 간과하기 쉽다. "지혜로도 못하고, 명철로도 못하고 모략으로도 여호와를 당하지 못하느니라"(잠 21:30). 인간 존재의 모든 문제에서, 특히 하나님 앞에서의 평안과 관련해서는 하나님이 모든 것을 원하는 대로 하신다. 구속을 이루는 하나님의 주권은 바울의 신학이 의지하는 닻과 같다.

**11:24** 여기서 바울은 접붙임의 은유를 간결하고 멋진 대칭 문장으로 요약하며 마무리한다. "돌감람나무"는 아브라함 자손에 속하지 않은 인간이다. "좋은 감람나무"는 아브라함의 자손이다. 바울은 "원 가지"인 반역적인 이스라엘(10:21)이 그 본래의 복된 공동체, 지금은 메시아 약속의 성취로 이방인이 포함됨으로써 변화된 그 공동체에 다시 접붙여지리라는 희망을 드러낸다.

다음 몇 구절이 바울이 희망을 품는 근거를 제시한다.

**11:25** 바울은 독자들이 교만해지지 않도록 돕기 위해 "신비"에 관해 설명한다. 바울의 용례에 따르면, 이 용어는 종종 예전에는 알려지지 않았지만 하나님이 지금은 계시로 빛을 비추신 진리를 가리킨다. "형제들아"는 바울이 친구와 동료로서 품은 배려를 가리킨다. "더러는 우둔하게 된"이라는 말은, 모든 유대인이 그들의 메시아인 예수를 배척한 것은 아니라는 뜻이다. 또한 기간과 관련해서도 "일부"로, 단지 "이방인의 충만한 수가 들어오기까지" 지속될 뿐이다. 이는 하나님이 지정하신 이방인의 충만한 수가 구원받을 것임을 의미할 수 있다(참고. 행 13:48).

**11:26** 일단 25절에서 묘사하는 과정이 다 진행되면 "온 이스라엘이 구원을 받[을]" 것이다. 해석자들은 이 말을 뜻에 대해 논쟁을 벌인다.[89] 분명히 바울은 구약 시대와 그의 시대를 막론하고 모든 이스라엘 사람이 모조리 구원받을 것이라고는 생각하지 않는다. 그는 9장의 서두 이후에서는 잃어버린 이스라엘에 대해 한탄해왔고, 2장에서는 유대인이 어떻게 길을 잃어버렸는지를 상세히 설명한다.

바울은 대규모 유대인이 각성해서 예수님을 약속된 메시아로 믿을 때가 오리라고 생각한 듯싶다. 복음 메시지는 분명히 그러한 잠재력을 갖고 있기 때문에 그럴 가능성을 배제할 수 없다. 다음과 같은 가능성도 있다. "이스라엘"이라는 용어가 (1) 아브라함처럼 믿음을 통해 율법 조문이 아닌 영으로 받는 마음의 할례를 알고 있는, 아브라함 이후의 참된 유대인과 (2) 예수 그리스도를 믿음으로써 아브라함의 자손이 된 이방인을 모두 포함할 수 있다. 전자의 예는 바울, 다른 사도들, 디모데, 그리고 그리스도를 믿는다고 고백한 그 밖의 유대인들이다. 후자의 예는 대다수가 이방인인 로마의 신자들, 곧 11장에서 참감람나무에 접붙임을 받았다고 묘사된 이들이다.

무엇이 올바른 해석이든, 구속받은 모든 사람은 그들의 신분을 '시온에서 온 구원자'의 덕으로 돌릴 것이다. 그분은 이사야 59:20의 예언에 부합하게 하나님의 백성 가운데 새로운 수준의 경건함을 불러올 것이고 "경건하지 않은 것"을 제거하실 것이다. 이것은 지상의 삶과 천상의 삶에 모두 적용된다.

**11:27** 여기서 바울은 26절에 나온 이사야의 예언에 예레미야 31:33 일부("내가 이스라엘 집과 맺을 언약은 이러하니")와 31:34 일부("내가…그 죄를 기억하지 아니하리라")를 더한다. 이것을 현재 논의 중인 "온 이스라엘"(롬 11:26)에

---

89 여섯 가지 견해에 관해서는 Kruse, *Paul's Letter to the Romans*, 448-451을 보라.

적용하면, 이 맥락에 나오는 "이스라엘"이 새 언약의 신자들, 즉 그 언약을 세운 예수를 믿는 유대인과 이방인 모두를 포함한다는 견해를 입증한다.

> "이것은 죄 사함을 얻게 하려고 많은 사람을 위하여 흘리는바 나의 피 곧 언약의 피니라"(마 26:28).

> "이것은 많은 사람을 위하여 흘리는 나의 피 곧 언약의 피니라"(막 14:24).

> "이 잔은 내 피로 세우는 새 언약이니 곧 너희를 위하여 붓는 것이라" (눅 22:20).

**11:28** "그들"은 복음에 의해 구원받을 수 있었고 또 받았어야 하는데 아직 그렇지 못한 유대인들이다. "너희로 말미암아"(ESV는 "for your sake")는 유대인들의 반대가 그들의 이방인을 향한 적대감과 대비되는 하나님의 지혜와 긍휼을 입증한다는 뜻이다. "너희로 말미암아"는 또한 '너희 때문에'로 번역할 수도 있다. 이 경우에 바울은 복음을 영접하는 이방인이 함께 예배자가 되는 것에 대한 유대인의 적대감을 가리키는 셈이다.

그러나 바울이 유대인의 반대를 무릅쓰고 복음을 전파하려고 애씀에 따라 하나님이 아브라함 안에서 한 민족을 선택하신 것은 지속적인 함의를 지니게 된다. 하나님의 족장들에 대한 신실하심이 그 족장들의 후손에 대한 확고한 헌신을 보장해준다.

**11:29** 하나님의 확고한 헌신을 믿는 한 가지 근거는, "하나님의 은사와 부르심에는 후회하심이 없[다]"는 것이다. "은사"는 그분의 백성에게 주신 수많은 약속들, 그리고 아브라함과 심지어 노아와 동산의 아담과 하와까지 거슬러 올라가는, 그들에게 베푸신 복들을 포함할 것이다. 그 은사에는 하나님의 기록된 말씀(3:2)과 9:4-5에 열거된 구체적인 복들 역시 포함될 것이다. "하나님의 부르심"은 이스라엘을 존재하게 하신 그분의 부르심이

다. 그러나 이 부르심이 공동의 부르심만을 낳는 것은 아니다. 이 부르심은 믿음으로 부름 받은 백성 가운데에 생겨나는 인식으로 변형된다. 바로 하나님의 임재와 그들의 반응해야 할 책임에 대한 인식이다. 복음의 부름을 통해 그리스도를 믿으라는 특별한 부르심이 존재하는 것이다(참고. 1:1, 6, 7; 9:24). 유대인들에게 그리스도를 믿게 하는 하나님의 은사와 부르심은 여전히 효력이 있고 취소되지 않을 것이다.

**11:30-31** 바울은 하나님이 유대인에게 품으신 자비와 바울의 로마 청중(이방인)에게 품으신 자비 간의 유사점을 끌어낸다. 로마인들은 복음 메시지를 영접하기 이전에는 "하나님께 순종하지 아니하[였다]." 바울이 에베소 교인들에게 상기시켰듯이 그들은 "세상에서 소망이 없고 하나님도 없는 자"(엡 2:12)였다. 이는 모든 비그리스도인들에게 해당한다.

그러나 바울이 그들에게 말하듯이 하나님이 그들에게 자비를 보여주셨다. "이스라엘이 순종하지 아니함"은 유대인의 복음 배척을 가리키며, 이는 이방인들(로마인들과 같은)이 초기 교회 확장의 선봉에 설 수 있도록 문을 활짝 열었다.

바울은 유대인 앞에 놓여 있는 이와 비슷한 과정을 내다본다. "이와 같이 이 사람들이 순종하지 아니하니"(롬 11:31)는 유대인들이 복음을 배척했다는 뜻이다. 그러나 이방인들이 계속해서 복음 메시지를 영접하고 믿음 안에서 번성하듯이, 그 결과는 "이제 그들도 긍휼을 얻게 되는 것"일지 모른다. 유대인이 장차 바울과 로마 교인들이 그 당시에는 볼 수 없던 방식으로 그리스도께 돌아올 수도 있다.

**11:32** 유대인과 이방인은 똑같이 "순종하지 아니하는 가운데 가두어[졌다]." 바울은 이와 관련된 율법의 역할을 이미 묘사한 바 있다. 하나님이 율법을 주신 것은 "모든 입을 막고 온 세상으로 하나님의 심판 아래에 있게 하려 함이라"(3:19). 바울은 여기서 '가두어지다'[쉰클레이오(synkleiō)]로 번역한 그 단어를 사용해서 다음과 같이 쓰기도 한다. "성경이 모든 것을 죄

아래에 가두었으니 이는 예수 그리스도를 믿음으로 말미암는 약속을 믿는 자들에게 주려 함이라"(갈 3:22). 그리고 이렇게 덧붙인다. "믿음이 오기 전에 우리는 율법 아래에 매인 바 되고 계시될 믿음의 때까지 갇혔느니라"(갈 3:23).

악행을 저질렀다 고발당하는 것을 좋아하는 사람은 아무도 없다. 그러나 하나님이 친절하게 인간의 죄를 가린 커튼을 걷으시는 것은, 자기 죄를 자백하고 하나님의 유일한 해결책을 수용하는 "모든 사람에게 긍휼을 베풀려" 하심이다.

**11:33** 이번 장 나머지 부분은 송영, 곧 하나님을 찬송하는 내용이다. 해석자들은 9-11장에서 수수께끼, 어려운 문제, 일관성이 없어 보임을 부각시키지만, 바울의 결론은 자격이 없는 모든 사람에게 자비를 베푸시는 하나님의 숭고하심을 부각시킨다.

예수님은 언젠가 "사함을 받은 일이 적은 자는 적게 사랑하느니라"(눅 7:47)고 말씀하셨다. 바울은 자기가 엄청나게 용서받은 것을 안다("내가 전에는 비방자요 박해자요 폭행자였으나 도리어 긍휼을 입은 것은", 딤전 1:13). 그래서 하나님께 드리는 그의 감사와 사랑이 이 대목에서 터져나온다.

"깊도다"는 인간의 이해가 하나님의 "지혜와 지식의 풍성함"을 제대로 다루기에 부족하다는 진술이다. "헤아리지 못할"과 "찾지 못할"은 전혀 알 수 없다는 뜻이 아니다. 하나님이 스스로를 창조질서에 계시한 것(예. 시 19:1-6, 롬 1:20)은 말할 것도 없고 성경과 성령으로 많은 것을 계시하신다. 그러나 인간의 지식은 하나님의 지식을 살살이 다루기는커녕 견줄 수조차 없다.

**11:34-35** 34절은 이사야 40:13(칠십인역)에 기대어 하나님의 비할 데 없는 지식을 가리킨다. 이는 또한 인간이 하나님께 권고하는 것이 터무니없음을 부각시킨다. 로마서 11:35은 욥기 41:11을 끌어온다. "누가 먼저 내게 주고 나로 하여금 갚게 하겠느냐 온 천하에 있는 것이 다 내 것이니라."

욥과 이사야의 청중은 둘 다 하나님의 복을 받았다가 훗날 그들이 불공평하다고 생각한 박탈과 심판을 받았다. "그들이 하나님의 의로움에 의문을 제기하는 한편 자신의 의로움을 주장하는 뒤, 하나님은 그들에게 어렵고도 불만족스러운 계시를 주신다."[90] 바울은 그 자신의 삶과 사역에서 이런 어려움을 통과하며 일해왔다. 그리하여 그리스도를 통한 하나님의 자비에 나타난 하나님의 우월성과 공의와 완전한 의를 참신하고 기쁘게 이해하는 경지에 도달했다. 그래서 다음 절에서 찬송을 돌리는 일이 자연스럽게 따라온다.

**11:36** "만물"은 무엇보다도 9:1 이후에 다룬 문제들과 관련이 있다. 많은 것이 인간 지식의 범위 밖에 있다. 바울이 이제껏 쓴 내용의 일부는 유대인이나 이방인에게 우호적으로 받아들여질 법한 것이 아니었다. 그러나 결국 독자들이나 대중의 판결이 아니라 하나님의 판결이 가장 중요하다. 그런즉 바울이 이 대목을 하나님의 영광스러움에 대해 "아멘"으로 끝내는 것은 지혜롭고 합당하다. 그분이 우주를 가득 채우시고 초월하시는, 모든 것의 궁극적 기원("주에게서 나오고")이요 수단("주로 말미암고")이요 목표("주에게로 돌아감이라")시기 때문이다.

---

90  Andrew David Naselli, *From Typology: Paul's Use of Isaiah and Job in Romans 11:34-35* (Eugene, OR: Pickwick, 2012), 161.

## 〰〰〰 응답 〰〰〰

(1) 사도적 기독교는 잃어버린 자들, 심지어 그리스도와 그분의 복음에 적대적인 자들의 구원에 관해서도 열정적이었다. 바울은 앞의 단락에 나오는 세 개의 장이 시작하는 부분마다 이 사실에 관한 좋은 본을 보인다. 잃어버린 자와 특히 "이스라엘 집의 잃어버린 양"에게 복음을 전파하려는 열정이 예수님의 사명의 중심이었던 만큼(마 10:6; 15:24) 이는 놀랄 일이 아니다. 또한 땅 끝까지(유대인을 포함하되 그들에게 국한되지 않고) 복음을 들고 가는 것이 교회의 사명이 되었다(마 28:20; 행 1:8).

어떤 이들은 바울의 편지들을 읽고서 명확한 신학적 표현과 성경 구절들에 대한 정확한 해석이 필요하다고 주장한다. 이것은 권장할 만하지만 이 때문에 기도와 다른 수단을 사용해 좋은 소식이 필요한 사람들에게 그 소식을 가져가는 일을 소홀히 하면 안 된다. 다른 이들은 사회참여(예수님이 굶주린 자, 목마른 자, 나그네, 헐벗은 자, 병든 자, 갇힌 자를 돌보라고 호소하신 것처럼, 마 25:31-46)와 예수님의 이름으로 더 나은 세상을 건설하는 일에 힘쓰라고 요청한다. 신자들이 이런 일에 참여하는 것은 좋고 선하다.

그러나 로마서 9-11장은 로마서를 해석하고 적용한다고 주장하는 사람에게 최소한으로 무엇이 필요한지 상기시켜준다. 그것은 그리스도에 관해 아직 듣지 못한 이들뿐만 아니라 그리스도와 복음 메시지를 거부한 이들에게 보이는 진심 어린 관심이다. 바울이 표현하는 유대인에 대한 사랑이 없었다면 예수님의 사도라는 그의 주장은 의심을 받았을 수 있었다. 예수님 자신이 유대인이었고 그분이 일차적으로 섬긴 대상도 유대인이었기 때문이다. 오늘날 유대인이든 아니든 잃어버린 다수의 구원을 위한 그런 열정이 없다면, 로마서를 읽고 적용하는 사람은 저자의 사역 동기 가운데 하나를 놓치는 셈이다. 어쩌면 바울이 섬긴 구원자와의 진정한 연결을 놓치고 있을지도 모른다.

(2) 하나님의 말씀은 실패로 돌아가지 않는다. 9-10장은 물론 로마

서 전체가 이를 증언한다. 지난 두 세기에 걸쳐 서구 신학자들이 "하나님의 말씀"을 성경에서 분리시키는 일이 점점 더 흔한데, 로마서에서 바울이 하나님의 말씀과 이스라엘의 성경을 사실상 동일시하고 있음을 부인할 수 없다. 오늘날 교회가 하나님의 말씀과 신구약 성경 간의 관계를 그와 똑같이 연결시키는 것은 정당하다.

누군가 바울이 열거한 이스라엘의 복(9:4-5)에 성경이 포함되지 않는다는 반론을 펼 수 있다. 그와 반대로, 그 모든 복을 확증하는 것이 바로 하나님의 "말씀"(로기아, 3:2)이다. 9-11장이 개진하는 개별적인 진리들과는 별개로, 이 장들은 성경의 진리를 찾고 적용하고 적절하게 변호하는 일의 중요성과 필요성을 긍정한다. 이것이 없이는 우리가 알거나 알릴 복음(1:16-17)조차 없을 것이다.

(3) 하나님은 불의하지 않고 자비로운 분이다. '하나님의 선택의 목적'(9:11)에 관한 성경의 가르침에 비춰보면 언제나 "하나님께 불의가 있[다]"(9:14)는 혐의가 생길 것이다. 바울의 일차적인 반응은 상세한 신정론(theodicy, 그리스도를 배척함으로써 자신들이 하나님을 모르거나 찾지 않음을 보이는 이들에게 하나님의 방식을 정당화하는 것)을 제공하는 것이 아니라 하나님의 자비(9:15-16, 18)와 긍휼(9:15)을 증언하는 것이다.

그런데 하나님의 자비와 긍휼을 참으로 증언하려면 우리 자신이 이런 하나님의 속성을 닮아야 한다. 바울은 하나님의 연민을 진정으로 보여주는 좋은 본보기로써 이런 로마서의 진리를 자신의 시대와 환경에서 드러내기 원하는 이들에게 모범이 된다.

(4) 유대인과 이방인 둘 다를 구원하시는 하나님의 자비로운 행위는, 논리적 근거로 보아도 하나님에 대해 제기하는 사람의 정죄를 능가한다. 논리적 근거에 의거해서 9:19절의 말("그러면 하나님이 어찌하여 허물하시느냐 누가 그 뜻을 대적하느냐")을 문맥과 상관없이 들으면, 하나님이 의롭지 못하시다고 입증되는 듯하다. 그러나 논리에 결코 무능하지 않은 바울은 그 의문

의 말투에서 도덕적 결함을 간파한다. 문맥상, 이 의문은 그 질문자가 이스라엘을 위해서만 확보하고 싶은 선택의 복을 어떻게 이방인들이 받을 수 있느냐는(9:6까지 되돌아가는 담론의 흐름에서) 것과 관련이 있다. 바울의 응답은 "유대인 중에서뿐 아니라 이방인 중에서도 부르신"(9:24) 하나님이 예비하신 "긍휼의 그릇"(9:23)을 가리키는 것이다. 호세아와 이사야도 이를 증언한다(9:25-29).

'딱 걸렸다'는 9:19의 질문에 맞서 바울은 근본적인 불합리성 두 가지를 지적한다. 하나는 이방인 선택의 불합리성(의를 추구하지 않은 이방인들이 의를 얻었다는 것, 9:30)과 유대인이 율법에 이르지 못했으면서도(9:31) 율법으로 하나님의 의에 이르렀다는 그 믿음의 불합리성이다. 그들은 하나님의 의에 복종하지 않고 그들 자신의 의를 세운 것에 만족했다(10:3).

이 담론이 말하듯 하나님께 대구하는 것(9:20)의 문제는, 이방인에게도 선택을 넓히시는 하나님의 자비와 긍휼을 비난한다는 점이다. 질문자는 하나님의 자비로운 의로움에서 너무도 멀리 떨어져 있기에, 하나님의 선택에 담긴 지혜를 설명해줘도 도무지 이해하지 못하는 처지다.

(5) 열정은 참된 지식을 대체할 수 없다. 바울은 동료 유대인에게 뚜렷한 차별성을 부여한다. "그들이 하나님께 열심이 있[다]"는 것이다(10:2a). 그러나 문제가 있다. 그들의 열심이 "올바른 지식을 따른 것이 아니라[는]" 것이다(10:2b). 그리고 이런 단절을 설명한다. "하나님의 의를 모르고 자기 의를 세우려고 힘써 하나님의 의에 복종하지 아니하였느니라"(10:3).

로마 교인들은 하나님의 의와 일맥상통하는 하나님께 드리는 열정의 좋은 본보기다. 그 열정은 "지식을 따른 것"이고, 이 편지의 서두(1:1-6)에 그 지식이 잘 요약되어 있다. 그것은 하나님의 의로움을 드러내는 복음 메시지(1:16-17), 곧 예수 그리스도의 인격과 사역을 중심으로 삼는 메시지에서 나오는 열정이다. 그리고 이 열정은 하나님의 의에 복종하는 데서 나오는 것이지 그 의를 인간의 대체물로 바꾸어놓는 데서 나오는 것이 아니다.

로마서는 복음 선포에 관해 폭넓게, 때로는 전문적으로 서술한다. 이런 서술은 10:1-3이 경고하는 독선(자기 의)에 대한 해독제를 제공한다. 그런데 그 당시에 나온 질문은 과연 누가 들으려 한단 말인가였다. 오늘날에도 그 질문은 여전하다. 오늘날 그리스도 안에 있는 하나님의 의를 인간의 열정으로 대체하려고 위협하는 열정은 어떤 형태를 띠는가? 교회 밖에 있는 사람들이 하나님을 영화롭게 하지 않는 일과 즐거움에 열정을 품는 것은 이해할 만하다. 그러나 교회 안에도 주 예수 그리스도보다 더 중요하게 여기는 많은 주장들이 있다. 예를 들어 보수적이거나 진보적인 사회복음, 진리를 희생시키는 경건주의, 분위기와 자극적인 경험을 과대평가하는 감정주의, 그리고 "경건의 모양은 있으나 경건의 능력은 부인하[는]"(딤후 3:5) 신앙고백과 삶을 추구하는 것 등이다.

(6) 그리스도를 신실하게 선포하면 그리스도에 대한 믿음이 생긴다. 로마서에서 가장 중요한 구절 가운데 하나는 10:17이다. "믿음은 들음에서 나며 들음은 그리스도의 말씀으로 말미암았느니라." "그리스도의"를 '그리스도로부터'로 해석하든 '그리스도에 관한'으로 해석하든, 이 진술은 은혜가 믿음에 선행한다는 종교개혁이 말하는 통찰과 일치한다. 죄인들을 구원하는 것은 인간의 자율적인 행동이 아니다. 하나님의 아들을 통한 구원 사역을 믿게 하는 은혜의 복음을 널리 전파하면서 생긴 결과이다. 더구나 복음을 그 주제로 삼는(1:16-17) 편지의 맥락에서 보면, 10:17은 영구적으로 "복음 전파" 사역을 우선시하는 효과를 낳는다. 이는 복음을 선포하고 설명하고 해석하는 사역, 또는 아직 "그리스도의 말씀"을 듣지 못한 이들에게 그 말씀을 듣게 하거나 받아들이게 하는 사역이다.

(7) 하나님은 우리가 목격하거나 동의하거나 이해하지 못하는 방식으로 일하신다. 그러므로 우리는 절망하거나 또 하나님께 맞서지 말고 우리의 입술과 삶으로 하나님께 소망을 두고 그분을 예배해야 한다. 이 견해는 11장에 개진된 전반적인 논지에서 나온다. 엘리야는 이스라엘의 신실하지 못함과 또 다가올 그들의 장래에 대해 절망한다(11:2-3). 마치 하나님

이 그분의 백성을 버린 것처럼(11:1), 또는 그들이 그리스도를 배척한 것이 완전한 실족처럼(11:11) 보일 수 있다.

그와 반대로, 교회 역사에서 어느 시대와 상황을 막론하고 "은혜로 택하심을 따라 남은 자가 있[다]"(11:5). 만일 이스라엘의 "넘어짐이 세상의 풍성함"이 된다면, "그들의 충만함"은 하나님을 영화롭게 하고 하나님의 백성을 더더욱 높일 것이다(11:12). 따라서 복음의 운명이 불투명하다고 절망할 필요는 없으며, 일부는 복음을 영접했고 다른 이들은 그렇지 않았다고 해서 흡족해할 필요도 없다. "하나님이 모든 사람을 순종하지 아니하는 가운데 가두어 두심은 모든 사람에게 긍휼을 베풀려 하심이로다"(11:32).

로마서는, 온갖 형태의 패배주의 사고방식들은 끝내 사망하리라고 반복해서 알리는 종소리다. 그러나 이 편지는 승리주의적 망상에 도전하기도 한다. 로마서는, 세상에서 하나님의 구원 사역을 우리들이 받아들이는 것이야말로 복음적 구속의 전형이자 절정이라는 교만한 생각을 배제시킨다. 9-11장이 오래되고 지속적이며 신비로운 하나님의 구속 사역을 명백히 밝혀주지만, 이 장들은 다음의 감탄을 더욱 더 강렬하게 정당화한다. "깊도다, 하나님의 지혜와 지식의 풍성함이여"(11:33).

아버지를 계시하는 그리스도 안에 나타난 그분의 인격과 사역을 우리는 도저히 다 이해할 수 없다. 장차 그리스도가 다시 오실 때까지, 현재로서는 예측할 수 없는 더 큰 복음 사역의 열매들이 맺힐 것이다. 현재 보지 못하고 미처 예측하지 못할 복음 사역의 더 큰 열매가 장차 그리스도의 재림 때까지 나타나지 않으리라고 단정지을 수 없다.

**Romans**
로마서
**12:1-15:13**

12:1 그러므로 형제들아 내가 하나님의 모든 자비하심으로 너희를 권하노니 너희 몸을 하나님이 기뻐하시는 거룩한 산 제물로 드리라 이는 너희가 드릴 <sup>1)</sup>영적 예배니라 <sup>2</sup> 너희는 이 세대를 본받지 말고 오직 마음을 새롭게 함으로 변화를 받아 하나님의 선하시고 기뻐하시고 온전하신 뜻이 무엇인지 분별하도록 하라

12:1 I appeal to you therefore, brothers,<sup>1</sup> by the mercies of God, to present your bodies as a living sacrifice, holy and acceptable to God, which is your spiritual worship.<sup>2</sup> <sup>2</sup> Do not be conformed to this world,<sup>3</sup> but be transformed by the renewal of your mind, that by testing you may discern what is the will of God, what is good and acceptable and perfect.<sup>4</sup>

<sup>3</sup> 내게 주신 은혜로 말미암아 너희 각 사람에게 말하노니 마땅히 생각할 그 이상의 생각을 품지 말고 오직 하나님께서 각 사람에게 나누어 주신 믿음의 분량대로 지혜롭게 생각하라 <sup>4</sup> 우리가 한 몸에 많은 지체를 가졌으나 모든 지체가 같은 기능을 가진 것이 아니니 <sup>5</sup> 이와 같이

우리 많은 사람이 그리스도 안에서 한 몸이 되어 서로 지체가 되었느니라 6 우리에게 주신 은혜대로 받은 은사가 각각 다르니 혹 예언이면 믿음의 분수대로, 7 혹 섬기는 일이면 섬기는 일로, 혹 가르치는 자면 가르치는 일로, 8 혹 위로하는 자면 위로하는 일로, 구제하는 자는 성실함으로, 다스리는 자는 부지런함으로, 긍휼을 베푸는 자는 즐거움으로 할 것이니라

3 For by the grace given to me I say to everyone among you not to think of himself more highly than he ought to think, but to think with sober judgment, each according to the measure of faith that God has assigned. 4 For as in one body we have many members,5 and the members do not all have the same function, 5 so we, though many, are one body in Christ, and individually members one of another. 6 Having gifts that differ according to the grace given to us, let us use them: if prophecy, in proportion to our faith; 7 if service, in our serving; the one who teaches, in his teaching; 8 the one who exhorts, in his exhortation; the one who contributes, in generosity; the one who leads,6 with zeal; the one who does acts of mercy, with cheerfulness.

9 사랑에는 거짓이 없나니 악을 미워하고 선에 속하라 10 형제를 사랑하여 서로 우애하고 존경하기를 서로 먼저 하며 11 부지런하여 게으르지 말고 열심을 품고 주를 섬기라 12 소망 중에 즐거워하며 환난 중에 참으며 기도에 항상 힘쓰며 13 성도들의 쓸 것을 공급하며 손 대접하기를 힘쓰라

9 Let love be genuine. Abhor what is evil; hold fast to what is good. 10 Love one another with brotherly affection. Outdo one another in showing honor. 11 Do not be slothful in zeal, be fervent in spirit,7 serve the Lord. 12 Rejoice in hope, be patient in tribulation, be constant

in prayer. 13 Contribute to the needs of the saints and seek to show hospitality.

14 너희를 박해하는 자를 축복하라 축복하고 저주하지 말라 15 즐거워하는 자들과 함께 즐거워하고 우는 자들과 함께 울라 16 서로 마음을 같이하며 높은 데 마음을 두지 말고 도리어 낮은 데 처하며 스스로 지혜 있는 체 하지 말라 17 아무에게도 악을 악으로 갚지 말고 모든 사람 앞에서 선한 일을 도모하라 18 할 수 있거든 너희로서는 모든 사람과 더불어 화목하라 19 내 사랑하는 자들아 너희가 친히 원수를 갚지 말고 하나님의 진노하심에 맡기라 기록되었으되 원수 갚는 것이 내게 있으니 내가 갚으리라고 주께서 말씀하시니라 20 네 원수가 주리거든 먹이고 목마르거든 마시게 하라 그리함으로 네가 숯불을 그 머리에 쌓아 놓으리라 21 악에게 지지 말고 선으로 악을 이기라

14 Bless those who persecute you; bless and do not curse them. 15 Rejoice with those who rejoice, weep with those who weep. 16 Live in harmony with one another. Do not be haughty, but associate with the lowly.*8* Never be wise in your own sight. 17 Repay no one evil for evil, but give thought to do what is honorable in the sight of all. 18 If possible, so far as it depends on you, live peaceably with all. 19 Beloved, never avenge yourselves, but leave it*9* to the wrath of God, for it is written, "Vengeance is mine, I will repay, says the Lord." 20 To the contrary, "if your enemy is hungry, feed him; if he is thirsty, give him something to drink; for by so doing you will heap burning coals on his head." 21 Do not be overcome by evil, but overcome evil with good.

13:1 각 사람은 위에 있는 권세들에게 복종하라 권세는 하나님으로부터 나지 않음이 없나니 모든 권세는 다 하나님께서 정하신 바라 2 그

러므로 권세를 거스르는 자는 하나님의 명을 거스름이니 거스르는 자들은 심판을 자취하리라 ³다스리는 자들은 선한 일에 대하여 두려움이 되지 않고 악한 일에 대하여 되나니 네가 권세를 두려워하지 아니하려느냐 선을 행하라 그리하면 그에게 칭찬을 받으리라 ⁴그는 하나님의 사역자가 되어 네게 선을 베푸는 자니라 그러나 네가 악을 행하거든 두려워하라 그가 공연히 칼을 가지지 아니하였으니 곧 하나님의 사역자가 되어 악을 행하는 자에게 진노하심을 따라 보응하는 자니라 ⁵그러므로 복종하지 아니할 수 없으니 진노 때문에 할 것이 아니라 양심을 따라 할 것이라 ⁶너희가 조세를 바치는 것도 이로 말미암음이라 그들이 하나님의 일꾼이 되어 바로 이 일에 항상 힘쓰느니라 ⁷모든 자에게 줄 것을 주되 조세를 받을 자에게 조세를 바치고 관세를 받을 자에게 관세를 바치고 두려워할 자를 두려워하며 존경할 자를 존경하라

13장

13:1 Let every person be subject to the governing authorities. For there is no authority except from God, and those that exist have been instituted by God. ²Therefore whoever resists the authorities resists what God has appointed, and those who resist will incur judgment. ³For rulers are not a terror to good conduct, but to bad. Would you have no fear of the one who is in authority? Then do what is good, and you will receive his approval, ⁴for he is God's servant for your good. But if you do wrong, be afraid, for he does not bear the sword in vain. For he is the servant of God, an avenger who carries out God's wrath on the wrongdoer. ⁵Therefore one must be in subjection, not only to avoid God's wrath but also for the sake of conscience. ⁶For because of this you also pay taxes, for the authorities are ministers of God, attending to this very thing. ⁷Pay to all what is owed to them: taxes to whom taxes are owed, revenue to whom revenue is owed, respect to whom respect is owed, honor to whom honor is owed.

8 피차 사랑의 빚 외에는 아무에게든지 아무 빚도 지지 말라 남을 사랑하는 자는 율법을 다 이루었느니라 9 간음하지 말라, 살인하지 말라, 도둑질하지 말라, 탐내지 말라 한 것과 그 외에 다른 계명이 있을지라도 네 이웃을 네 자신과 같이 사랑하라 하신 그 말씀 가운데 다 들었느니라 10 사랑은 이웃에게 악을 행하지 아니하나니 그러므로 사랑은 율법의 완성이니라

8 Owe no one anything, except to love each other, for the one who loves another has fulfilled the law. 9 For the commandments, "You shall not commit adultery, You shall not murder, You shall not steal, You shall not covet," and any other commandment, are summed up in this word: "You shall love your neighbor as yourself." 10 Love does no wrong to a neighbor; therefore love is the fulfilling of the law.

11 또한 너희가 이 시기를 알거니와 자다가 깰 때가 벌써 되었으니 이는 이제 우리의 구원이 처음 믿을 때보다 가까웠음이라 12 밤이 깊고 낮이 가까웠으니 그러므로 우리가 어둠의 일을 벗고 빛의 갑옷을 입자 13 낮에와 같이 단정히 행하고 방탕하거나 술 취하지 말며 음란하거나 호색하지 말며 다투거나 시기하지 말고 14 오직 주 예수 그리스도로 옷 입고 정욕을 위하여 육신의 일을 도모하지 말라

11 Besides this you know the time, that the hour has come for you to wake from sleep. For salvation is nearer to us now than when we first believed. 12 The night is far gone; the day is at hand. So then let us cast off the works of darkness and put on the armor of light. 13 Let us walk properly as in the daytime, not in orgies and drunkenness, not in sexual immorality and sensuality, not in quarreling and jealousy. 14 But put on

the Lord Jesus Christ, and make no provision for the flesh, to gratify its desires.

14:1 믿음이 연약한 자를 너희가 받되 그의 의견을 비판하지 말라 2 어떤 사람은 모든 것을 먹을 만한 믿음이 있고 믿음이 연약한 자는 채소만 먹느니라 3 먹는 자는 먹지 않는 자를 업신여기지 말고 먹지 않는 자는 먹는 자를 비판하지 말라 이는 하나님이 그를 받으셨음이라 4 남의 하인을 비판하는 너는 누구냐 그가 서 있는 것이나 넘어지는 것이 자기 주인에게 있으매 그가 세움을 받으리니 이는 그를 세우시는 권능이 주께 있음이라

14:1 As for the one who is weak in faith, welcome him, but not to quarrel over opinions. 2 One person believes he may eat anything, while the weak person eats only vegetables. 3 Let not the one who eats despise the one who abstains, and let not the one who abstains pass judgment on the one who eats, for God has welcomed him. 4 Who are you to pass judgment on the servant of another? It is before his own master[10] that he stands or falls. And he will be upheld, for the Lord is able to make him stand.

5 어떤 사람은 이날을 저 날보다 낫게 여기고 어떤 사람은 모든 날을 같게 여기나니 각각 자기 마음으로 확정할지니라 6 날을 중히 여기는 자도 주를 위하여 중히 여기고 먹는 자도 주를 위하여 먹으니 이는 하나님께 감사함이요 먹지 않는 자도 주를 위하여 먹지 아니하며 하나님께 감사하느니라 7 우리 중에 누구든지 자기를 위하여 사는 자가 없고 자기를 위하여 죽는 자도 없도다 8 우리가 살아도 주를 위하여 살고 죽어도 주를 위하여 죽나니 그러므로 사나 죽으나 우리가 주의 것이로다 9 이를 위하여 그리스도께서 죽었다가 다시 살아나셨으니 곧

죽은 자와 산 자의 주가 되려 하심이라

5 One person esteems one day as better than another, while another esteems all days alike. Each one should be fully convinced in his own mind. 6 The one who observes the day, observes it in honor of the Lord. The one who eats, eats in honor of the Lord, since he gives thanks to God, while the one who abstains, abstains in honor of the Lord and gives thanks to God. 7 For none of us lives to himself, and none of us dies to himself. 8 For if we live, we live to the Lord, and if we die, we die to the Lord. So then, whether we live or whether we die, we are the Lord's. 9 For to this end Christ died and lived again, that he might be Lord both of the dead and of the living.

10 네가 어찌하여 네 형제를 비판하느냐 어찌하여 네 형제를 업신여기느냐 우리가 다 하나님의 심판대 앞에 서리라 11 기록되었으되

주께서 이르시되 내가 살았노니 모든 무릎이 내게 꿇을 것이요 모든 혀가 2)하나님께 자백하리라

하였느니라 12 이러므로 우리 각 사람이 자기 일을 하나님께 직고하리라

10 Why do you pass judgment on your brother? Or you, why do you despise your brother? For we will all stand before the judgment seat of God; 11 for it is written,

"As I live, says the Lord, every knee shall bow to me,
 and every tongue shall confess[11] to God."

12 So then each of us will give an account of himself to God.

13 그런즉 우리가 다시는 서로 비판하지 말고 도리어 부딪칠 것이나 거칠 것을 형제 앞에 두지 아니하도록 3)주의하라 14 내가 주 예수 안

에서 알고 확신하노니 무엇이든지 스스로 속된 것이 없으되 다만 속되게 여기는 그 사람에게는 속되니라 <sup>15</sup> 만일 음식으로 말미암아 네 형제가 근심하게 되면 이는 네가 사랑으로 행하지 아니함이라 그리스도께서 대신하여 죽으신 형제를 네 음식으로 망하게 하지 말라 <sup>16</sup> 그러므로 너희의 선한 것이 비방을 받지 않게 하라 <sup>17</sup> 하나님의 나라는 먹는 것과 마시는 것이 아니요 오직 성령 안에 있는 의와 평강과 희락이라 <sup>18</sup> 이로써 그리스도를 섬기는 자는 하나님을 기쁘시게 하며 사람에게도 칭찬을 받느니라 <sup>19</sup> 그러므로 우리가 화평의 일과 서로 덕을 세우는 일을 힘쓰나니

<sup>13</sup> Therefore let us not pass judgment on one another any longer, but rather decide never to put a stumbling block or hindrance in the way of a brother. <sup>14</sup> I know and am persuaded in the Lord Jesus that nothing is unclean in itself, but it is unclean for anyone who thinks it unclean. <sup>15</sup> For if your brother is grieved by what you eat, you are no longer walking in love. By what you eat, do not destroy the one for whom Christ died. <sup>16</sup> So do not let what you regard as good be spoken of as evil. <sup>17</sup> For the kingdom of God is not a matter of eating and drinking but of righteousness and peace and joy in the Holy Spirit. <sup>18</sup> Whoever thus serves Christ is acceptable to God and approved by men. <sup>19</sup> So then let us pursue what makes for peace and for mutual upbuilding.

<sup>20</sup> 음식으로 말미암아 하나님의 사업을 무너지게 하지 말라 만물이 다 깨끗하되 거리낌으로 먹는 사람에게는 악한 것이라 <sup>21</sup> 고기도 먹지 아니하고 포도주도 마시지 아니하고 무엇이든지 네 형제로 거리끼게 하는 일을 아니함이 아름다우니라 <sup>22</sup> 네게 있는 믿음을 하나님 앞에서 스스로 가지고 있으라 자기가 옳다 하는 바로 자기를 정죄하지 아니하는 자는 복이 있도다 <sup>23</sup> 의심하고 먹는 자는 정죄되었나니 이는 믿

음을 따라 하지 아니하였기 때문이라 믿음을 따라 하지 아니하는 것
은 다 죄니라

20 Do not, for the sake of food, destroy the work of God. Everything is indeed clean, but it is wrong for anyone to make another stumble by what he eats. 21 It is good not to eat meat or drink wine or do anything that causes your brother to stumble.*12* 22 The faith that you have, keep between yourself and God. Blessed is the one who has no reason to pass judgment on himself for what he approves. 23 But whoever has doubts is condemned if he eats, because the eating is not from faith. For whatever does not proceed from faith is sin.*13*

15:1 믿음이 강한 우리는 마땅히 믿음이 약한 자의 약점을 담당하고 자기를 기쁘게 하지 아니할 것이라 2 우리 각 사람이 이웃을 기쁘게 하되 선을 이루고 덕을 세우도록 할지니라 3 그리스도께서도 자기를 기쁘게 하지 아니하셨나니 기록된 바 주를 비방하는 자들의 비방이 내게 미쳤나이다 함과 같으니라 4 무엇이든지 전에 기록된 바는 우리의 교훈을 위하여 기록된 것이니 우리로 하여금 인내로 또는 성경의 위로로 소망을 가지게 함이니라 5 이제 인내와 위로의 하나님이 너희로 그리스도 예수를 본받아 서로 뜻이 같게 하여 주사 6 한마음과 한 입으로 하나님 곧 우리 주 예수 그리스도의 아버지께 영광을 돌리게 하려 하노라 7 그러므로 그리스도께서 우리를 받아 하나님께 영광을 돌리심과 같이 너희도 서로 받으라

15:1 We who are strong have an obligation to bear with the failings of the weak, and not to please ourselves. 2 Let each of us please his neighbor for his good, to build him up. 3 For Christ did not please himself, but as it is written, "The reproaches of those who reproached you fell on me." 4 For whatever was written in former days was written for our instruction, that through endurance and through the encouragement of the Scriptures we might have hope. [5] May the God of endurance and encouragement grant you to live in such harmony with one another, in accord with Christ Jesus, [6] that together you may with one voice glorify the God and Father of our Lord Jesus Christ. [7] Therefore welcome one another as Christ has welcomed you, for the glory of God.

[8] 내가 말하노니 그리스도께서 하나님의 진실하심을 위하여 할례의 추종자가 되셨으니 이는 조상들에게 주신 약속들을 견고하게 하시고 [9] 이방인들도 그 긍휼하심으로 말미암아 하나님께 영광을 돌리게 하려 하심이라 기록된 바

그러므로 내가 열방 중에서 주께 감사하고 주의 이름을 찬송하리로다

함과 같으니라 [10] 또 이르되

열방들아 주의 백성과 함께 즐거워하라

하였으며 [11] 또

모든 열방들아 주를 찬양하며 모든 백성들아 그를 찬송하라

하였으며 [12] 또 이사야가 이르되

이새의 뿌리 곧 열방을 다스리기 위하여 일어나시는 이가 있으리니 열방이 그에게 소망을 두리라

하였느니라 [13] 소망의 하나님이 모든 기쁨과 평강을 믿음 안에서 너희에게 충만하게 하사 성령의 능력으로 소망이 넘치게 하시기를 원하노라

[8] For I tell you that Christ became a servant to the circumcised to show God's truthfulness, in order to confirm the promises given to the patriarchs, [9] and in order that the Gentiles might glorify God for his mercy. As it is written,

"Therefore I will praise you among the Gentiles,

and sing to your name."

[10] And again it is said,

"Rejoice, O Gentiles, with his people."

[11] And again,

"Praise the Lord, all you Gentiles,

and let all the peoples extol him."

[12] And again Isaiah says,

"The root of Jesse will come,

even he who arises to rule the Gentiles;

in him will the Gentiles hope."

[13] May the God of hope fill you with all joy and peace in believing, so that by the power of the Holy Spirit you may abound in hope.

## ≋≋≋≋ 단락 개관 ≋≋≋≋

로마서 9-11장에서 자주 언급하는 하나님의 자비는 이 단락으로 이어지는 다리가 된다. "그러므로 형제들아 내가 하나님의 모든 자비하심으로 너희를 권하노니"(12:1). 바울은 신자들에게 그리스도 안에서 나타난 그 자비들을 주된 자원으로 삼아 자기희생적인 삶을 살도록, 즉 1-11장이 그리스도의 구원 사역으로 제시한 그 복음에 합당한 예배의 반응을 보이도록 권면한다.

바울은 먼저 생각의 변화를 요청하며, 이어서 간략하게 믿음, 교회와 그 지체들, 그리고 영적 은사들을 다룬다(12:3-8). 그리스도를 사랑하는 이로서 어떠한 삶을 살아야 하는지 묘사한다(12:9-21).

하나님을 향한 사랑의 표현 가운데 하나는 그분이 임명하시는 통치 당국을 존중하는 것이다. 로마서 13:1-7은 이 영역에서 그리스도인의 의무를 요약한다. 이는 정부의 명령에 단순하게 복종하는 것을 넘어 사랑을 통해 하나님의 통치 지침(법)을 지키는 것으로 연결된다(13:1-10). 바울은 이 명령을 수행할 종말론적 동기와 기독론적인 동기를 제공한다(13:11-14).

14장은 이전 담론에 나오는 두 가지 관심사를 말한다. (1) 교회에서 이방인과 유대인이 서로를 용납하는 것과 (2) 사랑의 계명을 지키는 것이다. 바울은 "강한" 자들과 "약한" 자들이 어떻게 조화롭게 살 수 있는지 상세히 말한다. 강한 자는 이방인이나 유대인의 음식 규정 및 그와 관련된 가책에 대한 과도한 선입관에서 해방된 사람들이다. 약한 자는 그리스도에 대한 믿음에도 불구하고 이방인이나 유대인의 음식 규정과 그와 관련된 가책에 과도하게 집착하는 사람들이다. 여기서 심판이 주된 동기 부여 요소인 것처럼(14:10-12) 기독론이 주된 안내자다(14:9).

이 단락은 다른 이(말하자면, 하늘의 아버지)를 기쁘게 하는 그리스도께서 보여주신 모습을 바라보라는 호소로 마무리된다(15:1-6). 그리스도는 신자들이 타인을 향해 보여야 하는 이타적인 모습의 본보기이시다. 그 목표는 "그러므로 그리스도께서 우리를 받아 하나님께 영광을 돌리심과 같이 너희도 서로 받[게]" 하는 것이다(15:7). 바울은 유대인과 이방인을 연합시키는 그리스도의 사명을 검증하는 일련의 성경 구절로 결론짓는다(15:8-13). 그의 마지막 기도는 독자들이 "모든 기쁨과 평강"으로 충만해지는 것과 더불어, 그저 믿는 것이 아니라 그들이 "소망이 넘[칠]" 수 있도록 "성령의 능력으로" 참된 믿음을 반영하는 삶을 살게 해달라는 것이다.

VIII. 그리스도인의 행실: 산 제물(12:1-15:13)

  A. 영적 행실에 대한 일반적 권면(12:1-21)

    1. 하나님께 예배로 자신의 바침(12:1-2)

    2. 자신의 판단을 높이기를 꺼림(12:3)

    3. 부분과 온 몸의 관계(12:4-5)

    4. 은사의 올바른 사용(12:6-8)

    5. 거짓 없는 사랑을 정의하다(12:9-21)

      a. 악과 선과 관련하여(12:9)

      b. 다른 신자들과 관련하여(12:10-13)

      c. 박해자와 관련하여(12:14-15)

      d. 낮은 자와 관련하여(12:16)

      e. 원수와 관련하여(12:17-21)

  B. 하나님의 백성으로서 져야 할 시민적 책임(13:1-44)

    1. 통치 당국에 대한 복종(13:1-7)

      a. 형벌을 피하기 위해(13:1-4)

      b. 선한 양심을 지키기 위해(13:5-7)

    2. 하나님의 법을 이룸: 선한 시민이 되는 수단(13:8-10)

      a. 재정적인 빚을 지지 않음(13:8)

      b. 도덕적인 빚을 지지 않음(13:9-10)

    3. 시민적 행동의 동기(13:11-14)

      a. 구원의 접근: 낮이 가까이 오다(13:11-13)

      b. 그리스도로 옷 입음: 되는대로 살지 말라(13:14)

  C. 그리스도인의 연대감과 양심의 자유(14:1-15:13)

    1. 부차적인 문제들과 하나님께 대한 책임(14:1-12)

12장

≈≈≈≈≈ 주석 ≈≈≈≈≈

**12:1** 이제부터 담론은 1-11장의 신학적 진리들을 그리스도인의 일상생활과 교회에서의 공동생활에 적용하는 쪽으로 향한다.

"권하노니"와 "형제들"은 바울의 개인적인 배려를 전달한다. "자비하심"은 9-11장에 아홉 번이나 언급한 "자비"로 되돌아가는 다리 역할을 한다. 하나님의 자비는 일상생활을 위한 자극제요 틀이다. 우리의 "몸을…산 제물"로 드리는 것은 구약 제사의 배후에 있는 의도, 즉 예배자가 하나님께 온전히 헌신하는 것임을 시사한다. 그 당시나 지금이나 그런 제물은 "하나님이 기뻐하시는 거룩한" 것이어야 했다. "영적[로기켄(*logikēn*)] 예배"는 1-11장에 묘사된 복음 및 그것의 함의에 대한 신중한 이해에 근거하여 합리적으로 동기가 유발된 질서정연한 예배로 해석할 수 있다.

**12:2** "세대"(ESV는 "world")는 그 나름의 신념과 충성을 지닌, 우리가 몸담은 시대이다. 그리스도인의 신념은 흔히 고백하거나 믿는 것들보다 더 높은 진리들에 대한 충성을 수반한다. 신자들은 그 사고방식("마음", ESV는 "mind")이 복음과 그 가르침(참고. 6:17)에 의해 "변화를 받아" 그들이 배우는

바가 일상적 환경의 '시험'을 받게 된다. 그 결과는 일상에서 하나님의 뜻, 즉 "선하시고 기뻐하시고 온전하신" 뜻을 분별하는 것이다. 그리스도인다운 삶은 근본적으로 '교회에서' 보내는 한두 시간이 아니라 가정이나 일터나 여가로 보내는 매주 166시간을 살아내는 것이다.

**12:3** 바울에게 "주신 은혜"는 그가 사도로서 지닌 가르침의 통찰력과 책임을 가리킨다(참고. 1:5; 15:15; 고전 3:10; 갈 2:9; 엡 3:2, 7; 골 1:25). 하나님의 백성에게 "주신 은혜"라는 것도 있다(롬 12:6; 고전 1:4; 고후 8:1; 딤후 1:9). 이런 하나님의 선물은 그리스도가 죄를 깨끗이 씻기시고 그분을 통해 새롭게 되는 것으로 시작해서 마침내 냉정한 자기평가로 귀결된다.

"하나님께서 각 사람에게 나누어 주신 믿음의 분량"은 그들이 소유하고 양육하고 추구하기로 헌신한, 그리스도를 신뢰하는 몫이다. 이어지는 구절들은 하나님이 공급하고 부르시는 믿음이 여러 형태로 표현되는 것을 묘사한다. 이런 표현들은 하나님의 사랑을 받아들이고 드러내는 일에 초점을 둔다.

**12:4-5** 이 구절들은 교회의 지체들이 각기 다양성을 지키면서도 통일성을 지키는 신성함을 묘사한다. 하나님이 이런 다양성과 그 표현을 원하시고 나아가 통합하시고 지도하신다. 신적 은혜를 받은(3절) 바울은 이를 설명하고자 통합되었지만 다양한 여러 부분을 지닌 인간의 신체를 예로 든다.

인간의 신체는 다양한 요소들을 갖고 있는데, 그 요소들은 모두 똑같은 방식으로 작동하지 않는다(4절). 이와 비슷하게 교회라 불리는 "그리스도 안에서 한 몸"은 복수의 사람들(5절)로 이뤄져 있으나 "서로 지체"가 된다. 그들은 통일된 사회적 유기체를 형성한다.

"그리스도 안에서"는 그리스도가 그 몸을 다함께 붙들고 있는 살아계신 실체임을 상기시킨다. 교회는 그저 종교적인 사람들이 아니다. 교회는 아버지의 오른편에서 기도하시는(8:34) 분이신 아들 하나님이, 그리스도를 믿는 이들 안에 그리고 그 가운데 거주하시는 성령에 의해(8:10-14)

신비롭게 드러나는 몸이다. 바울은 고린도전서 12장에서 그 몸이 어떻게 움직이는지를, 몸이 가장 잘 활동하기 위한 각 지체의 중요성을, 그리스도인의 개인적 및 공동체적 삶에서 성령과 그의 은사들이 감당하는 역할이 무엇인지 더 자세히 논의한다.

**12:6** 바울은 "우리에게 주신 은혜대로 받은 은사가 각각 다르[다]"는 것을 상기시키면서 몇 가지 예를 든다. 다른 대목들(고전 12:4-11, 27-31; 벧전 4:10-11)에 나온 목록들은 약간 다른데, 그 사실은 여기에 열거된 "은사"[카리스마타(charismata)]가 전부를 망라한 것이 아닌 대표적인 것들임을 시사한다. "예언"이 그 목록의 첫 번째다. 바울은 다른 곳에서 예언을 이렇게 정의한다. "예언하는 자는 사람에게 말하여 덕을 세우며 권면하며 위로하는 것이요"(고전 14:3). "믿음의 분수대로"는 은사를 개인의 성숙도와 영적인 지식에 걸맞게 사용한다는 뜻일 수 있다. 또는 한 사람이 입으로 하는 말이 규범적 사도의 가르침(참고. 롬 6:17)으로 용납되는 "우리의 믿음"과 일치해야 한다는 뜻일 수 있다. 어쩌면 이 두 가지 뜻이 다 담겨 있을 수도 있다.

**12:7** "섬기는 일"은 디아코니아를 번역한 단어로, '집사'(deacon)라는 단어의 어원이 되는 일반적인 용어다. 바울은 예루살렘으로 운반하는 구제 헌금을 그의 "섬기는 일"이라고 부른다(15:25, 참고. 고후 8:4; 9:1, 12). 그의 사도적 '직분'(ministry)도 마찬가지로 디아코니아, 곧 "화목하게 하는 직분"(ESV는 "ministry of reconciliation", 고후 5:18)이다. 대체로 "섬기는 일"은 하나님을 영화롭게 하고 남을 돕는 과업을 기꺼이 수행하는 것을 묘사한다. 모든 그리스도인은 하나같이 이런 식으로 "섬기는" 데 재빨라야 하지만, 일부는 특정한 섬김의 능력으로 특별하게 효과를 발하도록 하나님이 주신 특성을 갖고 있다.

또 다른 사람은 하나님에게서 가르치고자 하는 마음을 받을 수 있다. '가르침'[디다스칼리아(didaskalia)]이라는 단어는 바울의 저술에 19번 나온다. 이는 성경과 일치하는 교리 교육을 가리킨다. 가르침의 은사는 기독교적 가르침을 잘 배우려는 겸손과 훈련, 그리고 그 정보를 설득력 있게 효과적으로 전달하는 것을 의미한다. 사복음서에 나오는 예수님의 가르침이 좋은 모범을 많이 제공한다.

**12:8** 바울의 목록에서 남은 네 가지 은사가 이 구절에 나온다. "위로"[파라클레시스(*paraklēsis*)]는 격려나 위안이나 호소를 의미할 수 있다. 교회에는 다른 교인들의 역할이나 필요, 또는 현재 직면하는 과제에 따라 그들의 기운을 북돋우고 그들을 위로하거나 불러 모으는 능력을 지닌 교인들이 필요하다. "구제하는 자"는 재정적 수단을 가지는데 하나님으로부터 찔림을 받아 타인의 필요와 복음의 증진을 위해 관대하게 나누는 자다.

"다스리는 자"는 공동의 목표를 위해 남들을 감동시키고 조직해 서로 협력하게 하는 '은사'(카리스마)를 가진 사람이다. 예수님은 그분의 이름으로 지도력을 발휘하는 데 꼭 필요한 겸손을 강조하셨으며, 또한 모범이 되셨다(막 10:42-45). "즐거움"은 "긍휼을 베푸는" 것과 짝을 이룬다. 왜냐하면 궁핍한 사람에게 긍휼을 베푸는 일이 베푸는 사람을 지치게 해 그가 절망하거나 또는 분노하게 할 수 있기 때문이다. 이 은사의 일부는 버거운 상황에서 도움을 베푸는 역량을 새롭게 하려고 그리스도 안에서 새로운 힘을 얻는 것이다.

**12:9** 여기서부터 13:10(이 단락에서 사랑을 마지막으로 언급하는 구절)까지는 바울이 고린도전서 13장에 쓴 것과 비슷한 것을 쓴 듯하지만, 고린도전서 13장에서는 사랑이 무엇인지를 묘사했고, 여기서는 그리스도인이 사랑을 실천하면 어떤 모습인지를 묘사한다.

"사랑[아가페(*agapē*)]에는 거짓이 없나니"는 이어지는 모든 권면의 표제라고 생각해도 좋다. 영어성경에는 명령으로 표현되어 있는데, 헬라어(14절까지)로는 분사로 되어 있다. "악을 미워하고 선에 속하라"(ESV는 "Abhor what is evil; hold fast to what is good"). 사랑이 어떤 형태로 표현되든 그 형태들은 각 상황의 도덕적 차원을 존중해야 한다. 악을 범하는 사랑의 행위는 형용모순이다. 사랑은 '선한 것'을 붙잡고 그것에 끈질기게 매달린다.

**12:10** 바울은 간접적인 권면을 계속해서 이어간다. 그는 여기서 8절에 나온 첫 번째 은사를 실행하는 듯하다. 신자들 간의 아가페 사랑(9절)은 필라델피아(*philadelphia*, '형제 사랑')의 형태를 띤다. 그들은 이 애정을 객관적인 초연함이 아니라 진정한 헌신으로 표현한다. 여기에는 정서적 유대가 내재되어 있다. 만일 신자들이 집 안에서 키우는 개나 고양이보다 서로에게 관심을 덜 보인다면 무언가 잘못된 것이다.

　"서로 먼저 하며"[프로에게오마이(*proēgeomai*), 신약에서 여기만 나오는 단어임]는 우쭐한 우월의식이 아니라 모범적인 행실을 시사하며, 다른 이들도 똑같이 행하도록 이끄는 방식으로 섬김으로써 타인을 존중하는 것이다. 이것은 바울이 디도에게 "범사에 네 자신이 선한 일의 본을 보이며"(딛 2:7)라고 쓰면서 기대했던 바이다.

**12:11** 비록 오해를 살 수도 있지만(10:2) 열정은 사랑을 표현할 때(12:9) 반드시 필요한 요소다. 게으른 사랑은 몸짓만 하는 죽은 형식을 가리키며, 이는 위선이라 할 수 있다. "열심을 품고"는 극단적이라 여겨질 정도의 모습으로 나타나는 내면의 강렬함을 시사한다. 예를 들어 예수님이 제자들의 발을 씻겨주는 모습(그분의 사랑을 표현하는, 요 13:1)이다. "주를 섬기라"는 '주를 섬기면서'라는 분사형을 번역한 것이다. 이것이 명백한 동기가 될 때에는 진심어린 행동이 나오고(주님이 성령으로 불어넣으시기 때문에) 그 목표를 달성하게 된다.

**12:12** 바울의 글들에는 '즐거워하다'라는 동사가 24번 이상 나온다. "소망"이란 명사는 36번 등장한다. 여기서 소망은 즐거움이 발생하는 영역이고 어쩌면 원인인 듯하다. 사랑은 쾌활함과 하나님에 대한 신뢰를 북돋울 수 있는데, 이는 소망과 동일하며 기쁨을 불러일으킨다.

　"환난"[틀립시스(*thlipsis*)]은 이미 5:3에서 "환난"(틀립시스)을 포함하는 일련의 순서에 나왔으며, 하나님의 사랑과 연관된 소망으로 인도한다(5:4). 교회 역사 내내 간헐적으로 그랬듯이, 오늘날에도 세계의 많은 곳에서 신앙고백으로 환난을 당하고, 이로 인해 용기를 가지고 인내(이는 '견인'으로 번역될 수도 있다)를 요구한다. 바울은 한결같이 기도할 것을 자주 요청하고(엡 6:18; 빌 4:6; 골 4:2; 딤전 2:1) 스스로 본을 보이곤 한다(롬 1:10; 엡 1:16; 살전 1:2). 하나님의 사랑이 함께하고 있음(참고. 롬 12:9 주석)을 보여주는 표징은 그분의 백성이 기도하고픈 열망을 이루는 때이다.

**12:13** 초기 교회는 그리스도와 맺은 관계로 인해 생계수단을 잃는 것을 포함해 사회적으로 추방당할 수 있었다(예. 히 10:32-35). 로마서를 기록한 당시에 바울은 유대의 가난한 유대인 신자들을 구제하려고 상당히 많은 돈(예루살렘 헌금)을 갖고 있었다. 어려운 사람들, 특히 어려운 신자들을 위한 헌금(갈 6:10)은 하나님의 사랑의 표현이다. "힘쓰라"(ESV는 "seek to show")는 '성실하게 추구하라'로 번역할 수도 있다. 나그네에게 숙식을 제공하는 일은 많은 지역에서 초기 교회가 가진 문화의 일부였다(히 13:2; 벧전 4:9; 요삼 1:5-8). 이는 또한 굶주린 자와 목마른 자의 필요를 채워주라는 예수님의 요청(마 25:31-46)을 존중하는 것으로 해석할 수 있다.

**12:14** 이 구절에서 바울은 '축복하다'로 번역한 두 단어를 명령형으로 전환한다. 예수님은 원수를 사랑하고 박해하는 자를 위해 기도하라고 요구하신다(마 5:44). 바울은 사도들의 방침을 이런 말로 묘사한다. "모욕을 당한즉 축복하고 박해를 받은즉 참고"(고전 4:12). 박해를 받으면 독설과 울분을 퍼붓고 싶은 마음이 들지만, 복음은 더 고상한 방식을 요구하고 또 그럴 능력을 준다. 물론 언제나 상황에 따라 결정을 내릴 필요가 있다. 어떤 상황에서는 예수님이 "이 동네에서 너희를 박해하거든 저 동네로 피하라"(마 10:23)고 명하셨다. 때때로 바울은 체포와 가혹한 취급을 참고 견뎠다(행 16:19-24). 그리고 어떤 경우에는 예수님의 권고를 좇아 박해가 있을 것 같을 때 그 옆 도시로 옮겨갔다(행 17:10).

**12:15** 이 구절부터 19절의 "맡기라"에 이르기까지, 바울은 그의 지침에 대해 명령형이 아닌 동사를 사용하여 사랑에 이끌리는 삶(9절)의 모습을 계속해서 간략하게 그려간다. 타인을 사랑한다는 것은 좋을 때도 나쁠 때도 그들에게 늘 똑같이 대한다는 뜻이다. 즐거워하는 자들과는 함께 즐거워하는 일이 요청된다. 신자들이 상실이나 슬픔으로 망연자실한 이들을 마주칠 때는 그들과 함께 우는 것이 경건한 사랑의 징표가 될 수 있다. 예수님이 이런 본을 잘 보여주셨다. 그분은 나사로의 죽음 때문에 슬퍼하는 마리아, 마르다와 공감하셨다(요 11:33-35). 그리고 가나의 혼인잔치에 나타나셔서(요 2:1-11) 포도주 항아리를 가득 채우셨는데, 이는 한껏 즐거워하는 이들과 함께 즐거워하셨음을 가리킨다.

**12:16** 교회에 다닌 사람이라면 알 듯이, 기독교 회중은 싸우는 곳이 될 수 있다. 바울은 로마 독자들이 그렇게 될까 봐 우려한다(16:17). 하지만 사랑은 "서로 마음을 같이하며"(ESV는 "in harmony with one another") 살 수 있게 해준다. 물론 때로는 분열을 참고 다루고 뛰어넘는 것이 필요하다(고전 11:19). 한 사람의 삶에서 복음은 "높은" 체하는 태도나 행실을 제거하거나 적어도 최소화해야 마땅하다. 높은 지위에 있는 이들은 "낮은 데 처하[기]" 위해 애쓸 것인데, 그들이 "스스로 지혜 있는 체" 하는 것을 피한다면 그 일은 더 수월해진다. 예수님도 이와 비슷한 취지로 "비판을 받지 아니하려거든 비판하지 말라"(마 7:1)고 말씀하신다.

**12:17** 이 문장은, 신자는 "아무에게도" 악을 악으로 되갚으면 안 된다는 것을 강조하는 의도로 단어를 배열했다. 조심스럽게 앙갚음하고픈 마음이 간절할지라도(사람들이 '나는 화나지 않았고 보복할 뿐이다'라고 말하는 것을 생각해보라) 이것은 믿음의 집 안에 놓아둘 도구가 아니다. "도모하라"는 곤경을 내다보고 사전에 반응할 방법을 추론하여 구경꾼들이 속 좁고 자기중심적인 복수자가 아니라, 너그러운 인물로 인정하게끔 하는 것을 시사한다. 바울의 권고 뒤에는 "너희가 사람의 잘못을 용서하지 아니하면 너희 아버지께

서도 너희 잘못을 용서하지 아니하시리라"(마 6:15)는 예수님의 말씀이 있을 수 있다.

**12:18** 예수님 역시 "화평하게 하는 자는 복이 있나니"(마 5:9)라고 가르치신다. "모든 사람과 더불어 화목하라"는 바울의 요청은 적어도 이 말씀을 간접적으로 적용한 것이다. "너희로서는"은 "할 수 있거든"처럼 중요한 수식어구다. 바울의 편지들은 종종 사도로서 가르치고 실천하는 일에 어찌해야 하는 지를 다루는데, 이는 반박이 필요할 수도 있음을 보여준다. 예를 들어 로마서 앞장에서는 바울이 수많은 논제와 관련해 다른 것들이 아닌 한 가지 해결책을 강력히 주장하는 수많은 사례를 제공한다. 화평하게 지낸다는 것이 협상 불가능한 신앙의 진리들을 타협하거나 기독교의 가르침과 행습을 위반하는 관행이나 관습에 양보하는 것을 의미하지는 않는다. 오늘날 포스트모더니즘이 옹호하는 이른바 '관용'은 많은 경우에 바울이 전제하는 기독교의 중추를 지키지 못한다.

**12:19** "사랑하는 자들아"는 바울이 호소하려는 내용을 더욱 강조한다. "하나님의 진노하심에 맡기라"라는 명령도 마찬가지다. 바울은 훗날에 쓴 편지에서 이런 모범을 보인다. "구리 세공업자 알렉산더가 내게 해를 많이 입혔으매 주께서 그 행한 대로 그에게 갚으시리니"(딤후 4:14).
　　"친히 원수를 갚다"라는 말의 의미가, 군대와 같이 큰 규모의 폭력이 기독교 인구를 살해하는 데 사용되는 지역들에서는 복잡한 질문이 될 수 있다. 나중에 바울은 하나님이 지정하신 정부(또는 군대)에게 부여된 칼의 역할(롬 13:3-4)을 언급하는데, 이를 볼 때 그가 모든 기독교 인구에게 그들이 몰살되는 것을 묵인하라고 권고할 것 같지는 않다. 여기에 나오는 바울의 권고가 근본적으로 지향하는 것은 개인적 윤리이지 정치적 정책이나 반(反)지하드 전략이 아니다.

**12:20** 이 구절의 충고에서 확증할 수 있는 바는, 그리스도인이 복음과 신

자에게 비우호적인 누군가에게 친절을 베푸는 것에 관해 바울이 개략적으로 생각한다는 것이다. 그는 난폭한 죄수들에게 초대장을 보내 그들이 누군가의 집을 사정없이 파괴하도록 하는 광경을 염두에 두지 않는다. 바울은 잠언 25:21-22을 인용한다. 간단한 손님 대접이 비방하는 자를 부끄럽게 해서 그가 그리스도인과 하나님을 향한 불의한 분노를 재고하게 만들 수 있다. 이것은 잃어버린 자에 대한 일종의 사랑인데, 예수님도 친히 자신을 맹렬하게 반대할지 모르는 평판 나쁜 인물들과 식탁 교제를 나누며 그 사랑을 실천하셨다(참고. 눅 7:36-50). 삭개오의 경우에는 식탁 교제가 당시 직업상 사회적으로 버림받았으며 스스로 시인하듯 사기꾼인 한 남자에게 은혜의 방편이 되었다(눅 19:1-10).

**12:21** 바울은 악에 대항해 공격적 전략을 세워 맞서라고 지시한다. 이는 "너희는 성령을 따라 행하라 그리하면 육체의 욕심을 이루지 아니하리라"(갈 5:16)는 그의 명령을 상기시킨다. 우리가 하나님을 향한 뜨거운 사랑이 지배하고 생명으로 이끄는 복음의 은혜를 능동적으로 전용한다면(로마서 12:9-20에 상세히 나오듯), 악이 아니라 선이 그리스도인의 삶에서 우세한 고지를 차지할 것이다.

**13:1** 사도는 8-10절에서 사랑의 주제를 명시적으로 재진술한다. 그러므로 13장을 시작하면서 바울이 사랑이라는 주제를 마무리했다고 추정할 이유가 없다. 12:9-21이 그리스도인의 개인적 관계에서 사랑의 우선순위를 상세히 서술하듯이, 13:1-7은 가이사의 것을 가이사에게 바친다(마 22:21)는 의미에서 사랑을 다룬다. 그 자체가 하나님과 타인을 향한 일종의 사랑이다(마 22:37, 39).

온전한 그리스도인의 덕목 가운데 하나는 시민적 책임이다. 이는 "위에 있는 권세들"(ESV는 "governing authorities")을 존경하는 의무감과 함께 시작한다. 이 의식은 하나님의 주권이 인간 정부의 제도를 세우실 때 표현되었다는 신학적 근거를 갖고 있다.

**13:2** 바울은 여기서 개괄적으로 말한다. 대체로 "권세"는 합법적으로 행하고 "하나님의 명을"(ESV는 "God has appointed") 따라 세워진 사회질서를 유지한다. "심판"은 불순종에 내리는 형벌이다. 하나님이 이런 권세에게 형벌을 위임하셨기 때문이다(참고. 13:4 주석).

당국이 월권행위를 할 때는 신자들이 "사람보다 하나님께 순종하는 것이 마땅하[다]"(행 5:29). 그들은 신성모독적인 명령을 내리는 왕에게 "우리가 왕의 신들을 섬기지도 아니하고 왕이 세우신 금 신상에게 절하지도 아니할 줄을 아옵소서"(단 3:18)라고 말할 필요가 있다. 예수님은 당시에 성경을 벗어난 안식일을 지키는 일에 도전하셨다. 로마서 13장에 담긴 바울의 권고는 정부가 하나님이 지정하신 한계 내에서 행동하고 있음을 가정한다. 그렇지 않을 때는 다른 조치가 필요할 것이다.

**13:3** 이 진술은 세계 많은 지역에서 오랜 시간에 걸쳐 다양한 사회 질서를 통해 옳다고 입증된다. "선을 행하라 그리하면 그에게 칭찬을 받으리라"는 대체로 건전한 충고다. 그리스도인은 사회적으로 불법적인 활동을 아무리 용납한다 하더라도 그런 활동에 참여해서는 안 된다.

다른 한편, 이슬람 국가에서는 복음 전도가 불법이 될 수 있다. 공산주의 국가인 중국에서는 공적인 예배와 기독교적인 자녀 교육을 금지한다. 바울이 그러한 전개를 예상하는 것은 아니고 당시에 로마 청중에게 시행되던 로마의 법과 질서의 일반적인 틀을 생각하는 것이다.

**13:4** "하나님의 사역자가 되어 네게 선을 베푸는 자"는 하나님께서 통치를 공무원에게 부분적으로 위임하심으로써 이 세상을 다스리고 계심을 재진술한다. 하나님의 나라의 구성원이 되었다고 해서 가이사에 대해 가지는 책임에서, 또는 (오늘날의) 자기 나라, 주, 군, 도시나 농촌의 헌법에 따른 질서에서 자유로워지지는 않는다. "[하나님의] 진노하심을 따라 보응하다"는 행악자들의 책략을 좌절시키기에 충분한 무력 사용을 정당화한다. 이는 또한 하나님의 진노(1:18; 2:5, 8; 3:5; 4:15; 5:9; 9:22)가 마지막 날에 묵시적

으로 드러날 것이며, 뿐만 아니라 그 과정에서 무법적 행동에 대한 고통스런 합법적 결과의 형태로 가해진다는 것을 시사한다.

**13:5** 정부의 횡포는 잠재적인 악이지만 무정부주의도 마찬가지다. "복종"은 권위를 인정하고 순종하는 것을 의미한다. 이런 바울의 권고는 다른 곳에도 나온다.

> "너는 그들로 하여금 통치자들과 권세 잡은 자들에게 복종하며 순종하며 모든 선한 일 행하기를 준비하게 하며"(딛 3:1).

> "인간의 모든 제도를 주를 위하여 순종하되 혹은 위에 있는 왕이나"
> (벧전 2:13).

"양심을 따라"(ESV는 "for the sake of conscience")는 정부에 대한 존경이 단순한 외적 복종이 아니라 하나님과의 관계에 뿌리를 둔 내적 확신의 표현이 되어야 한다는 뜻이다.

**13:6-7** 세금 납부와 같은 통상적인 것조차 하나님께 순종하고 그분을 사랑한다는 표현이다. 왜냐하면 세금은 하나님이 세우시는 정부(1절)에 재정을 조달하는 실질적인 수단이기 때문이다. 초자연적으로 공급된 돈을 한 번 사용하시긴 했지만 어쨌든 예수님도 세금을 납부하셨다(마 17:24-27). 죄 없는 하나님의 아들이 세법에 순종하신 것은 하나님이 그런 법을 재가하실 수 있음을 확증해준다(일부 세법은 불의하거나 오도되어서 폐지나 개혁이 필요하다. 이 과정 역시 정부의 몫이다).

로마서 13:6의 "일꾼"은 종을 가리키는 흔한 헬라어 어휘인 디아코노이(*diakonoi*)가 아니고, 신성한 것을 중재한다는 의미일 수 있는 단어인 레이투르고이(*leitourgoi*)다. 로마 세계에서 세금 징수하는 일과 그 일을 맡은 징수관은 대개 타락했다. 그런 불의한 사회질서 속에서도 하나님의 사랑은,

사복음서에서 세리들을 부각시킴으로써(거의 24번이나 언급됨) 명백히 드러났다. 예수님은 그들과 어울린다고 해서 비판받으셨지만(마 9:11; 11:19), 그들은 예수님 사역의 특별한 초점이었다(레위 또는 마태는 열두 제자 중 하나였다, 마 10:3; 눅 5:27).

"관세"와 "조세"는 재정의 의무다. 로마 세계에서 많은 행정당국은(그 권력이 국가가 비호하는 로마종교와 뒤섞여 있던) 그들의 보상의 일부로써 "두려워하[고]"과 "존경할" 것을 요구했다. 존경을 나타내지 않는 경우에는 처벌당할 수 있었다.[91]

**13:8** 바울은 12:9에서 시작한 사랑이라는 주제로 돌아온다. "빚"(ESV는 "owe")은 13:7에 나오는 "줄 것"(ESV는 "owed")이라는 단어와 동족어이며, 그리스도인의 사랑이 행정당국에 대한 합당한 순종으로 표현된다는 것을 보여준다. 바울의 요점은 신자들이 사회적 의무를 사랑의 의무로 여겨야 하고, 그런 의무를 수행함으로써 의무를 다하게 된다는 것이다.

"율법을 다 이루었느니라"는 말은, 하나님의 율법이 그리스도인의 생각과 행실과 관련해 그 적실성을 끝나지 않음을 가리킨다. 이것은 10:4("그리스도는…율법의 마침이 되시니라")을 포함하여 바울이 앞에서 율법에 관해 가르친 바다. 어쨌든 사랑을 명령하는 법(하나님에 대해, 신 6:5, 이웃에 대해, 레 19:18)은 율법에서 처음 진술된 것이다.

**13:9** 바울은 십계명에 나오는 다양한 율법들을 열거하면서 그것들의 공통점을 보여준다. 그 율법들을 지키는 것은 본질적으로 이웃에게 사랑을 보여주는 것이다. 그렇다고 해서 간음, 살인, 도둑질, 또는 탐욕을 금지하는 법이 더 이상 타당하지 않거나 불필요하다는 뜻은 아니다. 우선 그 법들은 시민법에 항구적인 빛을 제공해서 최근까지 서구에서 빈번하게 법제

---

91  Thielman, *Romans*, 612.

화되었다. 오히려 이런 구체적인 법들(성경에 포함된 "그 외에 다른 계명")은 신자들에게 사랑하며 사는 것을 가르쳐준다. 율법은 어떤 종류의 행실이 하나님께서 기대하시는 반응인지를 가르쳐주며, 사람들이 복음에 나타난 그분의 은혜 안에 살 때 성령을 통해 능력을 부여한다.

**13:10** "사랑은 이웃에게 악을 행하지 아니하나니"는 바울이 12:9 이후 염두에 둔 아가페 사랑이지 일반적인 인간의 애정이 아니다. 성경에 표현된 하나님의 변혁적인 은혜와 도덕적 명령을 벗어나면 인간의 "사랑"은 종종 타인에게 악을 저지른다. 그런 사랑은 이기심의 표현(예. 부모가 자녀를 위압함으로써 그를 "사랑"할 때)이나 착취의 수단(예. 친밀한 동반자가 "사랑"을 핑계로 삼아 간통이나 간음을 저지를 때)이 될 수 있기 때문이다.

그러나 복음 메시지를 통해 부어진 하나님의 사랑(5:5)은 구약과 신약의 계시에 나타나는 대로 하나님의 도덕적 성품을 반영하고 타인의 유익을 더 도모하게 된다. 하나님께서 사랑하시고 명령하신 것처럼 그런 방식으로 사랑하는 것이 바로 "율법의 완성"이다. 이는 또한 바울이 앞에서 쓴, "우리가 믿음으로 말미암아 율법을 파기하느냐 그럴 수 없느니라 도리어 율법을 굳게 세우느니라"(3:31)는 말의 뜻을 이해하는 데 도움을 준다. 우리는 은혜로 말미암은 사랑과 사랑의 행위로 율법을 아주 많이 세우게 된다.

**13:11** 바울은 곧 교회 생활에서 타인을 사랑하고 용납하는 문제를 길게 논의할 것이다(14:1-15:7). 그러나 지금은 주제를 사랑(13:10)으로부터 일상생활에서 도덕적 성실함을 사랑하는 동기로 전환할 것이다.

우선, 그 동기는 종말론적이다. "이 시기"(카이로스)는 특정한 연대기적 위치가 아니라 현 순간의 특질에 대한 지식을 가리킨다. 바울은 주님의 재림의 "때"를 고려하여 준비하라고 요구한다. 혼수상태, 자기만족, 영적 무감각은 모두 주님 앞에 사랑으로 영위하는 삶의 적들이다. "이제 우리의 구원이 처음 믿을 때보다 가까웠음이라"는 말은 다음을 의미한다. (1) 우리가 처음 믿었을 때보다 죽어서 주님과 함께 있을 때가 이제 더 가까워졌다, 또는 (2) 주님이 재림하실 때가 이제 우리가 믿었을 때보다 더 가까워졌다. 어느 의미이든 간에 신자들은 시급함을 느끼며 살아야 한다. 이는 예수님의 다음 말씀을 상기시킨다. "그러므로 너희도 준비하고 있으라 생각하지 않은 때에 인자가 오리라"(눅 12:40).

**13:12** 여기서 바울은 깨어 있어야 한다고 더욱 강조한다. 종말론은 윤리에 추진력을 제공한다. 현재 상태가 불특정한 미래에까지 기준이 된다고 생각하기 쉽다. 그러나 바울은 현 시기를 "밤"으로 규정하고 그것이 지나갔다고 언급한다. 신자들은 "어둠의 일"을 버림으로써 지나가는 밤을 거부해야 한다. 그렇게 하는 방법은 적절한 의복과 무기("빛의 갑옷")를 갖추는 것이다. 최소한 이는 단정한 행실(13절) 및 그리스도 중심으로 방향과 초점을 맞추는 것(14절)으로 이루어져 있다.

**13:13** "단정히 행하고"는 일상적인 일을 적절한 방식으로 수행한다는 뜻이다. "낮에와 같이"는 마치 우리의 모든 일을 공개되어 알려지듯이 행하고, 우리 삶의 다양한 요소들을 숨길 필요가 없는 것을 의미한다. 바울은 우리가 피해야 할 행실을 몇 가지 열거한다. "방탕"은 우리 시대의 '마디 그라'(Mardi Gras)[92]에서 벌어지는 것과 같은 지나친 환락과 연관된 단어를 번역한 것으로, "술 취[함]"과 짝을 이룬다. "단정히 행하[는]" 것이 목표라면 부정한 섹스와 과도한 알코올은 피해야 한다.
　바울은 축제 무대에서 성적 부도덕("음란")과 이를 부추기는 시각("호색")으로 옮겨간다. 관능적인 탐닉보다 하나님 안에서 더 깊은 만족을 찾는 것은 어렵지만 가능하다. 우리가 하나님이 주신 개인적 말씀으로 받아들이면(사실이 그렇다) 이 구절은 큰 힘을 발휘할 수 있다. "다투거나 시기하[다]"는 성적이고 관능적인 탐닉과 마찬가지로 하나님이 멀리 계시다는

---

92 사육제의 마지막 날 곧 사순절의 시작인 재의 수요일 전날을 가리키는 이름, 또는 그날에 벌어지는 난잡한 잔치. (편집자주)

징표다.

바울은 이 구절에서 한도를 벗어난 행실로 열거한 것들을, 갈라디아서 5:19-20에서 "육체의 일"로 더욱 상세히 열거한다. 신자들은 "육체"가 그들의 삶에 다시금 자리를 잡지 못하도록, 성령께서 그들을 무엇에서 구출하는지를 때때로 되새겨야 한다.

**13:14** "어둠의 일을 벗고"(12절)라는 명령 및 피해야 할 항목(13절)은, 어떤 목적을 위한 수단이다. 그 목적은 그리스도와 연합하는 것, 그리고 해방과 사랑을 선사하는 그분의 지배를 반영하는 삶이다. 기독론(종말론 다음으로)은 이 단락에서 두 번째로 나오는 큰 윤리적 동인이다.

"입고"는 옷 방이나 탈의실에서 끌어온 은유다. 운동선수가 경기를 위해 스파이크나 보호대를 차거나 운동복을 입듯이 신자들은 "주 예수 그리스도로 옷 입[는다]." 그들은 그분의 이름을 부르고 영적 훈련(예배, 기도, 성경공부, 순종)과 사랑의 행실(참고. 12:9-13:8)을 실천한다. 이런 것들은 성령으로 삶을 변화시키는 그분의 임재를 불러온다(8:11). 우리가 맞이할 준비가 되면 그분이 모습을 드러내신다.

"도모하지 말라"는 이런 것들을 사전에 생각하거나 계획하거나 공상하지 말라는 뜻이다. "육신"은 물리적 몸이 아니라 로마서 7장의 갈등이 극적으로 보여주듯 그리스도인의 영혼 속에 숨어 있는 하나님에게서 떨어지려는 성향이다. 이런 성향은 점차 약해지고는 있으나 여전히 힘이 세다. 그리스도의 강력한 임재는 신자들을 성령과 그의 향기로운 열매(갈 5:22-24)로 가득 채워서 육신을 억누르고, 그들의 영적 묵상만이 아니라 몸의 활동까지 점유한다.

**14:1** 앞에서 설명했듯이 "연약한 자"는, 아마 유대교의 음식법의 영향을 받아 자기가 먹을 수 있는 것에 제한을 두는 사람일 것이다. "믿음이"는 개인적으로 믿음을 실행하는데 나약한 것을 의미한다. 또한 이는 기독교의 가르침에 대한 이해가 더딘 것을 가리킬 수도 있다. 이 경우에 "믿음"은 그

리스도인이 고백하는 것을 의미한다. 어쩌면 두 가지 의미를 다 지닐 수도 있다.

연약한 자와 강한 자(바울은 자신을 강한 자로 생각한다. 15:1)가 모두 존재하는 교회에서 연약한 자는 바로잡아야 하는 대상보다는 긍정적인 시선으로 대우받아야 한다. 그들은 "비판"의 대상으로 존재하도록 부름받지 않았다.

**14:2** 로마세계에서 시장에서 구입한 일부 식품은 이방 신전에서 흘러나온 것으로, 이미 거짓 신들에게 바쳐졌던 제물일 수 있었다. 강한 신자들은 우상이라는 인간이 만든 허구(고전 8:4)이기에 진정한 실체가 없다고 생각해서 "모든 것을 먹을" 수 있다고 여겼다.

연약한 신자들의 경우 "이 지식은 모든 사람에게 있는 것은 아니므로 어떤 이들은 지금까지 우상에 대한 습관이 있어[서]", 만일 그들이 "우상의 제물"을 먹으면 결국 그들의 양심이 "약하여지고 더러워[질]" 것이다 (고전 8:7). 그들은 안전하기 위해 고기를(가능하면 신전에 바쳐진) 멀리하고 "채소만" 먹으려 했다.

**14:3** 이처럼 서로 대비되는 두 가지 신념을 가진 집단들 가운데서 하나님은 그리스도를 믿는 두 부류 모두를 받아들이신다. 그분의 받아들이심은 그리스도의 몸에 속한 사람들이 서로를 용납하도록 이끌어야 한다. "업신여기지"는 멸시하는 것을 의미한다. 강한 자는 우월감을 느끼고 연약한 자도 마찬가지다. "비판하지"는 먹지 않는 자(또는 먹는 자)가 하나님 율법의 규정을 이해한 바에 기초해 정죄한다는 뜻이다.

**14:4** 바울의 표현이 퉁명스럽다. 양편 모두에게 똑같이 강경하게 도전하는 말투다. "자기 주인에게"(ESV는 "before his own master")는 강조어법으로, 각 사람이 하나님과 맺는 관계가 매우 개인적 성격의 것임을 단언한다. 여기서 "주"가 예수 그리스도를 가리킨다면(바울의 용례에서 종종 그렇듯이), 이는 예수님과 맺는 관계로 볼 수 있다. 이 구절은 그리스도가 정말로 교회 안

에 현존하신다는 바울의 확신을 가리킨다. 그분이 신자 개개인에게 필요한대로 그들을 도전하고 또 안정시킬 수 있기 때문이다.

**14:5** 연약한 자와 강한 자 사이에 있는 문제는 음식 규정만이 아니다. "이 날을 저 날보다 낫게 여기고"는 일부 사람이 유대력을 따르고 추가된 안식일 준수와 음식(kosher food) 규정을 결합한 것 같다는 견해와 잘 어울린다. 이 문제 역시 교회에서 장애 요인이 되어서는 안 된다. 이처럼 그 중요성이 부차적인 사안에서는 개개인의 자유를 인정해야 한다.

**14:6** 바울은 양편 모두 그리스도를 주님으로 고백하는 신실한 신자라고 가정한다. "하나님께 감사함"은 표준적인 식탁 기도를 가리키는 듯하다. 두 집단 모두 먹을 때 감사를 드리는데, 그들이 무엇을 기꺼이 먹느냐 때문에 갈라진 것이다. 그리스도인이 매주 모일 때는 성만찬의 집전을 포함한 공동 식사가 있었을 것이므로, 음식에 관한 대조적인 신념이 눈에 띄게 나타났을 것이다. 그리고 고린도에서 실제로 그러했듯이(고전 11:20-22) 깊은 분열을 낳을 위험이 있었다.

**14:7-8** 비록 음식과 기일(또는 달력)과 같은 문제들에 다른 신념을 가질 수 있다고 인정할지라도, 그리스도의 몸의 지체들을 연합시키는 것이 그들을 가르는 것보다 더 근본적이고 심오하다. 주 예수님을 믿는 신자들은 그분을 위해 살고, 이와 같이 "주를 위하여" 죽기도 한다.[93] 모든 신자의 현재와 미래는 교회의 머리이신 그리스도의 손안에 있다. 그리스도가 그분을 따르는 자들의 존재와 행위 전부를 소유하고 감독하신다는 진리는 서로를 존중하는 등 평준화시키는 결과를 낳아야 한다. 그분의 높은 지위와 비교

---

93 이 신념은 수세기 후에 기록된 하이델베르크 요리문답의 문답 1에서 명백히 드러난다. 질문 1: "삶과 죽음에서 당신의 유일한 위로는 무엇인가?" 답변: "나는 내 것이 아니라, 삶과 죽음에서 몸과 영혼이 나의 신실한 구원자인 예수 그리스도의 것이다."

하면 강한 편과 연약한 편 사이의 수직적 분리는 무시해도 좋다.

**14:9** 그리스도의 죽음과 부활이 그분의 몸의 지체들을 연합시키는 핵심이 되는 확신이다. 그분은 죽은 자와 산 자를 포함한 모든 하나님 백성의 주님이시다. "산 자"가 적실한 것은 그들이 지금 바울이 말하는 대상이기 때문이다. 그런데 그는 왜 그리스도를 "죽은 자…의 주"로 언급하는가? 연약한 자의 일부가 그들의 음식과 달력에 관한 관념을 모세까지 거슬러 올라가는 조상들의 관행과 연결시켰기 때문일 수 있다(이는 바울이 로마서를 쓰기 수년 전에 어떤 이들이 계속해서 할례를 받아야 한다고 주장했던 것과 같다. 참고. 행 15:1, 5). 연약한 자는 조상들이 주님께 대한 신실함과 연관시켰던 관행에서 일탈하면 주님과의 교제가 끊어진다고 우려했을 수 있다. 강한 자는 예수님이 식사 규례에 변화가 생겼다고 선언했음(막 7:19)을 단언할 수 있었다. 두 집단 모두 그들의 문제를 어떻게 판단하는지에 따라, 주님에 대한 자기네 견해가 더 신실하다고 주장할 수 있었다. 바울의 호소는 그런 차이점을 뛰어넘는다.

**14:10** 4절에서처럼 바울은 이런 문제를 두고 분열하려는 유혹을 받는 이들에게 단도직입적으로 도전한다. 예수님은 남을 정죄하지 말라고 친히 경고하신다(마 7:1). "비판"은 연약한 자가 보이는 행동이다. "업신여[김]"은 로마서 14:3에 나온 강한 자가 나타내는 행동이다. 두 그룹 모두, 그리고 실은 모든 신자들이(바울도 포함해서, "우리"에 주목하라) 장차 "하나님의 심판대 앞에" 설 것이다. 이는 고린도후서 5:10에서 "그리스도의 심판대"로 불린다. 이런 측면에서 하나님과 그리스도는 서로 바꾸어 쓸 수 있다. 바울은 유일신론자이지 이신론자(Ditheist)가 아니다.

**14:11-12** 로마서에서 자주 그러하듯이, 바울은 여기서 이사야 45:23에 호소한다. 주님의 심판은 공평할 것이고(그분에게 불의가 없기 때문에, 롬 9:14) 또 보편적일 것이다("모든 무릎이…모든 혀가"). 이사야서의 문맥은 여호와 앞

에서 사람들이 가지는 연대성(solidarity)을 강조한다. "너희는 모여 오라 함께 가까이 나아오라"(사 45:20). "함께 의논하여 보라"(사 45:21). "땅의 모든 끝이여 내게로 돌이켜 구원을 받으라"(사 45:22). "이스라엘 자손은 다 여호와로 말미암아 의롭다 함을 얻고 자랑하리라"(사 45:25). 그 무엇보다 높으신 하나님의 초월성은 그분을 예배하는 자들 사이에 겸손한 하나 됨의 의식을 만들어야 한다.

로마서 14:12에서 바울은 다가올 심판을 언급한다. 이는 사람들이 현재 교회가 처한 상황에서 심판자로 행동하는 것을 만류시키려 함이다. 심판은 하나님의 특권이지 우리의 권한이 아니다. 그렇다고 해서 분별이 불가능하다는 뜻도 아니고(요 7:24), 교회를 징계하는 데 필요한 도덕적 차별성이 배제된다는 뜻도 아니다(고전 5:9-13; 살후 3:6-12; 딛 3:10). 바울은 지금 부차적인 문제가 아니라 근본적인 문제를 다룬다.

**14:13** 바울은 피해야 할 것(서로를 비판하는 일)에서 긍정적인 조치로 이동한다. '비판하다'라는 동사는 '결정하라(주의하라)'라는 동사와 동일한 단어다[크리노(krinō)]. 바울은 동일한 단어를 다른 의미로 사용함으로써 언어유희를 한다. 긍정적 움직임은 동료 신자의 길에 "부딪칠 것"[프로스콤마(proskomma)]이나 "거칠 것"[스칸달론(skandalon)]을 두지 않음으로써 상대방을 결코 넘어뜨리지 않기로 결정하는 것이다.

이와 비슷한 상황에서 바울은 고린도 교인들에게 이렇게 충고했다. "너희의 자유가 믿음이 약한 자들에게 걸려 넘어지게 하는 것이 되지 않도록 조심하라"(고전 8:9). 그가 제시하는 새로운 강조점은 복음 안에서 본인의 자유를 인식하는 것보다 다른 신자의 최선의 유익을 지침으로 삼아야 한다는 것이다. 바울은 이어서 이것이 무슨 뜻인지, 무슨 뜻이 아닌지를 살핀다.

**14:14** 바울은 자기가 '강한 자'로 여기는 부류에 속한다고 암시한다. 그는 그리스도와의 관계에 근거해서 유대교의 음식법과 정결한/불결한 제한이

더 이상 구속력이 없다는 확고한 신념을 갖고 있다. 이것은 예수님만 가르치신 내용이 아니다. 베드로가 본 환상(행 10장)과 또한 이후에 고넬료와 나눈 대화에 따르면, 하나님께서 이제 그분의 백성에게 자유로이 먹도록 허락하시는 것을 베드로가 불결하다고 선언하면 안 된다. 바울은 이와 동일한 확신을 삶으로 실천한다.

여기서 연약한 자가 넘어질 수 있다. 그들의 그릇된 양심이 그들 스스로 죄책감을 느끼게 할 수 있다는(객관적으로는 그럴 필요가 없는데도) 것이다. 특정한 음식은 "속되게 여기는 그 사람에게는 속되[다]."

**14:15** 그리스도인의 삶은 그가 행하는 모든 일에서 하나님의 사랑을 반영해야 한다. 만일 내가 이슬람교에서 개종해 돼지고기를 먹지 못하는 그리스도인 친구와 식사하는 동안 페퍼로니 피자를 뻔뻔스럽게 먹는다면, 내 형제는 근심하게 되고 나는 사랑으로 행하지 않는 셈이다. 그리스도께서 이 형제를 위해 죽으셨다는 사실을 받아들인다면 나는 돼지고기가 없는 피자를 주문해야 한다. 장차 이 형제의 식생활 관념이 성경이 자유를 선언하는 영역에서 덜 엄격한 방향으로 그를 이끌어가도록 내가 기도할 수 있다. 그동안에는 내가 그 형제를 용납하고 인정해야지 그를 나처럼 만들려고 압력을 가해서는 안 된다. 이것이 그에게 우선적인 일이라면 주님이 그의 눈을 열어주실 수 있다.

**14:16** "너희의 선한 것"(ESV는 "what you regard as good")은 연약한 자가 스스로 금하는 것을 먹는 자유를 묘사한다. 또는 본인이 자유롭게 먹을 수 있다고 느끼는 음식 자체일 수 있다. 그러나 만일 강한 신자가 자기는 음식 관습에서 자유롭다고 자랑한다면, 이는 양심에서 먹기를 허용하지 않을 사람들에게 "비방을 받[을]" 것이다. 그 결과 교회에 분쟁과 분열이 생길 것이다. 교회의 주요 목표가 "평안의 매는 줄로 성령이 하나 되게 하신 것을 힘써 지키[는]"(엡 4:3) 것인 만큼 그 결과는 최대한 피해야 한다.

**14:17** 바울은 다음 두 가지를 비교한다. 하나님의 나라와 그에 속하는 주요 관심사들(예. 교회 안에서 서로 사랑하는 것과 하나가 되는 것)이 먹는 것이나 마시는 것보다 더 우선한다. "성령 안에 있는 의와 평강과 희락"이 존재하는 곳에는 교회 내의 강한 자와 연약한 자가 서로 충돌해서 (1) 서로를 해치고 (2) 그들의 태도와 행동으로 교회의 사명을 훼손시키는 일이 생기지 않을 것이다.

이곳은 로마서에서 하나님의 나라를 언급하는 유일한 곳이다. 바울의 용례가 "사복음서에 나오는 예수님과 그 나라에 관한 모든 것으로부터 방향을 바꾸는 것은 아니다. 단지 주님의 본보기와 가르침[94]을 로마서 14장이 다뤄야 하는 중요한 사안들에 적용할 뿐이다."[95]

**14:18-19** "이로써"는 앞에 나온 "성령 안에"를 가리킬 수 있다. ESV가 "acceptable"('받아들여질 수 있는')이라고 번역한 단어[유아레스토스(*euarestos*)]는 다른 곳에서 종종 '기쁘게 하다'(개역개정은 "기쁘시게 하는", 고후 5:9; 엡 5:10; 빌 4:18; 골 3:20; 딛 2:9)로도 번역한다. 성령 안에서 그리스도를 섬기는 것은 하나님을 기쁘시게 하고 사람에게서 인정을 받는다. 강한 자와 연약한 자가 긴장을 조성할 수 있는 교회 상황에서는 사람들을 화합시키는 일이 반드시 필요하다. 이는 성령 안에서 그리스도를 섬김으로써 가능해진다.

올바른 전략(롬 14:18)을 세우면 적절한 목표(19절)를 구상할 수 있다. 그 목표는 회중의 조화를 추구하는 것, 곧 "화평"을 이루는 것이다. 그런 화평은 또한 "서로 덕을 세우는 일"을 포함한다. 바울은 15:2에서 '건덕'(建德, ESV는 "upbuilding", 다른 영어성경들은 "edification")이라는 우선순위를 되풀이할 것이다. 그는 고린도 교인들에게 "교회에 덕을 세우기 위하여 그것[은사]이 풍성하기를 구하[고]"(고전 14:12), 또한 "모든 것을 덕을 세우기 위하여

---

94  특히 예수님이 "모든 음식물이 깨끗하다"고 선언하신 마가복음 7:18-19을 보라.

95  Christopher W. Morgan and Robert A. Peterson, eds., *The Kingdom of God*, TIC (Wheaton IL: Crossway, 2012), 145.

하라"(고전 14:26)고 말한다. 교회와 특히 예배는 자기홍보를 위한 자리가 아니라 동료 신자들을 위해 최선의 것을 구하는 기회다.

**14:20** "무너지게 하[다]"는 "세우[다]"(19절)의 반대말이다. 세우지 못하는 것은 허무는 것이다. "하나님의 사업"은 연약한 자든 강한 자든 바울이 여기서 완화시키려는 갈등으로 인해 손상을 입을 수 있는 사람과 관련이 있을 것이다. 또는 온 회중을 가리키는 말일 수 있다.

"만물이 다 깨끗하되" 뒤에는 조건이 따른다. 이를 볼 때, 이 구절의 두 번째 문장은 스스로 강하다고 생각하는 사람에게 하는 말인 듯하다. 물론 연약한 자가 거부하는 것을 강한 자들이 먹을 수 있다고 판단하는 것은 신학적으로는 옳다. 그러나 만일 연약한 자가 그 과정에서 손해를 입는다면, 어떤 교회도 오직 강한 자의 원칙만으로 번성할 수 없다. 그 결과가 남들에게 해로운 데도 자기를 정당화하면서 앞으로 밀고 나가는 것은 "악한 것"이다.

물론 입장이 바뀌어서 약한 자가 그들의 거리낌을 강한 자에게 강요한다면 그것 역시 악한 것이다.

**14:21** 자신의 논지를 분명히 하고자, 바울은 강한 자가 이 사안과 관련해 찬성하고 고수할 필요가 있는 것을 명시적으로 진술한다. 그는 먹는 것과 마시는 것을 실례로 사용한다. 날을 지키는 것과 더불어 이런 것들이 이번 장에서 다루기로 선택한 사안들이기 때문이다. 하지만 이와 동일한 원리가 그와 비슷한 모든 이슈와 행동에 적용될 것이다.

이 문제가 항상 간단하지는 않을 수 있다. 바울은 그 자신이 유대인에게 걸림돌이 되지 않으려고 디모데(타고난 유대인)에게 할례를 받도록 요구했다(행 16:3). 반면에 디도(타고난 헬라인)에게 할례를 행하라는 압력을 받았을 때는 거부했다. 누구에게 자신의 권리를 포기해서 자기 입장을 완화시킬지, 아니면 복음의 원리를 타협하지 않고자 저항할지를 결정하는 일은 결코 쉽지 않다. 일례로 예수님은 안식일에 병자를 고침으로써 많은 이들을 분개시켰다. 결국 행동에 대한 심판은 하나님이 하시지, 대체로 타당하지만 주어진 상황에 조정시킬 필요가 있는 원리가 하는 것이 아니다.

**14:22** "네게 있는 믿음을 하나님 앞에서 스스로 가지고 있으라"는 말은 하나님 앞에서 온전한 행실을 유지한다는 뜻이다. 잘못된 것을 받아들임으로써(비록 그 잘못을 저지르지 않을지라도) 스스로를 정죄하는 것이 가능하다. 바울은 이미 하나의 예를 제시한 바 있다. 죄를(이는 본질적으로 나쁘다) 지을 뿐만 아니라 "그런 일을 행하는 자들을 옳다" 하는(이는 더 나쁘다) 사람들이다(1:32). 남을 해롭게 하는 행동을 승인하여 스스로를 정죄하지 않는 강한 신자는 복이 있다. 강한 자가 취하는 자유로 인해 강한 자를 정죄하는 데서 기쁨을(부정한) 느끼지 않는 연약한 자는 복이 있다.

**14:23** "의심하는 자는 정죄되었나니"는 연약한 자와 강한 자 모두에게 적용된다. 각 집단은 특정한 사안에 대해 그들을 향한 하나님의 뜻으로 이해하는 바에 따라 선한 믿음으로 행동할 필요가 있다. "믿음을 따라 하지 아니하는 것은 다 죄니라"는 말은, 우리의 모든 생각과 행실은 우리가 "모든 사람의 주"(10:12)로 고백하는 그리스도와의 관계와 연결되어 있다는 뜻이다. 우리가 그분의 뜻에 무관심한 채로, 심지어 그 뜻을 거부하는 식으로 생각하고 행동할 때는 죄로 귀결될 수밖에 없다.

**15:1-2** 1절은 바울이 스스로를 강한 자로 간주하고 있음을 분명히 밝힌다. 그러나 강한 자들은 그런 깨달음과 확신을 그들 자신을 위한 선물로 받은 것이 아니다. 오히려 그들의 통찰력은 "약점"에 시달리는 "약한 자"에 대한 의무를 안겨준다. 예수님이 자명한 본보기이시다. 그분은 무한히 강한 자였으나 스스로를 낮은 자를 위해 내주는 자리에 계셨다(막 10:45). 예수님의 추종자들은 교회에서 다른 교인들과 관계를 맺을 때 그분처럼 스스로를 "기쁘게 하지 아니[해야]" 한다.

15:2에서 바울은 1절의 일반적 원리로부터 추론한다. 강한 집단의 의

무는 "우리 각 사람"에게 하나의 도전이 된다. 각 신자의 목표는 이웃을 기쁘게 하고 "덕을 세우는"(ESV는 "build him up") 것이다. 이는 동일한 것을 말하는 두 가지 방식인 듯하다. '기쁘게 하다'는 값싼 오락이 아니라 진정한 필요를 채우거나 영적 안정을 증진시킬 수 있는 어떤 행동이나 몸짓을 의미한다. 로마 교인에게 쓴 바울의 편지는 그들을 위해 기울인 비범한 노력의 좋은 예다. 만일 로마 교인들이 바울의 스페인 선교(24절)를 후원한다면, 그들은 바울이 약하기 때문이 아니라 강한 선교사를 파송하는 그들의 역할을 인식하기 때문에 그를 세우게 될 것이다.

**15:3** 바울이 1-2절에서 제시한 권고는 도덕적이 아니라 기독론적인 근거를 가진다. 그는 예수님이 스스로에 대해 하신 말씀을 알고 있다. "나를 보내신 이가 나와 함께 하시도다 나는 항상 그가 기뻐하시는 일을 행하므로 나를 혼자 두지 아니하셨느니라"(요 8:29). 그리스도께서 아버지의 기쁨을 위해 살았기에, 그분을 따르는 자들은 이웃을 기쁘게 하려 애씀으로써 믿음을 통해 하나님을 기쁘게 할 수 있는 자원을 갖고 있다(롬 15:2).

바울은 그리스도의 태도와 행위를 시편 69:9(칠십인역 시 68:10) 후반부 말씀으로 뒷받침한다. 이 구절의 전반부에 있는 말은 요한복음 2:17에서 예수님에 관한 묘사로 인용되었다. "주의 집을 위하는 열성이 나를 삼키고." 후반부는 너무도 잘못된 판단을 해서 하나님을 모욕하는 사람들에게 하나님의 아들이 "비방" 받는 모습을 그린다.

**15:4** 이 구절은 로마서 전체에 나오는 바울의 성경 사용의 표제(programmatic)에 해당한다. 성경은 맨 처음 대상으로 삼은 시기와 장소를 위한 의미를 갖고 있으나, 또한 이어지는 세대들을 위해 기록된 것이기도 하다. 하나님의 지혜와 영은 장소와 때를 초월하기 때문이다. 처음 성경에 영감을 불어넣은 성령은 그 다음 세대들에게 그 메시지를 새롭게 해준다.

"교훈"은 배움(또는 제자도)이 기독교 신앙의 중심 요소임을 상기시켜 준다. "소망"이 중요한 이유는 매일 그리고 오랫동안 인내하기 위한 동기가 필요하기 때문이다. 문법적으로 보면, "인내"와 "성경의 위로"는 별개지만 서로 연관이 있다. 인내와 소망의 관계는 이전에 나온 바 있다. "우리가 환난 중에도 즐거워하나니 이는 환난은 인내를, 인내는 연단을, 연단은 소망을 이루는 줄 앎이로다"(5:3-4). 로마서에 수십 번 등장하는 성경 인용은 그리스도인이 생각과 순종과 예배의 길을 따르는 각각의 모든 걸음에서 "위로"를 받는 데 하나님의 기록된 말씀이 얼마나 귀중한지를 잘 보여 준다.

**15:5** 성경이 4절에 따라 주는 것(인내, 위로)과 하나님이 5절에 따라 주시는 것 간의 연결은 하나님과 그분의 기록된 말씀이 너무도 밀접하게 얽혀 있음을 확증해준다. 그분은 로마 회중들과 타인들이 바울이 14:1부터 요구해온 방식을 따라 "서로 뜻이 같게" 사는 데 필요한 것을 공급하실 수 있다. "본받아"는 그리스도가 규범을 제공한다는 의미이다. 그리스도보다 더 "강한 자"의 완전한 전형이 되는 사람도 없고, 스스로 해를 당하면서까지 "약한 자"를 참을 준비가 더 잘된 사람도 없다.

**15:6-7** "한 입으로"는 헬라어 단어 호모튀마돈(*homothymadon*)을 번역한 것으로, 바울의 글에서는 여기에만 나오지만 사도행전에는 중요한 지점에서 많이 등장한다.[96] 로마서 14장은 기독교 회중 내에서 이루어지는 융통성 없는 행위를 반대하지만, 제대로 영접한 복음은 다함께 "하나님 곧 우리 주 예수 그리스도의 아버지께" 영광을 돌리는 형태로 본질적인 것에 관한 연합을 낳는다.

로마서 15:7은 6절이 요청하는 "서로를 받아들일" 필요성에 관해 묘사한다. 이것은 앞장에 나오는 상호 용납에 대한 폭넓은 권면을 실천하라는 명령이다. "하나님께 영광을 돌리[는]" 것은 교회 안에서 뚜렷이 다른

---

96 행 1:14; 2:46; 4:24; 5:12; 7:57: 8:6; 12:20; 15:25; 18:12; 19:29. 이 가운데 일부는 그리스도인의 일치됨이 아니라 복음에 대한 조직적인 반대를 묘사한다.

신념을 가진(여전히 사도적 가르침의 테두리 안에 있지만) 타인들을 향해 열린 마음을 키우는 것이다.

바울은 앞에서 진술한 "그리스도 예수를 본받[는]"(5절) 것에 살을 붙이면서 "그리스도께서 우리를 받[으신]" 사실을 회중이 하나 되기 위한 전례로 가리키고, 서로를 받아들이는 우리의 반응이 "하나님께 영광을 돌[리기]" 위한 것이라는 목표를 제시한다. 이것은 이미 바울 당시에 오래된 통찰이었다. "보라 형제가 연합하여 동거함이 어찌 그리 선하고 아름다운고"(시 133:1). 이런 생각을 예수님은 이렇게 표현하셨다. "너희가 서로 사랑하면 이로써 모든 사람이 너희가 내 제자인 줄 알리라"(요 13:35). 이것은 단지 평등이나 또는 사회적인 존중에서 그치지 않는다. 이는 하늘에까지 미친다. "너희가 열매를 많이 맺으면 내 아버지께서 영광을 받으실 것이요 너희는 내 제자가 되리라"(요 15:8).

**15:8** 바울은 필요할 때는 지시를 하지만 그의 마음은 그리스도 안에 있는 하나님의 은혜와 사랑을 설명하는 쪽으로 향한다. 강한 자와 연약한 자의 관계에 관한 그의 가르침은 "그리스도께서는…할례를 받은 사람의 종이 되셨[다]"(새번역)는 사실에 뿌리를 둔다. 바울은 강한 자였다. 그렇지만 이제 막 생긴 교회의 신자라 해도 그들은 규례와 의식에 집착함으로써 종종 그들 스스로가 약한 자임을 보였다.

하지만 그리스도는 연약한 자들을 참으면서 "하나님의 진실하심을 위하여"(ESV는 "to show God's truthfulness") 그의 메시지를 타협하지 않은 채 그들에게서 오해받기를 자처하셨고, 또한 학대당하셨다. 그분은 진리를 가르치셨을 뿐만 아니라, 하나님의 능력과 사랑으로 그 진리를 삶으로 실천하는 모습을 보여주는 훌륭한 본보기이기도 했다.

이것이 "조상들에게 주신 약속들을 견고하게" 하려는 것이었다는 점은 구약의 약속(9:4-5)과 그리스도 안에서의 성취 사이에 유기적 관계가 있음을 확증해준다. 예수님은 새로운 종교를 창설하기 위해서가 아니라, 하나님께서 오래전에 시행하신 것을 입증하고 새롭게 하려고 오셨다.

**15:9** 바울은 '그리스도께서 종이 되셨던' 두 번째 이유를 말한다. "이방인들도 그 긍휼하심으로 말미암아 하나님께 영광을 돌리게 하려 하심이라." 하나님께 영광을 돌리는 일이 막연하게 보일 수 있으나 여기서는 매우 구체적이다. 그리스도께서 그들과 개인적이며 공동체적으로 연대감을 보여주셨다는 점은 로마 청중이 하나로 단합해야 할 필요성을 상기시켜준다(6절).

성경 인용문[시 18:49(칠십인역 시 17:50), 또한 삼하 22:50도 보라]은 다윗이 "열방[이방인들] 중에" 찬송하는 모습을 그린다. 이는 다윗의 자손이 모든 민족으로 구성된 하나님의 백성 중에 무엇을 수행하고 강하게 하려고 오셨는지를 미리 보여준다.

**15:10-12** 이 세 구절은 9절처럼 '이방인들'("Gentiles", 개역개정은 "열방")이라는 단어를 담고 있는데, 이는 바울 당시에 일부 유대인이 개를 부르는 소리로 여겼던 것이다(행 22:21-22, 또한 행 11:1-2도 보라). 로마서 15:10은 모세의 노래(칠십인역 신 32:43)에서 말하는 결론을 인용한다. 그 구절에서 위편의 하늘과 아래편의 민족들(이방인들)이 '그분의 백성과 함께' 즐거워하는 일에 합류한다. 바울은 이 모습을 두고 모세의 저술에서 미래를 예시하는 것으로 해석한다. 즉, 하나님께서 모세(그리고 이전의 아브라함으로 부터)의 시대 이후 유대인과 이방인을 포함한 모든 백성들을 화해시키는 방향으로 움직이셨다는 것이다.

로마서 15:11은 시편 116:1(칠십인역, 개역개정은 시 117:1)을 인용한다. 거기서 "열방들"(이방인들)과 "백성들"("다민족 모임"을 의미하는)이 다함께 주님을 찬송한다. 칠십인역에서는 그 다음(이자 마지막) 구절이 그런 찬송을 드리는 이유를 묘사한다. "우리에게 향하신 여호와의 인자하심이 크시고 여호와의 진실하심이 영원[하기]" 때문이다. "우리에게 향하신"은 한 민족 집단이 아니라 하나님의 인자하심을 받는 모든 사람의 연대성을 가리킨다.

---

97 Thielman, *Romans*, 669.

"여호와의 진실하심"을 이야기하면서 로마서 15:8에 나오는 "하나님의 진실하심"에 대한 바울의 언급이 나왔을 수 있다. 이것은 추상적인 합리적 원리가 아니라 즐거워함으로 귀결되는, 모두를 화해시키는 실체다.

12절은 놀라운 네 번째 성경 인용문을 담고 있는데, 이 인용구는 그리스도의 핵심 사명이, 이방인들이 하나님을 찬송하게 하는 것이었다는 바울의 주장(9절)을 뒷받침해준다. 이번에 바울은 이사야를 언급하며 이사야 11:10(칠십인역)을 인용한다. 거기서 "만민의 기치로 설" 자로 묘사된 "이새의 뿌리"가 "열방"(또는 이방인들)의 소망이 될 것이다. "그에게"는 멀리서 흠모하는 것이 아니라 개인적으로 신뢰하는 것을 의미한다.

**15:13** 앞 구절들(12:12; 15:4, 12)에서 "소망"을 언급했으므로, 여기서 그 단어를 언급하는 일은 매우 자연스럽다. 바울은 방금 인용한 구약 인용문들이 가리키는 "기쁨과 평강"이 그의 청중에게(대부분 이방인인) 있기를 기원한다. 이러한 영혼을 고양시키는 것들은 '믿는' 신앙을 통해 하나님에게서 온다. 로마서의 전반적인 맥락에서, 이것은 오직 그리스도에 대한 믿음을 의미할 수 있다.

바울의 추론에서 자주 볼 수 있듯이, 하나님 안에 있고 복음을 통해 그분에게서 오는 실체(이 경우에는 소망)가 바람직한 결과로 이어진다. "성령의 능력으로 소망이 넘치게 하[는]" 것이다. 이 구절은 간접적으로 삼위일체를 증언한다. 이는 또한 하나님의 열망에 대한 증언이기도 하다. 바로 하나님의 백성이 인내하기를 바라는 열망이며, 일차적 열매인 개인의 구원을 스스로 깨닫고 기뻐함으로써 복음이 그들에게 제공하는 소망이 매우 "풍성"하리라는 열망이다.

≋≋≋  **응답**  ≋≋≋

(1) 자비로운 하나님의 복음을 믿는다는 것은, 개인적 자기희생을 통해 평생 예배하는 삶에 헌신하는 것이다(12:1-2). 복음 안에 있는 구원을 선포하시는 하나님(1:1, 16-17)은 자비의 하나님(9-11장에 9번 언급됨)이시다. 그러나 이 자비는 단순히 형벌에서 자유로워지는 것을 의미하지 않는다. 그리스도의 주 되심 아래서 기꺼이 예배하고 섬기는 삶을 영위하는 것을 의미한다(참고. 6:22-23). 이는 결국 "너희가 드릴 영적 예배"인 "하나님이 기뻐하시는 거룩한 산 제물"(12:1)의 삶을 계속 살아가는 가운데 우리 몸을 하나님께 드리라는 부르심이다.

"이 세대"(세상, 12:2)는 우리의 삶과 에너지를 바치라는 그 나름의 수많은 요구를 쏟아놓는다. 1-11장의 진리들은, 우리가 그런 진리들이 가리키는 그리스도를 신뢰한다면 "마음을 새롭게 함으로" 이뤄지는 철저한 변화를 촉진함으로써 "이 세대"를 본받는 데서 우리를 해방시켜준다. 12:3-15:13에 이런 변화를 도모하기 위해 신자들이 이용할 수 있는 다양한 수단과 조치가 나와 있다.

(2) 교회론(교회에 관한 교리)은 건강하고 선교지향적인 하나님 백성에 대한 바울의 비전에서 중심을 차지한다(12:3-14:23). 바울의 편지들 가운데 일부는 명시적으로 교회에 초점을 맞춘다(예. 고린도전서와 에베소서). 로마서에서는 이 초점이 묵살되었다기보다 하나님이 그분의 백성에게 주시는 가르침과 권면 전반에 걸쳐 암묵적으로 퍼져 있다. 바울의 "사도" 직분은 처음부터 개인적인 목적만이 아니라 공동체적 목적을 갖고 있다. "그[그리스도]의 이름을 위하여 모든 이방인 중에서 믿어 순종하게 하나니"(롬 1:5). 그리고 하나님에 대한 순종의 개념이 이미 깊이 뿌리박혀 있으나 종종 삶에서 실천하지 않는 유대인들이 믿어 순종하게 하려는 목적도 있다.

12:1-15:13에는 교회의 공동생활이 전제되어 있다. 다시 말해, 공동으로 하나님의 뜻을 분별하고(12:2), 자기평가를 하나님의 평가에 종속

시키고(12:3), 그리스도의 몸을 개별적인 신앙 활동의 영역으로 인식하고 (12:4-5), 성령의 은사를 남을 세워줌으로써 하나님께 영광을 돌리게 하는 복음의 중요한 수단으로 인식하라는 권면에 전제되어 있다.

사랑(12:9-21), 시민의 책임(13:1-7), 양심의 문제에서 서로 존중하기(14 장), 그리고 우리 자신을 기쁘게 하기보다 남을 세워주는 것(15:1-13) 등 많은데, 바울이 모든 윤리적 권면을 개인적인 영적 영웅심의 발로에서가 아니라 교회 환경을 전제로 한다. 이는 그리스도의 몸 안에서 공동적인 번영에 필요한 개인적 주도권이나 책임을 억누르려는 것이 아니다. 오히려 그리스도 안에 있는 공동의 안녕이야말로 로마서의 이 단락이 독자들에게 요청하는 순종의 맥락이자 그 영역들의 최고 목표임을 상기시켜주려는 것이다.

(3) 무엇보다 시급한 것은 육신을 죽이는 것이라고 말한다(13:11-14). 이 구절들은 감각적인 쾌락 및 성적 탐닉과 씨름했던 히포의 어거스틴이 회심하는 데 중요한 도구가 되었다. 어거스틴의 씨름, 그리고 해독제로 주어진 "주 예수 그리스도로 옷 입[으라]"는 이 텍스트가 우리에게 요구하는 것에서 떠오르는 것이 있다. 죄는 심각한 문제이며 진부한 종교적인 생각, 거짓 영성의 묘약, 미지근한 조치와 같은 것들로는 사라지지 않는다는 점이다. 헌신적인, 때로는 아주 엄중한 조치가 필요할 수 있다. 바울은 금욕주의자가 아니었으나 "[그의] 몸을 쳐 복종하게" 했다(고전 9:27). "이 시기를 알[라]"(롬 13:11)는 요청은 독자들에게 매일매일 다가오는 구원의 날의 맥락에 두라고 지시한다. "어둠의 일을 벗고 빛의 갑옷을 입자"(13:12)는 권면을 경시하는 사람은 결코 그날을 대비하지 못한다.

(4) 하나님의 가족 사이에 분열이 생기는 것은 위험하다. 이 질문은 강렬하고도 단도직입적이다. "네가 어찌하여 네 형제를 비판하느냐?"(14:10). 이는 피하기 어려운 유혹이다. 신자들은 서로를 돌보도록, 즉 서로의 삶과 안녕에 주목하도록 부름받았다. 교회에 속한 사람이라도 모

두 죄인이기 때문에 남들의 단점, 한계, 악행을 금세 알아챌 수 있다(3:23). 하나님은 경건치 않은 자를 의롭다고 하시지만(4:5, 5:6), 신자들은 서로를 세워주기보다는 쉽사리 "서로 물고 먹[을]" 수 있다(갈 5:15).

우리는 로마서 14:1-15:13을 로마서가 다루는 타협할 수 없는 핵심 이슈들에 덧붙인 모호한 추가항목으로 볼지도 모른다. 그러나 죄인들에게 베푸신 하나님의 은혜와 자비가 죄인인 교회 지체들(교회에 속한 신자 하나하나)이 서로에게 은혜와 자비를 베푸는 데로 옮겨지지 않는다면, 실상 교회는 복음 메시지를 제 것으로 만드는 중대한 지점에서 실패하는 셈이다. 14장은 이 문제를 다루는 바울의 '기준 문구'(locus classicus)다. 그러면서 동시에 예수님이 말씀하신 용서하지 않는 종(마 18:21-35)의 비유를 적용하고 연장한 대목이고, 특히 "마음으로부터 형제를 용서[할]"(마 18:35) 필요성을 역설한 것이다.

15장

**Romans**
로마서
**15:14-16:27**

15:14 내 형제들아 너희가 <u>스스로</u> 선함이 가득하고 모든 지식이 차서 능히 서로 권하는 자임을 나도 확신하노라 15 그러나 내가 너희로 다시 생각나게 하려고 하나님께서 내게 주신 은혜로 말미암아 더욱 담대히 대략 너희에게 썼노니 16 이 은혜는 곧 나로 이방인을 위하여 그리스도 예수님의 일꾼이 되어 하나님의 복음의 제사장 직분을 하게 하사 이방인을 제물로 드리는 것이 성령 안에서 거룩하게 되어 받으실 만하게 하려 하심이라 17 그러므로 내가 그리스도 예수 안에서 하나님의 일에 대하여 자랑하는 것이 있거니와 18 그리스도께서 이방인들을 순종하게 하기 위하여 나를 통하여 역사하신 것 외에는 내가 감히 말하지 아니하노라 그 일은 말과 행위로 19 표적과 기사의 능력으로 성령의 능력으로 이루어졌으며 그리하여 내가 예루살렘으로부터 두루 행하여 일루리곤까지 그리스도의 복음을 1)편만하게 전하였노라 20 또 내가 그리스도의 이름을 부르는 곳에는 복음을 전하지 않기를 힘썼노니 이는 남의 터 위에 건축하지 아니하려 함이라 21 기록된 바 주의 소식을 받지 못한 자들이 볼 것이요 듣지 못한 자들이 깨달으리라

함과 같으니라

15:14 I myself am satisfied about you, my brothers, *1* that you yourselves
are full of goodness, filled with all knowledge and able to instruct one
another. 15 But on some points I have written to you very boldly by way
of reminder, because of the grace given me by God 16 to be a minister
of Christ Jesus to the Gentiles in the priestly service of the gospel of
God, so that the offering of the Gentiles may be acceptable, sanctified
by the Holy Spirit. 17 In Christ Jesus, then, I have reason to be proud of
my work for God. 18 For I will not venture to speak of anything except
what Christ has accomplished through me to bring the Gentiles to
obedience—by word and deed, 19 by the power of signs and wonders,
by the power of the Spirit of God—so that from Jerusalem and all
the way around to Illyricum I have fulfilled the ministry of the gospel
of Christ; 20 and thus I make it my ambition to preach the gospel, not
where Christ has already been named, lest I build on someone else's
foundation, 21 but as it is written,

"Those who have never been told of him will see,
and those who have never heard will understand."

22 그러므로 또한 내가 너희에게 가려 하던 것이 여러 번 막혔더니
23 이제는 이 지방에 일할 곳이 없고 또 여러 해 전부터 언제든지 서바
나로 갈 때에 너희에게 가기를 바라고 있었으니 24 이는 지나가는 길
에 너희를 보고 먼저 너희와 사귐으로 얼마간 기쁨을 가진 후에 너희
가 그리로 보내주기를 바람이라 25 그러나 이제는 내가 성도를 섬기
는 일로 예루살렘에 가노니 26 이는 마게도냐와 아가야 사람들이 예루
살렘 성도 중 가난한 자들을 위하여 기쁘게 얼마를 연보하였음이라
27 저희가 기뻐서 하였거니와 또한 저희는 그들에게 빚진 자니 만일

이방인들이 그들의 영적인 ²⁾것을 나눠 가졌으면 육적인 것으로 그들을 섬기는 것이 마땅하니라 ²⁸ 그러므로 내가 이 일을 마치고 이 열매를 그들에게 ³⁾확증한 후에 너희에게 들렀다가 서바나로 가리라 ²⁹ 내가 너희에게 나아갈 때에 그리스도의 충만한 복을 가지고 갈 줄을 아노라

²² This is the reason why I have so often been hindered from coming to you. ²³ But now, since I no longer have any room for work in these regions, and since I have longed for many years to come to you, ²⁴ I hope to see you in passing as I go to Spain, and to be helped on my journey there by you, once I have enjoyed your company for a while. ²⁵ At present, however, I am going to Jerusalem bringing aid to the saints. ²⁶ For Macedonia and Achaia have been pleased to make some contribution for the poor among the saints at Jerusalem. ²⁷ For they were pleased to do it, and indeed they owe it to them. For if the Gentiles have come to share in their spiritual blessings, they ought also to be of service to them in material blessings. ²⁸ When therefore I have completed this and have delivered to them what has been collected,² I will leave for Spain by way of you. ²⁹ I know that when I come to you I will come in the fullness of the blessing³ of Christ.

³⁰ 형제들아 내가 우리 주 예수 그리스도와 성령의 사랑으로 말미암아 너희를 권하노니 너희 기도에 나와 힘을 같이하여 나를 위하여 하나님께 빌어 ³¹ 나로 유대에서 순종하지 아니하는 자들로부터 건짐을 받게 하고 또 예루살렘에 대하여 내가 섬기는 일을 성도들이 받을 만하게 하고 ³² 나로 하나님의 뜻을 따라 기쁨으로 너희에게 나아가 너희와 함께 편히 쉬게 하라 ³³ 평강의 하나님께서 너희 모든 사람과 함께 계실지어다 아멘

30 I appeal to you, brothers, by our Lord Jesus Christ and by the love of the Spirit, to strive together with me in your prayers to God on my behalf, 31 that I may be delivered from the unbelievers in Judea, and that my service for Jerusalem may be acceptable to the saints, 32 so that by God's will I may come to you with joy and be refreshed in your company. 33 May the God of peace be with you all. Amen.

16:1 내가 겐그레아 교회의 4)일꾼으로 있는 우리 자매 뵈뵈를 너희에게 추천하노니 2 너희는 주 안에서 성도들의 합당한 예절로 그를 영접하고 무엇이든지 그에게 소용되는 바를 도와줄지니 이는 그가 여러 사람과 나의 보호자가 되었음이라

16:1 I commend to you our sister Phoebe, a servant⁴ of the church at Cenchreae, 2 that you may welcome her in the Lord in a way worthy of the saints, and help her in whatever she may need from you, for she has been a patron of many and of myself as well.

3 너희는 그리스도 예수 안에서 나의 동역자들인 브리스가와 아굴라에게 문안하라 4 그들은 내 목숨을 위하여 자기들의 목까지도 내놓았나니 나뿐 아니라 이방인의 모든 교회도 그들에게 감사하느니라 5 또 저의 집에 있는 교회에도 문안하라 내가 사랑하는 에배네도에게 문안하라 그는 아시아에서 그리스도께 처음 맺은 열매니라 6 너희를 위하여 많이 수고한 마리아에게 문안하라 7 내 친척이요 나와 함께 갇혔던 안드로니고와 유니아에게 문안하라 그들은 사도들에게 존중히 여겨지고 또한 나보다 먼저 그리스도 안에 있는 자라 8 또 주 안에서 내 사랑하는 암블리아에게 문안하라 9 그리스도 안에서 우리의 동역자인 우르바노와 나의 사랑하는 스다구에게 문안하라 10 그리스도 안에서 인정함을 받은 아벨레에게 문안하라 아리스도불로의 권속에게 문안

하라 11 내 친척 헤로디온에게 문안하라 나깃수의 가족 중 주 안에 있는 자들에게 문안하라 12 주 안에서 수고한 드루배나와 드루보사에게 문안하라 주 안에서 많이 수고하고 사랑하는 버시에게 문안하라 13 주 안에서 택하심을 입은 루포와 그의 어머니에게 문안하라 그의 어머니는 곧 내 어머니니라 14 아순그리도와 블레곤과 허메와 바드로바와 허마와 및 그들과 함께 있는 형제들에게 문안하라 15 빌롤로고와 율리아와 또 네레오와 그의 자매와 올름바와 그들과 함께 있는 모든 성도에게 문안하라 16 너희가 거룩하게 입맞춤으로 서로 문안하라 그리스도의 모든 교회가 다 너희에게 문안하느니라

3 Greet Prisca and Aquila, my fellow workers in Christ Jesus, 4 who risked their necks for my life, to whom not only I give thanks but all the churches of the Gentiles give thanks as well. 5 Greet also the church in their house. Greet my beloved Epaenetus, who was the first convert[5] to Christ in Asia. 6 Greet Mary, who has worked hard for you. 7 Greet Andronicus and Junia,[6] my kinsmen and my fellow prisoners. They are well known to the apostles,[7] and they were in Christ before me. 8 Greet Ampliatus, my beloved in the Lord. 9 Greet Urbanus, our fellow worker in Christ, and my beloved Stachys. 10 Greet Apelles, who is approved in Christ. Greet those who belong to the family of Aristobulus. 11 Greet my kinsman Herodion. Greet those in the Lord who belong to the family of Narcissus. 12 Greet those workers in the Lord, Tryphaena and Tryphosa. Greet the beloved Persis, who has worked hard in the Lord. 13 Greet Rufus, chosen in the Lord; also his mother, who has been a mother to me as well. 14 Greet Asyncritus, Phlegon, Hermes, Patrobas, Hermas, and the brothers[8] who are with them. 15 Greet Philologus, Julia, Nereus and his sister, and Olympas, and all the saints who are with them. 16 Greet one another with a holy kiss. All the churches of Christ greet you.

<sup>17</sup> 형제들아 내가 너희를 권하노니 너희가 배운 교훈을 거슬러 분쟁을 일으키거나 거치게 하는 자들을 살피고 그들에게서 떠나라 <sup>18</sup> 이같은 자들은 우리 주 그리스도를 섬기지 아니하고 다만 자기들의 배만 섬기나니 교활한 말과 아첨하는 말로 순진한 자들의 마음을 미혹하느니라 <sup>19</sup> 너희의 순종함이 모든 사람에게 들리는지라 그러므로 내가 너희로 말미암아 기뻐하노니 너희가 선한 데 지혜롭고 악한 데 미련하기를 원하노라 <sup>20</sup> 평강의 하나님께서 속히 사탄을 너희 발아래에서 상하게 하시리라 우리 주 예수님의 은혜가 너희에게 있을지어다

<sup>17</sup> I appeal to you, brothers, to watch out for those who cause divisions and create obstacles contrary to the doctrine that you have been taught; avoid them. <sup>18</sup> For such persons do not serve our Lord Christ, but their own appetites,<sup>9</sup> and by smooth talk and flattery they deceive the hearts of the naive. <sup>19</sup> For your obedience is known to all, so that I rejoice over you, but I want you to be wise as to what is good and innocent as to what is evil. <sup>20</sup> The God of peace will soon crush Satan under your feet. The grace of our Lord Jesus Christ be with you.

<sup>21</sup> 나의 동역자 디모데와 나의 친척 누기오와 야손과 소시바더가 너희에게 문안하느니라

<sup>21</sup> Timothy, my fellow worker, greets you; so do Lucius and Jason and Sosipater, my kinsmen.

<sup>22</sup> 이 편지를 기록하는 나 더디오도 주 안에서 너희에게 문안하노라

<sup>22</sup> I Tertius, who wrote this letter, greet you in the Lord.

<sup>23</sup> 나와 온 교회를 돌보아 주는 가이오도 너희에게 문안하고 이 성의 <sup>5)</sup> 재무관 에라스도와 형제 구아도도 너희에게 문안하느니라 <sup>24</sup> <sup>6)</sup>(없음)

23 Gaius, who is host to me and to the whole church, greets you. Erastus, the city treasurer, and our brother Quartus, greet you. *10*

25 나의 복음과 예수 그리스도를 전파함은 영세 전부터 감추어졌다가 26 이제는 나타내신 바 되었으며 영원하신 하나님의 명을 따라 선지자들의 글로 말미암아 모든 민족이 믿어 순종하게 하시려고 알게 하신 바 그 신비의 계시를 따라 된 것이니 이 복음으로 너희를 능히 견고하게 하실 27 지혜로우신 하나님께 예수 그리스도로 말미암아 영광이 세세무궁하도록 있을지어다 아멘

25 Now to him who is able to strengthen you according to my gospel and the preaching of Jesus Christ, according to the revelation of the mystery that was kept secret for long ages 26 but has now been disclosed and through the prophetic writings has been made known to all nations, according to the command of the eternal God, to bring about the obedience of faith— 27 to the only wise God be glory forevermore through Jesus Christ! Amen.

1) 또는 채웠노라  2) 또는 것으로 동정을 받았으면  3) 헬, 인친 후에  4) 또는 집사
5) 헬, 청지기  6) 어떤 사본에, 24절 '우리 주 예수 그리스도의 은혜가 너희 모든 이에게 있을지어다 아멘'이 있음

*1* Or *brothers and sisters*; also verse 30  *2* Greek *sealed to them this fruit*
*3* Some manuscripts insert *of the gospel*  *4* Or *deaconess*  *5* Greek *firstfruit*  *6* Or *Junias*
*7* Or *messengers*  *8* Or *brothers and sisters*; also verse 17  *9* Greek *their own belly*
*10* Some manuscripts insert verse 24: *The grace of our Lord Jesus Christ be with you all. Amen.*

이 단락보다 한참 앞에서 바울은 "나는 할 수 있는 대로 로마에 있는 너희에게도 복음 전하기를 원하노라"(롬 1:15)고 썼다. 그리고 이제까지(1:16-15:13) 바울은 바로 그 일을 했다. 그는 다른 어떤 편지보다 더 길고도 자세하게 복음 메시지를 선포하고 해설했다. 남은 내용은 장엄한 결론(16:25-27)과 더불어 상세한 이동 계획 및 고별인사와 관련된 사안이다.

우선 바울은 15:14-21에서 독자들의 영적 지혜와 유능함에 관해 그가 생각하는 바를 다시 밝힌다(15:14). 그렇지만 그는 자신이 왜 그토록 긴 편지를 썼는지, 그의 사도적 소명이 어떻게 이 편지의 주된 취지를 설명하는지를 다시 진술하고 싶어 한다. "이방인을 제물로 드리는 것이 성령 안에서 거룩하게 되어 받으실 만하게 하려 하심이라"(15:16).

이는 로마를 거쳐 스페인까지 방문하려는 그의 계획으로 이어진다(15:22-32). 여기에는 바울이 "유대에서 순종하지 아니하는 자들로부터 건짐을 받게 하고 또 예루살렘에 대하여 내가 섬기는 일을 성도들이 받을 만하게"(15:31) 해 달라는 기도를 부탁하는 중요한 대목이 포함되어 있다. "예루살렘에 대하여…섬기는 일"은 이방인 교회들에서 받은 구제금을 가리킨다. "성도들"은 유대의 신자들을 가리킨다. 바울은 자기가 결국 로마에 도착할 것으로 믿지만(15:32) 자기가 아니라 하나님께서 그의 미래를 결정하신다는 것을 알고 있다. 하나님에 대한 바울의 신뢰가 은근히 그릇된 자신감으로 변질되는 것은 아니다.

바울은 예루살렘에서 어떤 운명이 그를 기다리는지는 모르지만, 독자들에게 축복을 선언한 다음(15:33) 그 편지의 전달자인 뵈뵈를 추천하고 24명도 넘는 사람들을 일일이 이름을 부르며 인사를 전한다(16:1-24). 혹시 바울은 로마의 신자들을 위해 기도하려고 자기가 보유한 기도 목록에 의지하는 것인가? 바울이 그토록 많은 사람들과 그들이 처한 상황을 상세히 알고 있다는 사실은, 그의 매우 실질적인 사랑과 관대한 마음을 드러낸다. 이런 자질들이 로마서의 저자가 그 모든 복잡한 신학과 폭넓은 주제를 다

15장

루지만 인간관계에서 냉정하거나 초연한 사람이라는 인상을 제거해야 한다. F. F. 브루스(Bruce)는 "친구관계를 잘 맺는 바울의 재능"을 주목하게 하면서 "그의 폭넓은 친구관계와 따스한 애정은 그의 편지들을 세심하게 읽는 독자가 도무지 놓칠 수 없는 자질이다"라고 말한다.[98]

이런 자질들이 이 편지의 마지막 장에서 두드러진 특징이다.

바울은 독자들에게 사도적 가르침을 찬탈하는 자들에 대한 경계를 멈추지 말라고 거듭 호소한다(16:17-20). 그는 그들에게 이 중요한 과업을 위해 "우리 주 예수의 은혜"가 있기를 기원한다(16:20). 그 은혜를 무시한다면 이 편지가 미치기를 바라는 그 모든 유익과 영구적 효과가 사라져버릴 수도 있었다. 자신의 동역자들, 대필자, 접대인, 그리고 다른 후원자들의 간단한 인사를 전한 뒤(16:21-23), 바울은 끝으로 로마 교인들에 대한 그의 메시지를 단숨에 매우 훌륭하게 요약한다(16:25-27).

≋≋≋≋≋ 단락 개요 ≋≋≋≋≋

IX. 장래의 희망, 인사, 축도(15:14-16:27)

  A. 바울의 사도 직분 재천명(15:14-21)

  B. 로마와 스페인 방문에 대한 희망(15:22-32)

  C. 축도(15:33)

  D. 수신자들에게 전하는 인사(16:1-16)

    1. 뵈뵈를 추천함(16:1-2)

    2. 로마에 있는 여러 신자들에게 문안함(16:3-16)

  E. 거짓 교사들에 관한 목회적 경고와 확신(16:17-20a)

---

98 F. F. Bruce, *Paul: Apostle of the Heart Set Free* (Grand Rapids, MI: Eerdmans, 1977), 370, 457.

F. 축도(16:20b)

G. 바울의 동역자들과 대필자의 인사(16:21-23)

H. [축도(16:24)]

I. 축도/복음의 중대성과 영광의 재진술(16:25-27)

~~~~~ 주석 ~~~~~

**15:14** 여기서 바울은 그가 로마서에 쓴 내용을 전반적으로 개관하고(참고. 15절) 그의 독자들을 칭찬하기 시작한다. 한참 전에 바울이 "너희와 나의 믿음으로 말미암아"(1:12) 서로 격려를 받는다고 말한 것을 기억하라. 바울은 복음의 열매가 그들 가운데 풍성하다고 믿기 때문에 진심 어린("내 형제들아") 확신을 표명한다.

바울이 "가득하고"[메스토스(*mestos*)]라는 표현을 마지막으로 사용한 곳은 타락한 모습을 묘사하는 부분이었다(1:29). 그러나 복음이 개입한 덕분에 로마 청중은 이제 "선함이 가득하[다]." 이것은 "모든 지식이 차서"라는 말이 시사하듯 하나님에게서 비롯되었다. 하나님이 그런 지식을 주시는 분이다. 마지막 부분의 표현은 그들이 제자로 살아가는 데 필요한 상호 배움을 오직 바울에게서만 공급받는 것이 아님을 가리킨다. 그들은 서로서로 권고하면서도 가르칠 수 있다.

**15:15** "대략"(ESV는 "some points")이라는 바울의 언급은 그 자신이 남김없이 모두 쓰지 않았음을 안다는 뜻이다. 하지만 그는 "더욱 담대히" 쓰려 했다고 과감하게 말한다. 바울은 말해야 하는 것을 애써 참거나 너무 단순화하지 않았다(오랜 세월에 걸친 로마서 해석자들이 동의하듯이). "다시 생각나게 하려고"는 외교적인 필치(diplomatic touch)다. 마치 그들이 이런 것들을 처음

듣는 것처럼 그들에게 말하지 않았다는 뜻이다. 오히려 바울은 그들이 이미 들은 적이 있는 것을 재생시키고 심화시키며, 교회 생활에서 "구원을 주시는 하나님의 능력"(1:16)을 온전히 전용하도록 그 내용을 불러일으키려고(12:1부터 시작하여) 했다.

바울은 그의 편지의 능력과 지혜의 출처를 언급한다. 하나님께서 그에게 주신 "은혜로 말미암아" 썼다고 한다(참고. 12:3). 다음 구절은 하나님의 은혜가 바울이 수행하고 이룰 수 있게 하신 역할과 목표에 관해 말한다.

**15:16** 하나님의 은혜가 바울이 수행하도록 준비시킨 역할은 "일꾼"[레이투르고스(*leitourgos*)]이 되는 것이다. 이 단어가 기능 면에서는 디아코노스(*diakonos*, 섬기는 자)와 겹친다. 그러나 디아코노스는 섬김의 비천한 성격에 더 강조점을 두는 데 반해 레이투르고스는 사역에 내포된 거룩함을 암시한다.

그리스도의 제사장 사역 자체가 충분한 효력을 가졌으나, 그리스도는 인간으로 구성된 대사(大使)들을 찾으셨다. 은혜로 바울은 "하나님의 복음의 제사장 직분을" 통해 "이방인을 위하여" 이런 역할을 수행했다. 이로써 그는 하나의 목표를 내다보게 되었다. "이방인을 제물로 드리는 것이 성령 안에서 거룩하게 되어 받으실 만하게 하려 하심이라." "제물"은 이방인들, 곧 하나님을 기쁘시게 하는 향기(엡 5:2)일 수 있다. 또는 그들이 제공하는 섬김(예루살렘 구제금과 같은, 참고. 롬 15:26 주석)일 수도 있다. 바울이 거룩한 메시지를 거룩하게 선포하기 때문에 그 메시지를 영접하는 일은 "성령 안에서 거룩하게 되[는]" 일일 수 있다.

**15:17** 이 구절은 '그러므로 나는 내가 그동안 주장해왔던 하나님에 대한 것들과 관련하여 그리스도 예수 안에서 확신을 갖고 있다'라고도 번역이 가능하다. "내가…자랑하는 것"은 실제로는 없으면서 18절과 대조되게 잘난체하는 태도를 의미할 수 있다. 이기적인 의미의 그런 자랑[카우케시스(*kauchēsis*)]은 '믿음의 법에 의해 배제된다'(3:27). 다른 한편, 유대인과 이방인을 하나로 묶는 복음, 곧 구약의 약속과 신약의 성취를 선포할 때는 영

원한 확신과 기쁨이 있을 수 있고 또 실제로 있다.

**15:18** 바울은 "더욱 담대히"[톨메로테론(*tolmēroteron*), 15절] 썼으나 그 자신의 업적을 드러내는 일은 "감히"[톨메소(*tolmēsō*)] 말하지 않을 것이다. 오히려 그는 오직 "그리스도께서…나를 통하여 역사하신 것"만 전달하려 한다. 이방인으로 하여금 복음을 믿어 순종하게 하는 일은 로마서의 명시적인 큰 주제들 가운데 하나다(1:5; 16:26). 그런 순종은 단지 관념을 수긍하는 것("말")이나 행실의 개조("행위")만이 아니다. 그것은 복음 메시지가 살아 계신 그리스도의 임재를 중재해서 그분이 부르시고 자기 것으로 삼으시는 이들의 심령을 그분의 생명과 영이 살아나게 하는 것이다. 또한 "말과 행위"는 바울의 복음 전파 및 다른 활동을 가리킬 수도 있다.

**15:19** "그리스도께서…이루어 놓으신 것"(새번역, 18절)에 의해, 이제 바울은 자기가 "그리스도의 복음을…전하였노라"(ESV는 "fulfilled…the gospel of Christ")고 말한다. ESV는 "ministry of"('사역을')를 덧붙인다. 바울의 사역에서 도구로 사용된 것은 (1) "표적과 기사"(일례로 행 14:3; 15:12; 고후 12:12을 보라)와 (2) 성령의 능력이다. 예루살렘은 그리스도께서 죽고 다시 살아나신 곳이었던 만큼 초기 교회의 영적 중심지로 간주되었다. 일루리곤은 로마의 경계에 해당하는 "발칸 반도의 북서부에 있는 지방이며…(바울이) 그 지방에서 복음을 전파했는지 여부 또는 그곳이 그의 선교 활동의 동쪽 경계선이었는지 여부는 불분명하다."[99]

**15:20-21** 바울은 계속해서 그의 복음전파를 묘사하는데, 여기서는 "그리스도의 이름을 부르는 곳에는 복음을 전하지 않기를 힘썼노라"라는 말로, 개척 지역에서 복음을 선포하는 일이 그의 전문이었음을 강조한다. 21절은

---

99 Richard S. Ascough, "Illyricum," in *EDB*, 631.

바울이 그의 사역의 이러한 측면을 분명히 이사야의 예언(칠십인역 사 52:15)의 성취로 보고 있음을 시사한다. 이 구절들에 나오는 바울의 주장은 장차 스페인으로(아직 복음화되지 않은) 여행하기 위한 토대를 놓으면서 로마 교인의 도움을 호소하기 위한 준비 작업으로 이해해도 좋겠다(롬 15:23-24).

**15:22-23** 바울은 로마를 방문하려고 여러 차례 애썼다(1:13). 그러나 길이 "여러 번 막[힌]" 것은 하나님이 그를 로마제국의 동부 지방에 보내기를 우선하셨기 때문이다. "이 지방에 일할 곳이 없고"라는 말은, 그가 복음을 들고 가야 한다고 판단한 그의(그리고 주님의) 기준을 채우는 모든 지역을 섭렵했다는 뜻이다. 또는 다른 이들이 동부의 많은 지역에 복음을 전했으므로 "남의 터 위에"(15:20) 건축하지 않고자 이제 그가 새로운 지평인 서부 지역을 바라볼 때가 되었다는 뜻이다.

**15:24** 바울이 만일 로마에 도착한다면 그것은 스페인으로 가는 도중일 것이다. "그리로 보내주기를 바람이라"는 프로펨포(*propempō*)를 번역한 것으로, 돈, 음식, 그 밖의 필요한 도움과 함께 보낸다는 뜻이다(참고. 행 15:3; 고전 16:6, 11; 고후 1:16; 딛 3:13; 요삼 1:6). 바울과 같은 초기 선교사들이 지역적이고 자발적인 도움에 의지했던 이유는, 당시에는 상설 선교 지원단체(established mission support)가 없었기 때문이다. 바울은 로마 교회와 교제를 누리길 원했으나, 이 시점에 그가 세운 계획에 따르면 교제는 그가 로마를 방문하는 취지가 아니다.

**15:25-26** 바울은 지난 수년 동안 추진해 온 예루살렘 구제금(고전 16:1-4; 고후 8-9장; 행 24:17)을 언급한다. "성도"는 일차적으로 예루살렘, 유대, 갈릴리, 그리고 주변 지역들에 사는 유대인 신자들을 가리키는데, 그들은 지금 사회적이고 경제적으로 극심한 어려움을 겪고 있을 터였다. "마게도냐"(마케도니아)는 바울이 빌립보와 데살로니가 등지에서 교회를 개척했던 그리스의 북쪽 지방이다. "아가야"(아케아)는 로마의 도청소재지인 고린도가 있

는 그리스의 남쪽 지방으로, 현재 바울이 현재 로마서를 쓰면서(또는 받아쓰게 하면서) 머물고 있는 지역이다(행 20:1-3).

**15:27** "저희"는 마게도냐와 아가야에 사는 신자들인데(26절), 그 교회들은 이방인이 압도적으로 많았다. 인간적으로 말해, 그들은 유대인이 복음을 거부하는 바람에(행 13:46; 14:27; 18:6; 22:21; 28:28) 바울이 여러 해 동안 주로 이방인이 사는 지역으로 가서 복음을 전파한 결과 복음을 영접하게 되었다. "그들의 영적인 것"(ESV는 "Their spiritual blessings")은 로마서 9:4-5에 열거된 것들과 같은 하나님의 은총의 징표들이다. "육적인 것"(ESV는 "material blessing")은 바울과 그의 수행원들이 예루살렘에 전달하려고 갖고 가는 돈을 가리킨다.

**15:28-29** "이 일을 마치고"는 예루살렘 구제금을 전달한 것을 가리킨다. "그들에게"에서 '그들'은 빈곤한 유대인 신자들을 가리킨다(참고. 15:25-26). 바울의 계획은 일단 로마를 방문해서 한동안 지낸 후에 '스페인을 향해 떠나는' 것이다(24절). 29절에서 바울은 마침내 로마에 도착할 때 하나님이 지원하실 것("그리스도의 충만한 복")을 확신한다고 말한다. 여기에 하나의 아이러니가 있다. 실제로 로마에 당도했을 때, 바울은 죄수로서 가이사에게 상소하기 위해 로마로 가는 중이었기 때문이다(행 28:11-31).

**15:30-32** 이 구절들은, 간결하면서도 상세한 기도 부탁이다. 30절은 강한 '호소' 또는 권면으로 기도를 요청한다. "형제들아"는 그들을 향한 바울의 목회적 심정을 전달하며, 이는 그들의 함께 모시는 주님을 통해 중재되고 성령이 신자들의 삶에 부어주는(5:5) "사랑으로 말미암아" 일어나는 애정이다. "힘을 같이하여"는 몇 주간과 몇 달에 걸쳐 지속되는 기도합주회에 투입되는 고된 일과 강한 의도를 가리킨다. 성경 읽기 계획처럼 기도의 계획도 소홀히 하면 쉽게 흐지부지해진다.

바울은 그의 예루살렘 방문에 위험이 따를 수 있음을 알았다(15:31).

그곳의 "순종하지 아니하는 자들"(ESV는 "unbelivers")이 그가 빈곤한 유대인 신자들에게 구제금 전달하는 일을 어그러뜨리려고 온 힘을 다할 것이다(바울이 도착할 때 그를 죽이려한 시도가 행 21:27-31에 나온다). 그곳의 "성도들"이 기꺼이 받을지 여부도 장담할 수 없다. 왜냐하면 그들은 "율법에 열성을 가[졌고]" 바울의 사역에 관해 반쪽 진실만 들었기 때문이다(행 21:20-21).

또한 바울은 자신이 로마에 가는 일도 하나님께서 보호하셔야만 가능하다는 것을 알았다(롬 15:32). 기도를 통해, 하나님은 그가 로마에 안전하게 도착하게 하시고, 머무는 동안 서로에게 새 힘을 나누도록 허락해주실 것이다.

**15:33** 이것은 로마서에 나오는 다섯 번의 축도 가운데 네 번째 것이다(참고. 1:25; 9:5; 11:36; 16:27). "평강의 하나님"이라는 표현은 신약성경에 네 번 더 나온다(16:20; 빌 4:9; 살전 5:23; 히 13:20). 바울은 로마에서 소동이 그를 기다리리라는 것을 알면서도 하나님께서 "평강"을 허락하시길 바란다. 평강은 분쟁이 없음을 가리킬 뿐만 아니라, 하나님께서 그리스도를 믿음으로써 그분을 신뢰하고 섬기는 이들에게 공급하시는 온전한 평안을 말한다. "아멘"은 기도한 내용이 실현되게 해달라는 하나님을 향한 호소이다. "너희 모든 사람과 함께"는 로마 회중들에 속한 각 사람을 향한 바울의 관심을 드러낸다. 그는 그들을 얼굴 없는 종교 집단으로 간주하지 않는다.

**16:1** 주석가들에 따르면, 바울이 뵈뵈를 추천하는 이유는 그녀가 그의 편지를 로마 교회(또는 교회들)에 가져갈 것이기 때문이다. 그는 그녀를 "일꾼"(디아코노스)이라 부르는데, 일부 주석가는 이를 그녀가 안수받은 '집사' 집단의 한 사람임을 의미하는 것으로 본다. 그렇지만 이 단어는 신약에 29번 나오는 중에 단 세 구절에서만(빌 1:1; 딤전 3:8, 12) 분명히 "집사들"을 염두에 둔 표현이다. 오히려 가능성이 높은 쪽은, 그녀가 교회의 믿을 만하고 소중한 "일꾼"으로 추천받았다는 것이다. 마치 디아코노스가 아볼로와 바울(고전 3:5), 두기고(엡 6:21; 골 4:7), 바울과 디모데(빌 1:1), 에바브라(골 1:7)를

지칭하는 데 사용된 것과 같다. 뵈뵈를 목회 지도자로 세우려는 시도는 막연한 추측에 불과하다.[100]

"겐그레아"(오늘날의 케크리에스)는 고린도에서 동쪽으로 8킬로미터 지점에 위치한 항구도시로, 아드리아해와 에게해 간의 지름길 역할을 하는 지협의 건너편(동쪽)에 자리한다.

**16:2** 바울이 뵈뵈를 추천하는 목적은(1절) 로마 신자들이 "합당한 예절"로 "그[녀]를 영접하도록" 보장하기 위해서다. 그녀가 편지 사본들을 여러 곳에 전달하려면 여러 면에서 '도움'이 필요할 것이다. 머무는 동안 물론 음식과 숙소도 필요하다. "보호자"[프로스타티스(*prostatis*), 신약에서 여기에만 나오는 단어]는 그녀가 어떤 큰 뜻을 후원하는 돈을 가진 사람, 즉 시혜자라는 뜻이다. 이 경우에 그녀는 바울은 물론이고 그리스도와 교회까지 후원한다.

**16:3** "문안하라"[아스파사스테(*aspasasthe*)]는 바울의 안부를 알리는 16번의 이인칭복수형 명령(3-16절) 가운데 첫 번째다. 24명에게 직접 전하는 인사 및 다수에게 전하는 간접적인 인사는 이 편지의 본론과 어우러져 바울의 계획과 필요를 폭넓게 알리고, 그가 요청한 기도에 대한 호의적인 응답에 기여할 것이다(15:30-32).

"브리스가와 아굴라"에 관해서는 사도행전 18:2, 18, 26, 고린도전서 16:19, 디모데후서 4:19을 보라. 그들은 바울처럼 천막을 만드는 사람이다(행 18:3). 또한 뵈뵈처럼(롬 16:1-2) 바울의 사역에 동참한다. 그들은 이전에 고린도와 에베소 같은 도시들에서 섬긴 후에 로마에 거주한다.

**16:4-5** 바울은 계속해서 브리스가와 아굴라 추천을 이어간다. 로마에서

---

100 Eckhard J. Schnabel은 그녀가 보여준 사랑의 모범과 그리스도를 닮은 섬김이 "그녀의 지위, 직함, 권한"보다 더 근본적인 중요성을 지닌다고 지적한다. *Der Brief des Paulus an die Römer*, vol. 2, Kapitel 6-16, HTA (Witten: SCM R. Brockhaus, 2016), 866.

바울과 그리고 그가 전하는 복음에 반대하는 무리가 생길 경우, 그들과 같은 사람들이 그의 편지가 도착할 때 그 편지를 지지하는 중요한 도움이 될 것이다. 특히 강한 자와 연약한 자 사이에 분열이 발생하는 경우에(14:1-15:13) 그렇다. 그들은 바울을 위해 용기를 보인 사람들이다("내 목숨을 위하여 자기들의 목까지도 내놓았나니"). 바울만이 아니라 "이방인의 모든 교회"가 그들에게 빚을 졌다. 그들은 또한 그들의 집에서 가정교회로 모이게 했다(16:5). 바울은 이후의 구절들에서 네 개의 다른 가정교회를 언급한다(10, 11, 14, 15절).

"내가 사랑하는"은 에배네도와 바울이 얼마나 친밀한 관계인지를 나타낸다. 스데바나와 그의 집안이 "아가야의 첫 열매"였던 것과 같이(고전 16:15) 에베네도는 예수님을 메시아("그리스도")로 믿는다고 고백한 아시아(에베소를 둘러싼 지방)지역 첫 이방인이었다.

**16:6-7** 여기 나오는 마리아는 더 이상 알려진 바가 없다. 그녀는 분명히 바울이 알고 있는 로마의 그리스도인이고 그곳의 그리스도인들을 위해 열심히 일하는 사람이다. 쉬나벨(Schnabel)은 이 여인이 예수님의 어머니인 마리아일 가능성을 제기하는데, 다른 예루살렘 그리스도인들(베드로, 실라, 요한마가, 아마도 루포와 그의 어머니도)처럼 그녀도 마침내 로마까지 갔을 수 있다고 본다.[101]

"내 친척"은 아드로니고와 유니아가 바울처럼 유대인임을 가리킨다. 그들 역시 어느 시점에 체포를 당했다("나와 함께 갇혔던"). "사도들에게 존중히 여겨지고"는 그들이 동참한 사역이 좋게 인정받았음을 가리키는 듯하다. 이 문구는 '사도들 사이에 잘 알려진'으로도 번역될 수 있다. 신약에서 "사도"는 야고보와 같은 인물, 즉 예수님이 선택한 열두 명에는 속하지 않았으나 부활한 그리스도를 목격했고 선교 사역에 종사하는 사람을 가리킬 수 있다(참고. 고전 15:5, 7; 갈 1:19). 안드로니고와 유니아가 바울보다 "먼

---

101 같은 책, 882.

저 그리스도 안에" 있었다는 것은, 그들이 주후 30년대 초에 회심했음을 의미할 것이다. 아마도 그들은 바울이 로마서를 쓸 즈음에는 수십 년 동안 로마에서 그리스도를 증언한 명망 있는 유대인 신자였을 것이다. 쉬나벨과 리처드 보컴(Richard Bauckham) 모두 유니아가 누가복음 8:3, 24:10의 요안나와 동일한 인물이라는 견해를 지지한다.[102]

**16:8-12** 암블리아는 8-12절에 언급된 모든 인물과 같이 신약에서 여기에만 나온다. 그의 이름을 보아 그가 노예였음을 알 수 있지만, 이는 확실하지 않다. 확실한 점은 암블리아와 바울이 친밀한 관계라는 것과 그가 "주 안에서" 신앙을 고백했다는 것이다.

우르바노(9절)는 바울의 선교여행 중 하나에 동행하며 그를 도왔거나 어쩌면 바울이 개척한 어느 교회에서 바울과 그의 일행을 잘 섬겼을 것이다. 뿐만 아니라 바울이 그들의 동역에 대해 "그리스도 안에서" 이뤄졌다고 말할 정도로 그는 그리스도도 잘 섬겼다. 스다구에 관해서는 그리스도 안에서 바울과 맺은 형제의 연분을 의미하는 "사랑하는"이라는 호칭을 제외하고는 알려진 것이 없다.

"그리스도 안에서 인정함을 받은"(10절)은, 그렇지 않으면 알려지지 않았을 아벨레가 탁월하게 그리고 어쩌면 용기 있게 복음의 대의를 섬겼음을 시사한다. 바울과 다른 이들은 그를 신뢰할 수 있다. "아리스도불로의 권속"은 어느 집안 내부에 있는 집단을 가리킨다. 아리스도불로는 아직 회심하지 않았거나 죽었지만, 그의 집안(또는 그 속의 노예 집단)은 기독교 신앙에 따라 살고 있다.

헤로디온(11절)은 바울처럼 유대인("내 친척")이다. 나깃수의 집안에 속한 사람들 가운데 일부는 "주 안에" 있다. 그들은 분명히 다함께 연합하여 바울에게 알려진 로마의 한 가정교회를 이루고 있다.

---

102 같은 책, 887-888. 보컴의 언급(세 권의 책에 나오는)에 대해서는 같은 책, 887n68을 보라.

12절에서 언급하는 세 사람은 모두 여자로, "주 안에서" 많이 수고한 일꾼들이다. 첫 두 사람은 이름이 비슷한 것으로 보아 자매일 가능성이 있다. "버시"는 바사(페르시아) 출신의 노예 이름인 듯하다. 그녀는 과거에 바울과 더불어 또는 그에게 알려진 한 교회에서 일한 수고 덕분에 이제까지 바울과 지속되는 관계를 맺었고(그녀는 바울에게 "사랑받는" 자다), 로마로 이동하여 그곳에서 섬김으로 두각을 나타냈던 것이 분명하다.

**16:13** 많은 주석가들은 루포가 구레네 사람 시몬(막 15:21)의 아들들 중 하나라고 추측한다.[103] "택하심을 입은"은 그가 받은 구원에 대한 우호적인 찬사이거나 회중 내에서의 특별한 소명이나 역할을 가리킨다. 그의 어머니는 바울 사역 중 어느 시기에 그를 도왔던 것이 분명하다. 만일 바울이 디모데에게 준 충고(딤전 5:2)대로라면, 그녀를 "어머니"로 부르는 것은 그녀가 바울보다 나이가 많은 세대임을 시사한다.

**16:14-15** 14절에 열거된 이름들은 그들이 노예나 자유인 중 하나임을 가리키는 듯하다. 틸만(Thielman, 다른 주석가들처럼)은 그들이 가까이 살았고 한 교회 집단 또는 하부집단을 이뤘을 가능성을 탐구한다.[104] 여기서 "형제들"은 남자와 여자를 모두 지칭하며, 아마 혈연관계가 아니라 그리스도 안에서 나누는 교제를 가리킬 것이다.

15절에 열거한 사람들은 한 가정교회에 속했을 것이며, 이 교회는 14절에 열거된 이들의 교회와 다르다. 이 이름들은 일반적으로 당시 노예들의 이름이다. 빌롤로고와 율리아는 부부인 듯하다. 올름바는 올름(Olymp)으로 시작되는 이름들의 축약형이다. 바울이 "그들과 함께 있는 모든 성도"를 거론하는 것을 보면, 그들만이 그 교회의 교인이었던 것은 아니다.

103 Schreiner, *Romans*, 765. 이를 지지하는 인물로 Dunn, Schlatter, Moo, Byrne, Jewett, Hultgren, Schnabel 등을 거명한다.

104 Thielman, *Romans*, 725-726.

**16:16** 문안의 입맞춤(오늘날에도 일부 지역에서는 일반적인)은 초기 그리스도인들 사이에서 하나의 관행이었다(참고. 고전 16:20; 고후 13:13; 살전 5:26; 벧전 5:14). 이는 모두가 하나님을 아버지로 모신 결과로 공유하는 가족 관계를 보여준다. 그것이 "거룩한" 입맞춤인 이유는 그것으로 표현된 애정이 선정적이지 않고 순결한 것이고, 하나님께서 예수 그리스도에 대한 믿음을 통해 한 백성으로 묶는 성령의 사역으로 말미암아 만드신 것이기 때문이다. 사회적 계급, 성, 민족, 그 밖의 여러 차이점과 상관없이, 그리스도 안에 있는 사람들은 하나님 앞에서와 서로에게 동등한 가치가 있다.

로마 회중들에게 인사를 전하며 "그리스도의 모든 교회"를 대변하는 것을 볼 때, 바울이 사도의 자격을 의식하는 듯하다. 이는 바울이 설립에 가장 많이 기여했던 이방인 교회들이거나 도처에 있는 모든 교회들을 가리키는 것일 수 있다. 어느 경우든, 온갖 갈등과 분열로 찢긴 제국 안에서 이뤄진 이 사회적 연대야말로, 오늘날까지 지구촌 곳곳에서 벌어지는 민족 간의 유혈충돌에 대한 유일하고 영원한 치료 방법임을 가리킨다.

**16:17** 이 주석의 서론에서 말했듯이, 17-20절은 특히 로마서를 교인들에게 읽어주고 설명할 교회 지도자들에게 말하는 내용인 듯하다. "살피고"라는 말은 '교회'가 태평한 종달새가 아님을 일깨워준다. 교회는 "분쟁을 일으키거나 거치게 하는" 세력과 인물들 때문에 끊임없이 위험에 처한다. 한마디로 말해 바울의 독자들은 그들을 피해야 한다. 그들은 "[그들이] 배운 교훈[교리]"로 인해 분별력이 있다(참고. 6:17).

**16:18** 바울은 로마 교인들이 직면할 말썽꾼들을 묘사한다. 진정한 제자들은 주님을 섬기지만 그들은 그렇지 않다. 오히려 그들은 "자기들의 배"를 섬긴다. 이는 쾌락주의를 의미할 수 있다. 또는 그들이 일종의 유대주의자라면 유대교의 음식법에 대한 집착을 가리킬 수 있다(참고. 고후 11:22; 갈 6:12). 그들은 "순진한 자들의 마음을 미혹하[기]" 위해 기만적인 수사를 이용한다. "순진한"은 비교적 순수하거나 악이 없는 상태를 가리킨다. 앞

에서 바울은 신자들 사이에 쌓인 친밀한 관계와 사랑을 칭송했다. 그러나 이 때문에 기독교 모임이 혼란과 왜곡, 그리고 극단적으로는 파멸의 위협에서 결코 멀지 않다는 사실을 잊어버리면 안 된다.

**16:19-20** 바울은 로마 교인들의 순종하는 모습을 칭찬한다. 이는 바울의 편지에서 자주 볼 수 있는 대목이다(롬 1:8; 고전 1:4; 빌 1:6-7; 살후 1:3; 몬 1:4-5). 이처럼 바울은 기뻐하면서도 한편 그들이 "선한 데 지혜롭고 악한 데 미련하기를" 원한다. 이는 "뱀 같이 지혜롭고 비둘기같이 순결하라"(마 10:16)는 예수님의 명령을 떠올리게 한다.

로마서 16:20에 사탄이 몰락하리라는 언급 역시 예수님을 떠올리게 한다. 예수님은 제자들에게 "사탄이 하늘로부터 번개같이 떨어지는 것을 내가 보았노라"(눅 10:18)고 말씀하셨다. 이것은 사탄이 발아래에서 상하는 것과 완전히 같지는 않다. 그러나 어느 쪽이든 사탄의 패배는 기정사실이며, 그 일은 평안을 가져오시고 그분의 통치를 방해하는 모든 적수를 제거하시는 "평강의 하나님"이 행하신다.

바울은 마지막으로 그들에게 "우리 주 예수님의 은혜"의 복이 있기를 기원한다. 그러나 설교자들이 설교의 끝부분에 흔히 하듯이, 이 결론 뒤에 또 다시 수많은 문안이 이어지고 아버지와 아들 하나님께 위탁하는 말이 뒤따른다.

**16:21** 디모데는 예루살렘 구제금을 들고 로마로 가는 수행단 가운데 한 사람이다. 그는 "동역자"일 뿐 아니라 그 자체로 유대인이다. 바울과 함께하는 다른 세 동료 유대인의 이름이 나온다. 그들 역시 재정적 선물을 예루살렘으로 전달하는 일행 중 하나일 것이다. 이 편지 끝자락에 나오는 동료 유대인들에 대한 언급은, 이전에 바울이 제기한 주장, 즉 그의 백성에 대한 하나님의 말씀이 실패로 돌아가지 않았고(9:6) 그분이 자기 백성을 버리지도 않았다(11:1)는 주장을 뒷받침한다.

**16:22-23** 더디오는 바울이 불러주는 대로 로마서를 기록하는 일을 맡은 서기 내지는 대필자다. 더디오가 바울과 함께 문안을 전하면서 그 자신을 포함시켰다는 것은, "'그리스도 안에' 놀라운 평등이 있음을 나타내고, 이는 바울의 기독교의 첫 세대가 가진 특징이었음을 보여준다."[105] 또는 더디오가 훌륭히 수행한 일에 대해 공로를 인정받게 하려는 바울의 열망에서 비롯했을 수도 있다.

바울은 로마서를 작성할 때 분명히 가이오의 집에 묵고 있다. 온 교회가 그의 집에서 모였던 것으로 보이기 때문에, 바울이 잠시 머무는 교회 가족의 문안을 전하는 것이 자연스럽다. 또는 가이오가 정기적으로 교회 집회를 주최하지 않고, 대신 고린도라는 국제적인 무역 도시를 오가는 방대한 방문객을 위해 숙소를 제공했을 것이다. 이 가이오가 고린도전서 1:14에 언급된 사람과 동일 인물인지 여부에 대해 해석자들의 의견이 나뉜다. 동일 인물일 가능성은 있으나 확실하지는 않다.

에라스도는 높은 사회적 지위를 가진 사람이다. 그는 구아도와 더불어 바울의 문안에 그의 문안도 덧붙인다. 구아도에 대해서는 더 이상 알려진 것이 없다. "에라스도"란 이름은 사도행전 19:22과 디모데후서 4:20에도 등장한다. 세 구절 모두 동일한 사람을 가리킬 가능성이 있지만, 해석자들은 이와 관련해 의견이 분분하다. 1929년에 고린도에서 발굴된 비문에 에라스도란 이름이 적혀 있는데, 고위직 관료를 가진 인물로 밝히고 있다. 그가 바울을 대접한 사람일 수도 있다.

**16:24** 이 구절은 가장 믿을 만한 고대 사본들에는 나오지 않기 때문에 대다수의 현대번역성경에는 생략되어 있다. KJV는 그 당시(1611년) 이후 발견된 훨씬 더 적은 출처에 의거한 텍스트를 번역한 것이어서 다음 구절이

16장

---

105 Robert Jewett, *Romans*, Hermeneia (Minneapolis: Fortress, 2007), 930. Thielman, *Romans*, 742에서 재인용.

포함되어 있다. '우리 주 예수 그리스도의 은혜가 너희 모두에게 있을지어다, 아멘.' 바울은 이미 20절에서 거의 동일한 축복으로 기원했다.

**16:25-27** 이 마지막 대목은 "지혜로우신 하나님께 예수 그리스도로 말미암아 영광이 세세무궁하도록 있을지어다"(27절)라고 기원한다. 이분이 바로 바울의 로마 청중을 "능히 견고하게 하실"(26절, ESV는 25절) 수 있는 바로 그 하나님이시다. 그리고 그 청중은 이 편지를 통해 그들이 숙고하고 든든히 서는 데 필요한 방대한 교훈을 받은 사람들이다. 25절 서두와 27절 사이에는 로마서가 전반적으로 제시하는 구속의 메시지를 요약한 것이 있다.

26절(ESV는 25절)은 하나님께서 바울이 전파하는 복음, 다름 아닌 예수 그리스도에 관한 선포에 걸맞게 "능히 견고하게 하실" 수 있다고 진술한다. 1:16-17에서 바울은 구원을 주시는 이 하나님의 능력을 설파했다. 따라서 마지막 대목에서 그 메시지가 어떻게 그리스도를 통해 그분을 부르는 이들에게 힘을 주는지를 바울이 다시 언급하는 것은 적절하다.

힘을 불어넣으시는 하나님의 도움은 또한 "영세 전부터 감추어졌[던]…그 신비의 계시"를 따른 것이다. 되돌아보면 바울은 "그 신비의 계시" 역할을 했던 수십 개의 구약 구절들을 되풀이하거나 은연중에 언급했다. 사실 그 계시는 때가 차서 그리스도가 그분의 사역을 완수할 때까지 해독이 불가한 것이었다.

바울은 16:26에서 "이제는"이라는 말로 그 완수된 시기를 암시한다. 그 신비가 "나타내신 바 되었[다]." 그 신비는 "선지자들의 글[구약]을 통해" "모든 민족"(또는 모든 이방인)에게 알려졌다. 적어도 바울이 그동안 복음을 전파할 수 있었던 로마제국의 동부에 있는 모든 사람에게 알려진 것이다.

복음, 곧 예수 그리스도에 관한 선포가 수행하는 계시의 사역은 "영원하신 하나님의 명"을 따른 것이다. 하나님께서 친히 선택한 종인 바울 및 그와 함께 섬긴 많은 이들을 통해 이루려 했던 목표는, 복음을 영접하는 이들 속에서 믿음이 일으키는 순종이다. 그리고 그 순종은 일찍이 복음의 목표요(1:5), 이는 그 복음이 요구하는 것들에 대한 반응을 계속해서 특징 짓는 표지다(16:19). 당시에나 지금이나, 바울의 "아멘"은 하나님께서 계속 하여 그의 백성 가운데와 온 세상에 안에 그 일을 행하시기를 호소하는 끝맺음으로 적절하다.

≋≋≋≋   응답   ≋≋≋≋

(1) 로마서의 마지막 대목은 인간적인 따스함과 그의 아들을 통해 하나님을 믿는 신앙을 한껏 발산한다. 바울은 예루살렘에 위험이 도사리고 있을 수 있음을 내다보고(15:31) 그의 메시지를 반대하는 자들이 로마 회중들을 위협하고 있음을 알았다. 그러나 그는 자신이 알고 있는 로마 교인들을 기뻐하고(16:1-16) "평강의 하나님께서 속히 사탄을 너희 발아래에서 상하게 하시리라"(16:20)고 단언한다. 따라서 그는 독자들에게 "너희의 순종함이 모든 사람에게 들리는지라 그러므로 내가 너희로 말미암아 기뻐하노니"(16:19)라고 흔쾌히 말할 수 있다.

여기에 나타난 바는 바울이 "그리스도의 충만한 복"(15:29)이라 부르는 것이다. 그리스도의 인격적 임재와 인도와 보호라는 복은 다른 곳에서 "우리 주 예수님의 은혜"(16:20)라고 불린다. 바울은 로마서를 "예수 그리스도로 말미암아…아멘"(16:27)이라는 말로 끝마친다. 로마서는 속속들이 그리스도 중심적인 글이다. 로마서가 선포하는 복음(1:16-17)이 그리스도가 중심이 되는 선포이기 때문이다.

이 편지가 하나님과 인간에 관한 수많은 주제들에 대해 풍성한 통찰을 제공하지만, 그렇다고 해서 이 편지의 근본적인 초점인 "우리 주 예수 그리스도"(5:1, 11, 15:6, 16:20)가 가려서는 안 된다. 그분이야말로 하나님에 관한 것과 인간에 관한 것을 통합시키는 분이다. 통계상으로는 이 편지에서 "하나님"이라는 단어를 더 자주 언급하지만, 그리스도가 없으면 그 하나님을 아는 구원의 지식도 없는 법이다. 그리고 하나님은 한 분이시므로,

그리스도를 높이는 일(바울의 복음이 행하듯이)은 결코 하나님을 높이는 일과 떼어놓을 수 없다.

　(2) 불확실성과 뜻밖의 일은 복음 사역에서 피할 수 없는 요소들이다. 바울은 "그러므로 또한 내가 너희에게 가려 하던 것이 여러 번 막혔더니"라고 말한다(15:22). 로마서가 하늘의 신비에 빛을 비춰주지만, 이 편지를 쓴 사람은 자신의 여행 일정조차 마음대로 통제할 수 없다. 바울은 "서바나로 갈 때에 너희에게 가기를 바라고 있었으니"(15:23, ESV는 24절)라고 말하는데, '바란다'는 말보다 더 장담할 정도로 어리석지는 않다. 사도의 발걸음마저도 하나님께서 정하시기 때문이다.

　사도 바울은 불확실성과 더불어 뜻밖의 일이 있어도 담대하게 살아간다. 실제로 로마에 도착할 때, 그는 거짓된 혐의를 뒤집어쓰고 체포되어 수년 동안 갇힌 상태일 것이다. 그러나 이러한 일 또한 사도로서 감당해야 하는 일이었다(고전 4:9-13; 고후 4:1-12). 그러므로 만일 하나님이 우리 삶에서 우리가 전혀 예상하지 않았고, 어쩌면 반기지 않았을 수단을 이용해 그분의 뜻을 이루신다면, 우리와 같은 '평범한' 신자들은 얼마나 더 놀라겠는가? 이런 의미에서 십자가는 바울의 칭의 교리에서뿐만 아니라, 그리스도 안에서 영위하는 일상생활에 대한 이해에서도 중심을 차지한다. 그리스도 안에서의 일상생활에는 기쁨이 있을 뿐만 아니라 수많은 역전, 힘든 과업, 인정받지 못하는 과제, 그리고 실망스러운 결과가 따르기 때문이다.

　(3) 결국 로마서는 하나님의 지혜에 영광을 돌리라는 요청이다. "지혜로우신 하나님께 예수 그리스도로 말미암아 영광이 세세무궁하도록 있을지어다 아멘"(16:27). 하나님은 인간의 이해나 예상을 아득히 뛰어넘을 정도로 지혜로우신 분이다. 이 때문에 로마서가 진술하는 것을 완전히 설명하지 못한다고 해서 좌절할 필요가 없다. 로마서가 선포하는 복음은 하나님의 지혜가 드러난 것이지, 인간의 재능이나 단순한 '역사적' 발전의 결과 또는 정치적 반응이나 사회적 우연이 아니다.

다른 곳에서 바울은 그 자신과 다른 사도들에 대해 다음과 같이 말한다. "오직 은밀한 가운데 있는 하나님의 지혜를 말하는 것으로서 곧 감추어졌던 것인데 하나님이 우리의 영광을 위하여 만세 전에 미리 정하신 것이라"(고전 2:7). 이 "은밀한 가운데 있는 하나님의 지혜"가 복음 전파를 통해 드러났다. "하나님의 지혜에 있어서는 이 세상이 자기 지혜로 하나님을 알지 못하므로 하나님께서 전도의 미련한 것으로 믿는 자들을 구원하시기를 기뻐하셨도다"(고전 1:21).

로마서는 그 자체로 읽을 수 있고 읽어야 하는 글이지만, 구약의 선구자들(그로부터 많이 인용하는)이나 바울의 다른 편지들(방금 인용한 고린도전서와 같은)과 동떨어져 존재하는 것이 아니다. 하나님은 한 분이시고, 그분의 구원 메시지는 수많은 시대와 환경에 걸쳐 모순 없이 일관된다. 로마서는 이 온전한 메시지의 핵심 측면들을 다함께 이끌어낸다.

로마서가 증언하는 하나님의 지혜는 만족감(그토록 많은 질문에 대답하므로)과 욕구불만(그토록 많은 질문에 대답하지 않으므로)을 동시에 안겨주고 우리를 고양시킨다. 이 지혜는 독자에게 일관되고 심오하게 하나님의 자비와 선하심과 광채, 곧 그분의 영원한 영광을 가리킨다. 로마서의 복음을 믿기로 결심한 이들은 그 찬란한 목적지를 향하는 길을 가는 것이다.

## 참고문헌

이제까지 출판된 로마서 주석은 수백 권에 달하며, 그 가운데 2,000년도 이후에 나온 주석만 해도 70권이 넘는다. 다음 여덟 권은 특별히 언급될 자격이 있는데, 그 이유가 언급되어 있다. 이 밖에도 비교적 최근의 저자들(예. 마이클 버드, 로버트 주이트, 리처드 롱네커, 존 스토트, 프랭크 틸만, 스탠리 포터, 벤 위더링턴)이나 지난 세기들의 저자들(예. 마르틴 루터, 요한 알브레히트 벵엘, 찰스 하지, 윌리엄 샌데이와 아서 헤들람, 서로 다른 두 권의 로마서 주석을 쓴 아돌프 슐라터, 칼 바르트, C. K. 바레트, 에른스트 케제만)을 얼마든지 열거할 수 있을 것이다.

Calvin, John. *The Epistle of Paul the Apostle to the Romans and to the Thessalonians.* Translated by Ross Mackenzie. CNTC 8. Grand Rapids, MI: Eerdmans, 1960. 《칼빈 주석 20: 로마서》, CH 북스.

　　우리 시대에 속하지 않은 해석자들의 말을 듣는 것이 중요한데, 칼빈은 매우 탁월한 해석자들 가운데 한 사람이다. 그는 신학적 통찰력과 목회적 적용을 겸비하고서 석의적 관찰과 문학적 흐름에 대한 예리한 감각 사이에 균형을 잡는다. 복음을 재발견하던 시대에 살았던 칼빈은, 그리스도께서 "복음으로써 생명과 썩지 아니할 것을 드러내신" 초기 세대에 로마서에서 제시된 바울의 유사한 돌파구에 충분히 공감할 수 있었다.

Cranfield, C. E. B. *A Critical and Exegetical Commentary on the Epistle to the Romans,* ICC. Vol. 1, I-VIII. Vol. 2, IX-XVI. Edinburgh: T&T Clark, 1975-1979.

　　다른 시대들에 속한 주석가들에게서 통찰력을 끌어오는 영국의 학술적 주석. 칼 바르트와 폭넓게 대화하지만 바울의 신학과 복음 메시지가 전반적으로 일차적인 주목을 받게 한다.

Harvey, John D. *Romans*, EGGNT. Nashville: B&H Academic, 2017.

과거에 헬라어를 배웠으나 복습이 필요한 목사들 및 다른 이들에게 소중한 주석. 이 주석은 헬라어 텍스트를 한 줄씩 설명하고 상세한 문법 분석과 어휘적인 기초를 제공며, 아울러 설교 개요를 담고 있다. 뿐만 아니라 "그리스도 안에", "평강", "성령", "바울의 교회들 내의 여성"과 같이 로마서에 담겨 있는 주제들에 관한 추가 연구를 위해 90권도 넘는 참고도서를 소개한다.

Kruse, Colin G. *Paul's Letter to the Romans*, PNTC. Grand Rapids, MI: Eerdmans, 2012.

뛰어난 호주 학자의 주석. 명쾌한 구성, 어려운 논점들을 탐구하기 위한 수십 편의 짧은 추가 설명, 다른 학자들과의 폭넓은 상호작용, 로마서가 설명하고자 하는 복음 메시지에 대한 헌신 등을 특징으로 가진다.

Moo, Douglas J. *The Letter to the Romans*, 2nd ed. NICNT. Grand Rapids, MI: Eerdmans, 2018.《NICNT 로마서》. 솔로몬.

무는 그의 세대에서 최상급 미국인 로마서 학자로 널리 인정받는다. 그의 주석은 여러 세기의 폭넓은 저자들을 인용하는 한편 오늘날의 대표적인 사상가들과 이론들과도 광범위하게 대화한다. 무의 강점 가운데 하나는 로마서에 제시된 복음 메시지를 불분명하게 만들지 않고 드높이기 위해 풍부한 학문적 결과를 캐내는 능력이다.

Peterson, David G. *Commentary on Romans*, BTCP. Nashville: Holman Reference, 2017.

피터슨은 크루스처럼 호주인이라는 유리한 입장에 서서 다른 지역 출신의 해석자들이 놓친 통찰들을 제공한다. 아울러 이 주석의 구성 방식은 로마서가 "성경신학" 내에서 차지하는 위치를 주목하게 한다. 성경신학은 성경이 담고 있는 신학적 진리들의 전반적 구조와 내용을 다루면서, 그 상호관계와 점진적 전개에 비추어 살펴보는 것을 가리킨다. 로마서에 대한 간략하면서도 설교할 수 있는 신학적 해설을 찾는 목사들에게 적합하다.

Schnabel, Eckhard. *Der Brief des Paulaus an die Römer*. Vol. 1, *Kapitel* 1-5. Vol. 2, *Kapitel* 6-16. HTA. Witten: SCM R. Brockhaus, 2015-2016.

계몽주의 이래 독일 학계는 복음 메시지에 회의적이라는 평판을 듣는다. 쉬나벨의 방대한 책(약 1,700쪽)은 성경이 말하는대로 예수님을 하나님의 아들로, 복음 메시지를 진리로 인정한다. 가장 학문적인 로마서 주석에 속하는 이 주석은 고도로 강해적이고 목회적인 성격도 갖고 있다. 부분적으로는 저자가 세계 전역에서 선교적 및 목회적 가르침을 베풀어온 폭넓은 경험에 기인한다.

Schreiner, Thomas. *Romans*. 2nd ed. BECNT. Grand Rapids, MI: Baker Academic, 2018. 《로마서》. BECNT. 부흥과개혁사.

현재 최상급 미국 복음주의 주석들 가운데 최상급의 주석으로, 무의 주석에 비견될 만하다. 슈라이너는 여러 세기에 걸친 수백 명의 해석자들과 대화한다. 이 주석의 구성과 명료한 글은, 독자들이 복잡한 바울의 사고의 흐름을 따라가도록 도와준다. 슈라이너는 로마서가 "모든 믿는 자에게 구원을 주시는 하나님의 능력"(롬 1:16)임을 드러내는 방식으로 하나님의 영광을 부각시킨다.

# 성경구절 찾아보기

국제제자훈련원은 건강한 교회를 꿈꾸는 목회의 동반자로서 제자 삼는 사역을 중심으로
성경적 목회 모델을 제시함으로 세계 교회를 섬기는 전문 사역 기관입니다.

**ESV 성경 해설 주석**

# 로마서

**초판 1쇄 인쇄** 2022년 7월 12일
**초판 1쇄 발행** 2022년 7월 21일

**지은이** 로버트 W. 야브루
**옮긴이** 홍병룡

**펴낸이** 오정현
**펴낸곳** 국제제자훈련원
**등록번호** 제2013-000170호(2013년 9월 25일)
**주소** 서울시 서초구 효령로68길 98(서초동)
**전화** 02) 3489-4300 **팩스** 02) 3489-4329
**이메일** dmipress@sarang.org

ISBN 978-89-5731-855-3 94230

　　　978-89-5731-825-6 94230(세트)